Designing the invisible

sam
SERIES 02

디자이닝 더 인비저블

Designing the invisible

보이지 않는 서비스를
디자인하다

라라 페닌Lara Penin 지음

이연준·이지선 옮김

싱긋

Part I
서비스 이해하기

01
서비스 정의하기

02
서비스 경제

Part II
서비스 디자인 프로세스

인간 중심의 '올바른' 조건을 만들기 위한 서비스 디자인

산업과 사회의 급속한 변화는 우리가 마주하고 있는 환경과 그 환경에서 이루어지는 인간의 행동을 변화시키고 있다. 많은 기업과 기관은 이런 변화에 적극적으로 대처하기 위해 경영학적 접근이 아니라 디자인적 방법을 활용하기 시작했다. 여기서 디자인의 역할은 외형적 인공물을 만드는 것뿐만 아니라 무형의 경험에서 이루어지는 프로세스와 시스템 개발 확장까지 포함한다. 즉, 이제 디자인의 역할은 보이지 않는 경험을 만들어내기 위해 사람에 대한 이해로부터 시작하여, 맥락을 파악해 혁신적 가치와 혜택을 도출하는 것에 중점을 둔다. 이를 바탕으로 디자인은 일관되고 편리한 경험으로 이루어질 수 있는 상황과 조건을 개발한다. 서비스 디자인은 이런 변화된 디자인의 역할에 대해 연구하는 학문이자, 서비스 혁신을 개발하고 실현하는 실무 분야이다.

2010년경 우리나라에 소개된 서비스 디자인은 디자인계와 비디자인 영역 모두에서 혁신 개발 가치로 주목받으며 실무에 적용되기 시작했다. 특히 우리나라에서 서비스 디자인은 공공 분야에서 적극적으로 활용되고 있으며, 일상의 서비스를 개선하거나 개발하는 데 크게 기여하고 있다. 하지만 서비스 디자인의 '서비스'는 총체성과 복잡성complexity을 다루기 때문에 이를 디자인하는 것을 하나의 프로세스로 규명하기 어려우며, 진행된 실무에 단순히 디자인 방법론을 활용하여 이를 서비스 디자인으로 규정하기도 어렵다. 서비스 디자인의 혁신적 가치를 실무에서 적극적으로 도입하고 활용하기 위해서는 서비스 디자인을 바르게 이해하고, 이를 학문적으로, 그리고 분야별로 고도화하고 발전시키는 것이 필요하다.

그러므로 이 지침서를 우리말로 펴내는 작업은 서비스 디자인의 발전에 중요한 첫걸음으로, 서비스 디자인의 올바른 이해를 돕고자 시작되었다. 서비스 디자인은 일시적인 유행으로 끝나는 것이 아니라 지속적인 고도화에 따라 발전할 것이기에, 서비스 디자인 연구자이자 실무자로서 서비스 디자인에 대한 올바른 이해가 필요하다. 특히 이 지침서는 서비스 디자인의 전반적인 이론을 다양한 사례를 통해 설명하고 있으며, 서비스 디자인 분야의 세계적인 학자와 실무자의 인터뷰를 통해 서비스 디자인에 대한 이해를 명확히 밝히고 있어, 서비스 디자인에 관심 있는 디자이너 및 비디자이너가 서비스 디자인을 쉽게 배울 수 있도록 도와줄 것이다.

마지막으로, 이 지침서를 통해 다양한 분야의 산업에서 서비스 디자인이 바르게 활용되고, 연구자들이 이를 고도화할 수 있는 연구를 지속할 수 있기를 바란다.

이연준, 이지선

한국어판을 출간하며

보이지 않는 것들을 마주해야 할
모든 디자이너를 위하여

제조 산업에서 서비스 산업으로의 변화, 더 나아가 '디지털 트랜스포메이션'이라는 패러다임은 과거 어느 때보다도 빠르고 다양한 모습으로 우리 일상을 바꿔놓고 있습니다. 동시에, 디지털 라이프 시대의 중심에서 새로운 경험을 제시하고 완성하는 디자인의 역할이 더욱 중요해지고 있으며, 디자인이라는 개념을 좀더 넓은 관점으로 바라보면서 보이지 않는 대상을 실체화된 경험으로 만들어낼 수 있는, 고도화된 디자인 프로세스와 방법론이 요구되고 있습니다.

『브랜드, 디자인, 혁신』에 이은 두번째 샘 시리즈『디자이닝 더 인비저블─보이지 않는 서비스를 디자인하다』는 우리가 기대하는 좋은 경험을 보다 실체화된 모습으로 완성할 수 있는 서비스 디자인에 대해 이야기합니다.『브랜드, 디자인, 혁신』이 기업의 혁신에 있어 브랜드와 디자인이 어떠한 가치 있는 역할을 할 수 있는지에 대한 이야기라면, 이 책은 보이지 않는 무형의 서비스를 디자인한다는 것이 어떠한 관점으로 이해되어야 하며, 그 실체적인 방법은 무엇인지에 대해 다양한 사례와 함께 소개하고 있습니다.

이미 수년 전부터 서비스 디자인이라는 개념은 국내에서 많은 관심을 받아온 주제이기도 하거니와, 공공 서비스 분야에서는 어느 정도 자리를 잡아왔습니다. 하지만 기업 경영과 크리에이티브 분야, 디자인 커뮤니티에서의 수용도와 활용에 있어서는 아직 그 의미와 가치가 충분히 빛을 발하지 못하고 있기도 합니다. 서비스 디자인이 더 의미 있는 혁신의 원동력으로서 공감대를 얻고, 그 실체가 현장에서 넓은 형태로 활용될 수 있다면 빠르게 변화하는 이 시대를 준비하고 대응하고 선도하는 훌륭한 촉매제가 될 것입니다.

모두에게 좋은 지침서로, 언제든 옆에 두고 펼쳐볼 수 있는 활용서로 자리잡기를 바랍니다. 번역과 출판에 힘써주신 이연준 교수님과 신정민 대표님께 감사드립니다.

샘서울 대표이사 이창호

머리말
_클라이브 딜노트 Clive Dilnot

유형과 무형, 가시성과 불가시성 사이의 행위는 항상 디자인에 있어 필수적이다. 그것은 결국 디자인의 '존재 이유'인 셈이다. 디자이너들은 어떤 것에 단순한 요소를 추가하는 개선을 함으로써 그 어떤 것을 경험하는 데 기여하고, 그러한 행위가 바람직한 향상을 낳기 때문에 디자이너들을 필요로 해왔다. 그런데 그 어떤 것의 물질적 특성에 의해 경험이 일어나는 동안, 디자인에 의한 기여는 마음속에서 일어난다. 그렇다면 유형이 무형을 이끈다고 해야 할지도 모른다.

서비스 디자인은 어떤 면에서는 그 이상도 그 이하도 아니다. 아니 그 반대일 것이다. 서비스를 디자인할 때 목표는 흔히 무형, 즉 제공되는 경험에서 품질을 느끼게 하는 것이다. 그런데 이러한 무형성은 역설적이게도 물질적 수단(여기서 '물질'이 다른 사람의 행동이거나 다른 사람과의 만남이라 할지라도)을 통한 경험으로 전달되는 부분이 매우 크다. 항상 그러했다. 종교의식을 생각해보면 된다. 예배 서비스는 정의에 따르면 '서비스'이다. 종교적 연출은 건물의 구성만큼이나 신중하게 계획된다. 물론 이 경우 후자는 종종 전자에 도움이 된다. 따라서 서비스는 물리적인 것이나 다름없는 인공물인 셈이다. 차이점은, 여기서 인공물은 장소, 사물, 의사소통, 대본 작성 등 연출의 앙상블이며, 이 앙상블은 서비스를 '전달'하고, 대상은 일련의 경험으로(서비스는 언제나 시간이 흐르며 펼쳐지기 때문에) 만나는 것이다. 여기서 디자인을 벗어나는 것은 없다. 하느님과의 친교와 연결에 대한 최소한의 절차적 주안점을 강조하는 종교에서조차 만남이 이루어지는 공간의 우수성은, 세인트 피터스Saint Peters 대성당의 바로크 양식 인테리어만큼이나 특별하고, 물질적이지 않거나 디자인이 덜하지 않다. 퀘이커Quaker 또는 쉐이커Shaker 교의 만남의 집에서 번져나가는 평범한 빛을 생각해보라. 건축가들은 때때로 꾸미는 것을 좋아하는데도 불

구하고, 어떤 건축도 단지 물리적이지만은 않다. 현장은 항상 실제 상황이다. '상황'은 사람의 만남과 맥락을 의미하며, 맥락은 일반적으로 다른 사람들을 포함하고 인간의 물질적인 필요에 기반을 둔다. 상황은 기본적인 것이고, 이는 어떤 의미에서는 심지어 인공물 이전에 존재한다. 가장 기술적인 디자인 이론가들(허버트 사이먼Herbert Simon)은 1968년 초에 디자인은 "기존의 상황을 좀더 선호하는 것으로 바꾸기 위한 행동을 고안하는 것"이라는 유명한 주장을 펼친 바 있다. 인간의 인터랙션(상호 작용)만큼이나 많은 상황이 존재한다. 기술이 우리에게 허락하는 (임시적) 접촉뿐만 아니라 모든 인간관계를 자본화하려는, 종종 포악하기까지 한 현대의 경제적 요구 때문에 오늘날 인터랙션이 디자인을 위한 순간으로 급증한다면, 그 핵심은 인간적 인카운터의 '상황'으로 남는다. 따라서 상황(즉 서비스 디자인)에 윤리를 부여하는 것은 바로 이것이다. 철학자 알랭 바디우Alain Badiou는 저서 『윤리학Ethics』에서 이에 대한 의견을 제기하며 다음과 같이 주장한다. "'상황'의 명확한 비전만이 필요할 뿐 '윤리'를 필요로 하지 않으며 (…) 상황에 따른 방법에 충실하고, 최대 가능성의 규칙에 따라 상황을 처리하고, 가능성의 한계에서 이를 올바르게 다루기 위해 상황에 따른 방법에 충실한다. 또는 당신이 원한다면 가능한 한 최대치로 상황에서 이끌어내기 위해 그것이 포함하는 긍정적인 인간성을 끌어낸다."

상황에 대한 윤리를 강조하는 것이 중요하며, 결국 상황에 대한 디자인보다 더하지도 덜하지도 않은 '서비스 디자인'의 윤리를 강조하는 것이 중요하다. 현대 경제가 스스로 자립해나가는 방법의 한 갈래로, 친밀한 인간적 순간들을 포착하는 것과 같은 자극을 금전적 상태로 제시하는 것 또한 민간과 공공 모든 부문에서 서비스 디자인을 확립하기 때문

이다. 흔히 경제 자체의 주장처럼 부풀려지고 야만적인 용어 밑에 있는 서비스 디자인의 운영은 여기서 정말로 중요한 것, 즉 인간으로서의 경험을 왜곡하고 만다. 너무 쉽게 상품화되면 알랭 바디우의 이중 법칙은 너무 쉽게 잊히고, 이익을 문제삼을 때에는 너무 쉽게 폐기된다.

그러나 이윤을 추구한다는 동기를 떠나 서비스 디자인의 책임을 맡는 이유는, 실제로 인간을 대면하는 상황에서 알랭 바디우가 말하는 윤리를 확실히 밝히는 데 도움이 되기 때문이다. 이러한 의미에서 서비스 디자인은 윤리적인 행동이다. 서비스 디자인은 인간의 목적을 위해 사물과 사람 사이에서 공감을 일으키고자 디자인의 능력을 사용한다. '서비스 디자인'의 기술 집약적이고 계량 경제학적인 공식은 보다 근본적인 진리를 모호하게 만드는 경향이 있다. 사실 브랜딩과 마케팅은 서비스 디자인과는 거의 관련이 없다. 그리고 알다시피 그것들은 종종 비생산적이며 현대 경제에서 경험을 크게 평가 절하하는 데 기여한다. 이와는 반대로 실제 서비스 디자인은, 예를 들어 암 치료법의 조건과 특성 같은, 때때로 가장 제한적이고 어려운 상황 속에서도 작은 방법으로 경험의 긴장감을 해소하는 순간을 창출하고, '디자인을 통해' 그렇게 할 수 있는지에 대한 정신을 내포하고 있다. 여기서 '디자인을 통한다'는 것은 디자인이 해결하거나 증진할 수 있는 인공물로 인간의 조건 또는 인카운터에 대한 인식을 전환할 때, 모든 디자인이 이룰 수 있는 특별한 행동을 한다는 것을 의미한다. 따라서 서비스 디자인은 필연적으로 윤리적이다. 이는 대상이 세상에서 어떻게 행동하게 되는지를 다룬다.

이 모든 것은 서비스 디자인에 관해 배운 이후에 그것을 실제로 수행하기 위해 필수적으로 활용하는 핸드북에 담긴 내용과는 거리가 먼 것처럼 보일 수 있다. 하지만 그렇지 않다. 이것이 서비스 디자인에 필수적인 (인간적) 토대가 되기 때문이다. 나는 특히 12장 '서비스 디자인 핵심 기능'과 필자가 나열한 5개의 주요 인간 능력이나 역량에 대해 언급하고자 한다. 이는 '촉진 및 관리', '상상하기 및 시각화하기', '프로토타이핑 및 테스팅', '조직적인 변화 만들기'의 에이전트로 활동하기, 그리고 특히 필자의 목록에서 첫번째로 중요한 것인 '활동적이고 공감하는 경청' 또는 필자가 설명하는 '인간의 복잡성에 대한 이해와 타인의 관점에서 세상을 볼 수 있는 능력'(312쪽 참조)이다. 인카운터 및 상황과 관련된 분야를 디자인하는 것에 대한 '리터러시'가 작용해야 한다. 즉, 흔히 인식을 형식, 경험, 전체적 효과 및 계획으로 변환할 수 있는 전문 능력 개발과 연출 및 연출 구조는 실제로 종종 이러한 맥락에서 부족하지 않으며, 오히려 더 많다. 그러나 능력은 작업에 필요한 것을 이해하며 발생한다. 그리고 여기서 이 책에 붙은 유쾌한 부제인 '보이지 않는 것을 디자인하기Designing the Invisible'가 작동하기 시작한다. 이 책은 말 그대로 '서비스 디자인 입문Introduction to Service Design'으로, 서비스 디자인의 맥락과 업무를 간결하면서도 철저하게 설명한다. 이 책은 독자가 필요로 하고 기대하는 바를 명확하게 다루고 있으며, 기존 경력의 한 측면으로 무엇인가를 디자인하고, 창조하거나 조직하고, 서비스 디자인을 직업으로 선택하기를 원하는 모든 사람에게 반드시 필요한 내용을 제공한다.

들어가며

내가 10여 년 전에 서비스 디자인을 가르치기 시작했을 때 서비스 디자인에 관한 자료는 주로 학술 논문과 박사 논문 몇 편, 서비스 마케팅과 인터랙션 디자인에 관한 서적 몇 권과 서비스 디자인을 주제로 한 선구적인 컨설팅 웹사이트 정도였다. 그 당시 나는 교재와 편집한 자료를 준비하고 입문서를 썼으며, 학생들을 위해 자료를 최대한 모아 웹사이트를 만들었다. 그리고 이후로 상황이 크게 바뀌었다. 얼마 지나지 않아 실무자와 연구자들이 서비스 디자인에 관한 지식에 더 쉽게 접근할 수 있는 출판물을 만들어내기 시작했다. 소수의 선구적인 서적과 계속 늘어나고 있는 이 목록은 여전히 서비스 디자이너에게 있어 필수 장서의 핵심이다. 하지만 서비스 디자인 교육을 전적으로 다루는 책에 대한 요구는 여전히 남아 있었다.

이 책은 학부 또는 대학원에서 서비스 디자인을 전공하는 학생이나 다른 디자인 전공자, 서비스 디자인에 대한 지식을 얻고자 하는 비(非)디자인 분야 종사자와 실무자를 위한 책으로, 서비스 디자인이라는 새로운 전문 분야와 만나는 학생과 교육자를 위한 자료이다. 또한 수업 자료가 필요한 서비스 디자인 교육자를 위한 책이기도 하다.

서비스 디자인 학습(및 교육)은 보이지 않는 디자인을 대상으로 하기 때문에 어려울 수 있다. 서비스의 핵심은 시간의 흐름과 함께 발생하는 사회적 인터랙션이며, 따라서 서비스를 위해 디자인하는 것은 인터랙션과 경험, 흐름flow 및 시스템을 위한, 물질적 조건과 비물질적 조건을 디자인하는 것을 의미한다. 그러나 무엇보다 우리는 사람들이 문제를 해결하고 삶의 경험을 향상시킬 수 있는 조건을 디자인한다. 서비스 디자인은 비주얼커뮤니케이션이나 건설 환경 같은 전통적인 디자인 영역과 연결되어 있지만 조직 정책, 규약, 비즈니스 모델, 스크립트 및 연출과도 동일하게 연결된다. 따라서 서비스 디자인은 서로 다른 업무와 사고방식을 모으고 새로운 영역과 가능성을 제시하며 실제로 디자인에 대해 동시에 재정의하고, 디자인이 실질적으로 하는 일과 디자인이 수반하는 기능에 대한 이해를 변화시킬 수 있다. 이 책은 지속 가능한 사회와 환경적 미래에 대한 비전을 만드는 것과 조직적, 정치적 현실 내에서 이러한 비전을 협상하는 것 사이의 전략적 공간을 점유하는 야심차고 초학문적인 디자인 실행으로, 독창적이고 합법적인 디자인 실천 그 자체로서 서비스 디자인을 증명한다. 따라서 서비스 디자이너는 노사 관계, 경제적 성과 및 공공 정책에 영향을 미칠 수 있기에 기업과 정부 및 시민 사회 전반을 다루는 데에는 어려움을 겪고 있다. 이 책에서는 서비스 디자인에 대한 책임 있고 분별 있는 접근 방식을 구현하고자 프로젝트 사례를 정확하게 선별하여 소개한다. 각 프로젝트의 결과는 사람들의 삶을 개선하고 사회적 가치를 창출하는 동시에, 이러한 서비스 관계를 통해 지역사회 및 조직 내 역량을 구축한다.

우리는 어디서부터 시작해야 할까? 이 책은 서비스 디자인을 학습하는 여정이라는 데 근거를 두고 있다. 그리고 이는 끝이 없는 여정이지만, 어디서부턴가 시작해야만 한다. 이 책은 서비스 디자인이라는 끝없는 학습 여정의 출발점이 되고자 한다.

이 책은 두 부분으로 구성되어 있다.

'Part Ⅰ'에서는, 서비스가 전 세계의 많은 중요한 측면 및 인공적인 기반 시설과 상호 연결되기 때문에 서비스의 초학문적 특성에 대한 핵심 지침 사항을 도표화하는 것을 시도한다. 1장에서 6장까지는 경제, 정치, 노동, 기술, 사회문제,

행동, 문화 및 감정을 다룬다. 이 모든 것이 서비스 디자인의 실행에 어떻게 영향을 미치며, 서비스 디자인을 어떻게 정의하는지에 대한 전문가들의 논의를 담았다.

'Part Ⅱ'에서는 뛰어난 프로젝트를 살펴보면서 서비스 디자인 프로세스, 방법과 도구를 깊게 다루며 논의를 실질적 활용에 이르게 한다. 7장부터 11장까지는 필수적인 방법과 여러 도구에 대한 가이드를 비롯해, 본보기가 되는 프로젝트에 대한 사례 연구와 그 사례 연구를 진행한 디자이너와의 인터뷰를 통해 서비스 디자인 프로세스를 관리 가능한 단위로 분류한다. 12장에서는 서비스 디자인의 핵심 역량에 대한 최종 견해를 제시한다. 각 장은 용어 사전, 학습 요점과 개요 질문을 비롯해 학습 과제 및 템플릿에 대한 제안을 포함하는 '학습 활동'으로 마무리된다.

각 장의 개요는 다음과 같다.

1장 '서비스 정의하기'에서는 서비스를 이해하는 데 필요한 기본 개념과 이론을 소개하고, 인터랙션과 관계가 어떻게 서비스에 적극적으로 참여하고 이를 공동 생산하기 위해 사람에게 의존하는 서비스의 핵심이 되느냐 하는 것과 같은 서비스 렌즈를 통해, 우리가 생각하는 데 도움이 되는 기초를 다진다. 이 장에서는 서비스를 경제의 진정한 기반으로 보게 하는 핵심 개념과, 제품과 서비스 간의 장벽을 깨뜨리는 제품 서비스 시스템(PSS) 개념을 소개한다.

2장 '서비스 경제'에서는 경제 활동과 관련하여 서비스를 찾고, 주요 서비스 산업과 공유 경제 같은 신생 서비스 기반 경제 모델을 소개하고, 고도의 서비스 기반 사회 경제를 구분한다. 이 장에서는 또한 헬스케어 및 금융 분야의 서비스 디자인을 위한 현재 시장에 대해 논의한다. DESIS(Design for Social Innovation and Sustainability, 사회적 혁신 및 지속 가능성을 위한 디자인) 네트워크의 설립자인 에치오 만치니Ezio Manzini는 인터뷰를 통해 서로 다른 경제의 신생 생태계와 디자인 커뮤니티가 신생 경제 모델에 제공할 수 있는 기회에 대해 이야기한다.

3장 '디지털 서비스'에서는 사물 인터넷Internet of Things, IoT과 이와 관련된 주요 응용 분야를 포함해 디지털 서비스, 플랫폼 및 생태 환경에 대해 다룬다. 이 장에서는 또한 기술과 관련하여 서비스 디자인에 대한 영향과 새로운 역할에 대해 논의한다. 기술 개발을 인간화하는 데 도움이 되는 서비스 디자인의 가능성을 예로 들 수 있다. 이 장에서는 카네기 멜론대학Carnegie Mellon University의 휴먼 컴퓨터 인터랙션 전공 부교수인 조디 포리치Jodi Forlizzi와의 인터뷰를 통해, 새로운 기술 트렌드와 상호 작용 또는 경험 디자인과 같은 여러 디자인 전문 분야 및 실무와 연계되는 서비스 디자인에 대해 논의한다.

4장 '공공 이익을 위한 서비스'에서는 정부 내 혁신 랩의 확산을 포함하여 공공 부문의 서비스 혁신을 면밀히 살펴보면서 공익을 위한 주요 서비스 원천을 구성한다. 또한 능동적인 시민으로부터 직접 발생하는 서비스에서 역동적이고 창조적인 혁신 원천인 사회 혁신 현상을 제시한다. 이 장은 파슨스 DESIS 랩Parsons DESIS Lab의 이사인 에두아르도 스타쇼스키Eduardo Staszowski와의 인터뷰로 마무리된다. 그는 공공 및 협업 서비스에 관심 있는 디자이너를 위한 앞으로의 기회를 탐구하며, 서비스 혁신, 공익 디자인과 사회 혁신을 위한 디자인을 기반으로 영향력이 어떻게 확장되고 있는지 그 역사를 다룬다.

5장 '서비스 디자인의 정치'에서는 노동관계, 환경적 측면과 조직 문화를 다루는 문제에서 서비스의 주요 측면에 대해 소개한다. 특히 이 장에서는 그 안에 새겨진 정치적 측면 및 윤리적 측면을 조사하여 프론트오피스front office 직원에 의해 수행되는 감정 노동의 개념을 검토한다. 또한 환경 문제와 기후 변화와 서비스 사이의 연관성에 대해서도 조사한다. 호주의 뉴사우스대학University of New South 디자인 전공 교수인 캐머런 톤킨와이즈Cameron Tonkinwise와의 인터뷰로 이 장을 마무리하면서, 미래의 일과 서비스 사이의 관계 및 지속 가능성 문제를 디자인하는 데 있어 서비스 디자인의 역할에 대한 중요한 시각을 제시한다.

6장 '서비스를 위한 디자인하기'에서는 정식 디자인 실무로서 서비스 디자인을 확인하며, 디자인 세계 안에 서비스 디자인을 위치시키고 그 원리를 소개한다. 또한 서비스 디자인 실무를 분석하고, 커뮤니티 서비스 디자인을 자세히 설명한다. 이 장에서는 새로운 종류의 디자인 실무로 서비스 디자인 사례를 입증하기 위해 인간 중심, 참여 및 코디자인codesign의 중요성 및 서비스 디자인의 전체적/시스템적 특성을 포함한 서비스 디자인 작업의 핵심 원리를 검토한다. 서비스 디자인 연구자이자 저자인 다니엘라 산지오르지 Daniela Sangiorgi는 서비스 디자인의 주요 원리에 대한 견해를 제시하고, 다른 주요 인사이트 가운데 서비스 디자인이 진화하는 양상을 짚어본다.

7장 '서비스 디자인 프로세스 시작'에서는 서비스 디자인 프로젝트가 일반적으로 구조화되는 방식을 다루고, 프로젝트 브리프를 작성하는 구체적인 방법을 제시한다. 이탈리아 파르마Parma에 있는 버스 회사의 서비스 리디자인을 사례 연구 프로젝트로 설명하고, 디자인 회사 인터세지오니Intersezioni의 파트너인 알레산드로 콘팔로니에리Alessandro Confalonieri와의 인터뷰를 수록했다. 알레산드로 콘팔로니에리는 클라이언트 조직과 디자인 브리프를 정의하는 변형적 과정을 안내한다. 인터뷰이의 프로젝트는 디자이너가 사용하는 주요 프로세스와 방법을 중심으로 더 자세히 살펴본다. '방법과 도구'에서는 서비스 디자인 프로젝트에서 사용되는 일반적인 방법과 도구를 비롯해 서비스 디자인 브리프를 작성하는 방법을 확장하고 상세히 살펴본다.

8장 '연구 및 분석'에서는 발견을 위한 리서치 방법과 종합 및 인사이트를 위한 서비스 디자인 프로세스와 도구를 제시한다. 캐나다 토론토의 정신적 헬스케어 서비스에 중점을 둔 사례 연구 프로젝트를 소개하고, 인위드포워드 InWithForward의 주임인 사라 슐만Sarah Schulman과의 인터뷰를 소개한다. 사라 슐만은 체험형 에스노그라피와 심도 있는 분석적 프로세스를 중심으로 팀의 리서치 프로세스에 대해 설명한다. 이 프로젝트는 인위드포워드 팀이 프로젝트에서 사용하는 주요 프로세스와 방법을 중심으로 더 자세히 분석하며 살펴본다. '방법 및 도구'에서는 리서치 및 분석 단계에서 사용되는 일반적인 방법과 도구에 대한 개요를 제공한다.

9장 '서비스 디자인 생성하기'에서는 새로운 서비스 아이디어 개발을 목표로 한 창의적인 워크숍과 같은 제너레이티브 프로세스에 중점을 둔다. 이 장의 사례 연구는 리부트The Reboot라는 회사가 이끄는, 나이지리아의 농촌 지역 헬스케어 관리에 중점을 둔 프로젝트이다. 판테아 리Panthea Lee와 리부트 연구원 및 디자이너 팀은 인터뷰를 통해, 혁신적인 컨셉을 개발하기 위해 팀이 만든 아이디에이션 프로세스에 대한 세부 사항을 비롯해 그들이 부딪친 제약 및 선택에 대해 이야기한다. 프로젝트 팀에서 사용하는 주요 아이디에이션 접근법을 강조하는 관점에서 이 프로젝트를 분석한다. '방법 및 도구'에서는 워크숍 및 창의적 세션, 브레인스토밍 및 스토리텔링 접근과 같은 일반적인 아이디에이션 접근법 및 기술을 확대해보며 자세히 설명한다.

10장 '프로토타이핑, 테스팅, 반복하기'에서는 물리적/디지털 채널을 위한 서비스 컨셉을 프로토타이핑하는 방법을 살펴본다. 또한 핀란드 회사 헬론Hellon이 핀란드 전역에서 구현한 새로운 약국 서비스 프로젝트를 사례 연구로 설명한다. 이 서비스 모델로 헬론은 상을 받았다. 인터뷰에서 헬론의 수석 디자이너인 후하 크론크비스트Juha Kronqvist는 이 약국 프로젝트에 헬론이 사용한 고유의 프로토타이핑 기술에 대해 설명하면서 더 자세히 살펴본다. '방법 및 도구'에서는 물리적이고 디지털적인 프로토타이핑 기술뿐만 아니라 하이브리드 프로토타이핑 방법에 대해서도 자세히 설명한다.

11장 '구현하기 및 평가하기'에서는 서비스 구현, 비즈니스 모델, 영향 평가 및 사용자 피드백과 관련된 방법을 제공한다. 이 사례 연구 프로젝트는 2012년 런던 올림픽의 서비스 디자인 팀을 이끌었던 알렉스 니스벳Alex Nisbett(리브|워크 Live|Work)과의 인터뷰로 이어진다. 알렉스 니스벳은 팀이 구현한 독특한 접근법을 관중 경험 중심으로 설명한다. 올림픽에서 사용한 평가 및 피드백 방법을 분석하고, '방법 및 도구'에서는 평가 및 피드백 방법과 더불어 비즈니스 측면 및 서비스 구현을 위한 기타 중요한 고려 사항에 대해 자세히 설명한다.

12장 '서비스 디자인 핵심 기능'에서는 고유한 도전과 기회를 고려하여 서비스 디자인 실무를 전체적으로 살펴보

고, 서비스 디자인의 핵심 역량을 정의한다. 런던예술대학교University of the Arts London의 서비스 디자인 분야 주요 연구자인 루시 킴벨Lucy Kimbell과의 인터뷰에서는 서비스 디자인 실무에 대한 학습 경로, 서비스 디자인의 핵심 역량 및 미래 서비스 디자인 직업에 대한 중요한 시각을 살펴본다.

Part I
서비스 이해하기

01
서비스 정의하기

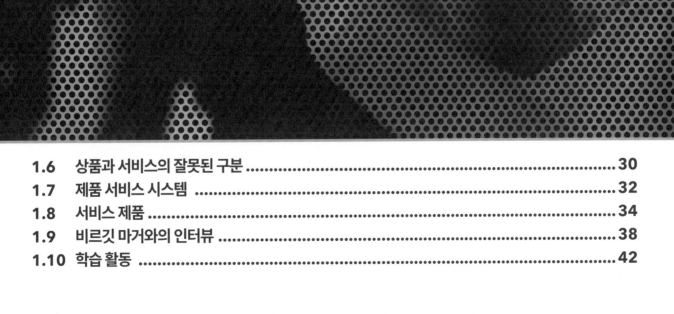

1.1
소개

이 장에서는 서비스를 이해하는 데 필요한 기본 개념을 소개하고, 서비스 렌즈를 통해 우리가 생각하는 데 도움이 되는 주요 이론을 제시한다.

우리 삶을 구조화하는 접착제로서 서비스 아이디어, 사회적 실체인 서비스의 핵심 요소로서 인터랙션의 개념, 그리고 서비스의 공동 생산 개념은 사용자 자신이 서비스 생산에 적극적으로 참여해야 할 필요가 있다는 것을 이해하는 데 도움을 준다.

다음으로 이 장에서는 서비스와 상품이 서로 다른 것이 아니라 오히려 동일한 것이며 통합적이고 구분이 없다는 점을 밝히면서, 서비스를 우리 경제의 진정한 기반으로 이해하도록 도와주는 획기적인 서비스 지배 논리service-dominant logic 개념에 대해 소개한다. 다음 개념은 통합적 이익으로 편입되는 유형의 상품과 서비스와 관계된 제품 서비스 시스템productservice system에 대한 것으로, 이는 환경적으로 발생하게 되는 개념이다.

또한 이 장에서는 서비스 디자인의 전략적이고 유형적인 결과를 설명하면서 서비스 제품에 대해 자세히 설명한다.

이 장의 마지막 하이라이트는, 전 세계의 서비스 디자인 실무자를 위해 설립된 단체인 서비스 디자인 네트워크Service Design Network의 창립자 비르깃 마거Birgit Mager와의 인터뷰이다.

서비스란 무엇인가:
잠정적으로 설정한 서비스의 정의

서비스는 경제적 측면에서 부분 간에 가치 교환이 있을 때 발생한다. 한 부분인 서비스 제공자는 특정 경험을 필요로 하며, 구체적인 결과물을 포함하는 어떤 이익을 위하여 특정 활동을 수행한다. 다른 부분인 서비스 사용자는 결과물, 경험 또는 두 가지 모두를 결합하여 가치를 인지하고, 그에 상응하는 가치를 지닌 무언가와 교환하거나 지불할 의향을 갖게 된다. 삶의 다른 측면으로 확장해보면, 서비스의 개념은 케어 개념, 예를 들면 헬스케어, 퍼스널 케어personal care 또는 사람들을 보호하는 소방관이나 종교 서비스, 나라를 지키는 군인, 커뮤니티 서비스 및 공공 서비스, 그리고 시민을 위한 보살핌과도 중첩될 수 있다. 이러한 경우 대개 두 부분(제공자와 사용자) 사이에 비용 지불이 이루어지지는 않지만, 서비스에 대한 보상은 공공 서비스와 같이 간접적인 방법을 통해 이루어진다. 그리고 다른 경우에는 자원 봉사 서비스처럼 어떤 금전적 거래도 없다.

1.2
서비스는 사회 간접 기반 시설이다

서비스는 우리가 버스를 타고, 학교에 가고, 신용카드를 사용하고, 휴대전화로 메시지를 보내거나 통화를 하고, 소셜 미디어를 사용하고, 레스토랑을 방문하고, 치과에 가고, 기사를 읽을 때 보이지 않는 방법으로 우리의 바쁜 일상 여행 속에 침투한다. 우리 삶의 이러한 사건들은 무수한 다른 서비스를 통해 서로 연결된다. 우리는 그것들을 통해 일을 수행하고 다른 사람 및 조직과 인터랙션한다. 서비스는 삶의 필수적인 기반으로서, 그리고 우리 삶의 사회 간접 기반 시설soft infrastructure로서 모든 곳에 존재한다.

서비스는 서로 다른 여러 가지 범주로 묶을 수 있다. 일반적인 서비스 범주는 교통(지하철, 버스, 택시 등), 레스토랑, 은행, 전화와 인터넷 서비스, 엔터테인먼트(영화, 연극, 콘서트, 스포츠 관람 등), 네일 숍, 이발소, 세탁소와 모든 종류의 헬스케어 및 학교 시스템을 포함한다. 수도 및 배관 서비스, 가스 및 전기와 같은 일부 서비스는 필수적인 공공시설이다. 디지털 서비스는 페이스북Facebook이나 트위터Twitter 같은 소셜 미디어 플랫폼과 스카이프Skype나 구글 드라이브 Google Drive 같은 커뮤니케이션과 데이터 공유 플랫폼, 이베이eBay나 에어비앤비Airbnb와 같이 교류를 용이하게 하는 서비스 등이 있으며 일상생활 속의 핵심 서비스이다. 이러한 모든 서비스는 계속해서 진화하면서 우리 삶을 형성한다.

오늘날 기술과 서비스 제공에서 전문성이 증가함에 따라 일상생활에서 서비스가 기하급수적으로 증가하거나, 혹은 적어도 서비스에 대한 우리 인식이 더욱 중요해졌다.

현재 우리는 '네트워크 사회'에 도달했기 때문에 우리 삶은 모든 종류의 커뮤니케이션 형태, 정보 교환을 위한 통신 및 인터넷과 같은 서비스 제공에 크게 의존한다. 우리가 점점 더 크게 의존하고 있는 모든 커뮤니케이션과 정보 서비스가 없는 삶은 이제 상상하기 어렵다.

도표 1.1~1.12 일상생활의 전형적인 서비스: 교통, 카페, 소셜 미디어, 학교, 레스토랑과 바, 헬스케어, 엔터테인먼트, 개인 케어, 타인을 위한 케어, 자동차 서비스

1.7

1.10

1.8

1.9

1.11

1.12

1.3
인터랙션은 서비스의 핵심이다

디자이너로서 우리는 서비스를 주로 경제 활동이 아니라 인간의 경험으로 본다. 일부 사회과학자들은 서비스가 항상 수익성이 있는 것이 아니며 항상 회사나 조직과 관련된 것도 아니라고 주장한다. 그 대신 서비스는 더 깊은 의미에서 인간의 상태에 기반하고 있다.

서비스는 본질적으로 관계적이고 사회적이며 사람 중심적인 실제이다. 또한 관계는 시간이 지남에 따라 발생하기 때문에 서비스는 일시적이다. 인간의 행동과 인간관계는 서비스에 기초하므로, 서비스의 조건에 따라 불확실성과 예측불가능성을 인식하는 것이 필수적이다. 따라서 서비스 인터랙션은 예측할 수 없으며, 우리는 일이 어떤 방식으로 일어날지 장담할 수 없다.

서비스 매니지먼트 문헌에서는 인터랙션을 서비스에서 가치가 주어지는 순간, 즉 서비스의 '진실의 순간moment of truth'으로 인정한다. 사람(사용자)이 터치포인트를 통해 서비스와 인터랙션할 때 '서비스 인카운터service encounter'가 발생한다. '터치포인트'는 서비스의 물질적 측면이며, 서비스 인터랙션을 지원하는 인공물artifacts로 구성된다. 터치포인트는 인터랙션을 물리적으로 가능하게 할 뿐만 아니라 더 좋고 효율적이고, 더 의미 있고 바람직하게 만드는 핵심 열쇠이다. 그러므로 서비스는 일종의 인공물에 기반을 두고 이들에 의해 지원되기 때문에 또한 물질적이다.

'진실의 순간'에 발생하는 인터랙션은, 서비스 제공자의 비용과 노력에 대한 결과를 평가할 수 있는 사람들이 서비스를 인식하고 그 가치를 결정하는 데 중요한 요소이다.

서비스 인카운터의 품질에 대한 인식에서 터치포인트가

수행하는 역할을 제외하고, 서비스는 서비스 디자이너와 서비스를 제공하는 조직 자체의 통제를 넘어 수많은 다른 요소들에 달려 있으며 시간이 지남에 따라 달라질 수 있다. 그 이유는 서비스가 고유한 대면 인카운터face-to-face encounter, 자동화된 디지털 인터페이스와 다수의 다른 채널 또는 이들의 조합을 통해 제공될 수 있기 때문이다. 서비스를 조율할 때에는 이러한 각 채널과 그 뒤에 있는 프로세스를 고려해야 한다. 시간이 지남에 따라 긍정적인 순간을 일관적으로 전달하는 것은 모든 종류의 서비스 조직에 매우 중요한 과제이다.

인터랙션을 디자인한다는 개념은 디자이너에게 중요한 질문을 제기한다. 인터랙션을 디자인할 수 있는가? 이 질문은 디자인의 한계를 드러낸다. 몇몇 저자들은 이 난제를 다루고 있다. 그들 중 일부는 인터랙션이 사람과 사물, 서비스 또는 시스템 사이에서 일어나는 모든 종류의 인터랙션을 고려하면서 즉흥적이고 예측할 수 없는, 일상생활의 세부 사항과 특수성을 있는 그대로 포함하고 있다고 생각한다. 다른 연구자들은 서비스 인터랙션을 디자인하는 것은 거의 불가능하고, 서비스를 디자인하기보다는 서비스를 '위해' 디자인하는 것을 언급하며 인터랙션 자체가 아니라 인터랙션이 발생하는 '조건'을 디자인할 수 있다고 주장한다.

한편 유형의 인공물에 대한 보장에 익숙한 일부 디자이너에게는 서비스와 인터랙션의 예측 불가능성을 마주하는 것은 고통스러울 정도로 복잡하거나 어렵게 여겨질 것이다. 제품 디자이너는 3차원 사물을, 그래픽 디자이너는 2차원 시각물을, 건축가는 물리적 공간을 디자인할 것임을 알고 있다. 하지만 서비스 디자이너는 리서치 프로세스가 진행될 때까지 무엇을 디자인해야 할지 모를 수도 있다.

반면 인터랙션을 디자인하는 것은 '형태와 기능'을 넘어 더 깊은 사회적 영향을 만들어낼 수 있는, 즉 보다 지적이고 전략적인 실천 이상을 만들 수 있는 새로운 가능성의 세계를 디자이너에게 제시한다.

인터랙션 범주에서 디자이너의 도전을 돕는 몇 가지 핵심 영역에 대해 알아보자.

첫번째 영역은 암묵적 행동tacit behavior으로, 사회적 인터랙션의 본질과 관련 있다. 암묵적 행동은 형식적 행동 또는 성문화된 행동의 반대를 의미한다. 사회적 인터랙션이란 사람, 개인 또는 집단 간에서 일어나는 역동적 인터랙션이며, 사회 규범과 연결되어 어떤 사회에서든 역동적이고 진화하는 맥락적, 문화적, 감정적, 미적 측면과 연결되어 있다. 따라서 디자인에 있어 암묵적 행동을 이해하는 것은 필수적이다. 서비스 디자인이 사용자 중심이어야 하는 이유이다. 서비스 디자인은 서비스 제안을 개발할 때 코디자인 프로세스와 참여적 방법을 통해 사람들과 반복적으로 협의하면서 사

람들이 처한 맥락에서 직접 관찰하고 기록하는 것에 달려 있다. 이는 디자이너의 작업을 더 복잡하고, 비선형적이고, 모순적이면서도 흥미진진하게 만든다.

두번째 영역은 인터랙션이 기술 기반 장치와 인터페이스를 통해 매개될 때 인터랙션이 발생하는 매체와 관련 있다. 이러한 인터랙션에서 우리는 장비의 하드웨어 디자인뿐만 아니라 프로토콜과 코딩(예를 들어, '만약 x이면 다음은 y이다')을 기반으로 작성된 소프트웨어의 영향을 받는다. 인터페이스와 인터랙션 시스템 디자인은 사용자가 특정 경로를 거쳐 어떤 결과에 도달하도록 지시하는, 사전에 결정된 프로토콜(프로그래밍)을 정의하는 데 달려 있다. 철학 분야는 상호성interactivity에 대한 디자인을 이끄는 유용한 원칙을 제공한다. 그러한 원리 중 하나는, 인간으로서 우리는 자연스럽게 인지하고 반성적 사고reflective thinking를 하는 개인이 아니라 오히려 직관적인 행동에 의존해 이 세상에서 개인으로 위치하고 있는 존재라는 개념이다. 다시 말해, 우리는 먼저 생각하고 나중에 행동하는 것이 아니라 사실 그 반대이

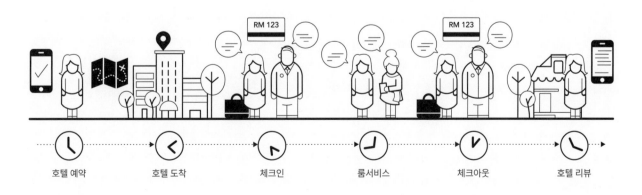

도표 1.13 시간 경과에 따른 다중 채널을 통한 서비스 인터랙션: 일부 인터랙션은 직접 대면하는 반면, 다른 인터랙션은 기술을 통해 매개된다.

다. 그렇기 때문에 디자인된 프로토콜에 대한 사람들의 반응은 결코 예측할 수 없다. 인터랙션 디자이너는 자동화된 프로토콜에 대한 사람들의 반응을 예측하기 위해 많은 시간을 할애해야 할 뿐만 아니라, 무엇보다도 개발 프로세스 내내 맥락 안에서 사용자와 함께 인터랙션 아이디어를 테스트해야 한다.

고려해야 할 인터랙션의 세번째 영역은 인터랙션의 다중적 특성이다. 서비스는 일반적으로 거의 사전에 결정된 빈도에 따라 시간이 경과하며 발생하는 인터랙션을 기반으로 한다. 우리는 특정 서비스와 매일, 또는 다른 서비스와 매주, 매월, 매년, 그리고 일부 서비스와 가끔씩, 또다른 일부 서비스와는 평생에 한 번만 인터랙션한다. 우리가 자동화된 프로토콜을 사용하고 있더라도 이들 서비스는 아마도 정확하게 동일한 방식으로 반복되지 않을 것이다. 시간이 지남에 따라 인터랙션의 지속적인 처리를 통해 서비스 가치에 대한 인식이 형성된다. 좋은 서비스는 일관성이 있고, 나쁜 서비스는 일관성이 없고 모순적이다. 우리가 다른 미디어와 채널을 통해 서비스와 인터랙션할 때 일관성consistency에 대한 어려움은 더욱 크다.

앞서 예상한 대로 시간은 서비스 디자인에서 고려해야 할 네번째 영역이다. 인간 대 인간, 인간 대 기계/컴퓨터와 같은 서로 다른 미학적 및 기능적 채널에 걸쳐 시간에 따라 전달되는 경험에 대한 인식을 균형 있게 유지하려면 몇 가지 특별한 도구가 필요하다. 디자이너가 개발하고 사용하는 주요 시간 기반 도구time-based tool는 시간 기반 내러티브 time-based narrative로, 특히 행동 및 인터랙션을 프레임 또는 타임라인의 시퀀스로 설명하는 '서비스 블루프린트'와 '고객 여정'이다. 라이브로 촬영하거나 비디오를 통해 캡처한 '실연enactment'은 서비스 디자인 내러티브를 그려보는 데 도움을 주므로 인기 있는 도구이다. 이것은 서비스 디자이너들이 서비스가 어떻게 펼쳐질지를 포착하고, 다른 관점에서 그것들을 보는 이야기와 내러티브를 만드는 데 도움을 준다.

1.4
서비스는 공동 생산된다

서비스 생산은 사용자 측면에서는 다양한 수준의 서비스 제공 기관에 의존하기 때문에 서비스에서 사용자가 서비스 생산에 적극적으로 참여하게 된다. 생각해보면 우리는 물질적으로 극장에 가고, 자리를 찾고, 영화를 관람해야 한다. 우리는 온라인 금융 서비스를 이용해 온라인에 접속하고 버튼을 클릭하고 청구된 비용을 송금해야 한다. 서비스 사용자는 자신의 지식을 서비스 현장에 가지고 와 가치를 창출하는 적극적인 참여자이다. 그들의 행동과 서비스 제공자 간의 인터랙션이 최종 결과에 영향을 미친다.

사용자가 제공자와 인터랙션함으로써 서비스 결과에 실질적으로 어떤 영향을 미칠 수 있을까? 첫째, 서비스 디자인 실무자는 자신이 디자인하고 있는 서비스에 영향을 미치는 사회적 규범, 사회적 맥락과 가치 체계를 알아야 한다. 둘째, 실무자는 미지의 많은 불확실성을 탐색하면서 모든 움직이는 부분의 복잡성을 설명해야 한다. 프로젝트가 더 큰 상황의 일부라고 느껴야 한다. 불확실성은 고객을 포함하여 프로젝트 이해관계자와 협상하기 어렵게 할 수 있다.

서비스는 반드시 공동 생산되어야 하고, 디자인 관점에서 그 결과는 항상 디자이너의 통제하에 있는 것은 아니다. 4장에서 확인하게 되겠지만, 특히 공공 서비스 제공 분야에서 '공동 생산'에 대한 인식이 점차 확대되고 있다. 공공 서비스 제공에 시민 참여를 활성화하는 것이 공공 서비스의 효율성을 개선하는 전략이 되고 있다. 서비스가 구현되고 있는 지역사회에 뿌리를 둔 주민들은 내부 지식을 가지고 있으며, 이는 이러한 공공 서비스에서 필수적인 동인이 될 수 있다. 사용자 참여와 협업, 코디자인은 공동 생산된 서비스를 디자인하는 방법의 핵심 요소이다.

Original picture credit: Christian Smirnow

도표 1.14 '그린 섬Green Thumb'은 공공 부문의 공동 생산 사례로, 시민들이 정원을 직접 관리할 수 있도록 필요한 자재와 자원을 제공하며, 커뮤니티 정원 관리 및 유지 측면에서 시민을 지원하는 뉴욕시의 공원 및 레크리에이션New York City's Department of Parks & Recreation 프로그램이다.

1.5
서비스 지배 논리

저명한 서비스 학자들은 상품이 아니라 서비스가 인적 교환의 기본 단위라고 주장한다. 사람들은 무엇을 하고자 할 때 자신이 보유하고 있지 않은 지식, 정신적 또는 신체적 기술에 대해 다른 사람들에게 물어본다. 결국 다른 사람의 서비스를 요청하는 사람도 자신의 지식, 정신적·신체적 기술, 그리고 다른 사람들이 필요로 하고 원하는 것에 따라 스스로 또다른 사람들에게 서비스를 제공할 수 있다. 즉, 사람들은 시장이 있을 때 자신의 역량을 교환한다. 고대 그리스의 테라코타 용기에서 정교한 개인용 컴퓨터에 이르기까지 물질적 제품은 사실 개별 제품 디자인과 제작에 관여한 한 명 또는 다수 사람들의 지식, 정신적·신체적 기술을 물질적으로 구현한다.

> 바퀴, 도르래, 내연 기관과 통합된 칩은 모두 압축된 지식의 예이며, 그것들은 사안을 알리고 다시 기술 적용(즉, 서비스)을 위한 유통 채널이 된다. (바르고Vargo 와 러시Lusch, 2004)

그러므로 이러한 논리를 바탕으로 볼 때 서비스는 경제의 진정한 기반이라고 할 수 있다. 그러나 모든 서비스가 상업적 거래인 것은 아니다. 가족 내에서 가족 구성원이 서로를 어떻게 돌보고 있는지 생각해보자. 자녀를 돌보는 어머니 또는 아버지, 나이든 어머니를 돌보는 딸이나 아들, 심지어 당신이 아플 때 돌봐주는 이웃도 있을 수 있다. 서비스는 경제의 기반일 뿐만 아니라 사회관계와 인터랙션의 기반이기도 하다.

사실 모든 물질세계는 어떤 매체에 적용된 기술에 결합된 기술과 지식의 표현으로 정보와 물질의 다양한 흐름을 통해 표현된다. 이 논리는 생산과 소비를 위한 새로운 패러다임과 우리의 전체 가치 체계를 만들며, 경제적 측면에서 서비스가 어떻게 인식되고 측정되는지와 서비스의 개념을 전반적으로 확대한다. 서비스가 어떻게 이해되는지에 대한 극적인 변화를 생각하면, 사회 공동체로서 우리는 우리의 사고 방식을 다른 논리, 즉 '서비스 지배 논리service-dominant logic'로 바꿔야 한다.

비록 서비스가 우리 경제의 진정한 기반이라 할지라도, 우리의 문화적 사고방식은 여전히 상품 교환을 가치 창출과 교환의 주요 패러다임으로 따른다. 이러한 패러다임의 변화는 아직도 해결되지 않았다. 우리는 여전히 서비스 논리에 완전히 익숙해지지 않았으며, 18세기 산업혁명에 비견할 수 있는 서비스 혁명을 촉진하기 위한 준비가 제대로 되어 있지 않다. 정치인들은 여전히 일자리를 창출하기 위해 제조업 분야의 활성화를 장려하며, 보험 회사와 은행은 여전히 자신들의 상품을 '제품'으로 광고하고 있으며, 주류 언론과 정치적 담론은 아직까지도 대부분 제품 중심적으로 이루어지고 있다.

이러한 격차에 대응하기 위해 바르고와 러시가 제안한 서비스 지배 논리 모델에서는, 상품보다 서비스가 경제적 교환의 기본 단위이며 현대적이고 더 의미 있는 패러다임이다. 서비스 지배 논리에서는 서비스가 상품을 포함하기 때문에 상품과 서비스 간에 어떤 구분도 존재하지 않는다. 서비스 지배 논리는 상품과 서비스를 서로 다른 두 가지가 아닌, 오히려 통합된 동일한 것으로 보는 새로운 관점을 제안한다.

A1	FP1	서비스는 교환의 근본적인 기초이다.
	FP2	간접 교환은 교환의 근본적인 기초를 만든다.
	FP3	상품은 서비스 제공을 위한 분배 메커니즘distribution mechanism이다.
	FP4	운영 자원operant resource은 전략적 이익의 근원이다.
	FP5	모든 경제는 서비스 경제이다.
A2	FP6	가치는 항상 수혜자를 포함하여 다수의 행위자와 함께 공동 창조한다.
	FP7	행위자는 가치를 제공할 수 없지만 가치 제안을 창조하고 제공하는 데 참여할 수 있다.
	FP8	서비스 중심 관점은 본질적으로 수혜자 중심적이며 관계적이다.
A3	FP9	모든 사회적, 경제적 행위자는 자원 통합자이다.
A4	FP10	가치는 항상 수혜자에 의해 독특하고 현상학적으로 결정된다.
A5	FP11	가치 공동 창조value co-creation는 행위자가 만든 기관 및 제도적 조치를 통해 조정된다.

바르고와 러시는 서비스 지배 논리(2004, 2014, 2016)를 요약하는 11개 기본 원칙(fundamental principle, FP)을 위와 같이 규정했다.

도표 **1.15** 서비스 지배 논리의 11개 기본 전제(FPs) 중 5개는 서비스 지배 논리의 본질을 포착하고 다른 기본 전제를 도출하는 원리로 인정되어왔다.

1.6
상품과 서비스의 잘못된 구분

서비스 문헌에서는 원래 서비스를 상품에 반대되는 것으로 정의해왔다. 서비스의 주요 특징은 서비스가 무엇이고 서비스가 가지고 있거나 제공하는 것이 무엇인지 대신, 무엇이 부족한지 인식되는 것을 바탕으로 종종 설명되어왔다. 서비스는 유형적이지 '않고' 동질적이지 '않고' 지속되지 '않으며', 그들의 생산과 소비는 서로 분리될 수 '없다'.

서비스 마케팅 학자가 고안한 IHIP 프레임워크는 서비스가 다음 네 가지 주요 특징에 의해 구분될 수 있다고 제안한다.

- 무형성Intangibility: 서비스는 대체로 무형인 반면 상품은 감지하고 느끼고 만지고 맛볼 수 있다.

- 이질성Heterogeneity: 서비스 인카운터encounter는 대부분 고유하고(또는 적어도 인간과 인간의 인터랙션을 기반으로 한 인카운터) 문화적 맥락에서 분리할 수 없기 때문에, 서비스 제공은 불규칙하고 이질적인 방식으로 수행되고 경험된다. 대조적으로 상품은 다양한 경험의 결과를 낳는 경향이 있다.

도표 1.16 서비스는 대부분 '무형'이라고 할 수 있다. 콜센터와 통화할 때 우리는 어떤 것도 보거나 만지거나 맛볼 수 없다. 심지어 우리는 그곳의 대표자가 누구인지 또는 그들이 어디에 있는지도 알지 못한다.

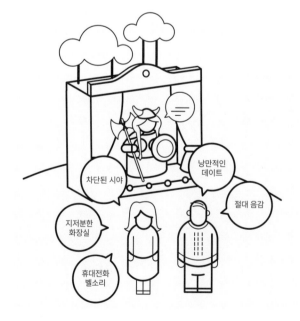

도표 1.17 서비스의 '이질성'은 여러 사람이 매우 다른 방식으로 동일한 상황을 경험할 수 있다는 것이다. 두 사람이 동시에 같은 연극을 보더라도 서로 다른 경험을 할 수 있다.

- 불가분성Inseparability: 서비스의 생산과 소비는 동시에 발생한다. 즉, 제품과 상품(대량생산 제품)과는 달리 사용자는 서비스 제공 과정에 참여하게 된다. 서비스는 서비스 제공을 정의하는 공급자와 사용자 간의 인터랙션이다.

- 소멸성Perishability: 일반적으로 서비스는 저장할 수 없으므로 이것들은 소멸하기 쉬우며 수요와 공급의 동기화가 필요하다. 이는 상당한 물류와 경영 면에서 관리와 노력이 필요하다.

보다 최근의 연구에서는 서비스와 상품은 서로 반대되는 것이 아니며, 제품의 반대로 서비스를 정의하는 것은 사용자나 고객에게 별로 이치에 맞지 않을 수 있다고 제안한다. 사람들은 두 가지를 구별하지 않는다. 그들은 단지 문제가 해결되기를 바랄 뿐이다. 또한 IHIP는 서비스의 본질을 이해하는 데 도움이 되는 출발점으로서는 유용하지만, 많은 서비스가 실제로는 IHIP 규칙과 모순될 수 있다는 사실은 설명하지 않는다. 예를 들어, 일부 서비스는 휴대전화에 의존하는 문자메시지 서비스와 같은 유형의 상품을 필요로 한다. 우리는 상품과 서비스 사이에 실질적인 차이는 존재하지 않는다고 생각할 수도 있다. 서비스는 상품을 포함한다. 서비스 지배 논리의 원리로 돌아가면, 상품과 서비스는 실제로 똑같은 것이므로 두 가지를 다른 것으로 볼 수 없다.

도표 1.18 서비스에서 생산과 소비는 동시에 발생하며 '분리될 수 없다'. 우리는 식당에서 집으로 음식을 가져올 수는 있지만, 이 식당의 서비스는 음식에 관한 것만이 아니며 특정 분위기와 함께 특정 공간에서 신선하게 준비된 음식을 먹는 것과 관련 있다.

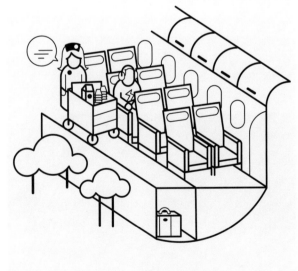

도표 1.19 '소멸성'이란 나중에 소비하기 위해 많은 서비스의 상황을 저장할 수 없다는 것을 의미한다. 오늘 출발하는 비행기의 16B 좌석에 아무도 착석하지 않는다면 그 자리는 영원히 사라진다. 항공사는 그 자리를 다시 판매할 수 없다.

1.7
제품 서비스 시스템

서비스 지배 논리 개념의 개발과 더불어 2000년대 초 '제품 서비스 시스템product service systems, PSS' 개념은 미국에서 등장한 유사한 개념인 '서비타이제이션servitization'과 거의 동시에 나타났다. 제품 서비스 시스템은 서비스와 제품을 또다른 견해로 통합하며 제시한다. PSS의 주요 초점은 환경적으로 지속 가능한 동시에 상업적으로 실행 가능한 소비 및 생산 모델을 찾는 것이다.

PSS 개념의 원칙은 간단하다. 우리는 제품을 구입하는 대신 사용에 대해 지불하거나 공유된 소유권에 의해 해당 제품의 기능을 얻는다. PSS 사례의 전형적인 예로는 세탁과 자동차 공유 서비스가 있다. 두 경우에서 사용자는 니즈를 수행하는 물리적 상품(세탁기, 자동차)을 구입하거나 소유하지 않고도 자신의 니즈(의류 관리, 교통)를 충족하는 것을 경험한다.

환경적 관점에서 볼 때 PSS는 일상생활과 관련된 물적 발자국을 줄이는 동시에 수익성에 대한 기업의 요구에 대응하는 비즈니스 전략을 제공한다. 세탁기와 자동차는 계속 생산되고 판매되겠지만, 판매 및 사용 방식은 소유권이 아닌 공유 소비 방식에 따라 달라질 것이다. 기업의 수익 모델은 물론 그에 따라 재정렬되어야 한다.

2000년대 초반에 공유 소비 개념이 등장하기 시작했을 때 처음에는 회의적이었지만, 그 이후로 문화적 관점이 상당히 변화했다. 오늘날 도시 커뮤니티에서 공유 상품에 대한 아이디어가 폭넓게 수용되고 있으며, 공유 경제는 여러 모델로 발전해왔다(2장 참조).

자동차 공유는 개인 자동차 소유권이 제한되는 도시 커뮤니티와 대학 캠퍼스를 대상으로 사용 가능한 공간과 재정 자원에 따라 제공되는 제품 서비스 시스템으로, 가장 성공적인 모델 중 하나이다. 회원들은 가입비를 지불하면 네트워크에서 차량을 검색하여 시간당 단기 대여로 예약할 수 있다. 웹사이트 또는 모바일 애플리케이션을 통해 이러한 서비스를 이용할 수 있다. 예약이 완료되면 회원은 자

도표 1.20~1.22 자동차 공유 회사 집카Zipcar의 터치포인트: 주차 구역의 사인, 카드로 자동차를 잠금 해제하는 사용자, 모바일 애플리케이션

동차가 있는 위치로 이동하여 회원카드를 사용해 자동차의 잠금을 해제한다. 이용이 끝나면 차량을 원래 위치로 반납해야 한다. 그래야 그다음에 예약한 사람이 차를 사용할 수 있다. 뉴욕과 워싱턴 D.C. 같은 도시에는 수백 대의 공유 차량이 있으며, 공유 차량은 대여 가능한 상태로 주차되어 있다.

자동차 공유 모델은 여러 주요 기업에서 탄탄한 시장을 형성하여 전 세계 여러 도시에서 실행되고 있다. 주요 렌터카 업체도 이 시장에 진출하여 자동차 공유 회사를 인수했다. 자동차 제조 업체인 포드Ford사도 이제 자동차 공유 모델을 실험하고 있다. 이 모델은 사용 편의성, 문화적 수용성 확대와 함께 유료 회원을 자동차 네트워크에 연결하는 데 초점을 맞춘, 긴밀하게 통합된 서비스 시스템 덕분에 성공하고 있다. 일부 자동차 공유 회사의 접근 방식은 분명 지속 가능성이라는 주제와 관련되어 있다. 그들은 CO_2 방출을 최소화하고 기존 차량의 사용을 최적화하면서 사용자에게 명확한 가치를 제안할 수 있는 서비스를 제공한다.

이는 대중에게 좋은 반응을 얻고 있다. 자동차 공유 시스템은 대체로 시장 수요에 대해 현명하게 대응하여 성공할 수 있었으며, 체계적이고 사용자 중심적인 서비스 디자인 접근 방식에 기반하고 있다. 이는 올바른 채널과 적절한 터치포인트를 사용하여 사용자와 호환되는 명확한 '서비스 오퍼링service offering'을 통합한다. 마지막으로, 이 시스템은 대개 도시교통 관련 공공 기관과 협력해 공유 차량을 위한 전용 주차장 마련 같은 특별한 혜택도 창출하고 있다.

도표 1.23 일부 도시에는 공유 차량을 위한 전용 주차 공간이 있다(이미지: 워싱턴 D.C.).

1.8
서비스 제품

서비스의 물질성을 어떻게 포착할 수 있을까? 서비스는 실제로 보이지 않는 것일까? 그리고 서비스의 가시적인 결과는 무엇일까? 우리는 서비스가 단순히 사물, 프로세스와 기술이 결합된 것 이상이라는 사실을 잘 알고 있다. 서비스는 물질적인 인공물, 공간, 디지털 인터페이스와 디바이스를 통해 물질적 현상을 내재하고 있다. 따라서 서비스 디자인의 산출물은 물질적인 이 인공물과, 이들이 어떻게 인터랙션 조건을 형성하는지로 구성된다.

대부분의 사람들은 제품과 상품이라는 용어를 상호 교환하여 사용하지만, 이 둘은 정확히 동일한 것을 의미하지는 않는다. '상품goods'이라는 용어는 유형의 물질적인 제품을 의미한다. 그리고 '제품product'이라는 용어는 무형의 제품으로 간주되는 물질적 상품과 서비스를 모두 포함한다.

논의한 바와 같이, 상품과 서비스를 구분하는 것은 논쟁의 여지가 있다. 사용자 관점에서 볼 때, 대개 상품이 오로지 서비스와 연결되거나 서비스를 전달하는 매개체로서 상품인 경우 물질적인 상품과 서비스 간의 상호 연결을 쉽게 볼 수 있다. 조본업Jawbone Up, 미스핏Misfit, 피빗Fitbit 밴드와 같이 인기 있는 건강 모니터링 장치에 대해 생각해보자. 이들 모두는 통합 시스템 웨어러블과 모바일 앱으로 상용화되었다.

서비스 디자인 프로세스의 산출물은 물질적인 측면과 이 물질적인 것을 통해 사람들이 얻는 것, 즉 최종 결과(예: 성공적인 치과 진료)와 경험(쉽고 효율적인 예약 시스템, 도움이 되는 직원, 편안한 분위기 등)의 조합으로 구성된다. 서비스 디자인의 제품은 전략적이고 물질적인 산출물을 모두 포함한다.

몇 가지 기본 정의에 대해 정확히 짚고 넘어가자.

• 서비스 오퍼링

서비스 디자인의 가장 전략적인 '제품'인 '서비스 오퍼링 service offering'은 궁극적으로 서비스의 모든 것, 전달된 결과, 서비스 제공자와 서비스 사용자 간에 공동 창조된 가치이다. 서비스 오퍼링을 디자인하는 것은 사용자가 요구하는 바를 깊이 이해하고, 이러한 요구를 특정 조직이 기꺼이 제공할 수 있는 사용자에게 바람직한 제안으로 해석하는 것을 의미한다. 서비스 오퍼링은 서비스 제공자가 사용자에게 제공하는 가치 제안이다. 이것이 성공하려면 사용자와 제공자에게 인식되는 양립적 가치가 있어야 한다. 따라서 여기에는 사용자와 사용자의 맥락에 대한 연구뿐만 아니라 서비스 조직과 그 조직이 작동하는 방식에 대한 연구가 필요하다. 연구 결과에 따르면, 디자이너는 새롭거나 개선된 서비스 제공을 위한 로드맵을 찾아낼 수 있다.

• 터치포인트

서비스 디자인 전문 사전에서 '터치포인트touchpoint'라는 용어는 서비스 수행을 뒷받침하는 물질적 증거 또는 물질적 시스템을 지정하는 데 사용된다. 터치포인트에는 물리적 상품, 실내 및 외부 공간, 인쇄물, 사물이나 건축물 표면에 적용된 시각물, 디지털 인터페이스와 디바이스, 가구 및 조명, 직원들이 입는 유니폼과 그 밖의 의상, 심지어 환경에서 맡을 수 있는 냄새와 향기, 배경 음악 및 소리, 그리고 직원들이 사용자와 인터랙션할 때 들려오는 대화 지침이 어느 정도 포함된다. 원칙적으로 서비스의 모든 물질적 구성 요소는 디자인의 대상이 될 수 있으며, 전문 디자이너가 참여했는지 여부에 관계없이 모두 의도적으로 디자인된 것이다.

• 서비스 채널

사용자가 서비스 터치포인트를 접할 때 이용하는 미디어는 일반적으로 '서비스 채널service chanel'로 지정된다. 일반적인 서비스 채널로는 이메일, 전화, 대면, 우편, 모바일 애플리케이션이 포함되고, 터치포인트는 단일 통화 또는 이메일 교환이다. 고객은 하나 이상의 채널을 통해 서로 다른 터치포인트와 인터랙션할 수 있으며, 서비스 제공자의 업무는 다양한 채널에서 일관된 서비스 경험을 전달하는 것이다.

| 제품 | 디지털 인터페이스와 디지털 장치 | 직원들이 입는 유니폼과 의상 | 실내 공간 및 실외 공간 | 출력물 | 사인 시스템 | 가구와 조명 | 직원이 사용자와 상호 작용할 때 대화 지침 |

도표 1.24 서비스 터치포인트의 사례이다.

● 서비스스케이프

'서비스스케이프servicescape'의 개념은 서비스 디자인 프로젝트의 물질적 표현을 이해하고 확장하는 데 도움이 된다. 주어진 서비스 인터랙션에 존재하는 분위기 및 장식 요소를 포함한 모든 물리적 디자인을 지정하는 데 있어, 초기 서비스 마케팅 문헌에서 서비스스케이프의 개념은 '물질'과 '사회' 간의 상관관계를 생각하는 데 도움을 준다. 서비스스케이프의 물질성은 서비스 경험에서 고객의 인식과 행동에 강한 영향을 줄 뿐만 아니라 서비스 제공자에게도 영향을 미친다. 따라서 서비스스케이프는 사용자와 제공자 간의 대화 또는 활발한 움직임이 현실이 되는 서비스 인터랙션의 무대로 이해할 수 있다.

이 장의 마지막 요점으로, 서비스의 물질성과 관련하여 제품/산업 디자인, 커뮤니케이션 디자인, 인테리어 디자인 또는 건축과 같은 전통적인 형식의 디자인과 서비스 디자인을 연관시키는 것이 중요하다. 디자인은 필요성과 희망을 해석하고 사람, 조직, 심지어 국가의 사회적, 문화적 규범을 포착하여 이를 새로운 객체와 커뮤니케이션 시스템으로 변환시켜온 오랜 역사를 지니고 있다. 우리를 둘러싼 물질세계는 우리 삶을 감싸고 구조화하는 '담'과 같은 존재이다. 도구와 주거지를 만드는 것으로 우리의 웰빙을 향상시키는 능력은 인간의 조건에 기초한다. 또한 개체는 기능적인 도구일 뿐

만 아니라 쉽게 분류할 수 없는 의미, 심미적 해석, 기호 및 추억과 같은 기능을 넘어서는 속성으로 풍부해지고 있다.

서비스와 인터랙션에 관련된 사물의 역할과 구축 환경에 대해 이야기하는 것은 가장 심오한 명칭에 대한 디자인의 역사와 우리를 연결시킨다. 사람들은 산업혁명 훨씬 이전, 유명한 장인이나 디자이너와 건축가가 존재하기 전부터 기능과 형식 및 의미의 균형을 잡으면서 공간과 사물, 통신 시스템을 만들었다. 폼페이 유적지에는 고대의 소매 공간이 몇 곳 남아 있으며, 그중 일부는 올리브 오일과 곡물을 담을 수 있도록 구멍을 낸 대형 카운터를 특징으로 한다. 이는 고대에도 특정 인터랙션에 도움이 되도록 디자인된 공간과 사물이 존재했다는 증거이다.

따라서 서비스 디자이너는 그들의 실무를 디자인 역사의 일부로 알아야 하고, 서비스 디자인을 전통적인 디자인 활용과 얽혀 있는, 본질적으로 연결된 것으로 봐야 한다.

도표 1.25 공항의 서비스 장면은 연극의 장면과 비슷하다. 서비스스케이프는 무대, 소도구, 의상, 미리 정의된 대화와 함께 완성된다.

1.9
비르깃 마거와의 인터뷰

비르깃 마거Birgit Mager는 독일 쾰른 디자인 국제학교Köln International School of Design(KISD)의 서비스 디자인 전공 교수이다. 그녀는 KISD 소속 서비스 디자인 연구 센터Center for service design research at KISD인 세데스Sedes의 설립자이자 디렉터이며, 서비스 디자인 네트워크의 공동 설립자이면서 회장이고, 서비스 디자인 잡지 〈터치포인트Touchpoint〉의 수석 편집장이다.

당신은 서비스 디자인을 어떻게 정의하는가?

서비스 디자인은 그와 관련된 다양한 이해관계자의 가치를 창출하기 위해 서비스의 인력, 기반 설비, 커뮤니케이션과 물질적 구성 요소를 연출하는 활동이다. 초기에는 사용자에게 사용 가능하고 유용하며 바람직한 인터페이스, 터치포인트와 인공물을 디자인하는 데 중점을 두었다. 하지만 오늘날 우리는 그 가치가 모든 이해관계자에게 동등하게 분배되어야 한다는 것을 알고 있다. 전체 시스템을 고려하면 컨셉과 구현 사이의 차이를 해소할 수 있는 한 방법이기 때문에 서비스 디자인이 다른 산업 분야에 비해 더욱 매력적일 수 있다.

서비스 및 서비스 매니지먼트service management와 서비스 과학service sciences과 같은 서비스 관련 분야는 오랫동안 존재해왔지만, 디자이너가 이 분야에 들어선 것은 약 10년 전이다. 디자인이 이 서비스 관련 분야에 독창적으로 기여하는 것은 무엇인가?

초기에 디자인은 사용자의 관점에 초점을 맞추기 위해 질적, 양적 연구를 결합하며 사람들의 니즈, 선호도 및 욕구에 대한 깊은 통찰력을 얻을 수 있는 능력을 길러왔다. 또한 디자이너는 학제 간 팀에 참여적 접근 방법을 사용하도록 소개했다. 지난 10년간 이러한 기법은 마케팅 담당자나 다른 서비스 비즈니스 관리자들에게 있어 필수적이었다. 디자이너로서 우리는 고유성을 조금씩 잃어가고 있지만, 디자인은 아직 존재하지 않는 시나리오를 구상하는 능력과 서비스 개선 및 혁신을 위한 서비스를 프로토타이핑할 수 있는 역량으로 매우 가치 있게 기여하고 있다.

서비스 디자인은 학문인가 아니면 전문직인가?

둘 다이다. 서비스 디자인은 학문인 동시에 전문직이다. 자신의 문화에 서비스 디자인을 가져오는 것은 누구나 할 수 있지만, 조직의 프로세스에 새로운 전문 지식을 제공하는 이는 서비스 디자인 전문가들이다. 예를 들어, 내가 1년에 걸쳐 한 기업을 방문하면서 그중 10일 동안 서비스 디자인을 가르친다면, 혹 이를 서비스 디자인으로 여기지 않더라도 많은 사람들은 서비스 디자인에 대한 풍부한 지식을 얻게 된다. 그러나 특정 프로젝트를 진행할 때에는 전문 지식을 갖추고 있고, 구체적인 시간 약속을 잡으며, 외부 관점을 제공하는 외부의 디자인 파트너를 고용할 수 있다.

서비스 디자인 관련 커뮤니티의 개발, 특히 서비스 디자인 네트워크의 역사에 관해 말해줄 수 있나? 그리고 이 커뮤니티에 산업과 학술 연구가 어떻게 함께하고 이루어지는가?

서비스 디자인은 아직 새로운 분야이긴 하지만, 그와 함께 강력한 커뮤니티가 발전해왔다. 서비스 디자인 네트워크는 기업인, 컨설턴트 및 연구원 간의 교류를 지원하기 위해 만들어졌다. 현재 이 세 분야의 참여자가 꽤 균등하게 관련 행사에 분포되어 있으며, 특히 공공 및 보건, 금융 등 여러 분야에 참여하고 있다. 서비스 디자인에 관한 학술 연구는 여전히 강화되어야 하며, 학술 논문을 읽는 데 시간을 투자하지 않는 실무자에게 보다 효과적으로 전달되어야 한다. 우리는 또한 특정 서비스 분야에서 보다 깊이 있는 지식과 네트워크를 구축할 수 있는, 관심도가 특별히 높은 사람들로 구성된 그룹을 만들고 있다.

아직 충분히 개발되지 않은 서비스로, 우리 사회가 보다 혜택을 누릴 수 있는 다른 영역이 있나?

나는 여러 가능성 중에서도 사회적 혁신, 새로운 유형의 공유 커뮤니티와 새로운 유형의 금융 해결책에 그러한 기회가 분명히 있을 것이라고 생각한다.

서비스 디자인의 여러 '계보'나 다른 면에서 생각하고 접근하는 학파에 대해 당신의 관점에서 이야기해줄 수 있나? 예를 들어, 유럽에서 서비스 디자인은 헬스케어와 같은 특정 서비스 분야의 요구에 부응하며 발전되었다면, 미국에서는 서비스 디자인이 인터랙션 디자인을 주요 학문 발판으로 삼아왔기에 기술과 긴밀하게 연관되어 있다.

두 가지 주요 계보가 있는데 하나는 디자인에 의해, 다른 하나는 서비스 과학service science에 의해 주도되고 있다. 과학적 흐름은 서비스를 개선하거나 혁신하는 일관된 방법을 만들기 위해 새로운 서비스 개발과 서비스 혁신 이론에 기초하며 보다 학문적이다. 한편 디자이너는 서비스 디자인과 UX 디자인 및 인터랙션 디자인을 연결하려고 노력하고 있다. 나는 이 흐름이 결코 하나로 합쳐질 것이라고 생각하지 않으며, 너무 많은 분야를 만들어 혼란이 오지 않도록 주의해야 한다고 생각한다.

우리는 서비스를 우리 경제의 기본적인 교환 단위로 생각하며, 서비스 지배 논리의 사고방식으로 전환할 준비가 되어 있나? 미국에서 일자리 창출을 위한 정치인들의 유세 내용을 들어보면, 그들은 제조업 분야의 일자리에 대해서만 이야기하고 서비스 관련 일자리에 대해서는 결코 언급하지 않는다. 이러한 사고방식을 전환하는 데에는 무엇이 부족한가?

나는 큰 변화가 일어나는 것을 보았다. 20년 전만 해도 자동차 회사가 단순히 자동차를 생산하는 것 이상의 광범위한 해결책에 초점을 맞추는 것은 무리인 듯했다. 오늘날 우리는 메르세데스, BMW, 폭스바겐이 서비스 기반의 오퍼링을 시장에 내놓는 것을 볼 수 있다. 유럽에서 새로운 일자리 창출과 성장에 대한 서비스 산업 관련성은 매우 뚜렷하게 나타난다. 생태계적으로 실현 가능한 생활양식에 대한 욕구는, 제조업과 서비스가 함께 결합하며 진정한 가치를 창출하는 제조 산업에서 개발해왔다. 사실 우리는 경제가 얼마나 많은 서비스를 소화할 수 있는지, 그리고 균형을 잘 유지하기 위해 얼마나 많은 제조업이 필요한지에 대해 논의하고 있다.

제품 또는 커뮤니케이션을 디자인하는 것과 서비스를 디자인하는 방법은 어떻게 다른가?

서비스 디자인과 제품 디자인 모두 개념을 현실로 만들기 위해서는 디자이너가 분야를 오가며 작업해야 한다. 제품 디자이너는 마케팅, 엔지니어링과 생산 분야의 소수 인력과 협력하지만 서비스 디자이너는 여러 채널에서 서비스를 실제로 구현할 다양한 이해관계자를 조율해야 한다. 이는 회사 정치와 문화적 프레임워크에 있어 확실한 전략을 요구한다. 서비스는 생산되는 동시에 소비되기 때문에 디자이너는 변화하는 환경과 요구 사항에 적응할 수 있는 유연한 시스템을 만들어야 한다. 궁극적으로 서비스는 다수의 다른 행위자에 의해 공동으로 만들어지기 때문에 동기 부여와 실행은 종종 디자인 과정의 중요한 부분이다.

서비스 디자인의 한계는 무엇인가?

서비스 디자인은 때때로 조직 내, 그리고 확립된 구조와 프로세스 내에서 정치적 권력 시스템에 개입한다. 따라서 서비스 디자인은 다양한 포스트잇 메모에 머무는 수준을 넘어 혁신적인 개념을 실행하기 위해 변화 프로세스를 이해해야 한다.

서비스 디자인에 대해 배우는 것이 중요한 이유는 무엇인가?

서비스 디자인은 사회적 가치 또는 환경적 가치만큼이나 경제적 가치를 창출할 기회를 제공한다. 그리고 사람들과 함께, 사람들을 위해 디자인하는 것이어서 매우 재미있다!

1.10
학습 활동

학습 요점

- 서비스는 상품이 아니라 인적 교환의 기본 단위이며, 우리 일상생활에서 눈에 보이지 않는 접착제 역할을 한다.

- 서비스는 근본적으로 인간 중심적이기 때문에 인터랙션은 서비스의 핵심이다. 인터랙션은 인간 대 인간 또는 기술 기반 장치와 인터페이스를 통해 매개될 수 있다.

- 서비스는 시간이 지남에 따라 전개되며 인터랙션을 통해 경험하게 되고 다른 채널을 통해 전달된다.

- 사용자는 자신의 지식을 서비스 프로세스에 가져와 가치를 창출하는 데 적극적인 참여자이다. 사용자의 행동과 서비스 제공자의 인터랙션은 서비스의 최종 결과에 영향을 미친다.

- 서비스 지배 논리 개념은 서비스가 우리 경제의 진정한 기반이며 모든 경제는 서비스 경제라고 주장한다. 진정한 교환은 상품을 통해 매개되더라도 그것은 서비스를 통해 이루어진다.

- 제품 서비스 시스템(PSS)에서는 제품을 구입하는 대신 사용량 또는 공유 소유권에 대해 지불하여 해당 제품의 기능을 취득한다. PSS의 성공적인 사례로 자동차 공유 모델이 있다.

- 디자이너는 결코 서비스를 완전히 디자인할 수 없다. 그 대신 인터랙션의 조건, 세부 사항, 조건과 터치포인트를 디자인할 수 있으며, 인터랙션 자체는 디자인할 수 없다.

개요 질문

- '서비스 지배 논리'의 특징은 무엇인가?

- 서비스 디자이너를 위한 공동 생산의 실질적인 의미는 무엇인가?

- IHIP 프레임워크란 무엇인가?

- 제품 서비스 시스템의 성공적인 사례로 또 무엇이 있나?

- 서비스 인터랙션의 주요 측면은 무엇인가?

- 서비스의 물질적 산출물인 주요 '서비스 제품'은 무엇이며, 전략적 산출물은 무엇인가?

학습 과제

- 매일, 매주, 매년 사용자와 인터랙션하는 서비스와 사용자가 평생 한 번씩 인터랙션하는 서비스를 정리해보자. 매주 이루어지는 서비스를 선택하고 주요 서비스 오퍼링(이 서비스의 이점은 무엇인가?)에 대해 설명한다. 즉 서비스의 일부인 모든 인터랙션과 그것이 전달되는 채널을 분석한다. 서비스 인터랙션이 발생하는 주요 물리적, 디지털 터치포인트와 모든 서비스스케이프를 그린다. 주요 서비스 장면을 그리거나 재현한다.

• 가정용품(예: 전동 드릴, 공기 주입식 매트리스 또는 쓰레기통) 중 하나를 선택하여 개별 소유의 상품 대신 제품 서비스 시스템(PSS)이라고 상상해보자. 그리고 제품 뒷면에 있는 서비스 시스템을 디자인해보자. 제품은 다른 사용자와 어떻게 공유되는가? 이것이 당신의 제품 사용에 대한 경험을 어떻게 바꿔주는가? 제품 뒤에 있는 조직의 비즈니스 모델을 어떻게 바꿀 수 있는가?

용어 풀이

• 서비스 지배 논리service-dominant logic: 서비스가 경제 활동의 주요 방식이라고 주장하는 개념이다.

• 제품 서비스 시스템product service systems, PSS: 개별 소유 제품이 아니라 서비스 및 제품 시스템을 통해 사용자의 니즈를 충족시키는 시스템이다.

• 터치포인트touchpoint: 서비스 경험을 뒷받침해주는 물질적 증거 또는 물질적 시스템이다.

• 서비스 채널service channel: 사용자가 서비스 터치포인트를 접할 때 이용하는 매체이다.

• IHIP 프레임워크: 네 가지 핵심 특성인 무형성, 불가분성, 이질성, 소멸성을 통해 서비스를 식별하는 프레임워크이다.

• 소멸성intangibility: IHIP 프레임워크의 일부이다. 서비스는 대부분 무형인 반면 상품은 감지하고, 만지고, 느낄 수 있고 혹은 맛볼 수 있다.

• 이질성heterogeneity: IHIP 프레임워크의 일부이다. 서비스제공은 불규칙하고 이질적인 방식으로 수행되고 경험하게 된다.

• 불가분성inseparability: IHIP 프레임워크의 일부이다. 제품 또는 상품(대량생산 제품)과 달리 서비스의 생산과 소비는 동시에 발생한다.

• 소멸성perishability: IHIP 프레임워크의 일부이다. 서비스는 일반적으로 저장할 수 없으며 쉽게 소멸되고, 수요와 공급의 동기화가 필요하다.

02
서비스 경제

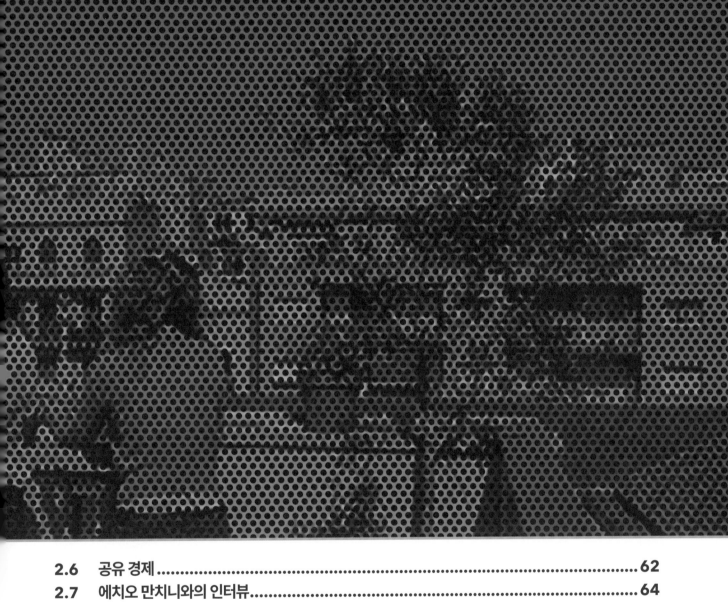

2.1
소개

2장에서는 경제 활동 측면에서 서비스를 알아보고, 주요 서비스 산업과 공유 경제 같은 새로운 서비스 기반의 경제 모델을 소개한다.

모든 경제가 서비스 지배 논리의 서비스 경제 개념임에도 불구하고 세계 경제는 여전히 제조업, 농업, 서비스라는 세 가지 전통적인 분야를 중심으로 구성되어 있다. 서비스 부문은 국내 및 전 세계 국제 경제에서 점점 더 중요해지고 있으며, 세계적으로 가장 보편적인 업무 영역이다.

헬스케어, 공공 부문, 금융 부문과 같이 서비스 혁신의 수요가 높은 일부 주요 산업 분야에서 서비스 디자인을 의뢰하고 있다. 2장에서는 그 덕분에 지난 몇 년간 확장되고 있는 서비스 디자인 시장에 대해 살펴본다.

다음 섹션에서는 서비스 표준화와 맞춤화 균형을 이루는 과제에 대해 알아본다. 이 섹션은 격차 해소에 중점을 두며, 대규모 조직에서 고객 경험customer experience, CX에 있어 내재된 전문적인 역할 방식에 대해 살펴본다. 그리고 다른 한편으로는, 서비스 디자인의 가장 일반적인 도구인 서비스 블루프린트를 사용하여 서비스 디자인의 기여도에 대해 살펴본다.

다음으로 이 장에서는 정부와 비영리 단체, 헬스케어와 혁신, 경제 성장과 일자리 창출의 원천으로 여겨지는 여러 사회 분야를 포함해 민간 부문의 수익성에 반드시 필요한 것은 아니지만 경제 부분을 구성하는 사회경제의 광범위한 개념에 대해 살펴본다. 또한 서비스 디자인이 고도의 서비스 기반 사회경제에 어떻게 기여하고 있는지에 대해서도 알아본다.

다음 섹션에서는 공유 경제의 두 가지 주요 경쟁 형태에 대해 소개한다. 이중 하나는 '타임뱅크Timebanks', '프리사이클Freecycle', '연대 경제solidarity economy'와 다른 많은 상향식 시책bottom-up initiatives과 같이 P2P(peer-to-peer) 방식의 협업과 교환을 기반으로 하는 피어 경제peer economy이다. 또다른 공유 경제의 형태는 '우버Uber'와 '에어비앤비Airbnb' 같은 디지털 플랫폼과 연관되어 있으며, 이러한 형태는 사용자와 공급자 사이에서 중개 물류 회사를 운영하여 수십억 달러 규모의 상업적 주체가 되었다.

2장은 데시스Design for Social Innovation and Sustainability, DESIS 네트워크의 창립자이자 교수이며 디자인과 사회 혁신 전문가인 에치오 만치니Ezio Manzini와의 인터뷰로 마무리된다.

2.2
서비스 경제

서비스 지배 논리(1장 참조)는 서비스가 하나의 통합된 것으로 상품을 포괄하기 때문에 상품과 서비스 사이에 실질적인 구분이 없다는 개념을 제시한다. 따라서 상품에 의해 창출된 가치는 실제로 디자인, 엔지니어링, 제조, 마케팅, 물류, 판매 등과 같은 서비스에 의해 생성되기 때문에 모든 경제는 서비스 경제이며, '모든 것이 서비스이다'.

하지만 세계 경제는 여전히 제조업, 농업, 서비스라는 세 가지 고전적인 분야를 중심으로 산업(및 관련 규제와 정책)을 조직하고 있다. 이러한 접근법에서 소위 서비스 부문은 제조업과 농업 분야와 달리 미국과 유럽에서는 경제 활동의 주요 원천으로 알려져 있다. 서비스 기반 경제로의 이러한 구조적 변화를 설명하기 위해 많은 이론이 경쟁적으로 제시되어왔다. 이러한 변화의 원인은 복잡하며, 제품과 서비스를 끼워 파는 것과 같은 핵심 서비스의 연관 기능에 중점을 둔 회사에 제조를 위탁하는 것 등 여러 요인에 기인할 수 있다. 또한 첨단 기술과 지식 집약적 영역, 덜 숙련된 노동 집약적 분야와 같은 고성장 서비스 산업의 발전을 포함한다.

미국 연방경제분석국Bureau of Economic Analysis의 2014년 보고서에 따르면, 미국은 서비스 무역에서 흑자를 기록하고 있으며 이에 상응하는 상품 무역은 감소했다. 호주 정부 보고서에 따르면 중국은 세계적인 제조 강국이지만 최근 세계무역기구(WTO) 가입으로 서비스 부문을 외국인 투자에 개방했고, 이는 중국의 서비스 부문 성장을 일으킬 수 있다. 일부 서비스는 제조 분야를 유지하는 데 필수적이다. 서비스와 제조는 물질 소비를 줄이고 환경 영향을 줄이기 위한 방법으로 제품을 서비스로 대체하는 제품 서비스 시스템(PSS)과 같은 일부 유망한 디자인 전략을 포함하며, 상호 이익이 명확히 겹쳐진다(1장 참조).

서비스 분야는 전 세계 국가 및 국제 경제에서 중요성이 커지고 있으며, 다양한 산업과 하위 분야로 구성된다. 각 국가, 지역 및 도시는 정부의 전략적 비전과 지역개발 계획뿐만 아니라 민간 부문의 투입에 대응하며 다양한 서비스 분야에 대한 우선순위와 투자에 독특한 조합을 가지고 있다.

서비스 산업은 정확히 무엇으로 구성되는가? 서비스 분야는 다양한 산업을 포함하기 때문에 그 범위를 제한하기가 어렵다. 서비스 경제 상황을 보다 잘 이해하기 위해 몇 가지 구체적인 자료를 살펴보자.

미국에서는 서비스 분야가 '국내총생산GDP'의 거의 80퍼센트에 해당되며, 다음과 같은 주요 산업이 이에 기여하고 있다. 연방경제분석국에 따르면 부동산은 13퍼센트, 정부 서비스가 14퍼센트, 금융과 보험이 8퍼센트, 보건과 복지가 8퍼센트, 정보가 4퍼센트, 예술과 엔터테인먼트가 4퍼센트를 차지하고 있다. 그러나 지역 차원에서 보면 지역마다 각 분야의 백분율은 서로 다르게 나타날 수 있다.

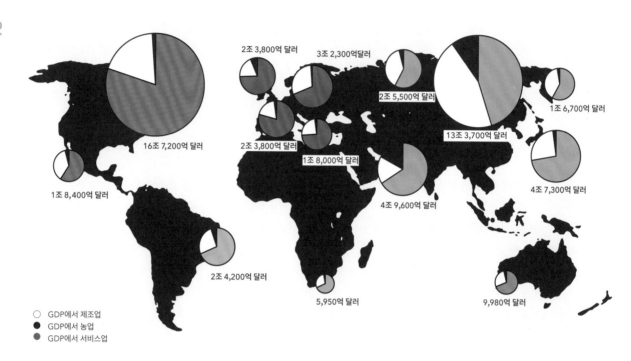

2조 3,800억 달러

3조 2,300억달러

2조 5,500억 달러

1조 6,700억 달러

16조 7,200억 달러

2조 3,800억 달러

13조 3,700억 달러

1조 8,000억 달러

1조 8,400억 달러

4조 7,300억 달러

4조 9,600억 달러

2조 4,200억 달러

5,950억 달러

9,980억 달러

○ GDP에서 제조업
● GDP에서 농업
● GDP에서 서비스업

도표 2.1 제조업, 농업, 서비스업의 비중을 보여주는, 국가의 국내총생산(GDP) 구성이다. 자료의 값은 미국 달러를 기준으로 한다.

북미산업분류North American Industry Classification, NAIC 시스템은 정부 서비스를 제외한 나머지 13개 산업의 '서비스'를 분류한다.

다른 분류 시스템은 대부분 NAIC의 분류와 유사하지만 약간 변형된 부분이 있을 수 있다. 그러한 분류를 통해 복잡한 경제체제를 이해할 수 있지만, 상품이나 서비스 분류 체계 또한 자의적이라는 점을 인식해야 한다. 예를 들어, 패스트푸드점에서 판매되는 햄버거는 서비스의 일부이지만 슈퍼마켓에서 판매되는 햄버거의 재료는 상품으로 여겨진다.

서비스의 경제성을 분석할 때 중요하게 고려해야 할 또 다른 사항은 고용과 관련된 것이다. 서비스 산업은 전 세계적으로 가장 보편적인 직종이며, 미국서비스산업American Coalition of Services Industries(2008)에 따르면 약 33억 명의 전 세계 노동자 가운데 41.8퍼센트가 서비스업, 35.4퍼센트가 농업, 22.8퍼센트가 제조업에 종사하고 있다. 즉, 오늘날 5명 중 1명은 서비스업에 고용되어 있다. 미국의 경우 서비스 분야에서 노동 인구의 80퍼센트를 고용하고 있고 '서비스 경제'가 지속적으로 성장하고 있는데, 서비스 산업 전반에 걸쳐 임금 격차 또한 크게 나타나고 있다.

일부는 시간제 일자리를 제공하는 반면 다른 일부는 정규직 일자리를 제공한다. 일부 산업은 패스트푸드 서비스 업종과 같이 낮은 임금을 지불하는 반면 다른 일부 산업은 투자 은행과 같이 높은 임금을 지급한다. 서비스 직종에는 많은 모순이 있으며, 이들의 일부 경향은 우려의 시선으로 바라봐야 한다. 예를 들어 임시직, 저임금의 저숙련 일자리 증가는 소득 불평등을 더욱 확대하고 많은 인구의 생활수준을 떨어뜨리는 데 기여할 수 있다. 하지만 디자인 세계는 서비스 경제와 어떻게 연결되며, 지금까지 논의한 주제와 어떻게 관련되어 있는가? 다음 섹션에서는 서비스 디자인 회사

와 컨설팅 업체가 다양한 서비스 산업과 고객을 어떻게 연계하는지 살펴본다.

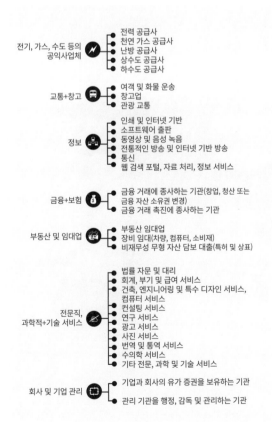

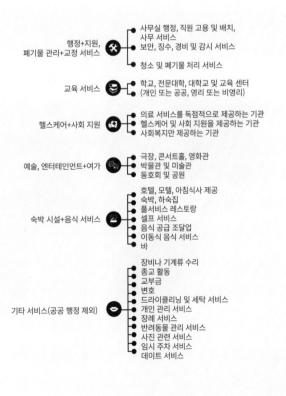

도표 2.2 북미산업분류 시스템(미국 통계국U.S. Census Bureau 일부)의 '서비스'의 13개 산업별 분류

2.3
서비스 디자인을 위한 시장

한 분야이자 시장으로 부상한 서비스 디자인은 많은 관계를 맺고 있다. 한 계보는 2000년대 초반 영국에서 개척된, 정부 주도의 이니셔티브로 거슬러올라간다. 또다른 계보는 휴대전화와 휴대용 컴퓨터가 새로운 디지털 서비스 생태계를 형성하며 새로운 서비스 기반 비즈니스 모델에 대한 수요를 창출한 디지털 기술 도입과 관련 있다. 이러한 기술 변혁은 다른 서비스 모델이 계속해서 번성하게 했으며, 그중 많은 부분이 음악, 소매업, 미디어와 은행업 같은 전통적인 산업을 변화시켰다.

그러면 현재 서비스 디자인에 대한 수요를 창출하고 있는 주요 산업은 무엇인가?

글로벌 리서치 및 자문 회사인 포레스터 리서치Forrester Research의 보고서에 따르면, 전 세계 100개 이상의 디자인 에이전시를 대상으로 설문 조사를 실시한 결과 몇 가지 중요한 추세가 드러났으며, 그중 일부는 국제적으로, 일부는 도시나 지역 또는 국가별로 고유하게 나타난다.

헬스케어 산업은 북미와 유럽의 서비스 디자이너에게 핵심 클라이언트이다. 공공 부문은 특히 유럽에서 서비스 디자인 업무를 선도하는 또다른 구매자이며 현재 북미, 아시아 태평양과 남미 지역에서 시장이 성장하고 있다(서비스 디자인 및 공공 부문에 대한 더 자세한 내용은 4장을 참조하라).

도표 2.3 산업 범주별로 집계된 서비스 디자인 회사의 현재 포트폴리오 분석이다.

IT 관련 첨단 기술 산업은 북미와 남미(특히 브라질)에서 서비스 디자이너를 위한 신흥 시장으로 떠올랐으며, 유럽 및 아시아 태평양 지역이 그 뒤를 따르고 있다. 흥미롭게도 아시아 태평양 지역에서 이러한 산업의 범위를 고려할 때 소비재 제품이나 제조 산업 모두 이 지역에서의 서비스 디자인에 대한 주요 수요를 보여주지 못하고 있다.

금융 서비스는 서비스 디자이너를 요구하는 최고의 산업으로 보인다. 모든 대륙에서 서비스 디자이너에 대한 수요가 높아짐에 따라 금융 업계에서 서비스 디자인에 대한 수요가 점차 늘고 있다. 규모가 가장 큰 서비스 디자인 회사의 온라인 포트폴리오를 분석해보면 은행과 보험 회사가 서비스 디자인 프로젝트에 대해 지속적인 수요를 보이는 뛰어난 클라이언트임을 알 수 있다.

금융 부문은 세계적으로 서비스 디자인 에이전시에 프로젝트를 의뢰하는 선도적인 산업일 뿐만 아니라 일부 금융 기관은 사내에 디자인 팀을 구성하거나 디자인 회사를 인수하여 서비스 디자인 업무를 독점적으로 수행하게 한다.

결국 은행은 서비스의 기본 측면(상호 작용, 채널, 터치포인트뿐만 아니라 기대, 관계, 신뢰와 같은 무형의 자산까지 포함하여)을 입증할 수 있는 전형적인 서비스이다. 은행은 자신의 이름 자체가 서비스의 정의를 표시하는 서비스를 대표한다. '은행bank'이라는 단어는 이탈리아어 'banca'에서 비롯되었으며 '계산대counter'를 뜻한다. 르네상스 시대에 플로렌스의 은행가들은 높은 계산대 위에서 거래를 했고, 고객들은 그 계산대에서 노동, 상속, 소유물과 재산에서 저축할 돈을 금속 동전으로 맡겼다. 물리적 분리에 의해 결정되는 서비스에서 높은 탁자는 상호 신뢰를 상징하고, 특별한 거래를 위해 한쪽은 서비스 제공자인 은행가의 공간으로, 그 반대쪽은 서비스 사용자인 고객의 공간으로 분리되었다.

금융 서비스 분야는 몇 가지 중요한 변화를 겪고 있다. 한편 2008년의 금융 위기로 인해 전통적인 금융 제공사에 대한 대중의 인식이 바뀌었다. 반면에 새로운 기술과 새로운 서비스 모델이 등장해 금융 업계의 상황을 변화시켰다. 개인 간 대출 시스템Peer-based lending systems, 소액 금융, 비접촉 결제 방식(예: 문자메시지를 통한 송금)과 가상화폐(전자화폐

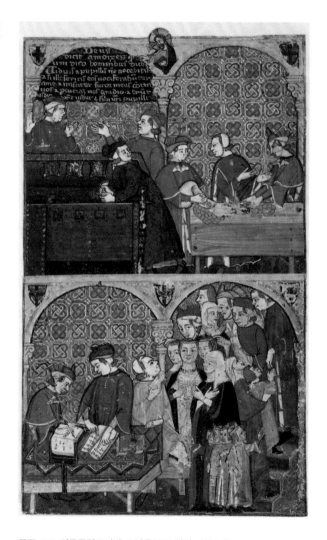

로 불리는 '비트 코인', '블록체인' 기술로 가능해진 개인 간 지불 시스템peer-to-peer payment system)는 금융 분야의 전통적인 서비스 모델을 변형하고 있는 최근 트렌드 중 일부이다. 특히 개발도상국은, 다음 사례 연구에서 볼 수 있듯이 서비스 혁신으로 인해 다양한 유형의 프로젝트 기회와 해결책을 혜택으로 얻을 수 있는 중요한 시장으로 부상하고 있다.

도표 2.4 영국국립도서관 소장품으로 회계 사무소를 그린 장면이다.

사례 연구: 원에이커 펀드와 시티의 디지털 상환으로 현금 대체하기

원에이커 펀드One Acre Fund는 동부 아프리카의 소규모 자영 농민에게 소액 대출microloans을 제공하는 비영리 단체이다. 농부들은 평균 9개월간 90달러를 대출받기 위해 초기에 5달러를 예치한다. 이 융자로 농민들은 씨앗과 비료를 구매하고, 농장에 투입할 자금을 조달하고, 농업 기술 교육을 받고, 농산물 시장 확대와 이윤을 극대화할 방법을 찾을 수 있다. 이 융자를 받으려면 농민들은 마을 단체에 가입해야 한다. 마을 단체는 모든 거래와 물품 분배, 현장 교육을 조정하고 촉진하는 현지의 현장 관리인을 고용해야 한다. 원에이커 펀드는 시티 그룹과의 파트너십을 기반으로 시티 케냐Citi Kenya와 시티 인클루시브 금융Citi Inclusive Finance 부서를 통해, 대출 상환에 기존의 현금 기반 시스템을 대신하여 디지털 모바일 현금 서비스인 M-페사M-Pesa를 최근 도입했다.

이전의 현금 기반 시스템에서는 농부들이 매주 담당자를 만나 대출금을 상환해야 했다. 농부들이 원에이커 펀드 지역 담당자에게 대출금을 현금으로 내면, 담당자는 영수증에 상환금을 적고 종이 영수증을 발급해주었다. 그리고 지역 담당자는 농부들이 상환한 현금과 예치금을 지역 은행으로 직접 가지고 갔다. 불확실성과 비효율성, 불안감이 발생하기 쉬운 프로세스인데다 대출 잔액을 업데이트하고 거래 내역이 은행 데이터베이스에 반영되는 데 길게는 2주가 소요되었다. 이에 비해 새로운 변화는 여러 방면에서 농부들에게 혜택을 주었다.

디지털 모바일 현금 서비스를 이용하여 대출을 상환하게 되자 농부들은 현금을 직접 내는 것보다 편리함, 투명성, 안전성이 보장되는 디지털 시스템을 만장일치로 선호했다. 특히 여성들은 현금을 지니고 있는 것을 불안해했다. 또한 농부들은 시간이 오래 걸리는 프로세스와 높은 처리 비용으로 인한 부담에서 자유로워졌고, 이러한 시스템에서는 사기가 발생할 가능성도 훨씬 적었다. 또한 그들은 케냐의 디지털 지불 시스템인 M-페사를 사용하는 데 이미 익숙했으므로, 이 새로운 시스템은 디지털 결제 생태계가 자리잡은 덕분에 성공한 셈이기도 하다.

도표 2.5 원에이커 펀드와 시티의 대출 지불 시스템을 사용하고 있는 케냐의 한 농부

사례 연구: 컨티뉴의 세계은행 금융 수용성 활성화 프로젝트

컨티뉴Continuum의 디자인 팀은 파키스탄에서 가장 큰 은행인 하비브 은행Habib Bank Limited, HBL과 협력하여, 빈곤층을 돕기 위한 금융 서비스 디자인 프로젝트를 맡아 세계은행의 지부인 '빈곤층을 위한 금융 자문 그룹Consultative Group to Assist the Poor'과 일하게 되었다. 이 프로젝트는 파키스탄 정부가 저소득층 가정에 현금을 지급하도록 설정한 재정 지원 프로그램인 '베나지르 소득 지원 프로그램Benazir Income Support Programme, BISP'의 수혜자에게 초점을 맞추었다.

불규칙한 지불 일정과 최종 사용자와의 의사소통 장벽을 해결하는 것이 주요 과제였고, 프로그램 수혜자들은 대부분 문맹 여성들이었다. 프로젝트의 목표는 이 여성들이 현금인출기를 이용하거나 현지 지점 직원과 직접 대면하여 BISP의 혜택에 접근할 수 있도록 능력을 향상시키는 것이었다. 디자인 팀은 고객의 라이프 스타일, 재정과 저축 습관, BISP에 대한 전반적인 경험에 대해 알아보기 위해 인터뷰와 관찰을 통해 프로젝트를 시작했다. 매우 체험적으로 이루어진 이현장 조사를 통해, 현금인출기 화면에서 글자 대신 사진으로 사용법을 보여주도록 디자인하고 여성들과 보다 효과적으로 의사소통할 수 있도록 일련의 권장 사항을 도출해냈다.

도표 2.6~2.9 파키스탄 농촌 지역 여성들과 인터뷰하는 디자인 팀/은행 지점의 정부 재정 지원 프로그램의 수혜자/디자인 팀이 제안한 터치포인트에 대한 세부 사항

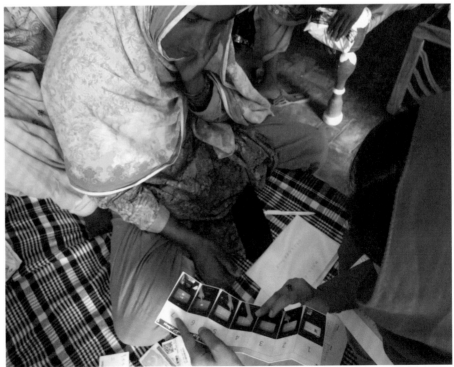

2.4
고객 중심 조직

훌륭한 서비스를 제공하고자 하는 서비스 조직이 직면하게 되는 중대 과제 중 하나를 자세히 살펴보자.

서비스 조직은 필요에 따라 비용 면에서 가장 효율적인 방식으로 운영을 추진한다. 효율성 접근법은 제조 분야의 조립 라인에서 일반적으로 볼 수 있는 대량생산 모델에서 차용하는 방법이다. 관리와 물류, 생산 측면에서 효율적으로 이루어지면, 서비스는 산업화되고 표준화되며 신뢰할 수 있게 된다.

이 이야기의 또다른 측면은, 서비스 경험은 대량생산되는 제품과는 달리 독특한 면이 있다는 것이다. 특히 직접 대면하는 상호 작용일 경우 사용자는 서비스 제공자와의 상호 작용이 고유하고 특별할 것이라고 기대한다. 고객은 맞춤형 서비스를 가장 높게 평가하지만 조직의 입장에서는 비용이 많이 드는 형태이다.

'표준화'와 '맞춤화'는 서로 모순되는 용어이다. 그러므로 서비스 조직이 직면한 문제는, 서비스를 제공함에 있어 고객의 신뢰성에 대한 기대치를 충족하는 동시에 개인적이고 인간적인 방식으로 표준화와 맞춤화 사이에서 적절한 균형을 찾는 것이다. 어떻게 이러한 균형을 이루고 경제적으로 실현할 수 있을까?

조직의 측면에서 보면, 고객 경험 또는 단순히 CX는 이러한 특정 측면을 연구해왔다. CX는 고객을 관찰하고 인터뷰하고 시간 경과에 따른 상호 작용을 그려볼 수 있는 것과 같은, 서비스 디자이너에게 친숙한 도구를 사용하면서 고객 니즈를 해결책으로 통합하는 데 전념하는 전문 분야이다. 이러한 기법은 사용자가 받는 주요 스트레스의 요인을 밝혀내고 조직과의 상호 작용에 대한 사용자의 인식을 식별하는 데 도움이 된다.

CX 전문가는 일반적으로 대규모 조직 내에서 고객 관계와 마케팅 분야에서 활동하는 전문가들이다. 또한 그들은 종종 조직 간의 운영 및 팀에서 서비스 디자인 통합을 지지하는 사람들이다. 소규모 조직에는 이러한 역할이 없을 수도 있지만, 그렇다고 해서 고객 만족에 주의를 기울이지 않는다고 할 수는 없다.

애플 스토어Apple Store는 CX의 성공 사례이다. 애플 스토어의 성공은, 접근 가능한 시간 동안 친근하게 응대하고 고객과의 상호 작용을 위해 디자인 프로토콜을 세심하게 따르는 듯 보이는 직원이 비공식성과 예측 가능성 사이에서 균형을 이룬 덕분이었다. 표준화와 맞춤화 사이에서 균형을 이루기 위해서는 프론트라인front-line 직원 교육이 중요하다.

고객의 사고방식을 이해하고 그들의 행동을 운영에 통합할 수 있는 관계적 방법을 개발하는 것은, 서비스 조직의 최우선 과제이며 의미 있는 서비스 디자인에 반드시 필요한 영역이다.

균형잡힌 고객 경험(CX)을 달성하기 위한 서비스 디자인의 주요 도구 중 하나는 서비스 블루프린트service blueprint이다. 블루프린트의 초점은 사용자와 제공자 간의 인터랙션을 파악하고 니즈와 흐름을 조정하는 것이다.

도표 2.10 애플 스토어에서 이루어지는 고객과 직원 간의 인터랙션

서비스 블루프린트

서비스 블루프린트는 시간 기반의 매트릭스이다. 가로축은 시간에 따라 서비스가 전개되는 동작을 순차적으로 보여주면서 시간순으로 작동된다. 세로축은 서비스 제공의 전면front과 후면backstage을 세분화하며, 사용자와 직원, 프론트라인 직원과 백오피스back-office 운영 사이의 인터랙션을 표현한다.

서비스 블루프린트는 기존 서비스 제공(현재 상태)을 매핑하는 분석 도구로 쓰이지만, 서비스 디자인 또는 리디자인(미래 상태) 시에는 제너레이티브 도구로도 쓰인다.

본질적으로 블루프린트는 사용자, 프론트라인 직원, 백오피스 직원, 지원 시스템과 하청 업체와 같이 액터별, 시간별로 인터랙션을 분석하고, 각 단계에서 사용되는 터치포인트를 보여주며, 서비스를 전체적인 관점에서 시각적으로 포착한다. 블루프린트를 통해 불편 사항, 결함, 누락된 연결을 쉽게 식별할 수 있다.
블루프린트는 행동이나 인과관계 같은 유연한 측면soft aspects과 기술 구성 요소와 지원 프로세스를 이해하는 데 사용할 수 있다. 서비스 디자이너는 여정맵과 같은 시간 기반의 다른 도구를 자주 사용하는데, 서비스 블루프린트의 이점은 사용자와 공급자에 대한 정보를 동시에 포착할 수 있다는 것이다. 이 도구는 표준화와 사용자 정의 간의 균형을 조절하는 디자이너에게 유용한 최고의 도구이다.

서비스 블루프린트를 사용하는 방법에 대한 실질적인 지침은 8장에서 다룬다.

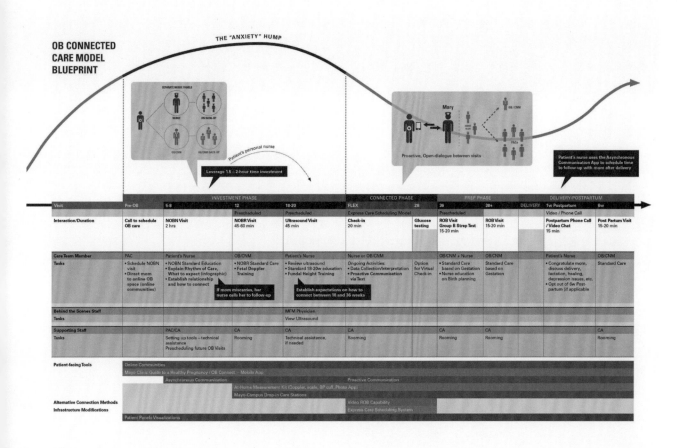

OB CONNECTED CARE MODEL BLUEPRINT

도표 **2.11** 메이요 클리닉Mayo Clinic 산부인과의 '커넥티드 케어 Connected Care' 블루프린트 예시로, 산부인과에서 이루어지는 환자와의 인터랙션을 나타내고 있다. 맨 위의 열은 환자와 직원 간의 인터랙션 순서를 나타내며, 아래 열은 프론트오피스front office, 후면behind the scenes, 지원의 3단계에서 직원의 활동과 업무를 보여준다. 임신 기간 동안 서비스 인터랙션의 다양한 단계(투자 단계, 연결 단계, 준비 단계와 출산 또는 산후 단계)를 나타낸다. 또한 맨 위의 그래프는 임신 첫 단계에서 환자의 '불안의 고비'를 보여주는 감정 변화선을 나타내며, 환자가 서비스와 더 잘 연결되고 능동적일 때 어떻게 변화하는지 확인할 수 있다.

2.5
사회적 경제의 성장

반드시 민간 수익성을 추구하지는 않는 경제 분야가 증가하고 있다. 사회, 경제 또는 환경 문제에 대한 해결책을 마련하기 위해 정부, 자선 단체, 비영리 단체, 사회적 기업과 협동조합에 의해 주도되는 소위 '사회적 경제'는 혁신, 경제 성장 및 일자리 창출의 주요 원천이 된다고 한다.

그렇다면 서비스 디자이너는 어떻게 사회적 경제의 일부가 될 수 있을까?

헬스케어 및 기타 사회 분야에서 정부와 비영리 기관을 위해 일하는 디자이너가 점점 늘어나고 있다. 오늘날 이러한 산업에서 서비스 디자인에 대한 수요가 증가하고 있으며, 사회적 문제에 대한 더 나은 해결책을 개발하기 위한 효과적인 접근 방식으로서 디자인의 영향력에 대한 인식이 증가하고 있다. 사회적 경제는 상당 부분 서비스에 기반하고 있다. 전 세계적으로 가장 뛰어난 서비스 디자인 회사를 살펴보면, 그들의 포트폴리오 중 상당 부분이 사회적 경제 프로젝트와 클라이언트로 이루어져 있음을 알 수 있다.

헬스케어는 사회경제에서 가장 눈에 띄는 분야 중 하나로, 대부분이 사내 디자인 팀을 꾸려 서비스 디자인 인재들을 영입하고 있다.

메이요 클리닉 혁신 센터Mayo Clinic's Center for Innovation는 헬스케어 분야에서 서비스 혁신의 선두 주자이다. 이 센터는 미네소타에 본부를 둔 최고의 비영리 의료 사업, 연구 및 교육 단체로, 거의 150여 년간 선구적인 치료 및 의료 제공과 서비스의 새로운 방법을 의료 혁신과 연결해왔다.
2000년대 초 메이요 클리닉의 경영진은 의사와 환자의 인터랙션에 초점을 맞추어 '헬스케어가 경험되고 제공되는 방식'을 변화시키고, 헬스케어 경험을 향상시킬 디자인 방법을 고안하기 위해 IDEO 및 다른 디자인 회사와 접촉했다. 초기의 시도는 곧 혁신 센터Centre for Innovation, CFI로 확장되었다. 그리하여 환자 층에 위치한 협업 작업 영역과 노인 요양 센터 내에 배치한 '리빙랩'과 같이 병원 및 관리 시설에 다양한 형태의 물리적 전용 공간이 마련되었다. 다학제 디자인 클리닉Multidisciplinary Design Clinic은 헬스케어 해결책의 새로운 방법, 프로세스와 프로토타입 디자인을 위해 환자가 의료 제공자와 협력하는 리빙랩이다. 현재 CFI의 디자인 연구 역량에는 디자인 전략, 제품 디자인과 서비스 디자인이 포함된다.

CFI의 프로젝트에는 새로운 온라인 컨설팅 시스템(이컨설트eConsults), 비공식 간병인을 건강 시스템에 통합하는 모델(케어기버스Caregivers), 산전 건강관리 여정 조사 및 개선(오비 네스트OB Nest), 당뇨병과 기타 질병을 가진 환자를 위한 의사 결정 보조 도구 개발(디시전 에이드즈Decision Aids)이 있다.

도표 **2.12~2.16** 메이요 클리닉의 혁신 프로젝트를 위한 메이요 클리닉 혁신 센터(CFI) 공간과 이미지. 당뇨병 환자의 상태 관리를 돕는 디시전 에이드즈, 온라인 컨설팅 시스템인 이컨설트, 의사가 환자와 환자 가족과 함께 이야기할 수 있는 공간을 제공하여 환자의 경험을 향상시키는 상담실과 새로운 구조 안에서 환자가 신체검사를 원활하게 받을 수 있는 검사실인 '잭앤질Jack and Jill'이다.

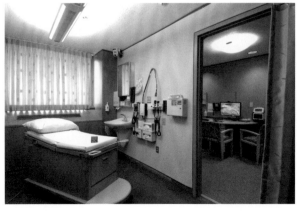

2.6
공유 경제

'공유 경제sharing economy'라는 용어는 종종 다양한 생각을 표현하며, 최근 몇 년 사이에 다소 유행어가 되었다. 사실 여기에는 두 가지 주요한 경쟁적 접근법이 있다.

첫번째는 '공유 경제'와 '협력 경제peer economy'의 개념이 겹치는데, 이는 다른 사람에게서 자원, 자산 또는 상품을 빌리거나 물물교환하거나 대출받거나, 바꾸거나 교환하는 개념을 중심으로 개발된 대안적 사회경제적 시스템이다. 공유 유형의 예는 도구, 가전제품, 주택 및 자동차에서부터 물물교환 시간, '크라우드 펀딩crowd funding'을 통한 상호 지원, '협업 및 협력' 교환을 기반으로 하는 다른 많은 개념을 포함한다. 타임뱅크Timebanks는 한 사람이 다른 이가 이 한 사람을 도울 동등한 시간의 양에 대한 교환시 합의된 몇 시간 동안 다른 사람을 도울 수 있는 것이고, 위키피디아Wikipedia는 자원봉사자가 만들고 편집한 무료 온라인 백과사전이며, 카우치서핑Couchsurfing은 다른 사람의 집에서 일시적으로 지내는 것이며, 프리사이클Freecycle은 필요 없는 물건을 버리는 대신 다른 사람들에게 나누어주는 서비스이다. 이러한 사례는 지적재산권, 사유재산권 및 상품과 서비스를 소비하는 전통적인 방식에 대한 기존의 관념에 도전한다.

이러한 공유 경제 형식은, 사물을 소유할 필요 없이 그것들에 대한 공유 접근을 촉진하기 위해 덜 물질적이며 보다 생태적으로 지속 가능한 사회와 상호 신뢰에 기반한 사회경제적 변화를 추구하는 데서 기원한다. 따라서 공유 경제는 오늘날의 가장 큰 도전 과제를 해결하기 위한 상향식, 풀뿌리 이니셔티브grassroots initiatives를 기반으로 한 광범위한 '사회운동'의 일부이다. 연대 경제Solidarity economy, 오픈 소스 소프트웨어, 트랜지션 타운(transition towns, 생태적으로 지속 가능하고 에너지 자립적인 전환 마을—옮긴이), 협업 서비스,

개방형 혁신 등은 경제와 환경 위기에 대해 실용적이고 스스로 실천하며 대응하는 모델일 뿐만 아니라, 새로운 문화적 사고방식과 정치적 세계관을 제안하는 모델이다(사회 혁신을 위한 서비스 디자인은 4장을 참조하라).

공유 경제의 다른 접근은 디지털 플랫폼과 관련 있다. 공유 경제의 독창적인 아이디어는 곧 사람들의 미사용 시간과 자산을 수익으로 창출할 수 있는 잠재력에 관심을 가진 기업가와 투자자를 끌어모았고, 스마트폰과 소셜 미디어, 인터넷 접근성의 빠른 발전과 함께 완전히 새로운 범주의 서비스가 탄생했다. 디지털 플랫폼 또는 온디맨드on-demand 애플리케이션으로 구현된 새로운 비즈니스 모델이 등장하여 일상생활을 관리하고 '상품화'했다.

우버와 같이 개인 자동차를 사용하는 운전자와 고객을 스마트폰 앱으로 연결하는 온디맨드 자동차 서비스 회사, 또는 에어비앤비와 같이 주거용 부동산을 단기간 임대로 내놓을 수 있는 온라인 숙박 임대 플랫폼 서비스는 수십억 달러 규모의 상업적 실체로 빠르게 변화했다. 궁극적으로 이들은 사용자와 제공자가 자신의 물리적 인프라를 소유하지 않고 모든 거래에서 서비스 요금에 대해 비율로 지불을 '중개'하는 물류 회사가 되었다.

이러한 서비스들은 시장 격차를 좁히며 빠르게 성공을 거두었다. 소비자 사이에서 이러한 서비스가 인기를 얻고 있음에도 불구하고, 현재 이들이 경제에 미치는 영향이 계산되고 있고 이를 두고 논란이 없지 않다. 이 회사들은 여전히 크게 규제받고 있으며, 일부는 호텔이나 택시와 같은 기존의 시장 선점자들로부터 불공정 경쟁 또는 노동 기준 악화에 기여했다며 비난받고 있다.

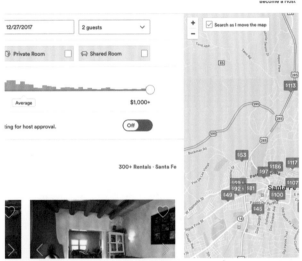

2.17

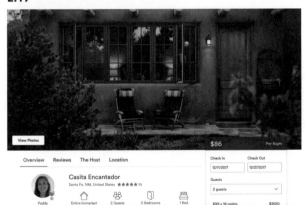

2.18

서로 다른 접근 방식 때문에 공유 경제로 인한 장애가 여전히 발생하고 있으며, 디자이너는 이들의 실무에 미치는 공유 경제의 영향에 대한 논쟁을 피할 수 없다. 이러한 영역에서 디자인을 실행하는 것은 새로운 디지털 인터페이스와 터치포인트를 형성할 수 있는 능력뿐만 아니라 사회적 관계, 생태적 지속 가능성과 경제적 기회라는 측면에서 사회에 영향을 미칠 가능성을 포함한다.

2.19

2.20

도표 2.17~2.20 서비스 메커니즘을 보여주는 에어비앤비 인터페이스. 임차인은 위치와 가격대별로 숙박 장소를 선택하고 호스트와 연락하고 이전 손님의 리뷰를 볼 수 있으며, 호스트 또한 고객을 평가한다. 실내와 이웃 동네 모두를 이미지로 보여주는 것이 에어비앤비 플랫폼의 핵심이다(하단 이미지는 일본 오사카의 고노하나구 지역에 있는 아파트이다).

2.7
에치오 만치니와의 인터뷰

에치오 만치니Ezio Manzini는 이탈리아의 디자인 전략가로, 지속 가능한 디자인 분야의 세계적인 전문가 중 한 명이다. 디자인 서적을 다수 집필했으며, 밀라노 폴리테크 공학대학Milan Polytechnic의 산업디자인 전공 교수이자 대학 기반 디자인 랩 네트워크인 DESIS(사회 혁신과 지속 가능성을 위한 디자인Design for Social Innovation and Sustainablity)의 설립자이다.

당신은 서비스 디자인을 어떻게 정의하는가?

서비스는 가치 창출을 목표로 하는 사람, 사물 및 장소 간의 인터랙션을 말한다. 서비스 디자인은 이 인터랙션을 모든 이해관계자에게 보다 가능성 있고 흥미롭고 효과적으로 만들 수 있도록 모든 것을 디자인하는 것이다.

서비스를 이해하기 위해 우리는 경제와 관련하여 서비스를 위치시켜야 한다. 현재와 미래 경제에 대한 당신의 비전은 무엇인가?

경제는 전례 없는 형태로 움직이고 있다. 서로 다른 경제 생태계가 있다. 여기에는 전통적인 시장과 국가 경제가 포함될지도 모르지만 공유, 교환, 자립과 선물 경제도 포함된다. 이러한 생태계 조직과 경제 모델은 다양한 동기, 목표와 관점이 복잡하게 조합되어 있다.

이러한 새로운 경제 모델이 증가하는 사회 혁신의 물결과 디지털 혁명의 성숙이 나란히 함께 발전해온 것은 우연이 아니다. 사실 사회 혁신과 디지털은 종종 모호하여, 하이브리드 환경에서 생활하기 위해 적응하고 똑같이 혁신적인 경제 모델을 기반으로 하는 새로운 형태의 조직을 만든다.

디자이너에 관한 한 우리는 이 새로운 생태계의 복잡성을 어떻게 헤쳐나갈지 배울 필요가 있다. 이는 우버 대 택시 또는 에어비앤비 대 전통 호텔과 같은 창발적 신규 서비스 모델과 기존 서비스 모델 사이의 갈등에 대해 의견을 명확히 하는 것을 포함한다. 그러나 새로운 것들 사이에서도 마찬가지다. 예를 들면 동일한 신규 서비스 모델이 취할 수 있는 방향이 다를 수 있다. 우버와 에어비앤비 대 플랫폼 기반 협력에 대해 다시 한번 생각해보자. 이는 부분적으로 신자유주의의 새로운 형태와 진정한 협력 경제의 첫번째 사례 간의 갈등이다.

당신은 서비스에 내재된 복잡성, 특히 새로운 경제 생태계와 관련된 복잡성을 포용하기 위해 서비스 디자이너가 주의해야 할 점은 무엇이라고 생각하는가?

다른 전문 분야 커뮤니티와 비교해볼 때 디자인 커뮤니티는 이미 다른 업계보다 복잡성에 대해 더 많이 고려하고 있다. 전통적으로 유연하고 개방적인 디자인을 고려할 때 디자이너는 결코 나쁜 위치에 있지 않다.

그러나 현재 디자인 정신과 커뮤니티를 위한 관점에는 이것들의 역할과 도구에 대한 보다 나은 이해가 결여되어 있다. 연결된 세계에서 모든 것이 디자인되고 모든 사람이 디자인을 하기 때문에 디자인 전문가는 그들의 특정 문화와 지식을 사용하는 방법을 이해해야 한다. 이제 디자이너는 복잡하고 개방적이고 모순된 코디자인 프로세스에 자신들이 구체적으로 기여하는 바가 무엇인지 이해하는 것이 훨씬 더 중요하다.

앞서 당신은 서비스 디자인은 개방적이고 모순적인 코디자인 프로세스와 관련된다고 언급했다. 서비스 디자이너는 디자인의 결과보다는 디자인 프로세스에 더 중점을 두는가? 서비스 디자인 작업의 산출물과 서비스 디자인의 제품은 무엇인가?

나는 우리가 디자인 활동의 제품을 재정의해야 한다고 생각한다. 우리는 복잡성, 예측 불가능성, 서비스의 네트워크 특성을 처리할 때 코디자인 프로세스에 크게 의존하고 있다. 코디자인 프로세스의 중요한 측면은, 도구 또는 디자인 활동으로 구체화할 수 있는 중재적 인공물을 생산하는 것이다. 이것들은 이런 종류의 디자인의 제품이다.

좀더 구체적으로 말하자면, 이러한 도구와 디자인 활동에는 에스노그라피 연구, 시나리오 구축, 스토리텔링 작업, 컨셉 공동 창출 워크숍concept cogeneration workshops, 프로토타이핑, 디지털 플랫폼의 개념화, 그 밖에 특정한 커뮤니케이션 도구들이 포함된다. 이러한 활동은 규모가 크고 개방적인 코디자인 프로세스의 일부로 수행될 수 있지만, 고유하고 상대적으로 독립적인 결과로 간주되어야 한다. 내가 여기서 언급하는 중재적 디자인 제품과 인공물이 이러한 것들이다. 디자이너는 도구와 디자인 활동의 가치, 이러한 프로세스에 고유하게 제공할 수 있는 사항과 전체 코디자인 프로세스에서 무엇을 생산할 것인지를 명확하게 전달해야 한다.

사회 혁신은 지역사회와 사회복지에 초점을 둔 프로젝트와 관련하여 관심을 끌어왔다. 그러나 대부분의 디자인 회사는 여전히 금융 서비스 회사, 보험 회사와 소매업자 같은 '전통적 경제old economy'에 속하는 고객을 위해 일한다. 앞으로 고객의 균형이 어떻게 변할 것이라고 보는가?

균형은 경제의 생태계가 어떻게 진화하는지와 그 진화를 구성하는 다양한 요소에 달려 있다.

물론 많은 디자인 회사들이 전통적 경제에 속한 회사들을 위해 계속 일할 것이다. 그러나 디자인 회사들이 올바른 방식으로 자신을 표현할 수 있다면, 신흥 경제를 위해 일하는 디자인 회사들이 더 많아질 수 있다. 즉, 의미 있는 기여를 할 수 있는 행위자로 인정받는 것이다. 내가 보기에는 신흥 경제의 틀에서 일할 수 있는 디자이너들의 수요는 공급보다 더 크다.

오늘날 서비스 디자이너들이 잘해야 하는 것, 즉 전문가적인 방식으로 해야 하는 것들을 종종 다른 사람들이 수행하고 있다. 즉, 스스로를 서비스 디자이너라고 부르지 않고 그렇게 교육받지도 않은 다른 실무자들이 자신들의 활동 영역을 서비스 디자인으로까지 확장한 것이다. 지역 당국과 협력하여 새로운 종류의 도시 서비스를 디자인하는 건축가와 도시 기획자의 경우가 그렇다. 또한 여기에는 소프트웨어 개발자와 기술 기반 서비스인 애플리케이션 개발, 사회복지사와 새로운 사회복지 서비스 개발, NGO 활동가와 저소득 공동체를 위한 역량 강화 서비스 개발도 포함된다.

이 모든 상황을 고려할 때 서비스 디자이너는 자신의 역량이 무엇이며, 새로운 디자인 프로세스에서 어떤 역량을 발휘할 수 있는지를 명확하게 밝힐 수 있어야 한다.

제품, 통신 요소와 시스템은 특정 어포던스affordance를 제공한다. 하지만 그들이 어떻게 채택되거나 사용되는지는 종종 인간이 어떻게 반응하느냐에 달려 있다. 사용에 있어 이러한 도전은 서비스 디자이너 직무의 핵심이다. 당신은 행동유도성의 잠재력과 인간 참여 또는 서비스 채택 사이의 관계를 어떻게 이해하는가?

당신이 전통적인 제품을 디자인한다면 이 제품이 실제로 사람들과 어떻게 인터랙션하는지 알지 못할 것이다. 즉, 사용자가 당신이 디자인한 사물과 실제로 인터랙션할 때 그것을 사용하기 위한 방법을 어떻게 다시 고안하는지는 알 수 없다. 이와는 대조적으로 당신이 인터랙션 자체인 서비스를 디자인한다면, 이것이 '사용되는' 방법은 서비스 제공자, 어떤 면에서는 관련된 서비스 디자이너에게도 직접적으로 영향을 미친다. 요약하자면, 다행히 인터랙션을 디자인할 수는 없기 때문에, 디자인할 수 있는 것은 특정 종류의 인터랙션을 가능하게 만드는 시스템이다. 이는 제품과 서비스 모두에 대해 말할 수 있다. 하지만 우리가 서비스를 디자인하기 시작한 이후로 이러한 현실이 훨씬 더 명확하게 보인다.

당신은 서비스의 인간적 요소가 육성되고 개발되어야 한다고 주장해왔다. 디자이너들이 이를 준비하고 있는가? 서비스 디자이너가 갖추어야 할 새로운 종류의 기능과 기술이 있는가?

지난 20년 동안 서비스 디자인은 자체적으로 여러 유용한 도구를 가진 분야로 발전해왔다. 그럼에도 불구하고 여기에는 아직도 매우 중요한 무엇인가가 빠져 있다고 생각한다. 그것은 문화라는 매우 특별한 '도구'이다. 그리고 나는 우리가 아직 서비스 디자인 문화를 충분히 갖추지 못했다고 생각한다. 예를 들어, 서비스 디자인은 제품 디자인을 위해 개발된 것과 비교할 수 있는 문화를 아직 개발하지 못했다. 제품을 다룰 때 디자이너는 적절한 언어와 지식과 공간이라는 3차원 형태를 다루는 특별한 민감성을 지닌다. 서비스와 서비스 디자인을 위해서도 이와 비슷한 것이 만들어져야 한다. 훌륭한 서비스 디자인 전문가는 인터랙션을 다루기 위해 언어와 지식 및 특별한 민감도를 지녀야 한다. 즉, 4차원(4차원은 시간을 말한다)에서 어떤 일이 일어나면 서비스 인카운터encounter가 발생한다.

왜 서비스 디자인을 배워야 하나?

우리는 지금 고도로 연결된 세계에 살고 있다. 디자이너는 전례 없는 방법으로 이러한 인카운터에 영향을 줄 수 있는 기회와 책임감을 가지고 있다. 그들은 우리가 연결된 세계의 인터랙션에 영향을 미치고 권한을 부여하는 지원 시스템을 개발할 수 있는 역량을 가지고 있다.

2.8
학습 활동

학습 요점

• 서비스는 세계 경제에서 가장 중요하며 산업화된 국가에서 부의 주요 원천이다.

• 서비스 디자인 시장을 창출하는 주요 산업으로는 금융 부문, 공공 서비스와 헬스케어 서비스가 있다.

• 표준화와 맞춤화 간의 균형을 유지하는 것은 서비스 조직에서 중요한 과제이다.

• 공공 분야, 헬스케어, 교육을 비롯해 그 밖의 여러 분야로 구성된 사회적 경제의 비중이 높아지고 있으며, 서비스 디자인 실무의 중요한 시장을 대표한다.

• 공유 경제에는 두 가지의 주요한 경쟁적 형식이 있다. 하나는 상향식 협력 경제와 관련이 있고, 다른 하나는 우버와 에어비앤비 같은 디지털 플랫폼 서비스와 관련 있다.

개요 질문

• 일자리 창출 측면에서 서비스 분야의 중요성은 무엇인가?

• 서비스 경제의 주요 산업은 무엇인가?

• 서비스에서 표준화와 맞춤화가 서로 모순되는 이유는 무엇인가?

• CX란 무엇이며 조직에서 이것의 역할은 무엇인가?

• 서비스 디자인 블루프린트는 무엇인가?

학습 과제

• 금융(또는 헬스케어) 서비스를 분석한다. 관련 조직을 세밀하게 나누고, 시스템의 다른 부분에서 오는 여러 가지 서비스의 흐름을 파악한다. 금융 서비스의 경우 여러분이 인터랙션하는 은행과 그 모든 채널과 신용카드, 페이팔PayPal, 신용 점수 등과 같은 관련 서비스를 고려한다. 시간에 따른 주요 서비스를 설명하는 서비스 블루프린트를 준비한다. 그다음으로는 표준화와 맞춤화가 나타나는 중요한 순간들을 파악한다.

용어 풀이

• 서비스 경제: 서비스 기반 경제로, 미국과 유럽처럼 경제 활동의 주요 원천은 서비스 부문(제조 및 농업 부문과 반대되는)에서 나온다.

• 고객 경험CX: 고객의 니즈를 통합하고 사용자 중심 디자이너에게 익숙한 도구를 사용하며 조직 내 사용자 또는 고객 요구를 옹호하는 조직 내 전문 지식 영역이다.

• 서비스 블루프린트service blueprint: 사용자와 공급자 모두의 관점에서 서비스의 순차적 행위와 터치포인트를 나타내는 시간 기반 매트릭스이다.

• 사회적 경제: 상업적 수익성을 목표로 하지 않는 경제의 모든 영역이다.

• 공유 경제: 두 가지 경쟁 형식으로, P2P 교환을 기반으로 하는 형식과 사용자와 공급자를 중개하는 디지털 플랫폼을 기반으로 하는 형식이 있다.

• 금융적 포용성: 빈곤을 줄이기 위한 핵심 전략으로 여겨지는 주류 금융 시스템의 대안으로 저소득층 주민을 만족시키는, 접근 가능하고 저렴한 금융 서비스이다. 여기에 소액 융자microcredit, 협력 기반 대출peer-based lending과 문자메시지를 이용한 지불과 같은 접근성 기술을 포함한다.

03
디지털 서비스

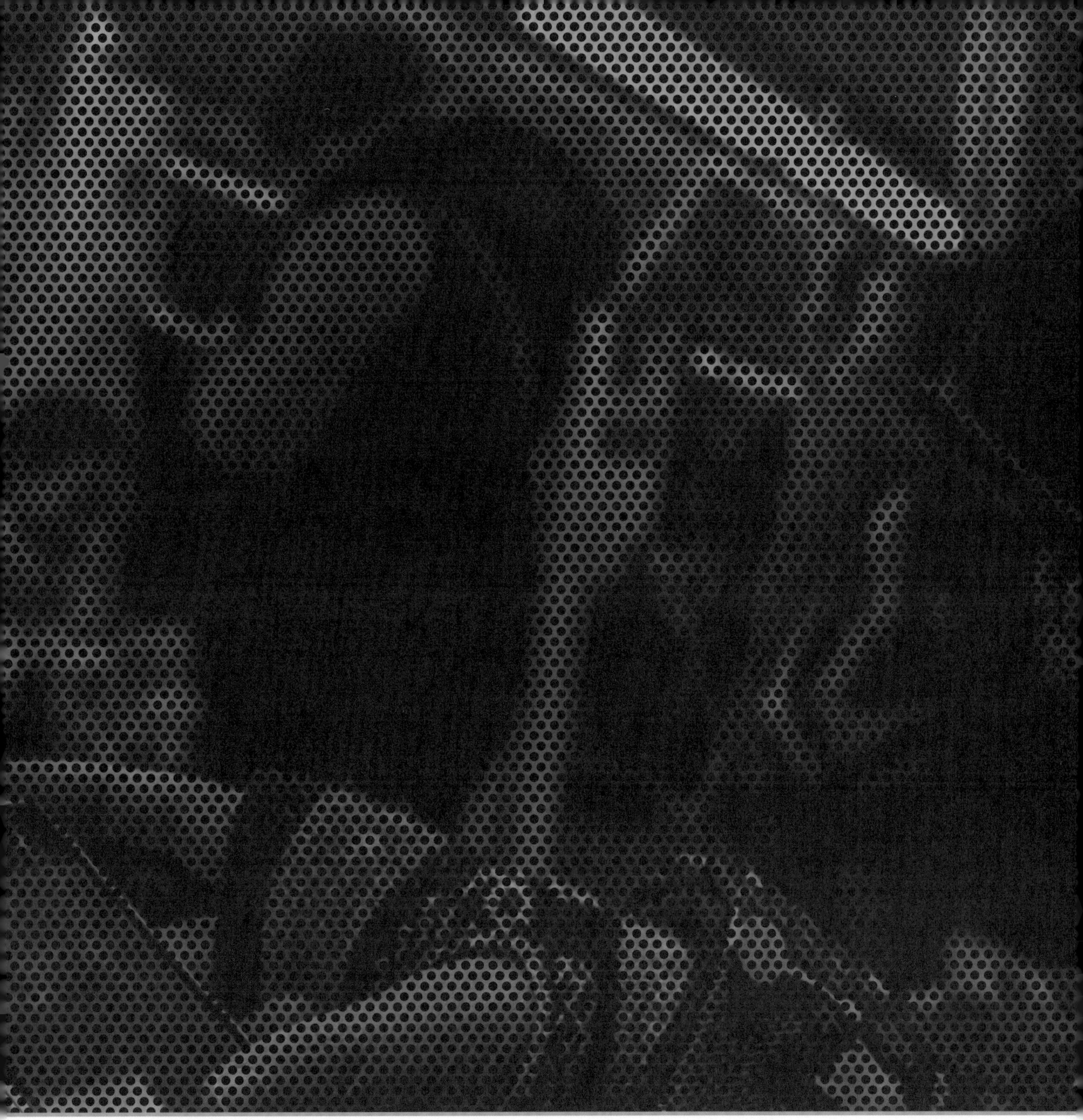

3.1
소개

3장에서는 기술과 관련하여 서비스 디자인의 새로운 역할과 영향에 대해 논의하며 디지털 서비스, 플랫폼 및 생태 환경에 대해 설명한다.

새롭게 부상한 기술 기반의 서비스를 설명하면서, 우리 삶에서 기술의 존재를 고려하는 것으로 시작한다. 그리고 디지털 방식이 가능한 서비스 랜드스케이프service landscape에서의 주제와 분류, 더 나아가 현재 동향을 분석한다.

다음으로는 사물 인터넷IoT을 소개하고, 기본 원칙과 기능 방식, 애플리케이션의 주요 영역에 대해 설명한다. 이러한 영역으로 웨어러블 액티비티 트래킹wearable activity-tracking 장치와 시스템, 그리고 사용자가 통합 온라인과 모바일 대시보드를 통해 가정의 냉난방 시스템을 제어할 수 있는 스마트 시스템, 이 두 가지 간단한 사례를 설명한다. 이 섹션에서는 스마트 도시와 시민 중심의 환경 모니터링과 같은 IoT 애플리케이션의 다른 영역에 대해 자세히 살펴본다.

IoT에 대한 논의는 서비스 디자인을 위한 IoT의 영향을 고려하여, 기술 개발을 인간화하는 데 도움이 되는 서비스 디자인의 가능성을 구체적으로 살펴보며 이어간다.

다음 섹션에서는 보다 넓은 의미에서 디지털 서비스 개발에 대한 디자이너의 의무와 인터랙션 디자인 또는 경험 디자인과 같은 다른 디자인 전문 분야 및 실무와 서비스 디자인의 공통점에 대해 알아본다.

3장은 카네기멜론대학Carnegie Mellon University의 인간-컴퓨터 인터랙션Human-Computer Interaction 전공 부교수인 조디 포리치Jodi Forlizzi와의 인터뷰로 마친다. 조디 포리치는 어디에나 존재하는 기술의 역할과 서비스 디자인, UX, 트렌드와 도전 간의 구분에 대해 자신의 견해와 통찰력을 제공한다.

3.2
디지털 라이프

영화 〈그녀Her〉(2013)에서 우리는 컴퓨터와 인공지능이 우리 삶에서 비록 중요하지는 않지만 핵심적인 존재가 되는, 멀지 않은 미래를 볼 수 있었다. 영화 제목인 '그녀'는 인간의 목소리를 통해 '실현되고materializes' 사람들의 주요 동반자가 되는, 인공지능(AI)을 기반으로 한 운영 체제다. 그들은 이어폰을 통해 말하고 실제로 자신의 AI 동료들과 이야기를 나누는데, 마치 그들 모두가 자신에게 말하는 것처럼 보인다. 허구적인 작품인 이 영화는 우리를 다소 환상적인 시나리오로 이끌지만, 사실 그것은 그리 먼 미래의 기술이 아닐 수도 있다.

서구 산업 국가에 사는 많은 사람들은 기술이 점차 현대 생활의 거의 모든 면에 침투했다는 인식을 갖게 되었다. 광대역 인터넷 연결, 모바일 기술, 클라우드 컴퓨팅cloud computing에 의해 데이터 저장 및 애플리케이션과 소셜 네트워크 운영이 가능해졌고, 이를 고려한 가상의 기반 시설은 우리의 일상적인 서비스 랜드스케이프를 변화시키고 있다. 신기술이 개발되고 오래된 기술이 재구성됨에 따라, 새로운 비즈니스 모델과 시시각각 개발되고 있는 새로운 종류의 인터랙션을 기반으로 서비스의 새로운 형태와 양식이 등장하고 있다.

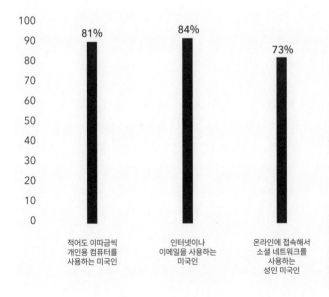

도표 3.1 미국의 기술 사용 지표

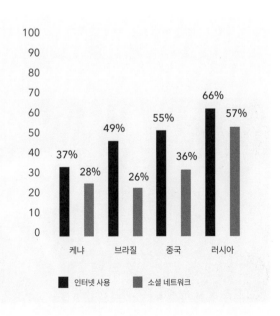

도표 3.2 특정 국가의 기술 사용 지표

24개 개발도상국에 대한 조사에 따르면, 온라인에 접속하는 사람들의 비율은 구매력, 성별, 연령, 접속 자유와 같은 요인과 지리적 위치에 따라 크게 차이가 있는 것으로 나타났다. 접근과 보급 측면에서는 여전히 불균등하지만, 그럼에도 불구하고 전 세계적으로 인터넷과 모바일 기술 사용은 지속적이고 확실한 증가세를 보이고 있다. 비록 스마트폰이 아직 많은 분야에서 사용되지 않고 있음에도 불구하고 모바일 기술은 널리 보급되어 있고, 많은 사람들의 일상생활에서 업무 수행 방식을 바꾸고 있다. 예를 들어, 케냐 인구의 68퍼센트가 휴대전화를 사용하여 결제를 하거나 받고 있는 등 아프리카의 많은 나라에서 돈을 송금하기 위해 휴대전화가 사용되고 있다(퓨 리서치Pew Research, 2014).

'디지털 방식으로 활성화된 서비스'는 정보 및 통신 기술에 기반한 모든 서비스를 지칭하는 데 사용되는 광범위한 용어이지만 디지털 의존도는 상당히 다를 수 있다. 완전한 디지털에서 완전한 비디지털, 그리고 그 사이의 모든 것을 아우르는 '디지털화digitalness'의 스펙트럼이 있다. 이러한 정도는 시간이 지나면서 신기술이 개발, 채택되고 시장과 기업이 변화함에 따라 달라질 수 있다.

이제 디지털 서비스의 몇 가지 주요 특징을 살펴보자.

디지털 서비스에서 한 가지 중요한 점은 데이터와 금융의 흐름이 반드시 일치하지는 않는다는 것이다. 예를 들어 페이스북, 구글, 트위터 같은 무료 서비스는 사용자가 서비스에 접속하기 위해 비용을 지불하지 않아도 된다. '무료' 서비스는 광고주와 같은 다른 수입원에 따라 재정 모델을 수립한다. 이 모델에 복잡한 문제나 논란이 없는 것은 아니다. 여러분은 온라인상에서 어떤 제품을 검색하고 나서 '소셜 미디어' 피드에 접속하면 유사한 제품에 대한 광고가 얼마나 쏟아지는지 이미 경험했을 것이다. 이러한 타깃 광고 배치는 무료 디지털 플랫폼이 사용자에 대한 데이터로 수익을 창출하고 광고주에게 그에 대한 접근 권한을 판매하는 방식을 보여준다.

디지털 서비스의 또다른 특징은, 2007년에 첫 스마트폰이 출시된 이래 모바일 서비스로 크게 전환되며 컴퓨터 앞에 앉아 있는 정적인 것과는 달리 우리의 디지털 경험을 동적으로 만들었다는 점이다. 모바일 기술과 기기의 보급은 디지털 서비스의 게임을 변화시켰고, 사용자의 일상생활에 영향을 미치며 모바일 경험에 의해 변형되었다. 정보에 대한 지속적인 접근성과 소셜 네트워크는 우리 존재를 엄청난 방식으로 변화시켰다.

도표 3.3 케냐에서는 'M-페사'라는 휴대전화 서비스를 통해 송금을 할 수 있다.

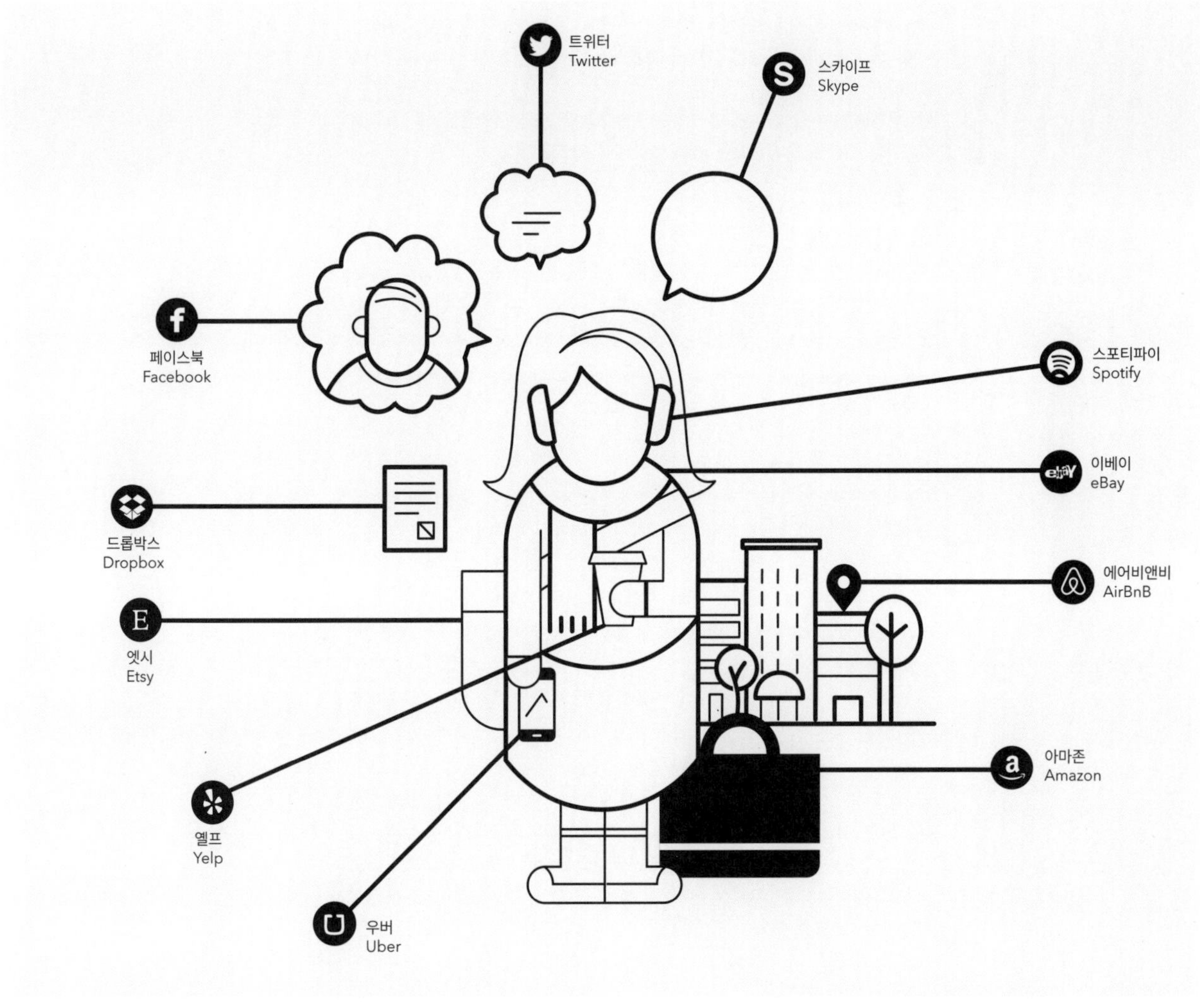

도표 3.4 디지털 서비스의 개인적 생태계

트위터
Twitter

스카이프
Skype

페이스북
Facebook

스포티파이
Spotify

이베이
eBay

드롭박스
Dropbox

에어비앤비
AirBnB

엣시
Etsy

아마존
Amazon

옐프
Yelp

우버
Uber

또다른 특징은, 인터페이스의 다양성이 증가하고 있다는 것이다. 다양한 채널을 통해 모바일 경험을 하는 동안 점점 증가하는 기기와 기능, 웨어러블 기기, 스마트 기기를 비롯해 내추럴 유저 인터페이스Natural User Interfaces, NUI와 같은 새로운 종류의 인터페이스가 디지털 경험의 패러다임을 변화시키고, 우리가 관계하는 방법과 서비스를 위한 디자인에 영향을 미친다.

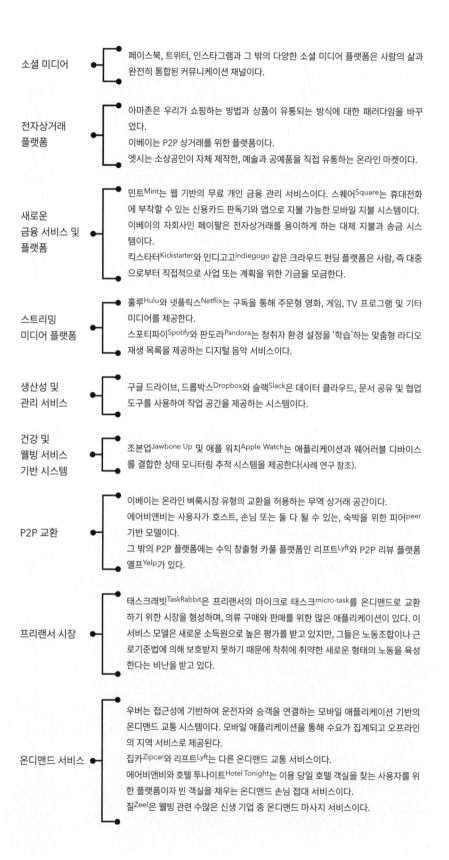

소셜 미디어	페이스북, 트위터, 인스타그램과 그 밖의 다양한 소셜 미디어 플랫폼은 사람의 삶과 완전히 통합된 커뮤니케이션 채널이다.

전자상거래 플랫폼
아마존은 우리가 쇼핑하는 방법과 상품이 유통되는 방식에 대한 패러다임을 바꾸었다.
이베이는 P2P 상거래를 위한 플랫폼이다.
엣시는 소상공인이 자체 제작한, 예술과 공예품을 직접 유통하는 온라인 마켓이다.

새로운 금융 서비스 및 플랫폼
민트Mint는 웹 기반의 무료 개인 금융 관리 서비스이다. 스퀘어Square는 휴대전화에 부착할 수 있는 신용카드 판독기와 앱으로 지불 가능한 모바일 지불 시스템이다.
이베이의 자회사인 페이팔은 전자상거래를 용이하게 하는 대체 지불과 송금 시스템이다.
킥스타터Kickstarter와 인디고고Indiegogo 같은 크라우드 펀딩 플랫폼은 사람, 즉 대중으로부터 직접적으로 사업 또는 계획을 위한 기금을 모금한다.

스트리밍 미디어 플랫폼
훌루Hulu와 넷플릭스Netflix는 구독을 통해 주문형 영화, 게임, TV 프로그램 및 기타 미디어를 제공한다.
스포티파이Spotify와 판도라Pandora는 청취자 환경 설정을 '학습'하는 맞춤형 라디오 재생 목록을 제공하는 디지털 음악 서비스이다.

생산성 및 관리 서비스
구글 드라이브, 드롭박스Dropbox와 슬랙Slack은 데이터 클라우드, 문서 공유 및 협업 도구를 사용하여 작업 공간을 제공하는 시스템이다.

건강 및 웰빙 서비스 기반 시스템
조본업Jawbone Up 및 애플 워치Apple Watch는 애플리케이션과 웨어러블 디바이스를 결합한 상태 모니터링 추적 시스템을 제공한다(사례 연구 참조).

P2P 교환
이베이는 온라인 벼룩시장 유형의 교환을 허용하는 무역 상거래 공간이다.
에어비앤비는 사용자가 호스트, 손님 또는 둘 다 될 수 있는, 숙박을 위한 피어peer 기반 모델이다.
그 밖의 P2P 플랫폼에는 수익 창출형 카풀 플랫폼인 리프트Lyft와 P2P 리뷰 플랫폼 옐프Yelp가 있다.

프리랜서 시장
태스크래빗TaskRabbit은 프리랜서의 마이크로 태스크micro-task를 온디맨드로 교환하기 위한 시장을 형성하며, 의류 구매와 판매를 위한 많은 애플리케이션이 있다. 이 서비스 모델은 새로운 소득원으로 높은 평가를 받고 있지만, 그들은 노동조합이나 근로기준법에 의해 보호받지 못하기 때문에 착취에 취약한 새로운 형태의 노동을 육성한다는 비난을 받고 있다.

온디맨드 서비스
우버는 접근성에 기반하여 운전자와 승객을 연결하는 모바일 애플리케이션 기반의 온디맨드 교통 시스템이다. 모바일 애플리케이션을 통해 수요가 집계되고 오프라인의 지역 서비스로 제공된다.
집카Zipcar와 리프트Lyft는 다른 온디맨드 교통 서비스이다.
에어비앤비와 호텔 투나이트Hotel Tonight는 이용 당일 호텔 객실을 찾는 사용자를 위한 플랫폼이자 빈 객실을 채우는 온디맨드 손님 접대 서비스이다.
질Zeel은 웰빙 관련 수많은 신생 기업 중 온디맨드 마사지 서비스이다.

도표 3.5 디지털 방식으로 가능한 서비스의 주제와 추세이다.

주목할 만한 또다른 측면은 디지털 채널과 물리적 채널 간의 상호 보완성이다. 디지털 지원 서비스의 현재 환경을 자세히 살펴보면, 온라인 뱅킹과 같은 기존의 소매 오프라인 거래brick-and-mortar 서비스를 위한 새로운 채널로 구성되는 서비스도 있다.

현재의 다양한 서비스 랜드스케이프에서 배달 방식 및 제공 기반과 관련하여 몇 가지 명확한 주제와 추세를 파악할 수 있다(도표 3.5 참조).

도표 3.6 리프트의 운전자는 신원 확인을 위해 차 안의 분홍색 사인을 사용한다.

3.3
사물 인터넷: 디바이스, 데이터와 기반 시설의 생태계

지금쯤 여러분은 이미 스마트 디바이스에 대해 들어봤거나 직접 경험해봤을 수도 있다. 스마트홈이나 스마트 도시는 사물 인터넷이라는 용어의 변형이다. 사물 인터넷, 유비쿼터스 컴퓨팅ubiquitous computing 또는 스마트 시스템은 인터넷 자체의 진화 및 성장과 연결되어 발전하는 분야이다. 그 본질은 가상 세계와 물리적 세계의 결합이다.

사물 인터넷은 다음 세 가지 주요 요소를 결합한다.
(1) 센서 디바이스
(2) 연결성
(3) 사람과 프로세스

환경(온도, 습도, 소리, 빛), 물리적 움직임, 전기 또는 자기 활동, 흐름, 가스 및 대기 오염 물질과 같은 화학 물질을 모니터링하기 위해 센서(하나 또는 그 이상)가 물체에 부착되거나 포함되어 있다. 이 센서는 지역 블루투스에서 글로벌 와이파이와 셀룰러에 이르기까지 다양한 범위의 기존 디지털 네트워크를 통해 시스템이나 사람들에게 정보로 변환될 수 있는 데이터를 수집하고 전송한다. 이 정보는 의사 결정을 돕거나, 모든 종류의 응용 프로그램과 현장의 효율적인 모니터링 시스템을 만드는 데 이용된다.

오늘날 IoT의 인기는 최근 시장에 진입한 소비자 제품과 서비스의 첫번째 동향과 관련 있다. 현재 시장에 출시되어 있는 제품 가운데 가장 잘 알려진 스마트 디바이스나 시스템은 손목 밴드, 스마트 워치, 주얼리와 같이 기기에 내장된 센서를 사용하여 사용자의 활동 수준을 모니터링하는 액티비티 트래킹 웨어러블activity-tracking wearables 제품이다(다음 사례 연구 참조). 예를 들면 이런 기기를 이용해 우리가 하루 동안 걷는 거리, 수면 패턴 또는 심장박동수 등을 추적할 수 있다. 웨어러블 기기는 최종 정보 또는 인포그래픽으로 생성되는 대량의 데이터를 집계하는 디지털 애플리케이션을 통해 스마트폰이나 컴퓨터와 '이야기'를 한다.

사례 연구:
조본업

조본업Jawbone UP은 손목 밴드와 모바일 앱으로 구성된 액티비티 트래킹 시스템이다. 손목 밴드에 발걸음이나 걷는 거리와 같은 신체 활동을 추적하는 센서가 내장되어 있다. 여러 기능들 중 선잠과 깊은 잠을 비교하여 수면을 추적하는 기능도 있다. 또한 블루투스 동기화로 신체 활동, 몇 마일을 뛰고 걸었는지, 수면 시간 등을 지속적으로 모니터링할 수 있다.

조본업은 2011년 처음 출시되었을 때 소프트웨어 부족과 짧은 배터리 수명 등 많은 문제로 상품 판매를 중단해야만 했다. 유명한 산업 디자이너 이브 베하Yves Behar가 훌륭한 디자인을 선보였지만, 기술적인 부분에서는 아직 미흡했던 탓에 서비스 접속과 스트리밍에 있어 소비자의 기대치를 충족시키지 못했다. 조본업은 소프트웨어와 하드웨어를 빠르게 개선한 후 시장에 돌아왔고, 라이프 스타일을 개선하고 피트니스 목표를 달성하는 데 관심 있는 사용자의 요구를 채워주는 수많은 브랜드와 신속하게 결합되었다.

오늘날에는 애플 워치를 비롯해 여러 가지 유사한 제품 서비스가 제공되고 있다. 이러한 시스템은 사용자에 대한 양적 데이터 수집이 전부인 '정량화된 자아quantified self'라고 불리는 경향이 있고, 사용자가 변경이 필요한 사항에 대해 정보에 입각하여 결정을 내릴 수 있도록 돕는다.

기술이 개선되는 동안 6개월 정도가 지나면 많은 사용자들이 디바이스를 그만 사용하는 것처럼 보이고, 시장은 어느 정도 포화 상태에 이른 것 같다. 이 사례에서 배울 수 있는 한 가지 교훈은, 신기술 적용의 실제 목적과 그것이 실제로 어떤 혜택을 가져올 수 있는지와 관련된 것이다. 어떤 사람은 헬스케어와 같은 다른 서비스 영역과 디바이스와 앱의 통합을 개선하면 보다 오래 사용할 수 있고 보다 의미 있을 것이라고 제안할 수도 있다. 그러나 우리는 견고한 서비스 생태를 개발하는 것보다 기술을 개발하는 것이 더 쉽다는 것을 배워왔다.

도표 3.7~3.9 손목 밴드처럼 착용하는 조본업은 하루 동안 사용자의 모든 신체 활동과 수면 패턴을 추적하고, 블루투스를 통해 휴대전화와 동기화된다.

사례 연구: 네스트

스마트홈은 IoT를 기반으로 성장하고 있는 또다른 시장이다. 조명 시스템, 차고 문 개폐기, 도어락, 스프링클러 및 에어컨 같은 수백 가지 스마트홈 제품이 이미 시장에 출시되어 있다. 그러나 통신 시스템을 위한 보편적인 프로토콜이 아직 없어 다양한 허브(디바이스로부터 다른 '언어'로 변환하는 추가적인 디바이스)가 필요하다는 점은 이러한 서비스가 지닌 중요한 단점이다.

자동온도조절장치인 네스트Nest는 통합 온라인과 모바일 대시보드를 통해 사용자가 냉난방 시스템을 제어할 수 있는 첨단 제어 시스템이다. 냉난방 패턴을 모니터링하는 스마트 디바이스로서 네스트는 사용자의 행동과 온도 니즈를 '학습한다'. 각 가정 또는 사무실 공간은 단열이나 다른 냉난방 시스템 때문에 그러한 니즈가 서로 다르다. 네스트는 내외부 온도에 따른 냉난방 시스템을 고려하여 실내 온도와 습도 변화를 추적한다. 이 알고리즘은 특정 주택의 고유한 패턴을 예측하고, 그에 따라 온도를 최적화하여 에너지 효율성을 개선할 수 있다.

도표 3.10~3.12 가정 내 인테리어의 일부로서 네스트 자동온도조절장치와 네스트의 모바일 인터페이스.

네스트는 제품 자체와 애플리케이션으로 직관적인 인터페이스를 제안한다. 사물에서 사람으로의 정보 순환은 개인이 자신의 에너지 소비를 의식적으로 모니터링하고 보다 현명한 결정을 내리는 데 도움이 된다. 또한 네스트는 디바이스, 사용, 데이터와 스마트 기술 간의 지속적인 연결을 바탕으로 자동온도조절장치 사업을 분리하고 시장을 변화시켰다. 그리하여 구글은 디바이스 사업부를 내부에서 운영하기 위해 네스트를 인수했다. 2014년 초 네스트는 네스트 개발자를 위한 프로그램을 만들었다. 이 프로그램은 네스트와 연동할 수 있도록 새로운 애플리케이션과 디바이스를 만들 수 있는 소프트웨어를 개발자들에게 개방하는 플랫폼이다. 즉, 다른 사물과 애플리케이션이 네스트를 변환기 또는 스마트 통신을 위한 허브로 사용하고 '대화'할 수 있다는 것을 의미한다. 예를 들면, 네스트는 메르세데스 벤츠 자동차의 스마트 시스템, 스마트 월풀 세탁기와 건조기, 조본업 웨어러블과도 통신할 수 있다(3장 앞부분에 있는 첫번째 사례 연구 참조).

이러한 경우에 에너지 효율성을 개선한다는 점에서 자동온도조절장치를 제어하는 스마트 시스템의 혜택은 분명하고 의미 있는 듯하다. 그러나 몸에 착용할 수 있는 웨어러블 액티비티 트래커처럼 기술이 서비스 측면보다 앞서 있는 것처럼 보인다. 앞서 설명한 바와 같이 가전제품과 자동차뿐만 아니라 전력 회사에서도 자동온도조절 제어 시스템을 통합할 수 있는 여지가 있다. 만약 서비스 모델이 광범위한 통합 시스템을 기반으로 한다면 이러한 디바이스는 현재 에너지 소비 모델을 바꾸고, 가정에서 에너지원을 선택하는 방법에 영향을 미치고, 더 나아가 청정에너지 시장을 이끌어 나갈 수 있다.

피트니스 웨어러블 디바이스와 스마트홈 시스템이 소비자 시장에서 IoT를 맛보기로 보여주기는 하지만, 이는 스마트 시티와 '산업용 사물 인터넷Industrial Internet of Things' 또는 IIoT라고도 불리는 IoT 산업 응용 아이템을 포함하여 이를 뛰어넘는 많은 시스템을 포함한다. 접근 방식의 관점에서 볼 때 IoT를 위한 다양한 응용 공간을 가로지르는 다양한 철학적 흐름이 있는 것처럼 보인다.

하나는 효율성에 기반한 것으로, 우리의 신체, 집, 직장 또는 도시와 관련된 시스템의 모니터링, 제어 및 최적화에 관한 것이다. 웨어러블 기기뿐만 아니라 네스트 및 다른 가정용 디바이스는 이러한 추세를 기반으로 하는 듯하다. IIoT는 인터넷 관리 조립 라인, 연결된 공장 및 창고를 포함하여 애플리케이션을 사용하는 산업 기반 시설을 갖추는 데 이러한 접근 방식에 기반하고 있다. 이와 마찬가지로 도시 관리 역시 지능형 교통 관리 시스템 또는 최적화된 폐기물 관리 시스템과 같은 애플리케이션을 통해 효율성 중심의 접근 방식을 취한다. 이러한 시스템을 이용하면 쓰레기차가 폐기물이 가득찬 컨테이너만 처리하도록 지시할 수 있다.

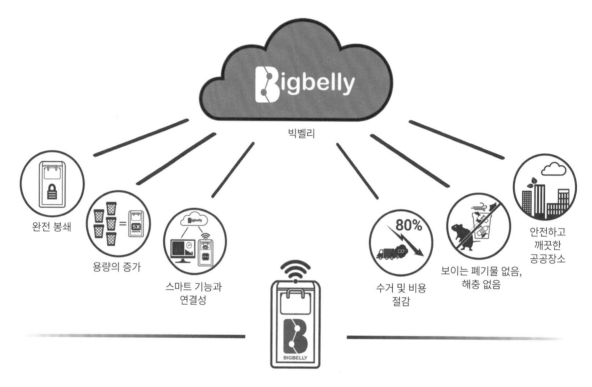

도표 3.13~3.14 빅벨리는 쓰레기와 재활용 처리를 위한 스마트 시스템Smart Waste & Recycling System으로 스마트 쓰레기통이 포함되며, 스마트 쓰레기통 내부에 폐기물의 양을 측정하는 센서가 장착되어 있어 폐기물이 완전히 가득 차면 실시간 데이터로 수거 시스템에 알린다. 이는 쓰레기 수거 필요성을 80퍼센트까지 줄이고, 결과적으로 쓰레기차의 CO_2 배출량도 줄인다.

또다른 IoT 흐름은, 감지 기술과 환경을 모니터링하는 애플리케이션의 잠재력과 밀접한 관련이 있다. 대기질 모니터링 장치가 점점 대중화되어 실내뿐만 아니라 도시와 지역의 오염을 모니터링할 수 있다. 수백 개의 다른 디바이스에서 데이터를 수집하는 플랫폼과 통합되면 지역 데이터베이스를 구성할 수 있다. 이러한 시스템의 대부분은 시민 과학 애플리케이션과 연결되어 누구나 자신의 주변을 모니터링하는 것이 가능하다. 이러한 디바이스가 과학적으로 의미 있는 데이터를 산출하기에는 충분하지 않을지라도, 사람들과 공동체에 그들의 환경을 모니터링할 권한을 주고, 법률 개정을 촉구하는 데 결정적인 역할을 할 수 있는 잠재력을 지니고 있다.

마지막으로, 도시뿐만 아니라 가정생활에서 사회적 인터랙션을 재현하는 IoT로 새로운 종류의 인터랙션이 가능할 수 있다는 점에 초점을 맞춰, 좀더 실험적이면서 인터랙션 중심인 IoT 접근법에 대해 언급할 필요가 있다. 이 접근 방식의 예로는, 유휴의 도시 가구에 센서를 내장하여 행인이 다른 사람에게 메시지와 의견을 남길 수 있도록 하거나, 장거리로 전송되는 애정이 담긴 제스처의 교류를 위한 프록시 역할로서 센서가 내장된 물건이 있다. 이 경우 메시지와 교환은 반드시 기능적일 필요는 없으며, 오히려 도시와 가정 환경에서 새로운 종류의 사회적 인터랙션을 촉진한다.

3.15

3.16

도표 3.15~3.17 아두이노Arduino 호환 하드웨어, 데이터 시각화 웹 API와 모바일 앱으로 구성된 오픈 소스 환경 모니터링 플랫폼인 스마트 시민 프로젝트Smart Citizen Project는 주위의 대기 오염 수준을 누구나 모니터링할 수 있게 해준다.

3.17

이러한 개발은 스마트 시스템과 스마트 서비스의 시작일 뿐이다. 약 20억 개의 IoT 지원 디바이스가 이미 시장에 출시되어 있으며, 이 숫자는 휴대전화를 제외하고도 2020년에 80억 개에 달할 것으로 예상된다. 현재 총액은 1,800억 달러가 넘을 것으로 추정되며, 2020년에는 1조 달러를 초과할 것으로 추정된다. IoT는 기술과 비즈니스 커뮤니티에 많은 관심을 불러일으켰지만, 많은 비평가와 일반 대중은 여전히 일부 IoT 애플리케이션의 주요 이점이 무엇인지 확신하지 못하고 있다. 일반적으로 기술 측면은 서비스 디자인보다 앞서 있는 것으로 보이며, 이는 서비스 디자이너들이 보다 통합적이고 의미 있는 제품 서비스 시스템 아키텍처product service system architectures를 설정할 수 있는 기회 영역일 수 있다.

도표 3.18~3.19 헬로 램프 포스트 프로젝트Project Hello Lamp Post는 영국 브리스틀에 있는 유휴 도시 가구에 센서를 설치하여 낯선 사람들 사이에서 새로운 유형의 중재적 인터랙션을 가능하게 했다.

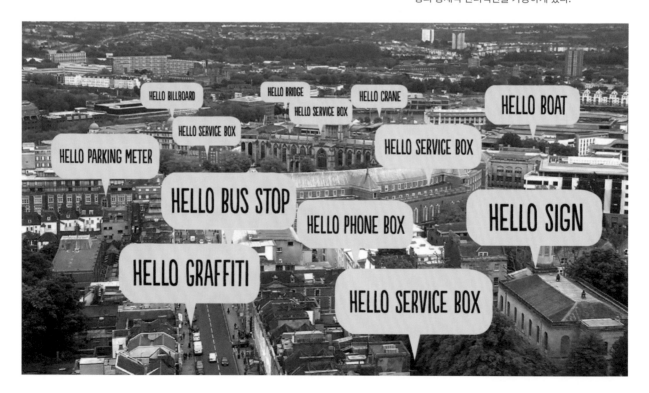

3.4
디지털 세계에서 점차 증가하는 과제

도표 3.20 소셜 미디어 플랫폼은 전 세계 시민사회를 결집시키는 데 결정적인 역할을 해왔다.

기술을 통해 플랫폼과 서비스가 만들어질 때, 사람들이 그것을 어떻게 사용할지를 정확히 예측할 수 있는 방법은 없다. 페이스북은 원래 젊은 여대생을 평가하려는 모호한 목적으로 만들어졌다. 몇 년 후 소셜 미디어 플랫폼은 시민 동원 활동과 전 세계에서 일어나는 시위에 도움이 되었다. 한편 최근 소셜 미디어는 논쟁의 여지가 있는 가짜 뉴스 확산에 기여하기도 한다.

기술이 사회에 미치는 영향은 긍정적일 것이라는 일반적인 믿음이 있다. 적어도 미국에서는 기술이 마치 장밋빛 렌즈와 같은 역할을 한다(도표 3.21 참조).

사물 인터넷 같은 기술과 시스템이 발전하고 있는 최근 경향은 새로운 서비스의 이익과 교환trade-offs, 사업과 정부의 잠재적인 이익과 역할에 대해 근본적인 질문을 던진다.

앞서 지적했듯이 IoT 확산을 두고 제기되는 주요 비판은, 대부분의 최신 상용 애플리케이션이 여전히 기능성과 기술 성능 측면에서만 발전하고 있다는 사실이다. 예를 들어, '웨어러블'을 생산한 일부 업체는 자사 제품을 회수해야 했으며, 데이터 정밀도에 대한 사용자의 불만을 받아들여야 했다.

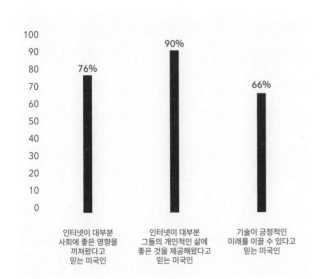

도표 3.21 미국의 기술 인식 지표(출처: 퓨 리서치, 카인 밀러Cain Miller와 버밍엄Birmingham, 2014년)

주요 논쟁 중 하나는 현재 IoT 해결책의 의도에 관한 것이다. 특히 실제 IoT 사용법을 배우기 위해 비용이나 시간을 들일 수 없는 많은 이들이 배제되는 '소년을 위한 장난감'과 같은 제품군의 문제가 간단한 해결책인지에 관한 것이다. 어떤 사람들과 시스템은 IoT의 새로운 데이터와 시스템이 밀려오는 것을 받아들이려 하지 않거나 그런 것을 바라지 않는다.

IoT 생태계의 주요 주체나 개발자는 아직 정해지지 않았고, 사업 모델은 유동적이며, 규제 시스템이 사람들의 행동과 데이터 통제, 소유에 대한 의문을 제기한다는 인식도 있다. 간단한 가정용 사물이 센서와 인터넷 연결을 통해 '스마트하게 만들어지면', 사용자의 행동을 통제하는 능력이 생길 것이라는 우려가 있다. 프로그레시브 보험Progressive Insurance 스냅샷 디바이스를 생각해보자. 이 장치는 차량 내부에 장착되면 속도, 제동, 주행 거리 같은 고객의 행동 패턴과 주행 습관을 모니터링한다. 보험 회사는 운전자의 데이터를 기반으로 보험료 혜택과 보험금 청구액을 계산하고 그에 따라 가격 모델을 조정할 수 있다. 운전자 자체 보고와 검증 절차에 기반을 두던 이전의 시스템에서 데이터 기반 접근 방식으로 전환하는 것이다.

데이터 기반 의사 결정 프로세스를 우리 삶의 모든 측면으로 확장해보면 어떻게 될까? 구글이 모든 스마트홈 기기들 사이에서 모든 데이터 수집과 교환을 중앙 집중화하는 시나리오를 상상해보면, 각 개인의 가정에서 사람들의 모든 움직임을 감시하는 소름 돋는 독재자 같은 시스템처럼 느껴질 수 있다.

자동화나 로봇 시스템이 인간과 인간의 인터랙션을 대체하는 것은 논쟁과 우려를 낳고 있는 영역이다. MIT의 기술과 자아 이니셔티브MIT Initiative on Technology and Self의 책임자이자 기술과 사람과의 관계를 전문으로 다루는 저자인 셰리 터클Sherry Turkle은 필수적인 인간 발달을 방해할 수 있는 자동화된 시스템의 보급으로 왜곡된 자아 인식이 발생할 수 있다고 말한다. 예를 들어, 사회성이 없는 청소년은 자신의 정체성을 끊임없이 바꾸기 때문에 디지털 속 인격과 실제 인격이 달라진다. 우리 삶의 '스마트화smartification'는 스마트 시스템의 지원 없이는 실생활에 대처할 수 없는 무능력한 인간을 낳게 될 수도 있다.

마지막으로, 직업과 고용 측면에서 결과가 명확하지 않기 때문에 지능형 시스템이 공항의 셀프 서비스 체크인 키오스크와 같은 프론트오피스 역할뿐만 아니라 백오피스 실행 계획 업무까지 차지하게 되면 미래의 업무에 대해 많은 논쟁을 낳을 수 있다. 따라서 이러한 영역에서는 기술만이 의사 결정을 유도하게 하는 것이 아니라 실제로 사람들을 IoT 개발의 중심 단계로 이끌기 위해 서비스 디자이너를 필요로 한다.

3.5
디지털 서비스 안에서 서비스 디자인의 역할

더 넓은 의미의 디지털 서비스를 개발하는 데 있어 디자이너의 의무는 무엇인가? 성장하고 있는 교차 부문 경제cross-sector economy에서 서비스 디자인이 기여할 수 있는 것은 무엇인가? 인터랙션 디자인 또는 경험 디자인 같은 다른 디자인 전문 분야와 전통 방식 사이의 논의는 무엇인가?

기술 지원 서비스의 사용이 증가함에 따라 그 어느 때보다 디자인이 필요해지고 있다. 앞에서 소개한 바와 같이 IoT에 대한 많은 논쟁은, 새로운 제품 서비스 시스템 생태계의 새로운 연결성을 창출하는 인간의 영향을 중심으로 전개된다. 기술에 점점 더 쉽게 접근할 수 있게 되었으나 그 주변의 사회적 시나리오와 프로토콜은 같은 속도로 성숙하지 못한 것으로 보인다. 이제 사회적 가치를 해석하고 '기표signifiers'를 포착하는 전통적인 방법으로 디자인이 도움을 줄 수 있는 시점이다.

디자이너들은 더 큰 그림을 보면서 사람 중심의 방식으로 작업하는 경향이 있기 때문에 디지털과 기술 개발의 중심에 다시 사람을 두는 데 도움을 주고, 엔지니어와 개발자의 기술 중심적 사고방식을 균형 있게 조정할 수 있다. 서비스 디자인은 통합적이고 다학제적인 성격을 띠며, 인간 중심의 디자인 접근 방식, 참여적 방법, 관리와 조직 과학, 마케팅과 제품 개발뿐만 아니라 사회과학과도 연계되어 유리한 위치에 있는 분야이다.

디자인 커뮤니티는 기술에 의해 촉발된 서비스, 시스템, 조직 및 정부에 영향을 미치는 인터랙션을 다루는 다양한 디자인 전문 분야 간의 차이에 대해 끊임없이 의문을 제기한다. 서비스 디자인은 인터랙션 디자인 또는 사용자 경험UX 디자인과 어떻게 다른가? 인터랙션 디자인 부문 교수인 조

디 포리치(다음 인터뷰 참조)는 서비스 디자인은 경영 연구에서 도출한 반면 경험과 인터랙션 디자인은 소비자와 인지 심리학에서 도출한 것이라고 지적한다. 그리고 서비스 디자인의 공동 생산 특성으로 인해, 이는 참여적 방법participatory methods과 코크리에이션cocreation 방법을 채택해왔다. 이와는 대조적으로 UX 디자이너는 경험의 본질에 초점을 맞추고 있으며, 사회적이고 무형의 결과를 예측하는 데 도움이 되는 방법론으로 경험 프로토타이핑을 채택해왔다.

2장에서 설명한 바와 같이 비즈니스와 관리 측면에서 고객 경험CX도 서비스 디자인에 통합된다. CX 전문가는 상황의 후면 활동을 디자인하는 동안 고객 경험을 조사하며 일반적으로 조직 내부에서 일한다. 서비스 디자인 팀은 조직 내에서 작업하면서 CX와 인터랙션하는 경우가 많다.

서비스가 계속 발전함에 따라 디자인은 이러한 보완적 역량을 통합할 수 있어야 하며, 의미와 목적을 기술과 비즈니스 논의에 주입할 수 있어야 한다. 실제로 서비스 디자인 작업은 사회적 인터랙션, 미학 및 의미와 같은 측면에 더 초점을 맞추는 경향이 있기 때문에 모든 서비스 디자이너가 UX 또는 CX 사례와 관련된 기술적 측면을 깊이 파고드는 것은 아니다. 그러나 서비스 디자인이 UX와 CX의 일부 기능을 통합하는 것은 중요하다. 서비스 디자이너는 서비스의 경제적, 비즈니스적 영향을 고려하고 기술 측면에서 충분히 능숙한 태도를 취함으로써, 기술의 사회적 영향에 대한 고려를 강화하고 IoT의 인간화를 도울 수 있어야 한다.

3.6
조디 포리치와의
인터뷰

조디 포리치Jodi Forlizi는 카네기멜론대학Carnegie Mellon University의 컴퓨터공학 학부 내의 인간과 컴퓨터 인터랙션 연구소Human-Computer Interaction Institute 교수이다.

어디에나 존재하는 디지털 인터페이스가 우리 삶을 중재하는 가운데 '사용자 경험' 또는 UX에 대한 생각이 폭발적으로 증가해왔다. 서비스 디자인은 디지털 서비스의 사용자 경험을 향상하는 데 어떤 역할을 할 수 있는가?

기술이 컴퓨터와 데스크톱에서 벗어났을 때 UX가 발생한다고 생각한다. 디자이너들은 단순한 제품 이상의 무엇이 필요하다는 것을 깨닫고, 전반적인 사용 상황에 대해 생각해볼 필요가 있다. 동시에 서비스 디자인은 UX 디자인에서 거의 언급되지 않았던 운영 연구와 마케팅에서부터 성장하기 시작했다.

서비스와 UX 모두 고객 또는 이해관계자의 경험에 중점을 둔다. 그러나 실행하는 방법은 다르다. UX는 여전히 하나의 제품 또는 한 가지 사용자에 초점을 맞추지만, 서비스는 터치포인트와 많은 이해관계자 전반에 걸쳐 전체적으로 본다.

당신은 개별적 관점 대 전체론적 접근 방식으로서 서비스 디자인과 UX의 차이점에 대해 언급했다. 이것이 어떤 측면에서 시작되었고 어떤 방법이나 접근법이 있는지 공유할 수 있나?

나는 UX와 서비스 디자인, 그리고 사용자 중심 디자인조차도 동일한 방법을 많이 사용한다고 생각한다. 우리는 인터뷰나 관찰 같은 조사 방법을 사용하고, 프로토타이핑 방법을 사용한다. 그리고 페르소나와 시나리오를 개발한다. 서비스를 다르게 만드는 한 가지는 다수의 이해관계자 또는 체계적인 관점이다.

만약 내가 사용자 중심 디자인을 배우는 학생들에게 우버 같은 자동차 공유 서비스를 디자인하는 과제를 내준다면, 그들은 운전자와 승객에 대해 생각할 것이다. 그러나 서비스 또는 시스템 측면에서 생각하는 누군가에게 똑같은 문제를 제기한다면 택시, 대중교통, 도로상의 다른 교통수단에 대해 생각하기 시작할 것이다. 여러 이해관계자가 승차 공유에 영향을 미치기 때문에 그들은 이해관계자에 대해 더욱 잘 알고 있을 것이다.

또다른 차이점은, 서비스는 우리가 가치를 고려할 필요가 있음을 내포하여 생각하며, 그것은 종종 경제적 가치이다. 사용자 중심 디자인 맥락에서는 비즈니스 측면에 대해 생각하지 않는 경우가 많다.

마지막으로, 극단적으로 나는 모든 UX 디자이너들은 이제 더 이상 실제로 제품을 디자인하지 않기 때문에 그들의 도구 상자에 약간의 서비스 지식과 방법을 가지고 있어야 한다고 생각한다. 우리는 사람들이 제품 서비스 시스템과 인터랙션할 수 있도록 플랫폼을 디자인하고 있는 것이다.

디지털 서비스에서 서비스 디자인의 역할에 대해 어떻게 생각하는가?

나는 여러분이 인터랙션 디자인의 구성 요소 또는 심지어 커뮤니케이션 디자인으로서 타이포그래피, 색상, 구성을 볼 수 있다고 생각한다. 또한 나는 서비스 디자인을 이런 복잡한 것들을 디자인하기 위한 기본 요소로 볼 수 있다고 생각한다. 이는 사람들이 디지털 서비스를 사용할 때 어떤 경험을 할지 생각하는 데 도움을 준다. 서비스 디자인은 주요 사용자와 서비스 제공자뿐만 아니라 영향을 받을 수 있는 이해관계자들까지 모두 고려하는 데 도움이 된다. 그리고 서비스 디자인은 가치가 경제적이든 아니든 간에 가치의 흐름을 생각하는 데 도움이 된다. 플립보드Flipboard를 예로 들어보자. 콘텐츠 공급자가 없으면 플립보드는 존재할 수 없다. 글을 읽는 사람들의 호감도, 태그, 의견이 없다면 그렇게 풍부하지 않을 것이다. 따라서 경제적 교환은 없지만 가치 교환은 많이 일어난다. 나는 그것을 고려해야 한다고 생각한다. 특히 무료 혹은 99센트짜리 앱을 디자인할 때 더욱 그렇다. 이 가격대의 서비스는 어떻게 그에 대한 대가를 치르게 될까?

디지털 서비스는 다양한 사회 활동을 촉진하는 것으로 여겨질 수 있다. 이것들은 매우 다양한 모델을 만들고 있다. 예를 들면 어떤 모델은 사용자가 자유롭게 사용할 수 있고, 어떤 모델은 공유 방식에 기초하는가 하면, 또 어떤 것들은 공식적으로 비용 지불을 요구한다. 다른 교환 방식과 디지털 서비스 개발 사이의 관계는 무엇인가?

나는 그것이 반드시 관계가 있어야 하는지 잘 모르겠지만, 사람들이 무엇인가에서 가치를 이끌어내는 방법은 여러 가지가 있다는 것을 안다. 모든 것이 교환 가치인 것 같다. 소프트웨어 산업이 좋은 예이다. 이전에는 마이크로소프트Microsoft와 어도비Adobe의 프로그램이 필요하면 프로그램 설치 시디를 구입해야 했다. 그후 어도비는 매달 구독료를 지불하면 프로그램에 필요한 모든 것을 제공하는 클라우드 모델로 전환했다. 하지만 훨씬 더 급진적인 모델은 구글일 것이다. 구글에 접속하면 프로그램을 구입할 필요 없이 간단한 버전의 프로그램을 사용할 수 있다. 쉽게 접근할 수 있고, 이 소프트웨어는 항상 최신 버전으로 유지된다. 하지만 이에 대한 대가로 구글은 사용자의 행동을 감시한다. 그들은 우리가 자신들이 제공한 소프트웨어로 무엇을 하는지 지켜본다. 이는 사용자가 아무것도 구매하지는 않지만 무료로 얻는 것에 대한 교환이 이루어지는, 흥미로운 가치 교환이다.

디지털 서비스는 주로 스마트폰 사용을 통해 점점 더 모바일화 되어왔다. 이 분야의 새로운 추세는 무엇이며, 디자인 과정에 어떤 영향을 줄 것이라고 생각하는가?

우리는 일시적으로 앱이 급증하는 것을 보았다. 이제는 모든 것이 묶음 형태로 나오기 시작했다. 예를 들어, 구글의 탭Tap과 아이폰 시리Siri 앱은 사용자들의 행동이라고 생각하는 것에 대해 함께 무너뜨리고자 시도했다. 이러한 추세는 상황을 압축하고, 사용자의 예상 가능한 행동 또는 가능할 수 있는 행동을 보려 하는 것이다.

그렇다면 앱을 디자인하는 방법을 이해하는 것 외에도 디자이너가 작업 흐름을 통해 사용자의 전형적인 행동이 무엇인지 생각할 수 있어야 하는데, 우리는 어떻게 사용자를 위한 디자인을 할 수 있을까?

머신러닝machine learning은 사람들에 대한 데이터를 이해하는 백엔드back end에서뿐만 아니라 사람들이 어떤 행동을 할 것인지 예측하고 예상하기 위해 프론트엔드front end에서도 시도되고 있으며, 우리는 이에 따른 프로젝트 인터페이스와 반응을 보기 시작했다. 이는 디자이너들이 새로운 방식으로 물건을 이해하고 디자인해야 한다는 것을 의미한다. 나는 이것이 디자인에 있어 매우 흥미롭고 색다른 맥락이라고 생각한다.

전통적인 오프라인 소매업brick-and-mortar 서비스 제공 모델 기반에서 디지털 방식으로 구현 가능한 서비스는 어떻게 구축될 수 있는가?

물리적인 서비스를 제공하던 시대에는 서비스 제공자가 누군가를 위해 특별한 일을 했을 때 그 대상은 보상을 받는다고 느꼈다. 그것은 호화로운 서비스처럼 느껴졌고, 사람들은 더 많은 돈을 지불하려 했다. 노드스트롬Nordstrom 백화점의 서비스 활동 몇몇이 훌륭한 예이다. 물리적인 매장에서 고객이 물건을 구매할 때 개인 쇼핑 담당자personal shopper가 돌아다니면서 쇼핑을 도와주며, 구매를 마치면 개인 쇼핑 담당자는 계산대 밖으로 나와 쇼핑백을 건네준다. 그리고 고객은 이에 대해 더 많은 돈을 지불한다. 디지털 서비스에서는 그런 요소가 없다. 나는 그런 서비스를 시도하고 창조할 기회가 있다고 생각한다.

디지털 서비스에 있어 또다른 흥미로운 점은, 고객에 대해 많은 정보가 생성되지만 활용되지 못한다는 것이다. 우리가 사용하는 카드를 추적해보면 무엇을 구매하는지 알 수 있다. 또한 우리는 전통적인 고객 관계 관리를 바탕으로 제공되는 모든 데이터를 가지고 있다. 만약 우리가 물리적인 세계에서 이루어지는 풍부하고 질 높은 서비스를 디지털 서비스에서 제공하고 있는 것과 융합하거나 확장한다면 이 데이터들 중 일부를 활용할 수 있고, 심지어 새로운 방식의 고급스럽고 개인화된 서비스를 만들 수도 있다고 생각한다. 이것은 고객들로 하여금 보상받는다고 느끼게 할 뿐만 아니라 서비스 제공자도 더 나은 일을 하고 있다고 느끼게 하는, 흥미로운 종류의 서비스 활동으로 이어질 수 있다. 그리고 이러한 것을 교육이나 의료와 같은 맥락으로 옮기면 그 영향은 엄청나게 커질 수 있다고 생각한다.

사물 인터넷과 유비쿼터스 컴퓨팅ubiquitous computing의 증가로, 일상생활 속에서 디지털적으로 가능해진 서비스 영역이 증가하고 있다. 우리 삶은 점점 더 제품과 서비스와 연결되고 있고, 이는 결국 다른 제품이나 서비스, 커뮤니티 및 비즈니스와 연결된다. 당신은 우리에게 연결된 삶의 미래는 무엇이라고 생각하는가? 이 분야의 새로운 동향으로는 무엇이 있는가?

IoT는 거대하다. 나는 컴퓨터공학과에서 근무하면서 많은 사람들이 IoT를 연구하는 것을 본다. 그러나 사물 인터넷의 인간 행동에 대해 연구하는 사람은 거의 없다. 기본 주제는, 우리는 이 모든 다른 것들로부터 나오는 데이터를 모두 가지고 있다는 것이다. 그런데 이것을 가지고 어떻게 사람의 경험에 도움을 줄 수 있을까? 나는 그것이 아직 답하지 않은 큰 질문이라고 생각한다. 그리고 그 아래에는 다른 흥미로운 질문들이 있다. 업계의 몇 가지 예를 들어보겠다. 최근에 폭스바겐이 배기가스를 조작한 사건이 있었다. 이제 한 회사가 직접 자사 제품이 만든 데이터에 접근하고 그것을 위조하여 실제로 고객을 속일 수도 있게 되었다. 이는 무엇을 의미할까? 다른 분야에서는 완전히 새로운 종류의 서비스와 제품이 등장할 것이라고 생각한다. 그것은 법률과 공공 정책을 왜곡하는 서비스이다. 예를 들어, 일부 국가들은 낮은 가치의 통화를 판매하고 비트코인Bitcoin으로 전환해 그들만의 비트코인 경제를 개발하고 있다. 그러나 경제의 개념은 고정 금액의 돈이 있다는 것이다. 이러한 행동에 길잡이가 되어주는 새로운 법과 정책이 필요할 것이다.

그래서 나는 디자이너의 역할은 첫째로 인간 경험의 모든 데이터를 옹호하는 것이고, 둘째로 우리가 디자인하는 것이 윤리적이고 목적에 적합한지 확실히 하는 것이라고 생각한다.

몇 년 전에 서비스 경험 컨퍼런스Service Experience Conference에 참석했는데, 서비스 디자이너들이 많이 참석했다. 그들은 신선한 식수 제공 시스템, 정책 등을 디자인하고 있었다. 나는 디자이너들이 혼자서는 이러한 일들을 할 수 없다고 생각한다. 우리가 할 수 있는 일은 정책을 만들고 법을 지배하는 사람들의 팀 내에서 디자인 작업을 하는 것이다. 그리고 이러한 인간적인 예를 드러내는 것이다. 그래서 우리는 기술이라는 큰 틀에서 IoT와 다른 시스템을 생각하는 대신, 인간의 삶에 영향을 미칠 수 있는 큰 기술의 틀로 이것들을 생각한다.

사회가 점점 더 디지털 서비스를 통해 중재되는 방식으로 운영된다면, 그러한 서비스에 접근하기 어려운 사람들은 자신이 뒤처지는 것을 발견할 수도 있다. 또한 망 중립성net neutrality, 감시와 오픈 데이터open data 이슈는 디지털 영역의 투명성과 신뢰성에 심각한 우려를 제기한다. 이러한 문제가 서비스 디자인에 미치는 영향을 어떻게 보는가?

우리에 대해 수집된 모든 데이터가 사생활을 침해할 수 있다는 우려가 있다. 그리고 확실히 그렇다. 이에 대한 흥미로운 사례들이 있다. 나는 일반적으로 사람들이 사생활과 그들의 데이터로 인해 일어나는 일에 대해 더 많이 알아야 한다고 생각한다. 사람들의 태도는 시간이 지남에 따라 바뀔 것이며, 사람들은 그들이 서비스를 누리는 대가로 자신에 대한 정보를 교환trade-offs할 것이다. 예를 들어, 위치 인식 서비스를 처음 사용할 수 있게 되었을 때 아무도 위치 정보를 공개하려 하지 않았는데, 그 이유는 위치 인식 서비스가 사생활 침해라고 생각했기 때문이다. 하지만 이제 우리는 거의 모든 앱에서 위치 정보 접근을 허용하고 있다. 이 분야에서 사회는 위치를 알려주고 싶지 않아 했던 원래의 불안을 넘어 진화하고 있다.

디지털 기술의 영향에 너무 크게 중점을 두면, 의도하지 않은 결과의 질문은 혁신과 변화에 대한 열정에 의해 종종 무색해진다. 디지털 서비스는 다양한 일상생활, 예를 들어 일의 미래 또는 현대 정치의 본질과 형태에 영향을 미친다. 디지털 서비스의 윤리적, 사회적, 정치적 의미를 고려할 때 서비스 디자인의 역할은 무엇인가?

디자이너는 이러한 것들을 스스로 결정할 수는 없지만, 이러한 분야의 전문가인 사람들이 판단을 내리는 팀에서 동등한 역할을 수행할 수 있고, 서비스를 이용하는 사람에게 풍부한 의미를 전달할 수 있다. 이것이 디자인이 할 수 있는 역할이라고 생각한다. 나는 디자이너가 법, 윤리, 사회적 결과에 직접적인 영향을 미칠 수 있다고 말하는 사람은 아니다. 하지만 우리가 그것을 실행하는 팀에 기여할 수는 있다고 생각한다.

교육자로서 디지털 서비스 디자인 분야에 뛰어드는 학생들에게 주고 싶은 중요한 교훈은 무엇인가?

서비스 디자이너를 위한 핵심 교훈은 다중 이해관계자 관점이라고 생각한다. 그것은 긍정적인 측면과 부정적인 측면에서 자신이 디자인하려 하는 것의 영향을 이해하고, 경제적 가치든 아니면 단지 인간의 가치든 간에 디자인된 것의 가치를 이해하는 것이다. 나는 이러한 것들이 가장 중요하다고 생각한다.

3.7
학습 활동

학습 요점

- 기술은 보다 광범위한 광대역 인터넷 연결, 모바일 기술과 클라우드 컴퓨팅을 통해 일상생활의 모든 측면에 점점 더 깊이 침투하고 있다.

- 디지털 지원 서비스 환경의 추세는 이베이와 옐프와 같은 P2P 교환, 태스크래빗 같은 프리랜서 시장, 우버, 집카, 에어비앤비 같은 온디맨드 서비스를 포함한다.

- 사물 인터넷은 센서 디바이스, 연결성, 사람과 프로세스의 세 가지 주요 요소를 결합한 새로운 기술 분야이다. IoT 시스템의 예로는 활동 추적 시스템, 스마트홈 시스템을 비롯해 스마트 시티 애플리케이션과 산업 인터넷이 있다.

- 서비스 디자인은 기술이 의사 결정을 유도하는 유일한 힘이 아니라는 것을 확인시켜주고, 기술의 사회적 영향을 고려하고 IoT를 인간화하는 데 도움을 주는 중요한 역할을 한다.

개요 질문

- 우리의 일상생활에 영향을 미치는 디지털 기술의 주요 경향은 무엇인가?

- 디지털 기술과 기반 시설에 대한 접근은 사람들에게 어떤 영향을 미치는가?

- IoT 시스템의 주요 요소와 애플리케이션은 무엇인가?

- 디지털 지원 서비스와 사물 인터넷과 관련된 영향과 위협으로는 무엇이 있는가?

- 서비스 디자인은 UX 디자인과 어떻게 다른가?

학습 과제

현재 개인의 디지털 서비스 생태계를 구조화해보자. 아침에 일어나거나, 식사를 하거나, 도시를 탐색하거나, 친구들과 시간을 보내는 것과 같은 간단한 행동에 디지털 서비스가 어떻게 영향을 미치는지 생각해보자. 50년 전 당신 나이 또래의 누군가가 했던 활동에 대해 묘사해보자. 이어서 지금부터 50년 후 미래의 시나리오를 추정해보자. 미래에 같은 행동을 묘사하고 현재와 과거와 비교하자. 유토피아와 디스토피아 측면의 다양한 시나리오를 살펴보자. 이러한 다른 대안적 미래에서 법, 통치, 정치, 민주주의, 권력에 어떤 일이 일어나는지 설명해보자.

용어 풀이

- 소셜 미디어social media: 사람들이 서로 정보를 공유하고, 사용자가 접촉하기 원하는 사람을 결정하여 네트워크와 커뮤니티를 구성할 수 있는 P2P 소통 플랫폼이다.

- 전자상거래e-commerce: 직간접적 상업 거래를 가능하게 하는 플랫폼.

- 크라우드 펀딩crowdfunding: 사람들이 특정 프로젝트를 위해 기금을 모금할 수 있게 하며, 일반적으로 개인 기부자로부터 소액을 모으는 플랫폼.

- 웨어러블 디바이스wearable devices: 몇 마일을 뛰었는지, 얼마나 걸었는지, 수면 시간 및 심박수와 같은 사람의 신체 활동과 관련된 데이터를 수집하는 센서가 장착된 디바이스. 이 디바이스는 일반적으로 사용하기 쉬운 인터페이스를 바탕으로 데이터를 저장하는 애플리케이션이 포함된 전체 시스템의 일부이다.

- 스마트 시티smart cities: 도시 서비스의 효율성과 통합을 향상시키기 위한 목적으로 도시의 기반 시설(도로 및 공공시설과 같은 물리적 시설뿐만 아니라 도서관 및 학교와 같은 제도적 기관)에 스마트 기술과 시스템을 장착한 개념.

- 스마트홈smart homes: 전기, 냉난방, 보안 및 가전제품을 제어하고 통합할 수 있는 스마트 테크놀로지를 갖춘, 자동화된 거주 공간.

04
공공 이익을 위한 서비스

4.1
소개

4장에서는 공공 이익을 위한 서비스와 디자이너가 이 서비스에 어떻게 접근하고 있는지를 설명한다.

공공 이익을 위한 서비스의 컨셉은, 개인과 공동체의 웰빙을 개선하여 서비스를 통해 사회복지를 달성하기 위한 최상의 해결책을 마련하는 것을 의미한다. 이는 공공 이익을 위한 서비스를 제공하는 조직에 주로 주주들의 경제적 이익을 제공하는 그들의 미션과 민간 조직의 영역을 넘어, 이전 장에서 살펴본 서비스의 개념과 서비스의 본질적 가치를 필요로 한다. 이 개념은 사회 개념을 연결하고 확장한다.

4장에서는 공공 이익을 위한 주요 서비스 자원 두 가지에 대해 살펴본다. 하나는 공공 부문이고, 다른 하나는 상향식 사회 혁신과 관련 있다.

4장에서는 먼저 공공 부문과 공공 서비스가 무엇이고, 이 부문에서 서비스 디자인의 주요 과제가 무엇이며, 공공 부문에서 현재 어떤 서비스 디자인 프로젝트가 진행되고 있는지를 중심으로 서비스 혁신과 공공 부문을 소개한다.

다음 섹션에서는 공공 부문에 디자인을 통합할 때 사용할 수 있는 구성과 공공 이익을 위한 서비스 디자인 역량을 검토한다. 보다 구체적으로 이 섹션에서는 혁신 랩의 확산, 특별 프로젝트를 개발하는 데 전념하는 디자인 기반 기구 및 정부 내 실체 또는 외부 조직으로서 다른 디자인 과제를 탐구한다.

다음으로는 적극적인 시민active citizens으로부터 직접적으로 나타나는, 공익에 대한 서비스의 역동적이고 창의적인 혁신 원천으로 여겨지는 현상인 사회 혁신에 대해 살펴본다. 2장에서 논의한 공유 경제 개념을 토대로 협력 서비스 모델을 살펴보고, 민간 및 공공 협력 서비스와 같은 다양한 구성에 대해 논의한다.

4장은 파슨스 디자인의 사회 혁신과 지속 가능성을 위한 랩Parsons Design for Social Innovation and Sustainability(DESIS Lab)의 소장인 에두아르도 스타쇼스키Eduardo Staszowski와의 인터뷰로 마무리된다.

4.2
서비스 혁신과 공공 부문

정부와 공공 부문은 한 사회의 구성원이 가지고 있는 권리에 대한 공공 이익이나 서비스를 위한 주요 원천이다. 특정 공공 서비스는 사회 변화와 구성원의 웰빙을 위해 역할을 한다. 그런데 '공공 부문'이란 정확히 무엇일까?

공공 서비스 제공은 국가마다 다양하지만, 모두에게 보편적 제공이 보장되어야 한다는 공통된 견해가 있다. 공공 부문은 국가, 지역, 도시에 따라 다르게 정의되고 인식되지만, 사회의 기본 특성이 정의되는 곳이다. 우리는 청년을 얼마나 잘 교육하고 있는가? 우리는 노인을 얼마나 잘 돌보고 있는가? 우리는 헬스케어에 어떻게 접근해야 할까? 우리의 도시는 얼마나 살기 좋은가?

영국 정부는 국내총생산GDP의 상당 부분을 교육(세계은행 평균 14퍼센트)과 의료 서비스(세계은행 평균 10퍼센트)에 지출하고 있지만, 더 나은 공공 서비스를 받고자 하는 시민들의 불만과 요구는 증가하고 있다. 공공 서비스 경험의 개선과 보다 나은 공공 자원, 자본 확보 및 투명성 관리 측면에서 특히 그러하다.

도표 4.1 공공 서비스의 공통된 범주는 인간의 기본적인 필요(예: 교육, 헬스케어, 사회 서비스), 보호(예: 소방, 법의 집행, 군사, 환경 보호), 공공시설(예: 전기, 가스, 수도 공급, 네트워크), 커뮤니케이션, 정보, 문화(예: 공영방송, 공공 도서관, 통신) 및 도시 서비스(예: 대중교통, 공공 주택, 도시 계획, 폐기물 관리)를 포함한다.

공공 서비스 제공에 있어 혁신에 대한 시급한 요구가 분명 있지만, 공공 부문에서 서비스 디자인 역량의 체계적인 사용은 비교적 최근의 접근이다. 하지만 이러한 현실은 빠르게 변하고 있다. 최근 몇 년 사이 특정 기관에서 정규직 디자이너를 고용하거나 서비스 디자인 방법과 도구를 실무의 일부로 사용하는 정부 혁신 부서를 신설함으로써 디자인과 공공 부문의 관계는 상당히 역동적인 영역이 되었다.

공공 부문에서는 서비스 디자인이 정확히 어떻게 적용되고 있을까? 먼저 공공 부문에서의 디자인을 위한 주요 도전 과제의 특성을 살펴보자.

일반적으로 공공 서비스를 디자인하는 것은 이러한 서비스가 다수의 사람들(특히 적은 자원을 보유하고 있고 그것에 전적으로 의존하는 일부 인구)에게 영향을 줄 수 있기 때문에 보람이 클 수 있지만, 동시에 민간 부문에서의 디자인보다 훨씬 더 복잡할 수 있다.

무엇보다도 정부는 제삼의 조직으로부터 공적 자금을 간접적으로 조달받거나 대중에게 직접 공급함으로써 규모가 크고 복잡한 서비스를 제공하는 기관이 될 수 있다. 그러므로 규모에 대한 도전 과제가 있다.

또다른 주요 도전 과제는 규제이다. 민간 부문과 비교할 때 정부 기관들은 제약과 규제를 더 많이 받기 마련이다. 이는 디자인 서비스 조달이나 새로운 프로세스 구현에 영향을 미칠 수 있다. 이러한 관료주의적 태도에는 타당한 면도 있다. 공공 부문에서 규칙을 적용하고 절차를 강조하는 것은, 관리 감독하고 부패를 방지하기 위해 필요하다.

또다른 차원의 도전 과제는 조직적이라는 점에 있다. 정부 단체 및 기관은 대부분 특수한 기능을 중심으로 조직되고 특정 명령을 수행한다. 결과적으로 정부는 개인이 여러 정부 서비스와 상호 작용할 때 전체적인 관점에서 서비스의 필요성을 인식하지 못하는 경향이 있어 종종 단편적인 경험을 제공하는 데 그친다.

문화적인 면에서 정부에 대한 신뢰 부족은 드문 일이 아니다. 심지어 매우 민주적으로 여겨지는 상황에서도 사람들은 그들을 대신하여 결정된 구체적인 정책들에 대해 자신들을 올바르게 대변한다고 느끼지 못하거나 항상 동의하지는 못한다. 이렇게 느끼는 사람들이 있으면 공무원들은 혁신과 위험 감수를 두려워하게 될 수도 있다. 마지막으로 정부의 역할에 대해 반대되는 이념적, 정치적 견해가 있다. 공공 부문에서 무엇을 제공하거나 제공하지 않아야 하는가, 서비스는 어떻게 조직되고 제안되어야 하는가? 전체적으로 이러한 복잡하고 다면적인 문제들은 결국 공공 서비스 디자인에 영향을 미칠 수 있다.

이 모든 복잡성 사이에서는 공공 서비스 결과를 개선하고 삶의 질을 높이고자 하는 본래의 초점을 놓치기가 쉽다. 따라서 더 나은 공공 서비스를 디자인하기 위한 공식은 기존의 조직이나 구조 및 프로세스보다 사람(서비스 사용 및 제공)에서 시작해야 한다. 여기에는 시민적 관여와 참여에 대해 향상된 감각을 창출하려는 노력과 협력이 필요하다.

이러한 공식이 잘 작동하기 위해서는 공무원의 관점이 필수적이다. 공무원들은 종종 열심히 일하더라도 그 노력을 반드시 인정받는 것은 아니다. 그들은 보통 엄격한 규칙을 지켜야 하고 대중의 감시와 책임감이 늘 따르는, 압박이 높은 환경에서 일한다. 이 모든 것은 혁신과 변화로 잘 전환되지 않는 보수적인 작업 문화에 기여하므로, 종종 디자이너들이 이러한 혁신과 변화를 장려하는 역할을 수행하고 그에 의해 더 자유롭게 실행하게 된다. 그렇다면 디자인은 공공 서비스를 개선하는 데 어떤 도움이 될 수 있을까?

최근 공공 부문의 디자인 포트폴리오를 살펴보면, 프로젝트의 한 가지 주요 유형은 터치포인트와 인터페이스를 다시 디자인하거나 대체 채널을 만들어 기존의 공공 서비스에 대한 접근성을 향상하는 것이다.

'시티홀투고City Hall To Go'는 후자의 한 예이다. 이것은 새로운 정부 채널로 보스턴시에 의해 소개되었고, 다양한 서비스(전통적으로는 각기 다른 장소에서 제공되는)를 공동의 방식으로 주민에게 직접 제공하기 위해 만들어졌다. 말 그대로 푸드트럭의 인기가 증가하는 현상에서 영감을 받은 시티홀투고는, 도시의 여러 지역으로 찾아가는 이동형 서비스로 '원스톱 숍one-stop shop'이다. 트럭에서 제공되는 서비스인 '메뉴'에는 주차 위반 과태료 납부, 등록증 및 인증서 신청, 투표 등록을 비롯해 학교 입학 절차를 밟거나 가정 및 재산 문제에 대해 상담하거나 스포츠 시설 허가를 취득하는 것 등이 포함된다.

도표 4.2~4.3 인근 지역과 계절 행사 및 축제에서 정부 서비스를 제공하는 이동형 서비스인 보스턴 시청의 시티홀투고 트럭이다.

사례 연구:
뉴욕의 저소득층을 위한 주택 추첨에 대해 알리기

기존 서비스를 보다 이해하기 쉽고 사용하기 쉽게 만들기 위해 복잡한 절차를 단순화하는 공공 서비스 인터페이스와 터치포인트를 리디자인하는 일이 최근 들어 보편화되고 있다. 예를 들어 뉴욕시의 경우, 특히 저소득층과 중산층 가정을 위한 합리적인 가격의 주택이 심각하게 부족하다. 적정한 가격의 주택이 필요한 거주자들은 현재 이용 가능한 서비스와 이러한 서비스의 작동 방식과 같은, 그들에게 주어진 권리를 제대로 인식하지 못할 수도 있다. 뉴욕시 주택보존개발부New York City's Department of Housing Preservation and Development(HPD)는 합리적인 가격의 주택을 개발하고 분양하기 위해 민간 및 비영리 개발자들과 협력하여, 향후 주택을 취득할 기회와 시민들이 취득할 수 있는 주택 조건에 적용할 수 있는 방법을 시민에게 알리는 서비스를 담당하고 있다. 거주민은 추첨 시스템을 통해 복잡하고 시간이 많이 소요되는 과정을 거쳐야만 이러한 기회를 얻을 수 있다. 합리적인 가격의 주택이 충분히 공급되지 못하고 있기 때문에 공정성과 투명성을 보장하기 위해 이러한 추첨 제도가 만들어진 것이다. 그러나 이러한 장치는 주택을 가장 필요로 하는 사람들에게는 매우 불투명한 제도일 수 있다.

HPD는 이러한 시스템으로 인한 부담을 인식하여 시민과 개발자, 도움이 필요한 사람들에게 추가적인 지원을 해주는 비영리 단체를 위해 보다 간편하고 명확하게 주택을 신청하게 하고자 했다. 이를 위해 HPD는 일부 채널과 터치포인트를 리디자인하기로 했고, 주민과 지역사회 기반의 기관, 학계 및 디자인 전문가와 협력하기로 했다. 이 프로젝트를 통해 서비스의 주요 문제점을 조사하고 새로운 아이디어를 함께 도출했으며, 신속하게 테스트할 수 있는 파일럿을 개발

하기 위한 참여 디자인participatory design 프로세스를 진행했다. 파일럿은 매우 시각적인 단계별 가이드를 기반으로 신청 프로세스에 관한 사용자 친화적 정보 자료 개발, 길거리 마켓에서 추첨 절차를 보여주는 공무원 또는 '거리 지원 팀 Street Teams'과 같은 부가 커뮤니케이션 디자인 및 도달 전략 수립, 세탁소 같은 장소에 부착하여 합리적인 주택 취득 기회를 홍보하는 포스터 제작, 지역사회 기반 서비스 제공자가 사람들이 추첨을 준비하고 제대로 신청할 수 있도록 돕는 '주택 대사Housing Ambassadors'로 불리는 새로운 프로그램 개발이 포함되었다.

정부와 대중 사이의 채널, 인터페이스 및 터치포인트를 개선하는 데 초점을 맞춘 디자인 프로젝트는, 모든 것을 포함하는 것이 아니라 지금까지 공공 부문에서 가장 중요한 서비스 디자인 사례 중 일부를 포함한다.

공공 부문에서 이러한 개입과 다른 유형의 서비스 디자인 프로젝트가 끼치는 영향은 다양하다. 그러한 영향의 가장 직접적인 측면은, 공공 활동가와 시민 사이에서 커뮤니케이션이 원활하게 이루어지도록 함으로써 서비스를 점진적으로 개선하고, 사용자와 서비스 제공자가 프로세스를 더 잘 이해하게 되는 것이다. 두번째로 이 영향은 공무원을 디자인 프로세스에 참여시키며, 공무원이 봉사하는 대상인 시민이 그들의 목표를 성공적으로 이루게 함으로써 더 많은 권한을 맡은 공무원에게까지 전달된다.

여기 제시한 것과 같은 서비스 디자인 프로젝트는, 경우에
따라 기존 정책에 영향을 미치거나 새로운 정책 구성에 영
향을 끼칠 수 있다. 일반적으로 디자이너는 여전히 기존 정
책을 구현함으로써 서비스를 디자인하는 데 전념하고 있다.
공공 부문에 적용되는 서비스 디자인의 궁극적인 목표는 정
책 필요성을 식별하고 정책 목표에 대응하는 서비스를 디자
인하는 것으로 시작하여, 시스템 전체에 영향을 미칠 수 있
는 정책 수립에 참여하게 하는 것이다.

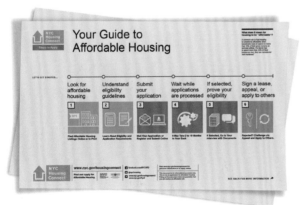

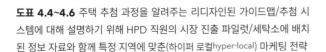

도표 4.4~4.6 주택 추첨 과정을 알려주는 리디자인된 가이드맵/추첨 시
스템에 대해 설명하기 위해 HPD 직원의 시장 진출 파일럿/세탁소에 배치
된 정보 자료와 함께 특정 지역에 맞춘(하이퍼 로컬hyper-local) 마케팅 전략

4.3
공익 부문을 위한 서비스 디자인의 역량

우리는 공공의 이익을 위해 보다 광범위한 서비스 디자인이 존재하는 것을 상상할 수 있을까? 가능한 한 최고의 영향을 창출하기 위해 디자인을 공공 부문 안으로 통합하게 하는 구성은 무엇일까? 그리고 이 공간에서 디자인의 한계점은 무엇일까?

지금까지 충분한 선례가 있기 때문에 우리는 다양한 성공 사례의 범위를 구조화할 수 있다. 영국 디자인협회The Design Council는 공공 부문의 디자인 적용에 있어 세 가지 주요 범주를 밝히고 있다.

'별개의 문제를 위한 디자인Design for discrete problems'으로 정의되는 첫번째 범주에는 민간 부문에서 디자인 업무를 고용할 때처럼 공공 정부 기관이 디자인 에이전시와 전문가에게 임시 프로젝트를 위탁하는 사례가 포함된다. 영국의 '씽크퍼블릭thinkpublic'이나 현재에는 폐업한 '파티시플Participle' 같은 선구적인 디자인 스튜디오는 헬스케어, 노인 지원, 청소년 권한 증진, 고용 서비스 등 다양한 프로젝트에 주력하며 공공 이익을 위한 디자인을 추구해왔다.

'IDEO'같이 잘 알려진 다학제적 디자인 회사와 '리브워크Livework' 같은 서비스 디자인 전문 회사는 공공 부문 클라이언트를 포트폴리오에 보유하고 있다. 이들 회사 및 기타 디자인 회사의 공공 부문 포트폴리오는 이민 및 사회보장 같은 공공 서비스의 다소 불투명한 과정을 개선하는 프로젝트가 차지하고 있다. 따라서 서비스 디자인 역량은 클라이언트인 정부가 복잡한 시스템을 해결하고 격리된 구조에 갇힐 수 있는 프로세스를 간소화하는 데 도움을 주므로 더욱 가치 있게 여겨진다. 뉴욕시 주택보존개발부의 사례는 이러한 프로젝트의 한 사례이다.

공공 부문의 두번째 디자인 범주인 '역량으로서 디자인Design as Capability'은 디자인을 정부 기관의 내부 역량으로 육성하는 것을 포함한다. 이를 가능하게 하는 한 가지 방법은, 디자인 워크숍을 통해 서비스 디자인 접근 방식과 기법을 교육하는 것이다. 이러한 전략의 영향은 공무원의 일상 업무 안에서의 잠재적 통찰력과 관련 있다. 또다른 전략은 공공 기관 또는 그 부서에서 사내 디자이너를 고용하는 것으로, 이는 비교적 새로운 관행이다. 사내 디자이너들은 소속 기관 내 소규모 프로젝트에서 작업할 수 있을 뿐만 아니라 외부의 디자인 자문 회사와 협력할 수도 있다.

세번째 범주는 '디자인을 위한 정책Design for policy'으로, '연구 및 개발 부서'와 마찬가지로 정부 내에서 특수 프로젝트를 개발하는 데 전념하고, 장기적으로는 정책에 영향을 미칠 수 있는 공간이나 랩을 만드는 것을 포함한다. 지난 10여 년 동안 정부 내외에서 기라성 같은 디자인 및 혁신 랩이 급증했다.

조직 내 랩 가운데 가장 주목할 만한 한 사례는, 3개 부처(연방 정부 차원)와 1개 지방자치단체 사이에서 '교차 정부 혁신 단위cross-governmental innovation unit'로 구성된 덴마크의 마인드랩MindLab이다. 마인드랩은 정부 주체가 정의한 프로젝트에 디자이너와 에스노그라퍼 및 공공 정책 전문가를 고용한, 전형적인 디자인 기관과 유사한 물리적 공간이다. 덴마크의 학교 시스템을 리디자인하는 것과 같이 광범위하고 야심찬 프로젝트를 진행하기도 한다. 마인드랩의 많은 프로젝트는 시민이 정부 시스템과 능률적으로 상호 작용할 수 있도록 하는 데 중점을 둔다. 예를 들면, 젊은 납세자를 위한 형식 절차의 축소, 젊은 기업가를 위한 소기업 육성 촉진, 노동 규정 처리, 재무 및 재정에 관한 계획 등이다.

마인드랩의 주요 혁신은 새로운 공공 서비스 및 프로그램 개발에 시민과 기업을 참여시켜, 변화에 역행하는 기존 관료 체제를 자연스럽게 코디자인과 공동 생산에 개방하며 사용자나 시민을 서비스 중앙에 재위치시킬 수 있다. 마인드랩이라는 공간 자체는 새로운 아이디어를 탐구하고 테스트하기 위한 올바른 권한인 '인증 환경authorizing environment'으로, 물리적 의미 및 상징적 의미 모두를 지닌다. 마인드랩의 철학은 공공 관리자와 리더십을 포함하는 '공공 부문 혁신을 위한 생태계'를 만드는 데 집중하며, 궁극적으로 새로운 공공 경영 모델은 단순히 신중한 개입 이상의 의미로 정의될 수 있다.

도표 4.7~4.8 마인드랩의 목표는 공공 부문의 문화적 변화를 이끄는 것이다. 위 사진은 마인드랩이 새로운 교육 과정을 논의하기 위해 덴마크의 어린이집에서 온 수백 명의 교육자들과 접촉한 프로젝트의 일부이다. 아래 사진은 시민들을 위해 관료주의를 간소화하는 방법에 초점을 맞춘 프로젝트에 참여한 시민을 상담하는 모습이다.

프랑스의 '27번가 지역La 27e Région'은 프랑스의 지역 협회와 함께 일하는 공공 혁신 연구소이다. 이 연구소의 주된 원칙은, 사회 혁신을 위해서는 액션 리서치와 서비스 디자인을 이용하여 공공 정책을 변화시켜야 한다는 것이다. 27번가 지역은 전국의 특정 지역에서 지역별 개선 사항을 수립하고, 디자이너와 기술자, 건축가, 연구원 등으로 구성된 상주 프로그램과 지역 랩을 조직한다. 이러한 임시 랩은 지역 및 소도시와 시골 지역을 대상으로 그곳에 요구되는 필요성과 기회를 조사하고, 최종적으로 연구를 바탕으로 하여 디자인 브리프를 도출해 개발한다. 그러한 프로젝트는 공공

공간, 학교, 요양원 및 박물관 리디자인과 관련 있다. '슈퍼퍼블릭Superpublic'은 27번가 지역이 만든 장소로, 공공 부문 혁신을 진행하는 실무자 커뮤니티를 위해 보다 지속적으로 유지되는 물리적 공간으로 계획되었다. 이 공간은 정부 차원에서 디자이너, 연구원, 공무원 등 다양한 주체들 간의 협력을 가능하게 한다.

공공 서비스 성과 개선을 위해 디자인 주도로 개설되는 정부 혁신 랩의 광범위한 경향을 자세히 살펴보면, 이러한 조직이 정부 구조와 관련하여 조직 자체를 자리매김한 여러 가지 방법을 알 수 있다. 어떤 경우에는 정부가 랩의 소유자이며, 다른 경우에는 정부가 자금을 조달해주거나 공동 자금을 제공하고, 또다른 경우에는 파트너 혹은 의뢰인이거나 랩 활동의 후원자에 머무른다. 다양한 맥락 및 기회에 따라 양상이 달라지며, 어떤 모델이 가장 효과적인지에 대한 주장은 없다. 덴마크의 마인드랩은 정부 내에 소속되어 있지만, 27번가 지역과 그 계열사인 슈퍼퍼블릭은 제삼자의 파트너로서 의도적으로 외부에 배치되어 있다.

도표 4.9~4.10 행사 및 워크숍을 진행하는, 27번가 지역의 계열사 슈퍼퍼블릭의 본사. 2013년 27번가 지역에 의해 부르고뉴 지역의 프로그램인 라 트란스포La Transfo에서 진행된 다학제 간 세미나인 '미래 마을 포럼 forum des villages du future'.

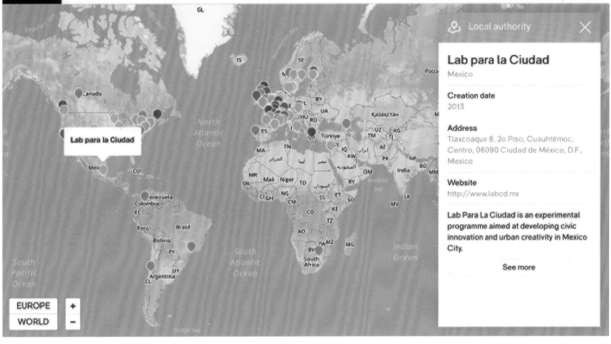

이러한 전문 연구센터에서 일하든 정부와 직접적으로 일하든 간에 공공 서비스 개선에 디자이너가 중요한 파트너로 역할을 할 수 있다는 증거가 늘어나고 있다. 디자이너는 실제로 서비스 터치포인트를 개선할 뿐만 아니라 복잡한 사회, 정치, 문화 및 경제 문제를 해결하기 위해 노력하는 다학제 팀의 일원으로서 정책 수립에 기여할 수 있다.

도표 4.11 사내 랩 및 정부 기관을 파트너 또는 클라이언트로 둔 독립적인 랩을 비롯해 디자인 기반 정부 혁신 랩을 표시한 지도.

복잡한 과제를 해결하는 데 있어 정부를 위한 주요 디자인 기여 요소 중 하나는 사용자 중심(또는 시민 중심) 접근법으로, 사용자 니즈에 대한 해결책을 찾기 위한 코디자인에 직접 참여하여 사용자 및 커뮤니티의 소망에 대한 보다 미묘한 이해를 고려한다. 이러한 접근법을 통해 공무원 및 정책 입안자는 모든 이해관계자 사이에서 창의적으로 대응할 수 있고, 정부 기관이 아닌 주요 수혜자의 관점에서 문제 영역을 재정립하고 개선을 도울 수 있다.

다른 한편으로 디자인은 대체 미래를 상상하고 시각화하는 데 기여하며, 아이디어와 컨셉을 유형화하고, 완전히 구현해내기 전에 프로토타이핑을 통해 쉽게 테스트한다. 또한 서비스 디자이너는 사용자의 요구 사항을 전체적으로 파악하여 조직의 경험과 서비스 제공을 여러 부서와 통합함으로써, 노력을 중복되게 기울이거나 자원이 낭비되는 것을 줄이는 데 기여한다.

그러나 우리는 최근 부상하고 있는 이 영역에서 디자인에 대한 비판과 예상되는 약점을 인정해야 한다. 관찰자들은 정부와 사회의 영향력 있는 기관에서 볼 수 있는 많은 사례를 바탕으로, 특히 경제적으로 침체된 지역에서 이러한 서비스를 제공하기가 어려워지고 있다는 점과 디자인에 드는 높은 비용을 지적해왔다. 다른 한편으로는 프로젝트 및 클라이언트와 디자이너의 단기 계약 관행과 관련해 비판이 있다. 기간을 더 길게 승인할 필요성 및 측정 가능한 결과가 고려되어야 한다. 마지막으로 디자이너는 프로젝트 초기 단계에서 상상력을 확장하고 창의적인 인풋을 만들어낸다는 점에서 칭찬받는 반면, 프로젝트 실행 단계에서 조직을 이끄는 강력한 기술을 갖추지 못했다는 점에서 비난받기도 한다.

공공 부문 내에서 디자인의 최대 잠재력을 이끌어내기 위한 전문가 소개를 살펴보면, 여러 곳에서 디자인 주도형 혁신 랩을 이미 많이 시도하고 있다는 것을 발견할 수 있다. 특히 많은 전문가들이 디자이너가 조직적 한계를 인지하고 디자인 작업이 복잡한 정치적 환경 안에 있음을 인식하도록, 상호 보완적으로 협력할 수 있는 다학제적 팀에 디자이너를 배치할 것을 권한다.

4.4
서비스 혁신과 협업적 서비스

공공의 결과를 보다 훌륭하게 창출할 수 있는 자원과 프로세스를 더욱더 잘 조직하는 방법을 찾는 과정에서, 지역사회와 시민들이 스스로 직접 나서는 사회 혁신의 관행을 밝히는 것이 중요하다. 적극적 시민active citizens에 의해 직접적으로 만들어지는 사회 혁신 이니셔티브initiative는 이제 가장 역동적이고 창의적인 혁신의 원천으로 여겨지고 있으며, 세계 각국의 정부는 이 사회 혁신 이니셔티브에 특별한 관심을 보이기 시작하고 있다.

'사회적 목표를 달성하는 데 작용하는 새로운 아이디어'로 단순하게 정의되는 사회 혁신은 대개 기술 기반도 시장 주도형 혁신도 아닌 어느 시점에서 대중에게 수용된 소규모 이니셔티브로 시작되며, 개인 또는 집단의 '사람으로부터' 오는 모든 범위의 변형 행동(서비스 또는 기타)을 포함한다. 사회 혁신은 공공 부문이나 민간 이니셔티브에서도 나타날 수 있지만, 사회 혁신의 인간 중심 본성을 잘 포착하는 커뮤니티 그룹, 개인 또는 비영리 단체가 추진하는 상향식 사회 혁신이다. 이러한 혁신에서 사람들은 전문가이며 파트너로 여겨진다.

새로운 현상과는 거리가 멀고 최근까지도 정부가 해결하지 못하고 있는 중요한 사회문제들을 다루기 위한 대안으로 풀뿌리 사회 혁신에 대한 관심이 증가하고 있다. 사회 혁신은 종종 그들 자신의 문제를 해결하려고 노력하는 사람들로부터 직접 나오는 자력적이고 효율적인 해결책을 통해 나타나고, 시민들 사이에 독창성과 권한의 감각을 내포한다. 많은 경우 사회 혁신은 시민 관여와 참여의 새로운 패턴을 정의하는 서비스 모델인 '협업적 서비스'라는 결과를 낳는다.

전형적인 사회 혁신인 자원을 용도화하고 재용도화하는 이러한 새로운 방법은, 특히 위기 상황과 경제적 난관, 예산이 제한된 상황에서 환영받는다. 도시 농업에서의 기술 공유, 카풀 또는 가정 기반 어린이 보육에 이르기까지 사회 혁신의 예는 개발 및 산업적 맥락에서 실제로 전 세계에서 찾아볼 수 있다. 다른 분야 연구원들은 이러한 업무를 문서화하고, 그들이 서비스의 새로운 모델, 심지어 새로운 정책과 법률 제정에도 정보를 제공할 방법을 평가하기 위해서 노력하고 있다.

이러한 이니셔티브의 중요한 요소는 이들이 지닌 협력적 본질이다. 협업적 서비스는 주로 사용자 사이의 협업을 기반으로 한다. 서비스의 주요 상호 작용은 일반적으로 서비스 사용자와 서비스 제공자 사이에서 발생하지만 협업적 서비스에서는 이 구별이 모호해지며, 서비스 제공자가 서비스 사용자이거나 그 반대인 경우도 있다. 협업적 서비스와 공유 경제의 일부로 정의된 이니셔티브 사이에는 중복되는 부분이 있다(2장 참조). 사회 혁신 협업적 서비스와 공공 부문의 연계성은, 공공 부문에서 일하는 서비스 디자이너에게는 상당히 유망한 분야이자 활동하기 좋은 영역이다. 협업적 서비스의 성공적인 모델 중 하나는 식료품 협동조합이다. 식료품 협동조합은 회원들만 쇼핑할 수 있는 멤버십 기반의 식료품점이다. 회원이 되는 방법으로는 물품 창고에서 일하거나 출납원으로 일하거나 다른 업무를 수행하는 등 월별 근무나 교대 근무를 하는 것이 있으며 상점의 업무를 돕는 일도 포함될 수 있다. 식료품 협동조합의 회원들은 서비스 사용자인 동시에 서비스 제공자이다.

사용자와 제공자의 상호 작용을 통해 가치가 생성되므로 서비스 사용자가 어떻게 공동 생산자가 되는지에 대한 방법은 1장에서 설명했다. 공동 생산은 서비스의 본질적인 토대이다. 협업적 서비스에서는 공동 생산을 다음 단계로까지 높일 수 있다. 그리고 공공 서비스에 다시 적절히 통합될 경우 이러한 모델은 접근성, 효율성, 신뢰도 및 전반적인 서비스 품질을 향상시킬 수 있다. 협업적 서비스의 몇 가지 예로는, 21세기의 공공 서비스가 의미하는 바를 정의하는 데 도움이 되는, 시민을 하나로 모으는 정부를 포함한다.

이러한 예들 중 하나는 뉴욕시의 지역사회 정원이다. 지역사회 정원은 동네 사이에 조성되는 작은 도시 정원이다. 대부분은 도시 소유로 건물들이 파괴되면서 생긴 공터였다. 정원 대부분이 지역 주민들에 의해 조성되기 시작했고, 주민들에 의해 유지 보수된다. 시간이 흐르면서 지역 당국은 주민을 공동 생산자로 포함시켰고, 이들에게 공원 관리 및 유지 보수를 맡기고 일부 기반 시설을 관리하게 했다. 회원들은 정원 열쇠를 가지고 있지만 대중에게 항상 이 장소를 개방한다. 회원은 작은 면적을 텃밭으로 사용하는 등의 특권을 누릴 수 있다. 그러므로 식료품 협동조합 모델에서와 같이 멤버들은 서비스 제공자인 동시에 정원 사용자이다.

하나의 자산으로서 사람들과 함께 디자인하는 새로운 협업적 서비스의 또다른 예로, 영국의 서클 오브 케어Circles of Care를 들 수 있다. 서클Circles은 공공 서비스 개혁에 초점을 맞춘, 런던에 위치한 디자인 주도형 사회 기업인 파티시플Participle이 디자인한 실험적 서비스이다.

도표 4.12 1973년에 설립된 독립적, 비영리 및 멤버십 기반의 식료품점인 뉴욕 브루클린의 파크 슬로프 식료품 협동조합Park Slope Food Co-op이다.

사례 연구: 서클 오브 케어

2007년에 시작된 서클 오브 케어Circles of Care는 서비스가 부족하고, 최종 사용자로부터 보조가 맞지 않는 것으로 판명된 현재의 노인 요양 서비스와는 거리가 있다. '서클'은 커뮤니티 기반의 노인 요양 서비스로 회원들이 실제 일상 업무를 보고, 사회적 관계를 개선하고, 새로운 역량을 배우고 개발하도록 돕는다. 서클의 모델은 저렴한 월 이용료, 행사에 참여할 권리, 동료 회원들과 함께 이벤트 지역까지 연계하는 공유 교통수단, 일상 업무에 대한 실질적인 도움, 이벤트 및 지역 사업에 대한 할인 혜택, 유사한 관심사를 가진 회원을 연결하는 멤버십으로 이루어진다.

지역 공동체는 지역 서클을 설립하고, 그 서클에서 제공할 특정 서비스를 코디자인한다. 이 서클은 초기에는 정부 투자를 필요로 하지만, 궁극적으로는 자급자족하는 사회적 기업이 되기 때문에 이 기금은 시간이 흐름에 따라 단계적으로 줄어들어 중단될 예정이다. 영국의 서클은 여전히 살아남기 위한 방법을 찾고 있다. 이들 중 일부는 정부 서비스와 혜택을 제공하는 더 넓은 생태계로 통합하기 위해 명확한 계획을 세우고 확장할 자금이 바닥난 이후로 활동에 지장을 받고 있다. 그럼에도 불구하고 서클을 비롯해 그 밖의 유사한 서비스는 공공 서비스를 전달하는 새로운 접근법으로서 훌륭한 예이다.

앞에서 논의한 바와 같이 서비스 디자이너는 정부와 대중 사이의 채널, 인터페이스 및 터치포인트를 개선하기 위한 제안서 개발을 요구받고 있다. 또한 디자이너는 복잡한 사회적, 정치적, 문화적, 경제적 과제를 해결하기 위해 다학제적 팀이 일하는 혁신 랩에 참여하고 있다. 이러한 맥락에서 우리는 사회적 혁신 실무 및 공공 서비스 디자인과 생산에 관한 시민 참여에 대해서도 학습했다. 전반적으로 공공 이익을 위해 디자인한다는 것은, 공공 영역에서 변혁적인 역할을 하고 개인과 커뮤니티, 특히 가난하고 소외된 사람과 같이 보다 취약한 사람들의 삶에 긍정적인 영향을 미칠 수 있는 서비스 디자이너에게 주어지는 예외적이고 전문적인 기회이다.

도표 4.13~4.14 활동과 관련된 회원(오른쪽)과 월별 활동 일정(왼쪽)의 예를 보여주는 노팅엄 서클 Nottingham Circle의 이미지 갤러리.

4.5
에두아르도 스타쇼스키와의 인터뷰

에두아르도 스타쇼스키Eduardo Staszowski는 뉴욕 뉴스쿨New School 파슨스 디자인의 사회 혁신과 지속 가능성을 위한 랩DESIS Lab의 이사이며, 디자인과 사회 혁신, 공공 정책 간의 교차점을 탐구하는 〈공공 및 협업Public and Collaborative〉의 편집자이다.

서비스 혁신, 공공 이익을 위한 디자인 및 사회 혁신을 위한 디자인의 접점에서 전 세계적으로 디자인 활동이 폭발적으로 증가하고 있다. 이러한 발전의 역사에 대해 이야기해줄 수 있는가?

디자인 직업 내에서 우리가 어떻게 살고 일하는지에 대한 발전, 긴급하게 발생하는 환경 및 사회적 우려, 그리고 이들을 충족시키기 위한 향상된 디자인 업무의 필요에 따른 역할의 지속적인 확장을 보아왔다. 디자인 단체를 비롯해 학술 컨퍼런스를 통해 디자인에 대한 정의를 지속적으로 수정하고 개정해왔다. 처음에 우리는 산업디자인이 제품 지향적 활동에서 벗어나 지속 가능성에 대해 보다 책임감을 갖고 서비스나 시스템 같은 비물질적 개념을 통합하기 위해 움직이는 것을 보았다. 즉, 디자인은 문제의 일부가 아니라 해결책의 일부가 되고자 한다. 최근 들어 공공 기관, 정책 입안자, 비영리 단체들이 사회문제와 공공 서비스 및 정책에 대한 해결책을 개발하기 위한 접근 방법으로 디자인을 점점 더 많이 채택하고 있음을 보여주는 새로운 증거들이 있다.

공공 부문의 서비스 혁신과 민간 부문의 서비스 혁신은 어떻게 다른가?

민간 부문에서 서비스 혁신은 서로 다른 기업의 범주에서 선택할 수 있는 클라이언트를 확보하고 그들을 만족시키고, 궁극적으로는 주주들을 위한 경제적 가치를 창출하는 것을 목표로 한다. 그에 반해 정부는 때때로 인구의 대부분이 의존하는 필수적인 서비스를 단독으로 책임지고 제공한다. 그러므로 공공 부문의 서비스 혁신은 어느 누구도 뒤에 내버려둘 수 없으며, 매우 다른 (공적) 책임의 기준을 가지고 있다.

공공 부문에서 전문 디자인의 역할은 우리가 말하는 대로 보다 새롭게 만들어지고 있다. 그들이 일하는 공간, 그들이 고심하며 수행해야 할 문제의 종류, 그들이 직면하는 제약의 종류 앞에서 그들은 누군가로부터 도움을 받아야 한다.

민간 부문에서 서비스 혁신을 보면, 디자이너가 기업의 전략을 비롯해 완전한 제품 서비스 시스템 디자인에도 영향을 미칠 수 있는, 보다 성숙한 개발 단계에서 역할을 하고 있음을 알 수 있다. 서비스 디자인은 민간 부문에서는 변화가 매우 빠르게 이루어지고 있지만 공공 부문에서는 여전히 고립되고 파편적인 방식으로 발생하며, 정책이 수립되고 구현되는 더 크고 복잡한 주기 안에서 보다 개별적이고 점진적인 방법으로 문제 해결에 투입되고 있다.

전형적인 디자인 컨설팅 외에도 혁신 랩과 같은 공공 부문에서 서비스 디자인을 위한 새로운 공간이 등장하고 있다. 서비스 디자이너는 대부분 프로젝트를 수행하기 위해 조직 외부에서 유입되는 반면, 혁신 랩은 정부와 같이 서비스 디자이너가 근무하는 조직 내에 배치되는 경우가 많아지고 있다. 이러한 새로운 종류의 공간은 공공 부문의 서비스 디자인 실무에 어떤 영향을 미치는가?

우리는 디자이너들이 실험을 지원하고, 디자인에 의해 촉진되는 다른 렌즈를 통해 그들이 직면한 문제를 볼 수 있도록 정부 안팎 사람들의 참여를 유도하는 새로운 공간을 마련하고 있다. 예를 들어, 이 공간은 프론트라인 공무원이나 그들의 유권자 관점에서 문제를 공식화하고 해결할 때 다양한 관점에 대해 더 신중하게 고려하게 만든다. 다시 말해 디자인은 관료적인 과정과 제도 이전에 사람들의 관심사를 이끌도록 돕고 있다.

혁신 랩은 본래 전문가 한 사람 또는 한 기관이 문제를 해결할 수 없는 위기 상황이나 매우 복잡한 시기에 공공 기관이 어떻게 운영되는지 재고하기 위해 만들어졌다. 이러한 새로운 제도적 형태를 실험하여 디자이너가 디자인 실무를 위한 새로운 영역으로서 다학제적 영역에 진입할 수 있는 기회를 창출해왔다. 정부 각 부처의 새로운 디자인 활동을 통해 이러한 과정에 대한 결과가 도출되기 시작했다.

서비스 디자인 및 구현에 보다 발전된 시민의 협업을 통합함으로써 공공 서비스를 어떻게 개선할 수 있다고 생각하는가?

실무를 할 때 나는 협업적 서비스라는 개념을 가지고 일해왔다. 이는 우리 연구실 내에서, 사용자가 제공자가 되고 제공자가 사용자가 되는, 서비스 사용자 간의 협업을 기반으로 하는 서비스를 설명할 때 사용하는 용어이다.

우리는 공공 부문 프로젝트에서는 협업적 서비스가 어떻게 공공 이익과 공공 관심을 위한 서비스에 기여할 수 있는지, 그리고 공공 부문이 디자인 중심의 서비스를 통해 촉진되는, 시민과 서비스 제공자 간의 향상된 협업 개념을 지원할 수 있는 방법이 있는지 확인하기 위해 정책 입안자들과 대화하려 한다.

지금까지 우리는 공공 기관 파트너를 대상으로 이러한 접근 방식을 테스트하기 위해 참여 디자인 이벤트를 만들어왔다. 이러한 기관이 제공하는 서비스가 이미 참여적이며, 더 많은 사람을 참여시키고 지역사회 및 조직에 이미 존재하는 역량을 이해함으로써 보다 개방적인 서비스를 제공할 수 있다는 것을 부분적으로 보여주는 것이다.

공공 및 협업적 서비스 디자인을 할 때 정부 기관, 비영리 단체, 커뮤니티 그룹, 민간 시민, 사업체 등 다양한 이해관계자가 복잡하게 얽힌 집단을 대상으로 협상해야 하는 경우가 많다. 공론화된 관심사와 관점의 범주에는 당면한 문제가 얼마나 복잡한지가 반영되기 마련이다. 당신은 이러한 종류의 프로젝트를 탐색할 때 어떤 전략을 써야 한다고 배웠는가?

공공 부문에서 일할 때에는 종종 전통적인 디자인 실무 영역의 특성을 지니기보다는, 다른 전문적인 문화에서 일하는 것과 같다는 의미를 이해해야 한다. 이것이 한 가지 전략이다. 디자이너는 실험적이고 반복적인 경향을 지니고 있다. 이들 가치에는 프리미엄이 붙는다. 공공 부문에는 더 큰 위험에 대한 반감, 더 높은 수준의 책임감과 그에 따르는 보수주의가 존재한다. 이는 부분적으로 공공 부문 조직이 갖는 어느 정도의 책임과 같다. 이러한 모든 요인이 디자인 활동에 새로운 제약 조건을 초래한다.

디자이너는 일을 시작할 때 모든 것을 한꺼번에 바꾸려는 태도를 갖지 않는 것이 중요하다. 모든 사람이 편안하게 느끼는 영역을 찾아야 한다. 디자이너는 겸손한 접근법을 발전시켜야 한다. 이러한 제약 조건 아래에서 혁신을 실현하려면 다른 종류의 창의성이 필요하다. 다른 창의성을 위해서는 이러한 제약 조건이 어디에서 발생하는지 이해해야 한다. 여러분은 문화와 그 안에서 효과적으로 운영하는 방법을 이해해야 한다. 디자이너는 자신의 아이디어를 어떻게 제시해야 하는지를 잘 알아야 한다. 디자이너는 우선 그 과정이 무엇인지에 대해 사람들이 확신하게 만드는 환경을 만들어야 한다. 다시 말해, 그들이 보통 하던 것과는 본질적으로 다른 프로세스를 통해 디자인에 익숙하지 않은 사람들이 디자인을 편안하게 느끼게끔 만드는 것이다. 이는 디자인 아이디어와 그 아이디어를 잘 수용하게 만들기 위한 조건을 어떻게 디자인하느냐에 관한 것이다.

서비스 디자이너가 공익을 위한 프로젝트에 착수할 때 이러한 업무의 윤리적, 정치적 이해관계는 분명 완화되기 마련이다. 프로젝트의 결과는 사람들의 일상생활과 그들이 의존하는 서비스에 깊은 영향을 미칠 수 있다. 당신은 이 일의 중요성을 어떻게 이해하는가? 이 분야에 진입하는 디자이너는 무엇을 고려해야 한다고 생각하는가?

서비스 디자인은 공공 부문에 지대한 영향을 끼칠 수 있다. 그러한 영향은 민간 부문에서도 일어날 수 있지만 근본적으로 다르다. 민간 부문에서는 그들이 방법을 선택할 수 있다. 공공 부문에서는 여러분이 무엇을 하든 공공 서비스에 의존하는 사람들에게 영향을 미칠 것이다. 디자이너가 공공의 이익을 위해 일한다면 그들의 수입, 인종, 성별, 종교, 성적 성향에 상관없이 서비스 우수성의 기준을 세우고, 모든 사람을 위한 평등한 서비스 품질을 제공할 기회가 주어진다. 디자이너는 시민사회의 수준을 기준으로 한다. 여러분은 "이렇게 해야 한다"고 말하는 데 관여하게 된다. 이러한 접근에 위험성이 더 높다.

서비스 디자인을 통해 변혁을 창출하고자 하는 디자이너를 위한 향후 기회는 어디에서 발생한다고 생각하는가?

나는 공공의 이익에 관한 큰 질문에 관여할 여지가 있다고 생각한다. 여러분은 디자이너가 할 수 있는 일의 렌즈를 통해 그들이 직면한 문제들을 살펴보아야 하는, 큰 도전을 마주한 많은 단체와 기관들 사이에서 새로운 기회를 파악할 수 있다. 이는 디자이너가 이 모든 것을 혼자서 할 수 있다고 말하는 것이 아니라, 디자인 전문가가 무언가를 공론화할 수 있는지 탐구하고자 하는 데 있어 개방성이 증가하고 있다는 것이다.

공공 및 협업적 서비스를 탐구하는 데 관심 있는 학생에게 중요한 조언을 해준다면 무엇이 있을까?

이 일에는 겸손한 태도가 요구된다. 그리고 이런 종류의 일을 할 때 여러분이 어디에, 어떻게 위치해 있는지, 혹은 여러분 자신이 위치하는 것을 알고 있는지가 중요하다. 보통 디자인 작업의 특징인 추측에 근거한 사고speculative thinking와 같은 것을 거부하는 영역에서 일하기 위해서는, 정책 입안자와 공무원과 의사소통하기 위해 사회과학, 경영, 공공 정책과 같은 다른 분야와 상호 작용하는 법을 배워야 한다.

4.6
학습 활동

학습 요점

• 공공의 이익을 위한 서비스는 사회복지를 달성하는 것이며, 공공 부문에서 제공하는 서비스와 개별 시민 그룹에 의해 촉진된 사회 혁신 이니셔티브에서 발생하는 서비스를 포함한다.

• 공공 부문의 서비스 디자인에 대한 도전은 규모, 규제, 조직적 측면, 공공의 문화적 장벽, 공공 부문에서 위험을 회피하고 보수적인 작업 문화와도 종종 관련되어 있다.

• 정부 내에 소속되거나 정부와 매우 가깝게 일하는 혁신 랩이 증가하는 추세이며, 혁신 랩에 서비스 디자인 프로젝트를 주도할 기회를 제공하고 있다.

• 사회적 혁신 이니셔티브는 협업적 서비스를 통해 명확해질 수 있으며, 여기서 서비스 사용자는 조직의 구성원으로서 자신의 업무를 통해 조직에 기여하기도 한다. 협업적 서비스는 공공 부문에서도 사용할 수 있다.

개요 질문

• 공공 부문에서 디자인 활용의 주요 범주는 무엇인가?

• 공공 부문에서 공무원의 관점이 서비스 디자인 작업에 왜 중요한가?

• 디자인 기반 혁신 랩은 공공 부문에 어떤 혜택을 주고 어떤 기여를 할 수 있는가?

• 협업적 서비스의 주요 특성과 그로 인한 현상은 무엇인가?

학습 과제

• 우리 이웃에게 제공되는 공공 서비스에 대해 생각해보자. 자신과 이웃을 위한 서비스를 개선하기 위해 실제로 자신이 속한 커뮤니티를 참여시킬 수 있는 일들을 파악해보자. 어떻게 하면 우리 지역사회에서 코디자인이나 기존의 사회 혁신을 이용할 수 있을까?

• 다른 이웃 또는 커뮤니티에서의 공공 서비스를 생각해보자. 서비스 제공자 또는 사용자를 인터뷰하거나, 중요한 장소에 가서 사용자와 제공자 간의 인터랙션을 관찰하거나 서비스를 직접 경험해보면서 서비스를 연구할 수 있는 방법을 찾아보자. 변화가 필요한 서비스 여정에서 문제점 및 영역을 강조하는 새로운 서비스 블루프린트를 만든다. 서비스 개선에 도움이 될 수 있는 리서치를 통해 무엇을 배울 수 있는가?

용어 풀이

- **공공 부문**public sector: 정부가 통제하는 경제의 일부이며, 이것은 사람을 위한 공공 서비스, 모든 사회에 이익이 되는 서비스 제공을 책임지는 조직으로 구성되어 있다. 공공 서비스 제공은 국가마다 다를 수 있지만, 기본 영역은 기간 시설(도로, 상하수도 등), 공공 보안(경찰, 군대, 소방서), 공공 교육, 헬스케어와 같은 대부분의 영역에서 공통적이다.

- **혁신 랩**innovation labs: 정부 내부 또는 외부에 설립되어 새로운 서비스와 정책을 창출하거나 기존 서비스를 다시 디자인하고, 시민들의 삶을 개선하기 위해 서비스 디자인, 디자인 사고 및 사회 디자인을 활용하는, 정부와 가깝게 일하는 부서 또는 유닛이다.

- **사회 혁신**social innovation: 사회문제를 해결하는 데 도움이 되는 혁신적 이니셔티브로, 일반적으로 개별 또는 단체(비영리 단체를 포함)의 적극적 시민으로부터 나타난다. 사회 혁신 이니셔티브는 사회적 필요성에 혜택이 되는 방식으로 기존 자산(사회적 자본, 역사적 유산, 전통적 장인 정신, 접근 가능한 첨단 기술)을 창의적으로 재결합한다.

- **협업적 서비스**collaborative services: 서비스 시스템의 본질적인 부분이 되는 최종 사용자와의 협업으로 제공되는 서비스이다. 협업적 서비스에는 협력 모델, 회원 기반 시스템 및 커뮤니티 지원 농업 계획, 공식 및 비공식 이니셔티브가 모두 포함된다.

05
서비스 디자인의 정치

5.1
소개

5장에서는 서비스 디자이너가 서비스 디자인 프로젝트에 접근할 때 알아야 할 중요한 정치적 측면을 소개한다. 여기에는 노동관계, 환경적 측면, 조직 문화를 다루는 문제가 포함된다.

5장은 서비스 제공 및 인터랙션에 포함된 정치적·윤리적 측면, 특히 프론트오피스 직원이 서비스 사용자와의 대면 인터랙션에 관여할 때의 '감정 노동emotional labor' 개념을 검토하는 것으로 시작한다. 이 개념을 통해 서비스 업무에 존재하는 성별, 인종, 계급에 대한 의문뿐만 아니라 노동 관련 측면을 설명한다. 또한 본 섹션에서는 서비스의 연극적 측면에 대해 분석하며, 디자이너가 관계의 복잡성을 다루는 데 도움이 되는 연극 기반의 기법을 제시한다.

다음으로 서비스의 환경 지속 가능성 문제를 살펴보면서 기후 변화와 서비스의 관계를 분석한다. 또한 5장에서는 서비스 자체가 환경 지속 가능성에 대한 전략으로 간주될 수 있다는 점을 논의하면서 소비와 라이프스타일의 측면을 고려한다. '수명 주기 분석life cycle analysis, LCA'과 LEED 인증 같은 제품 및 시스템 환경 효율성을 개선하기 위한 가이드라인과 전략, 실무를 제시하며, 제품 디자인과 건축에 의해 개발된 청정 생산 모델을 살펴본다.

또한 서비스를 디자인하는 것은 시스템과 조직의 리디자인을 포함하기 때문에 5장에서는 조직 정치 문제도 고려한다. 디자이너는 조직과 함께 프로젝트를 시작할 때 기존의 조직 문화와 업무를 인식할 필요가 있고, 조직 구성원을 참여시키기 위해 시각적 매핑 같은 도구를 참여적 전략으로 사용할 수도 있다.

5장은 미래의 일과 서비스 간의 관계 및 지속 가능성 문제를 디자인하는 데 있어 서비스 디자인의 역할에 대해 결정적인 관점을 제공하는, 호주의 뉴사우스대학University of New South 디자인학과 교수인 캐머런 톤킨와이즈Cameron Tonkinwise와의 인터뷰로 마무리된다.

5.2
서비스 드라마: 감정 노동

영화 〈클라우드 아틀라스Cloud Atlas〉는 2144년 해수면이 높아져 물로 뒤덮인 옛 도시 위에 생겨난 네오 서울시인 디스토피아를 상상하여 배경으로 한다. 서비스 직원은 고객에게 서비스를 제공하기 위한 단일 목적으로 생산된 일회용 복제 인간이다. '손미 451'은 패스트푸드 레스토랑의 서비스 직원이자 노예이다. 거의 동일하게 제조된 수천 개의 복제 인간과 마찬가지로 그녀는 개개인의 개성을 지니지 않도록 유전적으로 조작되었다. 모든 복제 인간 웨이터들은 똑같은 방식으로 옷을 입고, 똑같이 보이고, 정확하게 같은, 예측 가능한 방식으로 고객과 인터랙션한다. 그녀는 후에 반란군에 의해 풀려나 그들을 노예 상태로 만드는 일에 대항하여 싸우는 무리에 합류한다. 그녀는 독특한 개인으로서 자신의 자아 발견 과정의 일부로 반란의 상징이 되고, 궁극적으로 다음 세대에 영감을 주는 순교자가 된다.

〈클라우드 아틀라스〉가 제시한 디스토피아적 미래는 여러 서비스 제공 및 인터랙션에 담긴 정치적·윤리적 측면을 악화시키는 극단적인 버전의 서비스 작업과 관련하여 핵심적인 질문을 던진다. 이는 조직과 디자이너에게 많은 의문을 제기한다. 서비스 업무에서 개인적인 감정의 역할은 무엇인가? 노동관계, 계급과 성별 측면, 권력, 통제 및 성과와 같은 이슈는 어떻게 서비스에서 필수적인 부분이 되는가? 디자인을 할 때 정치적으로 산재한 측면을 어떻게 고려할 것인가? 이 질문들 중 몇 가지를 요약해보자.

인간 대 인간 인터랙션은 감정으로 가득차 있으며, 시간이 지남에 따라 인터랙션이 전개되면서 역할과 통제를 지속적으로 협상하게 된다. 가족 관계와 우정의 맥락 안에서 인터랙션은 당연히 감정적이며, 그렇기 때문에 감정은 이러한 맥락에서 기대의 필수적인 부분이다. 이는 자연스러운 부분이다.

감정이 상업적 거래의 맥락에 놓이면 기대하는 바와 규칙이 크게 변한다. 인간 대 인간의 상호 작용에 기반한 상업적 서비스는 감정적 행위에 거의 필연적으로 얽매인다. 그러므로 서비스에서 인간 대 인간 인터랙션은 프론트오피스 부서 직원들의 인간적인 감정을 그들의 서비스 전달에 반영한다. '감정 노동'이라는 용어는 일부 학자들이 서비스로 상업화된다고 주장하는, 서비스 근로자들의 심리적 노력을 가리킨다. 노동단체들은 서비스와 감정 노동이 불일치한다고 인식하며, '감정 노동'에 대해 종종 충분한 보상을 받지 못하거나 심지어 그것이 설명조차 되지 못하며 직원의 과로나 소외 같은 결과를 초래한다고 주장한다.

감정 노동은 상당 부분 보이지 않으며, 조직이 효율성과 비용 절감을 위해 서비스 제공을 최적화하거나 산업화될수록 점점 더 보이지 않는 경향이 있다. 간호사의 작업 흐름은 효율성 중심의 프로토콜에 의해 좌우되므로, 한 환자에서 다른 환자까지 달리는 바쁜 간호사는 환자의 이야기를 듣거나 환자가 식사하도록 권하는 데 시간을 쏟기가 어려울 수 있다. 간호사는 서두르거나 덜 완전한 방법으로 여전히 감정 노동을 할 수도 있지만, 병원이나 클리닉에서는 이러한 노력을 인정해주거나 급여에 반영해주지는 않을 것이다.

124

직원 채용과 훈련은 감정 노동의 관리와 직접적인 관련이 있다. 여성 항공 승무원에 대한 연구를 보면, 여전히 직업 교육에 미소 짓는 법을 가르치는 수업이 포함되어 있다는 것이 드러난다. 식당 근로자는 미소의 가치와 그 미소가 미국 식당 종업원 급여에서 대부분을 차지하는 팁과 어떻게 관련되는지 알고 있다.

프론트라인 서비스 업무에 관한 한 성 역할과 그 기대에 관한 질문은 불가피하다. 미국에서 서빙 직업 종사자 중 70퍼센트 이상이 여성이며, 여성은 여전히 항공 승무원, 소매 판매원, 간호사, 간병인, 고객 서비스 상담원, 출납원, 호텔 청소원 및 가정부, 미용사 등과 같은 직업군에서 눈에 띄게 대다수를 차지하고 있다.

전 세계 사회에서 여성은 지금까지 여성적 특성으로 연관 지어져온 공감 능력, 유순한 태도와 같은 타고난 특성을 다소간 가지고 있기에 이러한 직업에 더 적합하다고 여겨져왔다. 열거한 많은 직업은 일반적으로 금전적 보상에 대한 규칙이 종종 불분명한, 집안일의 영역과 관련된 직업과 다른 이를 돌보는 종류의 직업으로, 여성들의 영역과 역사적으로 관련되어왔다.

항공 승무원은 업무를 수행하는 동안 전형적으로 백인 중산층 여성을 연상하게 하는 태도와 예절을 표현한다. 미소와 공손함, 가정적인 특성을 통해 그들은 여성성을 표현하며, 승객들에게 익숙하면서도 알아챌 수 있는 분위기를 조성하여 비행기 내에 중산층 환경을 재현하는 데 중요한 역할을 한다. 이러한 일부 가정적semi-domestic이고 케어와 관련

도표 5.1 이케아IKEA의 프론트라인에 배치된 직원은 매장에서 하루를 시작할 준비를 한다. 백오피스에는 거울이 비치되어 있어 직원은 매장이라는 '무대stage'에 나가기 전에 자신의 모습을 확인할 수 있다. 거울 옆에는 "고객을 맞이할 준비가 되었나요?"라고 묻는 포스터가 붙어 있다. 매장에 나가기 전에 "내 유니폼은 어떤가요? 나의 미소는 어떤가요?"라고 스스로에게 물어본다.

된 영역에서는, 여성과 관련된 전통적 사회문화 구조가 가치가 있다. 예를 들면, 여성은 환자에게 최선을 다하는 간호사, 승객을 위해 여분의 담요를 제공하는 항공 승무원 등의 역할을 맡는다. 그러므로 프론트라인에 배치된 서비스 근로자의 감정 노동이 조직의 자산이라는 점에는 의심할 여지가 없지만, 대개 이런 일을 하는 근로자에게는 보상이 적은 편이다.

서비스 비용을 구성할 때 고려해야 할 중요한 사항이 있다. 상용 서비스의 경우 서비스 비용을 계산하는 대략적인 공식은 근로자의 시간당 임금과 기반 시설, 조직의 순이익을 포함한다. 사용자가 서비스에 대해 비싼 금액을 지불한다고 해서 반드시 그 일을 하는 서비스 직원이 높은 급여를 받는 것은 아니다. 다시 말해, 고급 호텔의 객실 담당 여종업원은 그곳에 투숙할 형편이 안 되거나, 항공 승무원이 안락

한 일등석이나 비즈니스석에 탑승할 형편이 안 된다는 것이다. 업무로 감정 노동을 해야 하지만 몇몇 서비스직 종사자들은 기본적으로 낮은 임금을 받고 있다.

고객과 프론트라인 직원 사이의 관계는 일반적으로 복잡하고 유동적인 원동력으로 특정지을 수 있으며, 여기에는 프론트라인 직원과 고객뿐만 아니라 프론트라인 직원과 매니저도 포함된다. 대면 서비스 인카운터의 움직임은 이 세 집단 사이에서 종속과 조종의 교대를 포함한다. 모든 사람이 한 부분의 역할을 한다. 그리고 일부 '액터'는 비록 즉석에서 임기응변으로 대응하지만, 다른 액터들은 그 역할을 위해 훈련을 받기도 한다. 직원은 고객에게 특정 구매 선택권을 안내하는 몇 가지 기법을 배운다. 예를 들어 화장품과 미용 용품 가게를 생각해보면 직원은 고객의 불안감을 이용한다. 스트레스와 대립을 최소화하기 위해 직원은 다른 기

도표 5.2 프론트라인 서비스 근로자가 수행하는 힘든 행위: 음식을 제공하면서 고객과 매니저 간의 권력과 통제를 협상하는 것이 하나의 역할이다.

법을 사용하기도 한다. 더 나아가 문화적 정체성과 관련된 측면도 고려할 필요가 있다. 이 과정에서 액터는 서비스와 브랜드와 관련된 특정한 생활 방식을 형성하고 구체화한다. 예를 들어 중산층 또는 저소득층 서비스 직원들이 고객들과 더 잘 소통할 수 있도록 그들이 일하는 상류층의 서비스에 따라 행동할 때 계급이 작용한다.

본질적으로, 셀 수 없이 많은 서비스 직종이 높은 수준의 수행력으로 유지되는데, 이 수행력은 필수적이기는 하지만 보통 저평가되고 낮은 임금으로 책정된다.

직원들이 조직을 구현하면 이들은 조직의 얼굴과 목소리가 되어 '서비스스케이프'에 포함된다. 서비스스케이프는 주어진 대면 서비스 인터랙션의 전체 물리적 환경으로 정의되며, 건축, 인테리어 디자인, 환경 그래픽, 사인, 장식, 분위기와 물리적 경험에 영향을 미치는 모든 요소를 포함한다. 서비스스케이프는 서비스의 심미적 표면으로, 특정 경험을 유도하고 브랜드의 가치를 전달하도록 디자인된다. 서비스스케이프는 마케팅 목표뿐만 아니라 조직의 목표 달성을 가능하게 한다. 서비스스케이프는 조직의 심미적 표시로 직원뿐만 아니라 사용자의 경험에도 영향을 미친다. 또한 서비스 근로자에게 엄청난 영향을 끼치며, 결국 이것은 그들의 무대인 셈이다. 유니폼, 복장 규정, 언어적/몸짓 프로토콜, 그리고 프론트오피스 직원의 개인적 표현과 관련된 또다른 측면마저도 서비스스케이프의 구성 요소이다.

최근 영국의 패션 디자이너 비비안 웨스트우드Vivienne Westwood는 고객과 승무원 모두의 경험에 영향을 미치고 이 경험에 매력을 더하기 위해 버진 애틀랜틱Virgin Atlantic의 유니폼을 새롭게 디자인했다. 버진 애틀랜틱의 창립자인 리처드 브랜슨Richad Branson은 새로운 유니폼에 매우 열광하며 "여러분을 멋져 보이게 하는 옷을 입으면 여러분은 미소 짓게 될 것이고, 기분이 좋을 것이고, 일을 훨씬 잘하게 될 것입니다"라고 언급했다. 매력적인 유니폼을 입는 것은 직원들의 역할을 구체화하고, 매력을 점점 잃고 있는 항공 여행 경험의 매력을 높이는 데 도움이 된다.

종합해보면, 노동관계와 계급, 성별, 권력, 통제, 그리고 서비스에서 미학적 역할을 포함하는 공간은 복잡하다. 디자인은 이러한 복잡성을 어떻게 처리할 수 있으며, 서비스를 디자인하거나 리디자인할 때 이 모든 유동적 관계를 어떻게 고려할 수 있을까?

서비스 블루프린트는 서비스 디자인 프로세스에서 감정 및 권력 투쟁과 같은 문제를 해결하는 데 도움이 되는 도구로 사용할 수 있다. 감정과 권력관계, 갈등을 포착하기 위해 서비스 블루프린트를 깊이 있게 진행할 수 있다. 서비스 블루프린트는 시간에 따라 연속적으로 일어나는 서비스 행동을 보여주는 타임라인이다. 또한 이는 서비스 시스템의 여러 참여자에 대한 분석을 나타내므로, 각 행동은 특정 참여자(즉 서비스 사용자와 서비스 제공자)에게 해당될 수 있다. 사용자와 직원과의 관계를 추적할 수 있는 서비스 인터랙션 전반에 걸쳐, 사용자 및 직원의 페인 포인트와 기타 감정의 정점emotional peaks을 파악하는 데 도움이 되는 그래픽 표기를 사용함으로써 서비스 블루프린트의 감정 부분이 강화될 수 있다.

도표 5.3 패션 디자이너 비비안 웨스트우드가 디자인한 버진 애틀랜틱의 매력적인 유니폼.

5.2 서비스 드라마: 감정 노동

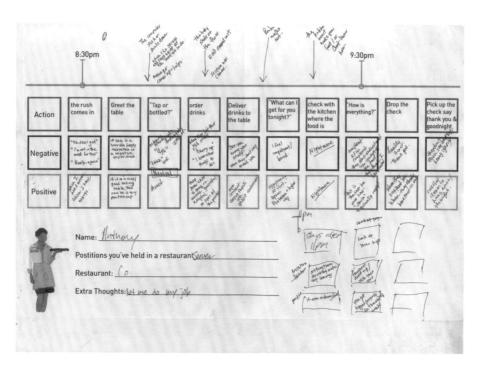

도표 **5.4~5.5** 서비스 디자이너 시리 벳츠 손스테가르Siri Betts-Sonstegard가 개발한, 레스토랑 근로자의 감정 노동을 시각화하기 위한 도구. (위) 감정 노동 지도는 여정 지도에서 차용되고, 이 경우 인터뷰 도구로 사용되어왔다. 디자이너는 전형적인 야간 근무에서 업무 시작부터 종료까지 감정 여정을 도식화하기 위해 식당 종업원을 인터뷰했다.
(아래) 프론트라인의 식당 종업원을 중앙에, 그들과 관계가 있는 고객은 한쪽에, 다른 쪽에는 매니저가 있는 권력 다이어그램이다.

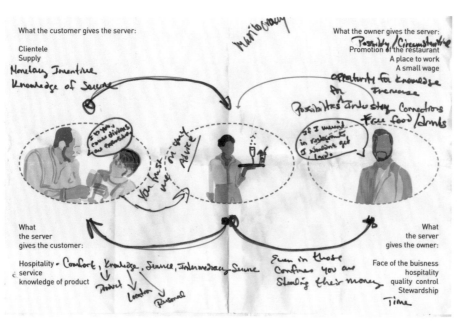

서비스 디자인 프로세스에서 감정과 권력의 다툼을 포착하는 데 도움이 되는 또다른 접근법으로는 수행성performativity이 있다. 연극에서 도출해낸 방법은, 복잡한 감정적 요인을 다루는, 보다 미묘하고 심도 깊은 통찰력을 위한 리서치와 디자인 아이디어화에 유용할 수 있다. 이러한 가정은, 서비스 인터랙션에 참여하거나 서비스 인터랙션이 발생하는 것은 충돌과 갈등을 더 잘 살펴보게 할 뿐만 아니라 서비스 근로자들이 변화를 위한 가능한 전략을 구상하는 데 도움을 줄 수 있다는 것이다. 드라마 관련 기법은 종종 서비스 관계에서 골치 아픈 정치가 시작될 때 서비스 근로자를 도울 수 있다. 서비스 디자인에 사용되는 드라마 관련 기법에는 보디스토밍bodystorming, 포커스 그룹스Focus Groups 및 포럼 극장Forum Theater 방법이 있다. 이 방법에 대한 설명은 9장을 참조하자.

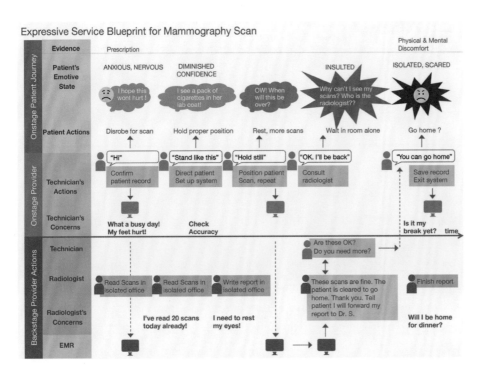

Expressive Service Blueprint for Mammography Scan

129

도표 5.6 유방조영술 여정에 대한 예시를 풍부하게 표현한 수전 스파라겐Susan Spraragen의 서비스 블루프린트. 환자는 스캔하기 전에 불안감을 느끼며 스캔 후 더 심한 모욕감과 불쾌감을 느낀다. 이 여정 중에 아무도 환자인 그녀에게 몸에 아무 이상이 없으니 집에 가도 된다고 말하지 않았다. 방사선과 의사는 후면backstage에 있으므로 환자는 의사와 직접적으로 인터랙션하지 않는다. 이 도구를 통해 디자이너는 보다 상호 생산적인 방식으로 서비스를 제공하는 방법을 파악할 수 있고, 환자는 정보에 입각하고, 확신을 얻고, 존중받는 상태를 유지함으로써 서비스에 대한 신뢰를 쌓을 수 있다.

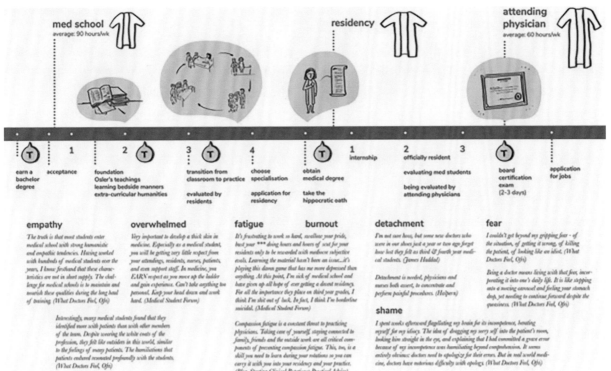

도표 5.7 이는 의대생이 학사 학위를 받은 후 레지던트 기간을 거치는 동안 일어나는 감정적 여정을 보여준다. 이 여정맵은 의사 경력을 시작할 때 일어나는 공감 문제, 그리고 젊은 의사가 전문 의료업에서 전형적으로 주어지는 치열한 업무에 몰두하느라 공감력을 잃을 위험성에 초점을 맞추고 있다. 소피 리엔데우Sophie Riendeau, 안키타 로이Ankita Roy, 주연 리Juyeon Lee의 프로젝트이다.

5.3
서비스의 환경적 지속 가능성

노동관계와 마찬가지로 지속 가능성에 대한 논의 자체가 복잡하고 종종 파악하기 어렵기 때문에 서비스에서의 환경적 지속 가능성 문제는 상당히 정치적인 것일 수 있다. 지속 가능성은 정치, 금융, 경제, 사회문화적 영향력이 상호 연결된 복잡한 관계 속에서 여러 다른 요인 및 양상과 관련 있다. 예를 들어, 기후 관련 재난이 이미 불균형한 방식으로 가난한 사람들에게 영향을 미친다는 것이 증명되었지만, 이 재난은 반드시 예방 및 복원 정책으로 전환되지는 않아왔다.

기후 변화와 서비스 사이의 연관성에는 설명이 더 많이 필요하다. 서비스를 디자인할 때 환경적 측면은 어떻게 고려되는가? 지속 가능한 서비스와 같은 것이 있는가? 서비스 자체가 물질 소비를 줄이는 방안으로 환경적 지속 가능성에 대한 전략이 될 수 있을까?

환경문제의 핵심에는 대부분 글로벌 자원의 유한성과, 이와 관련된 영향을 받아들이는 지구의 능력을 무시하는 원칙이 깔려 있으며, 우리의 전체 경제 시스템이 기반을 두는 산업 생산의 논리가 놓여 있다. 패션이나 전자 제품과 같은 소비자 영역을 살펴보면, 그 논리는 수명이 짧고 빠르게 쇠퇴한다. 점점 더 많은 제품들이 더 빨리 만들어지고, 더 넓은 지역에 배포되고, 더 싼 가격에 팔리고, 더 빨리 대체될 것이다. 보다 광범위한 패러다임 변화가 필요하며, 이는 생산과 소비 패턴 모두를 고려해 이루어져야 한다. 소비자로서 우리가 더 적은 자원을 소비하고 배출량을 줄이면서 더 나은 삶을 사는 것을 상상할 수 있을까? 던져야 할 질문은 웰빙과 생활양식에 대한 우리의 인식과 관련되어 있다. 우리가 필요로 하는 것은 무엇이고 왜 필요한가? 제품이 필요한가, 아니면 제품 소유권과는 상관없이 특정 기능을 수행하거나 구체적인 문제를 해결해야 할 필요가 있는가?

디자인은 분명 문제의 일부이다. 실천적 커뮤니티로서 디자이너는 디자인이 우리 환경과 삶의 질에 영향을 미치는 결정에 영향을 줄 수 있다고 주장한다. 디자인 협회, 의회, 교육 기관들은 대체로 환경 보호뿐만 아니라 관련 사회적 측면에 해당하는 디자인 아이디어를 받아들이고 있다. 국제 산업디자인학회International Council of Societies of Industrial Design, ICSISD가 제안한 직업윤리 규범은, 디자이너가 지구의 생태계를 보호하고 환경 관리 원칙을 채택할 필요성을 포함하며 실무자를 위한 윤리 가이드라인의 개요를 설명한다.

실제로 디자인 커뮤니티는 제품 및 시스템 환경 효율성을 개선하고 청정 생산 모델에 기여하기 위한 가이드라인, 전략 및 기능을 개발하고 채택했다. 환경적으로 친근한 디자인에 대한 기준과 가이드라인은 그에 대한 지지 및 정치 단체의 적극적인 압력, 과학 및 디자인 커뮤니티에 대응하면서 새로운 법률 제정 및 대중의 의식을 동시에 개발하고 채택했다.

친환경적 생산 전략에는, 부품 교체 주기가 길어지도록 시스템 수명을 최적화하는 디자인, 내수 판매와 소비 사슬 및 지역 공급의 유통과 운송 감소, 물질 자원의 감소, 폐기물의 최소화 및 재사용, 보존, 생체 적합성 조사 및 독성 감소가 포함된다.

제품이 환경에 미치는 영향을 줄이기 위해 디자이너가 채택해야 하는 한 가지 중요한 방식은 에코디자인eco-design이라고도 알려진 '생명 주기 디자인life cycle design, LCD'이다. LCD는 '요람에서 무덤까지cradle to grave'라는 개념을 바탕으로 하여, 일반적으로 다섯 가지 주요 단계로 나눈 제품의 전체 생명 주기를 고려한다.

- 원료 추출 및 처리를 포함하는 사전 제작
- 생산, 부품 제조, 조립 및 포장
- 모든 배달 지점과 구매를 포함하는 유통
- 설치 및 사용을 포함한 이용, 서비스 업그레이드 및 유지 보수
- 재활용, 재사용, 퇴비, 소각 또는 매립 등을 포함하는 폐기

제품 생명 주기는 정량적 방법을 통해 분석할 수 있으며, 이는 특정 제품과 관련된 환경 영향에 대한 주요 원인을 밝히는 데 도움이 된다. 이러한 원인은 종종 상식에 반한다. 예를 들어, 대부분의 사람들은 제품 생명 주기의 마지막인 폐기 단계에 주요 환경 영향에 대한 책임이 있다고 생각하는 경향이 있다. 하지만 실제로는 전기 소비와 같은 사용 단계가 일반적으로 가장 큰 원흉이다.

방법	운영 방법
생명 주기 평가 (Life Cycle Assessment, LCA)	LCA 도구는 특정 제품의 전체 생명 주기에 관련된 물질, 에너지 및 배출량을 정량화하는 것을 포함한다. LCA 분석 결과는 보다 환경 효율적인 표준에 따라 제품 및 프로세스를 리디자인하는 데 있어 의사 결정 프로세스에 도움이 된다. LCA 소프트웨어는 구성 요소와 관련 프로세스의 정량화를 위해 특정 맥락context-specific 데이터베이스의 자료를 입력해 사용한다. 생산과 소비는 모두 특정 맥락 요소에 따라 달라진다. 예를 들어, 주로 수력 발전 동력을 사용하는 지역의 공장에서 자동차를 생산하는 것은 에너지 기반이 석탄인 다른 유사한 공장과는 다르다. 자동차의 사용 단계에서도 마찬가지이다. 자동차가 얼마나 지속될지는 도로 상태와 같은 일련의 특정 맥락 요소에 따라 달라진다. LCA 도구는 현재 디자인 또는 생산 프로세스에 부분적으로만 통합되어 있다. LCA 도구의 주요 도전 과제 중 하나는, 그러한 복잡한 평가에 필요한 자료의 양과 범위가 획득하기 어려울 뿐만 아니라 많은 경우 단순히 존재하지 않는다는 것이다. 전체 프로세스는 시간이 많이 걸리고 비용이 많이 들 수 있다.
기준 카드 묶음 및 체크리스트	디자이너가 제품과 서비스, 커뮤니케이션 시스템 프로젝트 디자인 및 평가 프로세스에 지속 가능성 기준을 통합하는 데 도움을 주는 IDSA(미국 산업 디자이너 협회The Industrial Designers Society of America)의 오칼라 실무자 가이드The OKALA Practitioner Guide와 같은 몇몇 디자이너 친화적 툴킷이 있다. 이들 중 일부는 물리적 측면과 시스템 수준의 측면을 통합하는 환경 효율성 기준의 혼합을 제안한다. 일부 툴킷은 프로젝트 개발 초기 단계에서 지속 가능성을 개선할 수 있는 기회를 포착하기 위해 보조 브레인스토밍 도구로 사용되는 카드 묶음 또는 체크리스트로 구성된다. 다른 툴킷은 기존 시스템 또는 개발 중인 프로젝트를 평가하는 데 도움을 주는 매트릭스 및 설문지와 같은 유형화를 사용하며, 이는 이후 프로젝트 개발 단계에서 유용하다.
LEED 인증 (LEED certification)	건축 맥락에서 LEED 인증은 빌딩 프로젝트를 인증하는 프로그램으로, 갈수록 인기가 높아지고 있다. 이 프로그램은 특정 목표로 변환되는 다양한 환경 기준을 이용한다. 점수에 대한 특정 수치는 다양한 인증 수준을 달성할 수 있다. 평가 시스템은 건물, 주택 또는 유지 관리와 같은 프로젝트 유형에 따라 정의된다. 각 프로젝트 유형은 무엇보다도 사용된 재료 및 자원, 물과 에너지 효율성과 같은, 특정 점수를 발생하는 다양한 기준 또는 인증 분류 세트를 사용한다. 일부 인증 분류는 구체적으로 접객업hospitality, 헬스케어 또는 교육과 같은 서비스 산업에만 해당된다. 이 프로그램에는 특히 주택과 식료품점 간의 도보 거리와 운송 시스템 간의 통합을 포함한, 기준을 가진 지역 규모neighborhood-scale의 프로젝트처럼 보다 체계적인 분류도 포함한다.

서비스 디자이너가 작업하는 과정에서 환경적 측면을 통합하는 것을 도와주는 보편적 도구는 없다. 그러면 우리는 무엇을 할 수 있을까? 서비스 디자이너는 서비스의 물리적 구성 요소의 지속 가능성을 개선하기 위해 제품 디자인과 건축을 위해 개발된 접근 방식과 도구를 사용할 수 있고, 또 사용해야 한다.

그 밖에 무엇이 있을까? 앞에서 언급했듯이, 서비스의 환경적 측면에서 서비스를 디자인하는 것이 정치적 선택일 수 있는 이유 중 하나는, 많은 경우 서비스 자체가 환경 전략으로 간주된다는 것이다. 우리는 1장에서 자동차 공유와 제품 서비스 시스템(PSS)의 성공적인 모델에 대해 언급했다. 최근 연구에 따르면, 미국에서는 자동차 공유로 인해 개인 소유 차량이 50만 대 이상 줄었다고 한다. 교통 체증 감소뿐만 아니라 탄소 배출량 감소는 이러한 차량 공유 서비스와 관련 있다. 또한 자동차 공유 시스템이 상대적으로 짧은 기간에 최소한의 틈새 모델niche model에서 바람직한 도시 생활 양식으로 변화했다는 사실은, 대중이 개별 제품의 소유권을 대체하는 서비스에 기초한 소비 모델을 받아들일 준비가 되어 있다는 조짐이다. 이 영역은 서비스 디자이너를 위한 새로운 놀이터가 되어야 한다.

도표 5.9 오칼라 에코디자인 전략 휠Okala Ecodesign Strategy Wheel은 디자이너가 특정 제품의 생명 주기 단계에 따라 에코디자인 전략을 정의할 수 있도록 돕는다 (저자: 스티브 벨레어Steve Belletire, 루이스 세인트 피에르 Louise St. Pierre, 필립 화이트Philip White).

도표 5.8 제품 디자인과 건축에서 환경 영향을 측정하기 위한 방법.

5.4
시스템으로서의 서비스 및 조직 정치의 문제

서비스 디자인 실무에 영향을 미치는 또다른 정치적 측면은 조직 정치에서 민감한 주제이다.

서비스는 주로 여러 부분이 함께 구성된 것에 기반한다. 실제로 서비스는 물질적(제품 및 기반 시설)이든, 무형(지식, 정보, 통신)이든, 재정적이고 관계적이든 간에 서로 물건을 교환하는 여러 조직(제공자, 대표자, 수용자, 백엔드back-end 제공자)으로 구성된 시스템에 의해 지원된다. 일부 조직은 서비스의 핵심인 반면, 외부 제공자와 같은 다른 조직은 부가적이다.

예를 들어, 독립 식당의 핵심 시스템에는 제삼자로부터 임대하거나 소유한 물리적 공간, 허가 및 검사를 위한 지방자치 기관, 기반 시설을 제공하는 모든 공공시설 회사, 계층적 역할을 맡은 모든 주방 직원뿐만 아니라 부엌과 손님이 있는 홀을 연결하는 프론트라인 식당 종업원과 주인을 포함한 모든 관련 인력 등으로 구성된다. 또한 이 시스템은 외부 서비스 공급자, 다시 말해 매주 식당에 제공되는 식품, 음료 및 기타 소모품 공급자와 구입 또는 임대하거나 지속적으로 교체해야 하는 가구 및 장비를 포함한다. 다른 외부 서브시스템은 온라인 예약 시스템, 회계와 법률 서비스, 홍보와 마케팅, 인테리어 디자인, 커뮤니케이션 디자인, 웹 디자인과 도메인, 보험 및 금융 서비스 등을 포함할 수 있다. 이 경우 레스토랑의 단골인 사용자 또한 서비스 시스템에서 필수적인 부분이다.

따라서 '시스템 레스토랑'은 외부 지원 조직뿐만 아니라 조직 내부 시스템과 교환의 모든 구성 요소를 합친 것이다. 조직화 및 균형화 시스템과 이 조직은 비즈니스 측면, 부문 간이나 부서 간의 조직 또는 멀티채널 관리 및 제공뿐만 아니라 문화적인 것과 관련된 과제도 제시한다. 각 조직, 어떤 경우에는 동일한 조직 내의 각 부서는 자체적인 내부적 실행, 문화 및 정책을 가지고 있다.

사용자가 서비스를 총체적으로 경험하려면 조직은 내부 장벽을 허물어야 하며, 경우에 따라 이 장벽은 비즈니스 모델이나 조직의 유산에 반대될 수 있다. 또한 조직은 외부 시스템과의 관계를 재조정해야 할 수도 있다. 예를 들어, 해산물 음식점은 공급자가 식당의 요구에 따라 생선을 배달하지 못하면 이 수산물 공급자를 교체해야 할 것이다.

서비스 디자이너는 서비스 디자인을 할 때 보통 시스템이나 조직 자체 리디자인을 포함해야 한다는 점을 인식해야 한다. 각 민간 회사, 공공 기관 또는 비영리 단체는 규정, 프로토콜 및 프로세스로 어느 정도 성문화할 수 있는 고유한 조직 정신을 가지고 있다. 디자이너는 그들이 조직에 발을 들여놓는 순간 빈 공간이 아니라 유산과 문화가 이미 자리잡고 있는 공간에 발을 들여놓는다는 사실을 알아야 한다. 조직 내 구성원들은 종종 기존 서비스를 개선하기 위해 많은 시간을 할애한다. 예를 들어, 공공 부문 기관은 정책과 규제에 따라 디자인의 오랜 역사를 가지고 있고, 그들의 서비스를 리디자인하면서 시간의 흐름에 따라 변화하는 정부에 대응해왔다.

이러한 이유로 디자이너에게 매우 소중한 '변화'와 '파괴 disruption' 같은 개념은 조직 내부의 많은 사람들에게 좋은 소식이 아닐 수 있다. 디자이너가 조직과 프로젝트를 시작할 때 그들은 종종 미묘한 관계와 균형에 기반을 두고 이미 그 자리에 있는 것을 인식하면서 매우 신중하게 작업할 필요가 있다.

서비스 디자이너는 조직의 '디자인 유산'과 '디자인 아젠다'가 좋은지 나쁜지 또는 효율적인지 여부와 관계없이 이미 조직에 존재하는 그것들을 인식할 필요가 있다. 그리고 그렇게 함으로써 그들의 관점에서 무엇인가를 파악하기 위해 조직의 다른 부분 안에 있는 사람들과 생산적인 대화를 발전시키고, 어떤 변화가 필요하며 실행할 수 있는 방법이 무엇인지 정의해야 한다. 서비스 디자이너가 조직과 용이하게 작업하기 위한 실용적인 도구는 무엇이 있을까?

서비스 디자이너는 매핑 시스템을 위한 몇 가지 도구를 개발했다. 시스템 매핑 툴System mapping tools은 액터, 흐름 및 서브시스템의 전체 시스템에 대한 조감도를 제공하는 데 유용하다. 다양한 시스템맵에는 서비스 생태계 맵service ecology maps 또는 이해관계자맵stakeholders' maps이 포함된다. 서비스 블루프린트는 특히 액터와 서브시스템 간의 시간적 연속 temporal chains을 확인하는 데에도 유용하다.

그러나 가장 중요한 것은, 시스템을 시각화하기 위한 도구는 집단 참여collective participation를 위한 도구로 사용될 수 있다는 점이다. 서비스 디자이너의 실무에서 주요 측면은 핵심 조직의 목적에 대한 공통적인 이해를 밝혀내기 위해 이러한 조직의 자기반성과 학습 프로세스를 위한 수단이 되는 것이다. 서비스 디자이너는 일반적으로 다양한 부서 및 사업부의 직원들과 함께하는 워크숍을 제안하고 촉진한다. 이러한 상황은 엉망이게 마련이고, 논쟁을 일으키기도 하며, 어색할 수 있다. 하지만 이러한 맥락에서, 공감하고 경청하고 생산적인 토론을 수행할 수 있는 전반적 능력은 서비스 디자이너의 다양한 기량 중에서 필수적인 요소이다.

5.5
캐머런
톤킨와이즈와의
인터뷰

캐머런 톤킨와이즈Cameron Tonkinwise는 호주 시드니의 뉴사우스웨일스 미술 디자인 대학University of New South Wales Art and Design의 디자인 전공 교수이다.

서비스를 디자인할 때 주요 정치적 함의의 일부를 무엇이라고 이해하는가?

나는 서비스 디자이너가 일의 미래를 디자인하고 있다고 생각한다. 새로운 기술과 빠르게 변하는 경제 관계 때문에 현재 업무들은 많은 유동성을 겪고 있다. 사람들이 단지 그렇게 살고 있지 않을 때 그들이 무엇을 할지 결정하는 것은 점점 서비스 디자이너의 영역에 포함되고 있다. 디자이너들은 일의 미래를 정의하는 선봉에 있다.

서비스 디자이너는 직원과 고객까지 디자인하고 있다. 이는 고객에게 올바른 방식으로 서비스를 요청하고 제공하도록 유도하는 기술이기 때문에, 전체 서비스 인터랙션이 효율적이고 생산적이며 즐거운 방식으로 가치를 창출하게 만든다.

지금 일어나고 있는 일은, 회사가 어느 정도 직원으로부터 고객에게 위탁하고 있기 때문에 고객은 서비스를 통해 적절한 방법으로 도착하고 이동하기 위해 많은 일을 해야 하는, 일종의 무급 직원이 되어가고 있는 셈이다. 여기에도 정치가 작용한다.

고도로 숙련된 서비스 디자이너는 이 모두를 바람직하고 즐거운 것으로 보이게 하며, 고객 맞춤화에 있어 자율성을 느끼게 할 수 있다. 반면 그것은 현재 우리 사회에서 곤란을 겪는 일반적인 느낌으로 이어지기도 한다.

인간 대 인간 인터랙션은 감정 노동에 의해 강조된다. 서비스의 성공 여부는 보통 사람들 사이에서 형성되는 다양한 사회적 관계의 질에 달려 있다. 당신은 서비스를 디자인하는 데 있어 감정의 역할을 어떻게 이해하는가?

모든 서비스 디자인의 본질은 친구를 빌려준다는 개념이다. 여러분이 하는 일은, 낯선 사람에게 친절하게 대하고 서비스가 여러분을 위한 가치를 극대화할 수 있도록 어느 정도 정직과 진정성을 가질 것을 요구한다. 그래서 여러분은 항상 직원들에게 두 가지를 요구한다.

하나는 개인적인 기분과 감정의 앙금을 벗어버리고 말 그대로 서비스 제공자로서 복장과 가면을 착용하는 것이다. 그런 다음 제시간에 특정 장소에서 말하고 움직이고 특정한 방법으로 있어야 한다.

서비스 디자인은 사람들이 자신을 포기하고 하나의 역할을 채택하도록 만드는 것이다. 서비스 제공자의 역할을 전제로 하는 누군가와 관련된, 일종의 감정 노동이 수반된다. 여러분은 그들에게 단순히 역할에 주어진 대본을 따르는 자동화된 인형이 되는 게 아니라, 완전히 낯선 사람인 누군가를 돕기 위해 즉흥적으로 행동할 수 있는 능력을 갖출 것을 요구한다. 이는 감정 노동의 일부이다.

또다른 구성 요소는 매니저와 서비스 디자이너가 여러분에게 지시하는 역할과 그 역할을 위한 사람이 되려 하는 시도 사이의 간극을 염두에 두는 순간이며, 그러므로 인터랙션을 맞춤화하고 어느 정도 인간성을 부여하도록 해야 한다. 이는 매우 스트레스일 수 있다. 그러면 휴먼 인터랙션의 구분점은 어디에 있어야 할까?

서비스를 디자인하거나 리디자인할 때 디자인이 어떻게 이러한 복잡성을 다루고 이 모든 유동적인 관계를 고려할 수 있는가?

디자인의 정치를 고려할 때 일련의 단계에서 서비스 디자인 발생을 이해하는 것은 매우 중요하다. 이는 단계적인 프로세스이다. 서비스가 시행되고 성숙될 수 있는 기간이 필요하지만 다른 유형의 디자인과 달리 여러분은 여기에서 더 오랫동안 문제에 관여한다. 서비스 디자인은 역할과 즉흥 사이의 긴장감이나 서비스 시스템과 해당 서비스의 맞춤화 같은 종류의 유동성을 다루어야 한다.

디자이너가 새로운 서비스를 디자인할 때 권력, 계급, 성별 문제에 대한 인식을 유지하는 것이 중요한 이유는 무엇인가?

권력의 역사는 다양한 서비스 제공 유형의 역사이다. 즉, 사람들이 다른 사람을 위해 봉사하게 하여 제조를 통해 자본가를 섬기는 것이 아니라 누군가가 자본가를 대신하여 의뢰인을 돕도록 하는 것이다. 많은 면에서 자본주의의 전체 역사는 사람들로 하여금 일하게 하고 서비스를 제공하도록 강요해온 역사이다.

서비스 직원에게 일을 시키는 것은 노동을 위해 직원이 자신의 몸을 빌려주는 것 이상을 의미한다. 또한 이는 감정 노동도 요구한다. 누군가에게 이를 강요하는 것은 단지 돈 때문만이 아니며, 가능한 한 적은 돈으로 그들이 일을 하게 만들려는 것도 아니다. 가장 중요한 서비스 제공의 역사는 사실 고객으로서 사람들이 무상으로 서비스를 이용하는 것이며, 이는 성별 및 인종 문제도 포함한다.

나는 서비스 디자이너가 자신이 강제적 프로세스compulsion process의 일부이고, 의미를 창조해야 하며, 그들이 만드는 의미가 저항할 수 없는 과정의 일부임을 인식하는 것이 중요하다고 생각한다.

다른 사람의 경험을 완전히 이해하기는 어렵다. 그러나 경험하게 하는 것이 서비스 디자인의 정확한 목표이다. 디자이너가 자신과 자신이 디자인하는 사람들 사이에서 공감을 증가시킬 수 있는 방법은 무엇인가?

이 질문에 대한 나의 대답은, 공감이 아니라 질적 인터뷰로 돌아가라는 것이다. 이는 자신의 업무에 대해 어떻게 느끼는지를 명확하게 표현할 수 있는 언어적 자기 설명self-accounts과 사람들의 능력을 검증하는 프로세스를 사용하라는 것이며, 그것이 서비스이다.

내 경험에 비추어보면, 디자인 에스노그라피 면에서 활발하게 활동하고 있음에도 불구하고 훈련된 디자이너가 인터뷰를 수행하는 일은 너무 적다는 사실이 놀랍다. 특히 디자이너는 긴 형식의 반구조적이고semi-structured, 구조화되지 않은 인터뷰를 수행하는 일이 적다. 이는 배우는 데 시간이 오래 걸리는 진정한 기술이고, 디자인 학교에서는 아무도 그런 것을 가르쳐 주지 않는다.

서비스를 위한 디자인에서 사회적 맥락의 역할은 무엇인가?

지속 가능한 미래는 만족하는 다수의 특정 요구를 충족시키거나 한 명의 충족하는 자가 여러 가지 필요성을 충족시키는 방법을 요구한다. 나는 사회적 맥락이란 서비스 디자이너에게 "다양한 필요성은 무엇인가?"라고 말하는 방법이라고 생각한다.

예를 들어, 직원은 돈이 필요하기 때문에 일을 하지만 동시에 개발 능력이 필요하거나 자율성을 느낄 필요가 있을 수 있다. 그들은 동료나 고객과 어떤 사회적 관계가 있는 것처럼 느껴야 한다.

그렇다면 이렇게 만족시켜야 하는 다양한 대상에게 제공하는 서비스를 어떻게 만들 수 있는가? 어떤 회사는 고객을 위해 가치를 창출할 뿐만 아니라 직원들을 위한 가치를 창출한다. 나는 이런 식으로 맥락에 대해 이야기하는 것이 타당하다고 생각한다. 누군가의 서비스 오퍼링을 통해 여러 가지 니즈를 충족할 수 있는 모든 가능성은 무엇인가?

지속 가능성 문제와 서비스의 관계를 어떻게 이해하나?

우리가 사람을 상품으로 대체했기 때문에 사회는 지속 가능하지 않은 물질 집약형이 되어왔다. 서비스 경제로 돌아가는 것은 자유와 웰빙을 제공하는 물질 집약적 방법을 바꾸는 것이다. 서비스는 우리에게 소유권에 기반한 것이 아니라 사람에 기초한 자원 분배를 하여 되돌려주는, 매우 중요한 역할을 한다. 여러분이 한 제품에서 사람으로 이동한다면, 여러분은 일반적으로 화석 연료 경제에서 재생 가능한 경제로 옮겨가고 있는 것이다.

또한 서비스 경제는 지역적인 경향이 있다. 디지털 플랫폼과 외부 위탁 전화 참여 프로그램 상황이 있지만, 서비스 경제의 많은 부분에서 대면 접촉 같은 것을 필요로 한다.

물질 집약 감소의 또다른 장점은, 기업이 제품에 대한 소유권을 보유하고 서비스를 제공함으로써 가정에서 관리하는 것보다 훨씬 더 좋은 방법으로 상품을 유지하는 투자 구조를 가지고 있다는 것이다. 이때 문제점 중 하나는 운송 물류이다. 이는 서비스가 여러분에게 오거나 여러분이 서비스를 받기 위해 가야 한다는 것이다. 이러한 이유로 교외보다는 도시에서 서비스 제공을 하기가 더 용이하다. 운송 제공비가 엄청나게 줄어들기 때문에 비용 면에서 훨씬 유리하다.

외부와 단절된 상태로 이루어지는 서비스는 없다. 프론트엔드 front-end 제공에 놓인 맥락을 넘어 서비스가 활성화되고 촉진되며, 특정 종류의 조직 구조가 확장된다. 이러한 구조는 다양한 계층 구조와 권력관계로 구성된다. 특정 조직을 구성하는 이러한 관계는 불균등하거나 불평등할 수 있으며, 따라서 다른 조직의 일부 이익을 대변하기도 한다. 디자이너가 함께 일하는 조직과 이러한 문제가 발생했을 때 문제를 다룰 기관이 있는가? 그렇다면 보다 평등한 결과를 위해 그러한 에이전시를 움직이는 것이 디자이너의 책임인가?

일반적으로 디자이너는 여전히 특정 기간 동안 특정 성과를 결과로 제공하기 위해 특정 계약 내에서 고용되며, 이러한 모든 것이 에이전시를 가지고자 하는 그들의 능력을 제한한다. 그러나 서비스 디자인이라는 것이 이미 부분적으로는 매니지먼트 변경을 의미한다는 것을 아는 것이 중요하다. 이러한 인식은 비즈니스에 있어 변화하는 세계관을 불러일으킨다. 내가 생각하기에는 현재 가치 창출에 있어 전반적으로 위기가 있기 때문에 서비스 디자이너가 요구되어왔다. 이런 식으로 서비스 디자이너는 거대한 에이전시를 가지고 있다.

이는 서비스 디자이너가 대규모 매니지먼트 컨설턴시에 의해 고용되고 있는 이유이다. 컨설턴시들은 그들이 고객 가치를 창출할 수 있도록 전체 조직을 재구성할 서비스 디자이너를 절실히 찾고 있다.

서비스 디자인의 결과는 사람들의 삶에 영향을 미칠 수 있는 큰 잠재력을 가지고 있다. 이러한 효과는 긍정적이거나 부정적, 또는 심지어 둘의 혼합일 수 있다. 하지만 사람들의 삶에 영향을 미칠 수 있다는 가능성에도 불구하고, 현재 이 분야의 디자이너를 위한 명확한 윤리적 지침을 정하는 공식적인 행동 규정이나 규범은 없다. 법률과 의학의 행동 강령이나 전문 서약과 유사한, 서비스 디자인에 대한 히포크라테스 선서는 무엇으로 이루어질 수 있을까?

서비스 디자이너는 결코 임금 감소나 전반적인 생계에서의 감소를 감독해서는 안 된다. 헬스케어를 더이상 받지 못하는 독립된 계약자에게 아웃소싱을 허용하는 시스템을 만들기 위해 서비스 디자이너를 투입하려 한다면, 디자이너는 그 일을 거절해야 한다. 만약 여러분에게 기존 직원들을 정리해고한 뒤 무노동 임금 계약직으로 재고용하는 서비스를 설계하는 일이 주어진다면, 그 일을 맡을 가치가 있는지 숙고해야 한다.

즉, 여러분은 서비스 디자인 프로젝트의 결과로 근로자에게 수익성을 보장할 수는 없다. 하지만 프론트라인 근로자의 삶의 질을 떨어뜨리는 것을 감독하거나 그런 일에 기여해서는 안 된다.

5.6
학습 활동

학습 요점

- 서비스 프론트라인의 근로자는 조직의 자산이지만 반드시 설명되거나 보상되는 것은 아닌 감정 노동으로 정의되는 것의 구성이며, 서비스 제공시 자신의 감정을 사용해 사용자와 인터랙션할 때 조직의 행위와 가치를 구현한다.

- 고객 접대 및 케어 같은 몇몇 서비스 산업에서 프론트라인 서비스 업무의 대부분을 여성이 맡고 있다. 여성의 이 같은 감정 노동은 종종 여성에 대한 구시대적 사회 기대와 관련이 있다.

- 기후 변화와 서비스 사이의 연관성은 생산과 소비 측면 모두에 관련될 수 있다. 생명 주기 분석 및 LEED 인증은 생산 측면에서 환경적 지속 가능성을 향상시키고, 물리적 유형화 및 서비스 구축 환경에 영향을 미칠 수 있다. 제품 서비스 시스템과 같은 접근 방식은 서비스 기반의 지속 가능한 소비 모델을 전형적으로 보여준다.

- 디자이너가 시스템 및 조직과 함께 작업하는 동안, 혁신과 파괴에 관련된 전형적인 디자인 태도는 시스템 사고방식을 채택하고 조직에 이미 존재하는 기존 디자인 유산을 고려하면서 신중하게 접근해야 한다.

재점검 질문

- 서비스 내 노동관계와 관련된 주요 측면은 무엇인가?

- 서비스 제공시 성별 및 권력 문제는 어떻게 생기는가?

- 서비스 디자이너가 서비스의 물질적 증거와 관련된 환경 효율성을 검증하고 개선하기 위해 사용할 수 있는 주요 접근법은 무엇인가?

- 서비스와 관련하여 지속 가능성의 핵심 요소는 무엇인가?

- 조직 진입시 준수해야 할 주요 측면은 무엇인가?

- 매핑 시스템을 위한 주요 도구는 무엇이며, 조직 내에서 어떻게 가장 효과적으로 사용되는가?

학습 과제

- 대학의 캠퍼스 레스토랑에서 발생하는 감정 노동을 조사해보자. 권력 다이어그램power diagram이나 여정맵journey map을 사용하여 직원과 고객 사이의 인터랙션을 관찰하고 감정 노동이 발생하는 순간을 파악해보자. 기회가 된다면 직원들에게 명시적인 허락을 받고 레스토랑 직원을 인터뷰하자. 경영진, 주방 및 고객과의 관계를 비롯해 이들이 여러 고객과의 업무를 조정하는 방법에 대해 질문해보자. 그들이 식당의 윤리관과 브랜드를 어떻게 구현하는지, 그리고 일할 때 얼마나 많은 감정 노동을 투입하고 있는지 이해하기 위해 적극적 경청active listening(용어 풀이 참조)을 사용해보자.

• 시스템 관점에서 대학 캠퍼스에 있는 식당을 조사해보자. 시스템맵을 사용하여 '식당 시스템'을 구조화해보자. 먼저 인적 자원(부엌 직원, 서버, 계산원), 물리적 공간, 가구 및 장비, 운영(지불, 예약, 온라인 도구)을 포함한 시스템을 구별한다. 타사 공급 업체와 시스템 식당의 다른 측면을 추가한다. 가능하면(명확한 동의를 얻었는지 확인하고) 매니저 및 직원과 이야기해보자. 서비스 시스템의 개선 및 개입 기회를 파악하자. 만약 여러분이 컨셉을 더 발전시키려 한다면 협의 과정을 정의해보자. 예를 들어, 직원들과 어떻게 코디자인을 할 것인가?

용어 풀이

• 감정 노동emotional labor: 일부 학자들이 주장하는 서비스 근로자의 심리적 노력은 서비스로 상용화된다.

• 서비스스케이프servicescapes: 주어진 대면 서비스 인터랙션의 전체적인 물리적 설정. 서비스스케이프는 건축, 인테리어 디자인, 환경 그래픽, 사인 시스템, 장식, 분위기 및 물리적 경험에 영향을 미치는 모든 요소를 포함한다.

• 보디스토밍bodystorming: 소품과 세트를 사용하는 서비스 인터랙션에서 일어나는 경험. 보디스토밍 기법에서 참가자들은 단순히 외부에서 보는 것보다 아이디어를 보다 생생하게 분석할 수 있는 프로토타입을 경험한다.

• 생명 주기 디자인Life Cycle Design, LCD: '요람에서 무덤까지' 상품의 전체 생명 주기를 고려하는 디자인. '에코디자인 ecodesign'이라고도 한다.

• 생명 주기 분석Life Cycle Analysis, LCA: LCD의 주요 방법으로, 주어진 제품의 전체 생명 주기에 관련된 소재, 에너지 및 배출물을 정량화하는 것을 수반한다.

• 적극적 경청active listening: 방해가 되는 자신의 개인적인 감정과 편견을 갖지 않고 공감하면서 누군가의 말을 듣는 능력. 공감은 다른 사람의 경험, 감정 및 상황을 그 사람의 관점에서 이해할 수 있다는 것을 의미한다.

06
서비스를 위한 디자인하기

6.1
소개

6장에서는 서비스 디자인을 정식 디자인 분야로 확인하고, 디자인 분야 내에서 서비스 디자인을 포지셔닝한다. 또한 서비스 디자인의 원칙을 소개하고, 서비스 디자인 실무를 분석하며, 커뮤니티 서비스 디자인을 구조화한다.

서비스 디자인은 이제 신뢰할 수 있는 디자인 분야이며, 전 세계 디자인 회사들은 다른 산업의 고객과 함께 서비스 디자인 실무를 진행하고 있다. 서비스 디자인은 현재 사용되는 방법을 분석하고 체계화하는 데 도움을 줄 뿐만 아니라 서비스 디자인의 가능한 미래를 상상할 수 있는 학문적 연구와 박사 학위 논문으로 확립된 지식 분야이다. 전 세계 대학에서는 젊고 경험 많은 학습자를 위해 서비스 디자인 과정을 가르치고 있다. 하지만 항상 그렇지는 않았다. 디자이너들은 연이은 프로젝트를 바탕으로 서비스 디자인으로 얻을 수 있는 혜택을 입증했다. 디자인 커뮤니티가 이 분야를 수용하는 데에는 시간이 다소 걸렸으며, 또한 서비스 분야에서 일하는 비디자이너가 디자이너의 기여를 수용하는 데에도 시간이 걸렸다. 이 모든 일들은 여전히 진행되고 있다.

선구적인 실무자와 지도자 덕분에 서비스 디자인을 중심으로 강력한 커뮤니티가 형성되었다. 획일적이거나 통일된 것과는 달리 서비스 디자인의 힘은 그 유연성과 다원성이 큰 부분을 차지해왔다. 6장에서는 디자인의 기본 측면을 기반으로 이를 서비스 디자인 작업의 핵심 원칙과 연결하여, 새로운 유형의 디자인 실무로서 서비스 디자인에 대해 설명한다. 여기에는 사람 중심적people-centeredness, 참여participation 및 코디자인의 중요성, 시각적 서사visual narratives의 필수적인 중요도, 서비스의 물질적 측면에서의 역할과 서비스 디자인의 총체적이고 체계적 특성을 포함한다.

다음으로, 6장에서는 서비스 디자이너가 작업하는 다양한 프로젝트의 유형, 그로 인해 얻을 수 있는 혜택, 마지막으로 서비스 디자인 프로젝트 결과의 종류와 전형적인 산출물에 대해 논의하기 위해 프로젝트 예시를 활용한다.

서비스 디자인을 연구하며 관련 서적을 집필하고 있는 다니엘라 산지오르지Daniela Sangiorgi와의 인터뷰는 서비스 디자인의 발전 동향을 고려하며, 여러 중요한 통찰 가운데 서비스 디자인의 핵심 원리에 대한 의견을 제시한다.

6.2
새로운 종류의 디자인인가?

서비스 디자인과 관련된 복잡한 세계를 확인한 이 시점에서 한 가지 중요한 질문이 남는다. 서비스 디자인은 어떤 종류의 디자인인가? 그리고 서비스 디자인을 '분야practice'로 특징짓는 것은 무엇인가?

서비스 디자인 자체는 디자인의 물질적 행위와 전략적 접근 및 시스템 지향적 접근 모두를 다루고 있는 통합된 형태의 디자인으로 위치한다. 서비스 디자인 실무자는 무수히 많은 다른 배경을 가지고 있을 것이다. 서비스 디자인은 분석적이고 창의적인 역량을 결합하므로 다양한 기술을 가진 사람들이 그들의 접근 방식을 결합하고, 서비스 디자인 프로젝트에 기여하도록 한다. 경영 및 마케팅과 같은 분야의 전문가도 서비스를 디자인하는 디자인 실무에 관여하지만,

우리는 서비스 디자인을 본질적으로 디자인 학문의 일부이며 '디자인 분야'로 간주한다.

그러면 한 걸음 뒤로 물러나 실제로 디자인이 무엇인지에 초점을 맞춰보자.

'디자인은 아이디어를 갖는 것이다.' 가장 필수적인 디자인 능력은 바람직한 미래preferred futures를 구상하는 능력인 창의력invention이다. 즉, 디자이너의 주요 과제는 지금의 현실을 바꾸는 아이디어를 내는 것이다. 아이디어는 반드시 구현할 준비가 된 솔루션을 구체화한 것일 필요는 없다. 이러한 생각들은 우리가 원하는 미래를 생각하도록 도와주는 가상의 시나리오로 표현될 수 있다. 새로운 아이디어를 얻

도표 6.1 알도 시빅의 마이크로 리얼리티Aldo Cibic's Micro Realities는 다양한 미래 시나리오를 제안하는 일련의 미니어처 또는 모델이다.

도표 6.2 IDEO의 미래 시나리오에 대한 추측적 탐구인 '미래에서의 제작Made in the Future' 시리즈

기 위해 디자이너는 맥락과 문화를 이해하고, 현실을 직시하며, 자신의 니즈와 열망, 모순과 제약을 파악해야 한다. 그리고 이를 바탕으로 이 요소들을 새로운 유형화, 즉 의미 있고 유용하며, 대중에게 반향을 불러일으키는 심미성을 가지며, 대중에게 같은 의미가 있는 인터랙션과 결과를 가능하게 하는 디자인 제품으로 창조적으로 통합할 수 있어야 한다. 다른 경우, 디자인 작업의 산출물은 유형화된 제품이 아니라 아이디어 그 자체로서 사람과 조직이 그들의 임무와 목적을 재고하도록 돕는, 새로운 미래의 시나리오이다.

'디자인은 새로운 관계를 정의하는 것이다.' 새로운 미래를 상상할 때 디자이너는 그들이 속한 시스템과 현실적인 아이디어를 고려할 필요가 있다. 또한 디자이너는 그들의 개입이 이러한 시스템과 현실에 어떤 영향을 미칠지에 대해 예측할 필요가 있다. 새로운 아이디어는 또한 디자이너 뒤에 있는 프로세스와 이러한 프로세스에 책임이 있는 사람에게 영향을 준다. 디자이너가 무엇을 생산하고, 이동하고 또는 변환해야 할 필요가 있는지를 고려한다. 새로운 유형화는 조직, 생산적 사슬, 그리고 그 뒤에 있는 조직 시스템을 통해 생산되고 유통된다. 이러한 행동은 도미노 현상처럼 노동, 통화 거래, 규제, 정책, 사람과 그들의 시스템, 그리고 조직의 구성원에 영향을 미칠 수 있는 수많은 결정들로 변환될 것이다. 많은 이들이 여전히 디자인 업무를 전략적 측면과 후면backstage의 조직적 구조 변경보다는 후속적인 서비스 산출물 디자인에만 국한된 것으로 간주한다. 최근 디자인 업무가 전략 및 시스템 측면을 포괄하게 되었으며, 이는 서비스 인터랙션의 뒷면에 위치한 고객 비대면 부서back office와 물류 흐름을 살펴보면서 조직적 측면을 포함해왔다. 이러한 영역에서 일할 때 디자이너는 일반적으로 매니저, 제품 엔지니어 및 고객 서비스 전문가와 협력한다.

'디자인은 아이디어를 시각화하고 소통하고 공유하는 것이다.' 디자이너는 아이디어를 현실로 바꾸기 위해 다른 사람과 아이디어에 대해 소통할 수 있어야 한다. 따라서 디자이너는 메시지, 구축된 환경의 사물 또는 인터랙션 및 경험에 관계없이 시각화하고 구체화하고, 모델을 만들며 무엇인가에 형태를 부여하는 데 전문화되어 있다. 그렇게 함으로써 새로운 현실에 대한 아이디어를 다른 사람들과 공유하고 평가할 수 있으며, 그리고 나서 다시 실행하거나 재작업할 수 있다. 이러한 측면은 드로잉, 스케치, 렌더링 및 디자인 실무의 기본 도구인 다른 많은 형태의 시각화를 포함한, 보다 전통적인 디자인 기능을 포함한다. 디자이너는 시각화를 통해 다른 사람들이 가능한 다른 미래를 '보도록see' 돕는다. 또한 예를 들어 '우리가 어떻게 그 미래에 도달할 수 있을까, 이것이 바람직한가, 이는 가능한가, 그곳에 도달하기 위한 장벽은 무엇인가?'라는 질문에 대한 토론을 유도할 수 있도록 시각 자료를 활용한다. 그리고 시각화는 아이디어 세계를 구체적인 해석의 세계로 연결하는 필수적인 소통 도구이다. 구체적인 드로잉은 무엇인가를 어떻게 만드는지 설명하므로 상상력에 대해 다루기보다는 오로지 수치와 재료로 전달한다. 구체적인 시각화는 엄격한 표현 규칙 및 일련의 시각적 표시를 따른다. 예를 들어 벽과 문, 창이 항상 동일한 방식으로 표현되고 건설업자에게 정보를 제공하기 위해서는 치수나 스케일이 얼마나 정확해야 하는지를 건축 평면 도면을 바탕으로 생각해보자.

'디자인은 사람들에게 웰빙을 전달하는 것이다.' 디자인은 특정 현실에 영향을 주고 사람들의 삶을 향상시키는 방법에 관한 것이다. 어떤 면에서는, 우리는 지하철 노선도, 응급실의 사인 시스템, 효율적인 에어백, 어린이 보호용 서랍 세트, 갑자기 불에 휩싸이지 않는 혁신적이고 안전한 전화, 정확하고 안전한 온라인 지불 시스템 또는 투명한 투표함과 같은 어플리케이션을 생각할 수 있다. 그러나 인간 활동의 모든 영역에 걸쳐 있는 우리 삶을 고려할 때 우리는 소비자 제품과 서비스로부터 자치 시스템 및 민주주의 그 자체로 디자인 작업의 영역을 확장한다. 디자인은 전통적으로 제품, 커뮤니케이션 시스템 및 구축된 환경의 디자인에 적용되어왔다. 다른 한편으로는 자치 시스템 및 민주주의를 개선하고, 시민 참여를 위해 디자인하고, 기관 및 절차 또는 은행 시스템에 대한 복지 계획부터 정책에 이르는 사람들의 웰빙을 가져올 수 있는 어떤 것이든 리디자인하는 것을 돕고 있다. 디자이너는 이 영역에 진입할 때 인터랙션을 디자인함으로써 디자이너 자신이 '사회적' 및 비물질적 측면에 중점을 두고 있다는 것을 깨달을 수 있으며, 이는 디자이너가 사람들과 인간 행동의 예측 불가능성뿐만 아니라 권력 투쟁과 시민 표현의 복잡성을 고려한다는 것을 의미한다. 그런 의미에서 디자인의 내용은 본질적으로 사회적이다.

6.3
서비스 디자인의 핵심 원칙

앞서 논의했듯이 디자인은 아이디어를 내고, 새로운 관계를 정의하고, 아이디어를 시각화하고, 다른 사람과 소통하는 것이다. 기본적으로 그것은 사람들에게 웰빙을 전달하는 것이다. 우리는 디자이너로서 이러한 능력을 어떻게 서비스를 위한 디자인에 적용할 수 있을까? 다시 말해, 서비스와 서비스의 모든 것(이전 장에서 배웠듯이), 그리고 디자이너들이 할 수 있는 작업을 어떻게 연결해야 할까?

서비스 분야의 선구자인 슈나이더Schneider와 스틱도른Stickdorn이 제안한 유용한 프레임워크를 기반으로, 서비스에 적용되는 디자인 작업을 진행하기 위한 몇 가지 기본 원칙을 정의해보자.

핵심 원칙 1:
서비스 디자인은 인간 중심이다.

사람이 디자인의 중심이며 서비스의 중심에 있다. 학자와 실무자는 서비스 디자인을 근본적으로 사용자 중심 또는 오히려 인간 중심이거나 사람 중심으로 정의한다.

그런데 '사용자 중심 디자인user-centered design'이란 정확히 무엇인가?

사용자 중심 디자인은 수십 년 전에 최종 사용자의 니즈가 신제품 디자인 및 기술에서 다루어지도록 하기 위한 방법으로 주로 산업디자인(주로 소비재 제품)과 인간 컴퓨터 인터랙티브 시스템의 맥락에서 나타났다. 산업 제품과 신기술이 복잡성과 전례 없는 시장 확장을 맞이하면서, 사용자 중심 디자인의 핵심은 디자이너와 회사 매니저 및 기술 개발자의 가정과 직관에만 오롯이 기반한 신제품 디자인을 피하는 것이었다. 방법 이상으로 사용자 중심 디자인은 디자인 커뮤니티에서 상당한 동력을 얻은 철학 또는 정신이다. 이는 수년에 걸쳐 사용자의 신체적, 인지적 측면뿐만 아니라 감정적이고 맥락적인 측면도 고려하는 방향으로 발전해 왔다. 그 목적은 사용자의 완전한 경험을 고려해야 한다는 것이다. "당신의 사용자를 알아라Know your user"는 사용자 중심의 디자인의 모토이다. '인적 요인Human factors' 및 '사용성usability'을 다루는 전문가는, 특히 사용자를 새로운 기술 제품과 서비스를 개발하는 회사와 연결하는 IT 제품 및 서비스 개발에서 중요한 사람이 되었다.

사용자 중심의 디자인 접근 방식은 사용자에 대한 면밀하고도 지속적인 관심에 달려 있으며, 사용자의 니즈와 관점이 새로운 제품, 서비스 또는 프로세스 개발에 중심이 되도록 한다. 즉, 새 프로젝트를 시작하기 전에 초기 시장 조사를 수행할 뿐만 아니라 사용자의 니즈와 관점이 리서치에서부터 아이디어화, 시제품 제작, 런칭 단계, 그리고 그 이상의 것에 이르는 전체 프로세스의 일부인지를 확인해야 한다.

사용자 중심 디자인 방법은 '인터뷰', '관찰' 또는 '섀도잉shadowing'과 같은 방법과 기술을 강조하는 조사 방법, 사용자와 프론트라인 직원, 백오피스 인원 및 기타 이해관계자가 참여하는 '코크리에이션cocreation' 워크숍과 같은 제너레이티브 방법generative methods을 기반으로 한다. '페르소나' 및 '시나리오'와 같은 방법은 리서치의 결과를 종합하고, 향후 개발될 디자인의 방향과 예비 컨셉을 생성하는 데 도움이 된다. 또한 사용자 중심 프로세스의 핵심은 사용자와 디자인 방향, 컨셉 및 프로토타입을 확인하기 위해 왔다갔다하고, 단지 행위가 아니라 사용자의 맥락과 환경을 이해했는지 확인하며 반복 주기iterative cycles를 수행하는 것이다.

실제로 서비스 디자인은 사용자를 상당히 중시하기 때문에 사용자 중심적이다. 하지만 그 이상으로 인간 중심적이어야 한다. 사용자들은 서비스의 사용자이기 이전에 사람이므로 커뮤니티, 가족, 도시, 문화에 속한 사람들로서 이러한 관계에 의해 결정되는 모든 복잡성을 고려해야 한다.

반면 서비스 디자인 상황의 일부인 사용자와는 다른 사람도 있다. 5장에서 논의한 바와 같이 서비스는 서비스를 받는 사람, 서비스 직원, 프론트오피스 및 백오피스에 의해 제공된다. 따라서 서비스 디자이너는 서비스 사용자뿐만 아니라 서비스 근로자에 관해 모든 인간 중심적 에스노그라피 기법을 사용할 필요가 있다.

핵심 원칙 2:
서비스 디자인은 참여와 코디자인에 달려 있다.
'참여 디자인participatory design' 실행은 서비스 디자인의 중심이며 서비스 디자이너의 핵심 역량 중 하나이다(자세한 내용은 12장 참조). 즉, 참여 디자인은 사람을 파트너로 이해하는 접근 방식이다. 따라서 디자인 프로세스 전반에 걸쳐 참여해야 하며, 자문이나 계층적 방식으로는 가급적 참여하지 않아야 하며, 지속적인 참여와 끊임없는 토론보다는 탐색적 워크숍, 인터뷰, 협의, 미팅과 대화를 통해 참여해야 한다.

많은 서비스 디자이너가 코크리에이션 전략을 조율하고 프로젝트 이해관계자와의 생산적인 대화를 촉진할 수 있으며, 디자인 게임이나 기기 및 프로브probe 같은 기법을 사용할 수 있는 진정한 전문가가 되었다. 생산적인 코크리에이션의 핵심은 창의적인 자유를 허용하면서 집중된 대화를 이끌어내는 방법을 균형 있게 유지함으로써, 통찰력 있고 의미 있는 아이디어로 이어질 수 있는 긍정적이고 창의적인

긴장감을 유지하는 것이다. 코크리에이션은 종종 행동을 위한 아이디어를 개발하기 위한 공동 기반을 만들고자 프로젝트 참가자 사이에 많은 지식을 공유하기를 요구한다. 사실 이는 코크리에이션과 관련된 많은 도전들 중 하나이다. 이는 서로 다른 관점을 지닌 참가자들 사이에서 심층적인 지식을 공유하는 방법이며, 공감과 참여를 생산적인 방법으로 지속하면서 창조적인 자유를 가능하게 하고 잠재적 갈등을 다루는 방법을 말한다. 또한 코크리에이티브 세션을 구현하는 데 필요한 예산 책정 시간과 리소스의 실용적인 측면도 있다. 마지막으로 코크리에이션 프로세스는 불확실성이 크며 한계가 있다. 그리고 코크리에이티브 실무가 실행 가능한 아이디어로 이어질지 확신할 수 있는 방법은 없다.

핵심 원칙 3:
서비스 디자인은 서비스 내러티브를 통해 소통된다.
'서비스 내러티브service narrative'는 사람들의 삶이 지닌 복잡함을 포착하는 데 도움을 줄 수 있다.

사용자 중심 디자인 방법론은 에스노그라피에서 많은 것을 차용하여, 현재의 관계와 현실에서 사람들을 사로잡는다. 하지만 디자인은 단지 사물을 이해하는 것만이 아니다. 가장 중요한 것은 우선 원하는 미래를 상상하고 거기에 도달하기 위한 개입을 디자인하는 것이다.

시각적 내러티브는 새로운 가능성이 있는 미래를 나타내는 가장 효과적인 도구이다. 시각적 이야기는 다른 사람과 공유될 수 있고 사람들이 결정할 수 있게 해준다. 그러므로 서비스 디자이너는 내러티브와 이야기를 만드는 데 아주 능숙해야 한다. 그렇게 되기 위해서는 4차원인 '시간'에 특별히 주의를 기울여야 한다. 시간이 경과하면서 인터랙션

과 경험이 펼쳐질 때 사용자를 위해 주어진 서비스에 인식된 혜택이 변경될 수 있기 때문에 시간은 서비스에 필수적이다. 서비스 제공 조직의 관점에서 보면, 서로 다른 실행 계획의 흐름이 조정될 필요가 있기 때문에 시간이 중요하다.

서비스 디자이너는 서비스 디자인 프로세스에서 위치에 따라 다른 시각적 내러티브 도구를 사용할 수 있다. 예를 들어, 사용자 및 직원 인터뷰가 포함된 비디오 다큐멘터리video documentaries는 리서치 단계에서 유용하며, 사용자 여정맵은 리서치 단계 또는 아이디에이션 도구ideation tools 모두에서 유용할 수 있다. 실제 연기 또는 즉흥성과 같은 연극 기반의 기법은 인터랙션을 프로토타이핑하는 데 매우 유용하다. 서비스 블루프린트는 특히 사용자, 직원 및 서비스 지원 시스템 간의 인터랙션을 고려할 때 리서치 또는 아이디에이션 도구로 유용할 수 있다.

핵심 원칙 4:
서비스 디자인은 서비스의 물질적 측면을 포함한다.
진부하게 들리겠지만, 우리는 물질적인 세계에 살고 있다. 인간으로서 우리가 하는 모든 것은 물리적인 것에 의해 지지되고 지속된다. 모든 서비스는 심지어 매우 미묘하고 완화된 방식으로라도 서비스 여정에서 특정 경험을 가능하게 하는, 일종의 '물질적 증거material evidence', 유형화 또는 터치포인트를 가지고 있다. 여기에는 헬스 클리닉에서 볼 수 있는 마음을 진정시키는 파스텔 '색상', 공항의 탑승구가 음식의 질이 보장되는 체인 레스토랑 매장과 얼마나 멀리 떨어져 있는지 알려주는, 평범하지만 생동감 있는 안내 사인 등이 있다.

터치포인트는 서비스 매개체이기도 하다. 터치포인트는 일단 경험 자체가 끝나면 체험한 것을 구체화한다. 여기에는 반쯤 찢어진 영화표, 식당 영수증, 호텔에서 가져온 작은 샴푸 공병, 엄마와 아기가 병원에서 퇴원할 때까지 착용하는 손목 밴드가 있다.

터치포인트는 특정 기능을 가지고 있을 뿐만 아니라 우리는 일반적인 사물처럼 터치포인트의 결과가 의미를 가지고 있다고 생각하기 때문에, 이것들은 무형적 경험의 물질적인 대용물이 된다. 이것들은 서비스의 가치를 구체화하는 데 도움이 된다. 다른 디자인 분야와 달리 서비스 디자인의 도전 과제는, 서로 다른 미디어의 경계를 넘나들고 특정 서비스 경험을 지원하고 정의하기 위해 무엇이 필요한지를 상상하는 것이다. 많은 경우 명확한 선택지나 일반적인 선택지가 없을 수 있다.

따라서 서비스에서 물질적 증거와 터치포인트를 정의하는 것이 이 프로세스의 핵심이다. 서비스 터치포인트 디자인은 리서치 인사이트에서 벗어나 최종 버전으로 이어지는 순환에서 테스트와 시도를 통해 개발될 필요가 있다. 서비스와 경험을 디자인하려면 프로토타입에 대해 좀더 정교한 접근 방식이 필요하다. 이전의 핵심 원칙에서 보았듯이 이야기, 내러티브, 실연enactment, 연기performance의 사용은 사물의 심미성, 기능, 의미와 미래에 사람들의 삶에서 이것들이 어떻게 나타날지 예상하도록 돕는 데 핵심적이다.

더욱이 서비스를 프로토타이핑하는 프로세스는 종종 다양한 이해관계자가 참여하는 협업 활동이다. 이에 대한 접근법과 기법에 대해서는 10장을 참조하라.

핵심 원칙 5:
서비스 디자인은 총체적이다.

'총체적holistic'이란 전체적으로 무엇인가를 고려하여 이 무엇인가의 다른 부분들을 시스템에 결합하는 것을 의미한다. 이는 통합integration, 상호 연결성interconnectedness, 조화harmony를 의미한다. 우리는 서비스의 시스템적 접근 방식을 어떻게 달성하고 있으며, 이것이 가능한가?

서비스는 복잡하고 다차원적이다. 서비스는 여러 채널을 통해 경험할 수 있으며, 채널은 특정 조직의 다른 부분에 근원을 둔다. 은행과 같이 직접 대면과 온라인 채널을 모두 갖춘 회사를 생각해보자. 우리가 지사를 직접 방문하거나 전화로 상담하거나 온라인 시스템을 통해 송금을 할 때 유사한 경험과 혜택을 누릴 수 있는지 어떻게 기대하는가? 또한 내부 물류에 전념하는 일부 채널과 사용자와 인터랙션에 전념하는 다른 채널을 통해 운영하는 대규모 조직도 고려해보자.

따라서 서비스 디자인을 할 때 주요 과제는 시스템, 프로세스 및 터치포인트를 일관되고 총체적으로 통합하는 방법이다. 총체적인 것은 사용하는 채널과 관계없이 사용자에게 일관된 방식으로 서비스를 경험하게 한다. 또한 총체적인 것은 다양한 백오피스 업무 운영을 원활하게 통합함으로써 내부 일관성을 유지한다.

고려해야 할 통합의 기본 층은 사용자가 서로 다른 채널을 가로질러 일관된 메시지와 기능을 수신하는지 확인하는 것을 포함한다. 또한 이 기본 층은 동일한 조직의 서로 다른 부서가 공통 언어를 사용하여 서로 대화하도록 하고, 조직의 자체 근로자, 공급자 및 조직의 사회적, 경제적, 문화적 맥락과의 관계가 일관되고 신뢰할 수 있는지를 포함한다.

도표 6.3 슈나이더와 스틱도른의 서비스 디자인의 핵심 원칙.

6.4
어떤 종류의 프로젝트와 어떤 혜택이 있는가?

서비스 디자인 실무에 대해 자세히 알아보고 서비스 디자인 프로젝트가 어떤 종류의 문제에 대응하고 있는지, 실무자가 어떤 아이디어, 해결책 및 인사이트를 찾아내며, 이러한 것을 개발하기 위해 어떤 방법과 접근 방식을 사용하고 있는지 살펴보자.

파트 2에서는 심층 사례 연구인 프로젝트에 관해 다룬다. 우선 수상 경력이 있는 서비스 디자인 회사에서 선정한 5개 프로젝트를 살펴보자. 이 프로젝트들은 프로젝트 유형 및 지침에 대한 광범위한 개요를 제공하고, 서비스 디자인에서 예상되는 결과물과 영향에 대해 설명한다.

예시 1

문제	결과	프로세스	진행 주체
호주에서 가장 붐비는 도서관 중 하나에서 방문객에게 더 나은 서비스를 제공하는 방법	웰컴존welcome zone 리디자인, 프론트오피스 직원에게 모바일 장비 장착, 단일 고객 서비스 지점을 위한 파일럿 프로젝트 시작을 포함해, 수년에 걸쳐 시행된 30개 프로젝트로 이루어진 미래의 주립 서비스 개발Future State Service	현재 서비스 제공에 대한 리서치, 일련의 풍부한 시각적 여정맵 작성, 조직 전체에 근무하는 수백 명의 직원 참여, 워크숍, 인터뷰 및 라이브 프로토타입 수행	클라이언트: 빅토리아 주립 도서관State Library Victory(호주) 프로젝트 진행: 멜드 스튜디오 Meld Studios

예시 2

문제	결과	프로세스	진행 주체
스칸디나비아 최대 병원에서 유방암 고위험군 여성이 예방 검사를 받기 위해 대기하는 시간을 줄이는 방법	새로운 유방 진단 센터의 일환으로 유방암 환자들이 진단을 받는 시간을 90퍼센트 단축시키도록 간소화된 새로운 과정	환자 경험을 매핑하고, 환자와 의사, 간호사와의 인터뷰 및 서비스 시나리오 코크리에이션을 주제로 병원의 다양한 분야에 있는 직원 40명과 함께 워크숍 진행	고객: 오슬로대학병원Oslo University Hospital(노르웨이) 프로젝트: 디자인잇Designit

예시 3

문제	결과	프로세스	진행 주체
시민들이 결혼식 예약, 사망진단서 신청, 운전면허증 갱신 같은 업무를 해당 프로세스에서 길을 잃지 않고 처리할 수 있도록 공공 서비스를 간소화하는 방법	공공 서비스에 대한 시민 인식을 높이기 위한 방법으로, 3개월 공공 서비스 원스톱 숍 '라이브 프로토타입' 구현	새로운 브랜딩, 가구, 디지털 터치 포인트 및 직원 교육이 완전히 구비된 임시 물리적 공간의 디자인 및 생산	고객: 빅토리아 주정부Victoria State Government(호주) 프로젝트: 스튜디오 씩Studio Thick

예시 4

문제	결과	프로세스	진행 주체
열차 탑승시 승객의 플랫폼 경험을 개선하는 방법	열차 승강장의 실시간 정보를 보여주는 200미터 길이의 LED 화면과 모바일 앱	기존 고객 여정 분석 및 문제점 파악, 새로운 서비스의 운영 프로토타입 개발과 파일럿 구현 및 사용자 피드백 제공	고객: 네덜란드 철도NS, Netherlands Railways 및 프로레일ProRail(네덜란드) 프로젝트: 에덴스파이커맨 Edenspikermann과 STBY

예시 5

문제	결과	프로세스	진행 주체
선호하는 매체(인터넷, 소셜 미디어 및 모바일 기술)를 사용하여, 주요 공공 헬스케어 문제와 연관하여 젊은이들의 정신 건강과 웰빙을 개선하는 방법	새로운 온라인 플랫폼, 소셜 미디어 캠페인, 청소년 관련 근로자, 정책 입안자, 기획자 및 서비스 제공자가 보다 효과적이고 의미 있는 방식으로 청소년과 상호 작용하도록 지원하는 도구	13세에서 21세 사이의 젊은이들과 함께하면서 어떤 종류의 디지털 도구가 자신과 동료 모두의 정신 건강 향상에 도움이 될 수 있는지 파악한다.	고객: NHS 그레이터 글래스고 앤 클라이드NHS Greater Glasgow & Clyde(영국) 프로젝트: 스눅Snook

1일차: 환자는 지역 보건의를 방문하고, 보건의는 병원에서 추가 진단을 위한 의뢰서를 보낸다. 환자는 문의 사항이 있을 경우 전화를 걸 수 있는 번호와 함께 다음 단계를 명확히 설명하는 안내 책자를 받는다.

2일차: 모든 신규 의뢰서를 매일 검토하여 즉시 환자들에게 예약을 위한 전화를 한다. 급하지 않은 건과 회복 후 상태 확인은 민간 클리닉으로 보낸다.

3일차: 환자는 하루 안에 모든 검사를 받으며 병원에서 예약을 진행한다. 검사가 끝날 무렵 방사선과 의사는 환자에게 즉석에서 사전 답변을 한다.

4일차: 다음날 다학제 팀이 일상적인 아침 모임을 가지며 환자에 대해 토론한다. 같은 날 오후 환자는 자신의 상태에 대한 최종 진단과 치료 계획을 위해 재방문한다.

도표 6.4와 6.5 오슬로대학병원을 위해 디자인잇Designit이 만든 여정 지도

앞의 표에 설명된 프로젝트를 살펴보면, 서비스 디자인 프로젝트의 일반적인 산출물은 프로젝트 개요 및 목표에서 다양성을 보이지만 다음과 같이 대략적으로 분류할 수 있다.

• **분석:** 분석 결과물은 리서치 결과를 통합하는 문서일 수 있다. 예를 들어, 관찰 및 사용자 섀도잉 및 직원에 대한 관찰 보고서, 설문 보고서, 프로젝트 이해관계자와의 인터뷰 보고서 또는 주요 사용자 그룹을 대표하는 페르소나 그룹이 여기에 해당된다. 여정맵과 서비스 블루프린트도 리서치 자료를 집계하는 데 사용된다. 이 범주는 파일럿 프로젝트를 시행한 후 작성되는 평가 보고서를 설명하기도 한다.

• **제안:** 조직에서 구현하기 위한 새로운 프로세스, 실행 및 전략에 대한 인사이트가 주요 산출물인 프로젝트는 제안 보고서를 통해 구체화된다. 보고서는 프로토콜과 조직 흐름을 구현하기 위한 시각적 설명, 서비스 블루프린트가 포함되거나 제안 사항을 지원하고 전파하기 위한 기타 시각적이고 설명적인 자료가 포함될 수 있다. 경우에 따라 이 제안 패키지는 향후 조직의 투자 및 업무에 대한 정보를 제공하며, 몇 년에 걸쳐 실행해야 할 프로젝트 및 그 특성을 담은 세트를 포함한다.

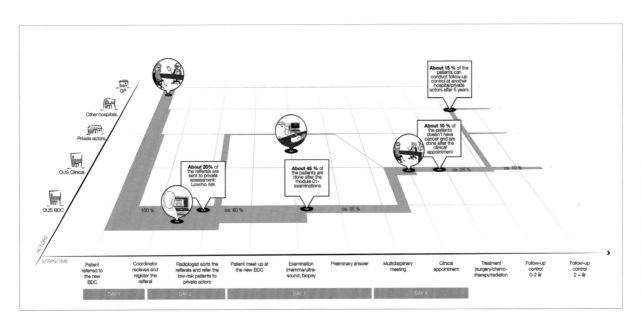

도표 6.6 호주 빅토리아주의 정부 서비스를 제공하기
위해 한시적으로 개설된 원스톱 숍

• **조직적 변화를 이끄는 경험적 산출물 및 학습적 산출물:**
경우에 따라 서비스 디자이너는 직원과 심지어 사용자(예:
클리닉 및 병원의 환자)가 새로운 일을 경험하고 이를 자신
의 맥락에 적용할 수 있도록 창의적 세션이나 기타 교육 활
동을 수행하기를 요청받는다. 이러한 경우 가장 중요한 점
은 학습 경험 그 자체이다. 몇몇 클라이언트 조직은 서비
스 디자이너의 참여로 인해 발생하는 자신들의 업무와 조
직 문화의 변화에 대해 이야기한다. 많은 서비스 디자인 회
사의 포트폴리오에는 조직을 위한 창의적인 워크숍이 포함
되어 있다.

• **터치포인트, 서비스스케이프, 여정 및 프로토콜을 통해
실현되는 새로운 서비스 경험:** 서비스 디자이너는 서비스의
터치포인트를 디자인할 수 있으며, 어떤 경우에는 배포할
수 있는 형태의 터치포인트(커뮤니케이션 자료, 디지털 인터
페이스)를 만들기도 한다. 일부 기업은 앱을 개발하고 인쇄
물을 생산할 수 있는 내부 역량을 보유하고 있다. 다른 경우
서비스 디자이너는 터치포인트를 구축하고 실행하기 위한
사양(규격 문서)을 제공하거나 다른 전문 디자이너(건축가,
실내, 조명 및 제품 디자이너, 인터페이스 디자이너, 일러스트레
이터, 영상 제작자 및 기타 응용 아티스트)를 추천한다. 이 범주
에서 다른 유형의 산출물은 사용자 경험과 터치포인트를 설
명하는 서비스 블루프린트 또는 여정맵, 백오피스의 프로세
스와 자료를 포함한다.

6.5
서비스 디자인 커뮤니티

서비스 디자인 이면의 사람들과 실무자, 연구원, 교사, 학생들을 모으는 주요 매체에 대해 살펴보자.

지난 10년에서 15년 동안 전 세계의 서비스 디자인 커뮤니티는 실무자, 연구자, 교육자와 학생뿐 아니라 여러 영역과 분야의 열정적인 클라이언트로 이루어진, 다양하고 풍부한 네트워크로 성장했다. 몇몇 서비스 디자인 회사가 새롭게 등장했고, 기존의 많은 디자인 회사들이 서비스 디자인을 필수적인 역량으로 포함했다. 또한 정부 기관과 단체, 의료 기관, 금융 기관 등이 서비스 디자이너를 고용하고 서비스 디자인 팀을 조직했다. 학교와 대학들은 서비스 디자이너 세대를 교육해왔으며, 연구원들은 서비스 디자인 실무를 연구하고 체계화해왔다.

실무와 방식이 발전하면서, 많은 이니셔티브와 전문화된 커뮤니티가 뛰어난 열정과 역동성을 가지고 시작해왔다. 다음은 서비스 디자인 커뮤니티 및 기타 주요 자원에 대한 간략한 개요이다.

• 서비스 디자인 네트워크

서비스 디자인 네트워크는 2004년에 설립되었으며, 이후 서비스 디자인의 전문적 정체성을 정의하는 분야의 주요 자원으로 부상했다. 회원제로 운영되며, 이 단체는 1)상호 논문 심사를 하는 계간지인 〈터치포인트 저널Touchpoint Journal〉, 2)글로벌 컨퍼런스 및 국가적 컨퍼런스, 3)국가 및 도시 차원에서 지역 커뮤니티를 모아놓은 국가별 지부인 세 가지 주요 매체를 통해 전문가, 학술 기관 및 공공 및 민간 부문 산업을 통합한다.

• 서브데스 컨퍼런스

서비스 디자인이 대학 및 리서치 센터에서 연구되고 교육되는 학문으로 발전함에 따라, 서브데스ServDes 또는 서비스 디자인 및 혁신 리서치 그룹은 학술 연구원, 실무자 및 업계 대표를 모으는 전담 교육 그룹으로 부상했다. 이 컨퍼런스는 논문 심사를 위한 상호 심사 시스템과 함께 서비스 디자인에 대한 독창적인 지식 교환의 장이다.

도표 6.7 베를린에서 열리는 서비스 디자인 잼.

• 서비스 디자인 잼

2011년에 만들어진 서비스 디자인 잼Service Design Jam은 매년 어느 주말에 열리는 글로벌 이벤트로, 전 세계 팀 모두가 동일한 서비스 디자인 과제에 도전한다. 이 잼의 도전 과제는 주관 팀이 행사 첫날 발표하며, 전 세계 도시에서 자체 조직된 팀이 협력하는 마음가짐으로 주말 내내 일한다. 서비스 디자인 잼은 전 세계 실무자, 학생 및 서비스 디자인의 열렬한 지지자들 사이에서 상당히 성공적인 이니셔티브이다.

• 데시스 네트워크

2009년에 디자인 대학 내의 랩 네트워크로 시작된 데시스DESIS(사회 혁신과 지속성을 위한 디자인Design for Social Innovation and Sustainability)는 디자인을 통한 지속적인 변화의 원동력으로 사회 혁신의 가능성을 확대하고자 하는 네트워크이다. 서비스 디자인은 주요 데시스 네트워크 내러티브에서 항상 명확한 것은 아니지만 공동 주택, 농업 커뮤니티 지원, 공동체 정원, 이웃 간 도움 또는 시간제 은행과 같이 본질적으로 서비스 기반 이니셔티브 후에 모델화될 수 있는 새롭고 지속적인 삶의 방법으로 데시스가 인정하는 사회 혁신이다.

• 서비스 디자인 블로그 및 소셜 미디어

서비스 디자인은 실무에 깊이 관여하는 새로운 분야이기 때문에 실무자, 학생, 연구원 및 다른 마니아들은 지식 전달 및 교환을 위한 중요한 매개체로 활발한 블로그 세계를 형성했다.

링크드인LinkedIn 그룹 및 트위터 해시태그 같은 다른 웹 기반 커뮤니티가 소셜 미디어를 통해 생겨났다.

• 서비스 디자인 회사의 뉴스레터

엔진Engine, 리브워크Live|Work 같은 많은 기업은 자사의 웹사이트를 통해 프로세스와 프로젝트를 공유하고, 수행한 작업에 대한 최신 정보를 제공하는 뉴스레터를 배포한다.

• 도구 보고 및 참고 도서 목록

http://www.servicedesignbooks.org/와 같은 방식의 도구 보고는 전문가와 학생들에게 방법, 접근법, 도구를 전파하는 데 중요한 역할을 해왔다. http://www.servicedesignbooks. org/와 같은 참고 도서 목록은 서비스 디자인과 관련된 간행물을 지속적으로 수집하여 주석이 달린 참고 도서를 제공하고 있다.

• 서비스 디자인 어워즈

어워즈awards는 실무의 중요한 지표로, 매년 디자인되고 시행되는 최고의 프로젝트를 비교 전시하는 역할을 한다. 서비스 디자인에서 주목할 만한 상으로는, 2011년부터 활성화된 '코어 77 어워즈Core 77 Awards'(서비스 디자인 부문)와 2015년에 만들어진 '서비스 디자인 네트워크 디자인 어워즈Service Design Network Design Awards'가 있다.

• 서비스 디자인 교육 영역

서비스 디자인 교육의 지형은 몇몇 과정과 소수 디자인 대학의 대학원 과정에서 시작하여, 지난 몇 년 동안 상당히 발전해왔다. 학부 과정에서부터 석사 과정, 박사 과정 및 임원 교육과 자격증 과정에 이르기까지 전 세계적으로 서비스 디자인을 배울 수 있는 여러 기회를 선택할 수 있다. 서비스 디자인 네트워크 웹사이트(www.service-design-network. org/)에 서비스 디자인 대학 종합 디렉터리가 있다.

6.6
다니엘라 산지오르지와의 인터뷰

다니엘라 산지오르지Daniela Sangiorgi는 밀라노 공과대학Politecnico di Milano 부교수이며 『서비스를 위한 디자인 Designing for Services』의 공동 저자이다.

무엇이 서비스 디자인을 구성하는지에 대해 개인적으로 어떻게 이해하고 있는가?

서비스 디자인은 20년 전에 나타나기 시작한 실무 분야이다. 처음에는 일종의 학술적 연구였고, 그후 점차 실무 중심적으로 변화했다. 서비스 혁신 접근 방식에서 서비스 디자인은 현실을 만드는 디자인적 방법designerly way의 사고방식을 도입하고 있다. 이는 매우 사람 중심적이며, 서비스의 디자인 요소를 알리기 위한 시각 도구 및 정신적 도구를 사용하여 인사이트와 아이디어 개발에 있어 협력적 움직임을 통해 정보를 제공한다. 이는 상당히 경험 중심적이며, 도구 조직적 차원에도 큰 영향을 미치고 있다.

서비스를 만드는 데 디자이너가 왜 필요한가? 디자이너가 제공하는 가치는 무엇인가?

나는 이것이 사람과 사람들의 행동에서 나온 인사이트를 미적 특징이 있는 아이디어와 해결책으로 바꾸는 능력의 혼합이라고 생각한다. 서비스 디자이너는 사람들의 니즈와 실제 활동을 디자인할 수 있는 능력이 있다. 그러므로 이는 어떻게든 사람 중심적인 접근을 가져오는 동시에 그것을 유형적이거나 이해할 수 있는 창조물의 관점에서 해석하는 능력을 겸비해야 한다. 예를 들어, 새로운 서비스 아이디어나 컨셉 또는 서비스와 상호 작용하는 방법이다. 사람과 경험에 주목하면 기술 또는 시장뿐만 아니라 사용자 경험이 주도하는 서비스를 낳는다.

디자인 사고와 서비스 디자인의 관계는 무엇인가?

디자인 사고는 경영을 위한 개념 디자인을 다른 분야로 바꾸고 싶을 때 더 많이 사용된다. 이것은 디자이너가 생각하는 방법이나 일부 자질을 다른 맥락에서 일반화하기 위해 활용되고 있다. 예를 들어, 만일 여러분이 매니저가 디자이너처럼 행동하기를 바란다면 여러분은 디자인 사고에 대해 이야기할 것이다. 그래서 나는 조직 내에 디자인을 도입하는 데 있어 그러한 관계를 이해할 수 있다. 그러나 디자인 사고는 디자이너로서 훈련받은 전문가의 실제 디자인 관행과는 다소 동떨어져 있다. 디자인 사고는 많은 면에서 디자인 실행의 실제 모습을 관념화한다. 여러분은 이러한 변형에서 많은 것을 잃을 수도 있지만, 이는 매니저나 마케팅 담당자들이 디자인을 더 잘 이해하게 하고, 디자인에 대해 의사소통을 더 잘하거나 디자인을 더 잘 사용하게 하는 유용한 방법이 될 수도 있다.

본질적으로 서비스 디자인은 다양한 사회적 인터랙션의 배치와 관련이 있다. 이는 사람들의 필요와 습관에 적절히 대응할 것을 요구한다. 서비스 디자인 프로젝트를 성공적으로 수행하는 데에는 사용자 중심 디자인 접근법이 때때로 중요하다. 서비스 디자인은 어느 정도까지 사용자 중심적인 실무인가?

사용자 중심이라기보다 우리는 인간 중심 혹은 사람 중심이라고 말한다. 왜냐하면 그것은 단순히 사용자에 대해 생각하기보다는 사회적 인터랙션을 이해하는 것에 더 가깝기 때문이다. 다시 말해 이것은 서비스 제공에 참여하는, 서로 다른 사람 유형 간의 인터랙션을 이해하는 것과 관련이 있다. 이것이 핵심이다. 이것이 없다면 서비스 디자인이 아니다. 인터랙션, 행동, 습관, 필요에 대한 깊은 이해가 없다면 디자인으로 정의할 수 없다.

디자인 프로세스에서 사용자의 관점을 포함하는 것을 넘어 코크리에이션 또한 서비스 디자인의 근본적인 측면이다. 디자인 프로세스에서 더 나은 결과를 촉진하기 위해 어떤 순간에 코크리에이션이 중요한가?

코크리에이션은 몇 가지 다른 것을 의미할 수 있다. 여러분이 사람들을 디자인 프로세스에 불러오기 위해 코크리에이션을 고려하고 싶다면, 이는 정말로 프로젝트에 달려 있다. 서로 다른 프로젝트는 서로 다른 수준의 '포용inclusion'을 필요로 할 수 있다. 만약 여러분의 작업이 다른 그룹과 개인을 대표하는 사회적 프로젝트라면, 여러분은 그 과정에 더 높은 수준의 참여를 보장할 필요가 있다. 여러분이 조직에 속해 있는 경우에는 포함 정도가 다를 수 있다. 나는 반복 과정인 모든 단계에서 포함과 코크리에이션이 존재해야 한다고 생각한다. 가장 큰 문제는 누가 참여해야 하는지, 왜 그리고 어떻게 해야 하는지에 대한 것이다. 이 질문들은 전형적인 것이 아니기에 매우 어렵고, 그래서 중요하다. 누가 참여할지 결정하는 것은 프로젝트에 큰 영향을 미칠 수 있다.

효과적으로 서비스를 디자인하는 데 시스템과 조직 구조를 이해하는 것이 왜 중요한가? 디자이너는 그들의 사고 기술을 어떻게 체계적으로 발전시킬 수 있는가?

이것은 정말로 서비스의 종류에 달려 있다. 서비스는 시스템 또는 조직 내에서 제공된다. 이러한 시스템이 무엇인지 이해하지 못하면 서비스를 디자인할 수 없다. 이는 생산 프로세스나 재료를 제대로 이해하지 않고 제조를 위한 디자인을 하는 것과 같다. 실현 가능하지 않거나 너무 비싼 것을 디자인할 수도 있다. 조직은 서비스 디자인의 재료이다.

디자이너는 일반적으로 시스템을 연구하여 복잡성을 탐색하는 능력을 통해 더 체계적으로 사고할 수 있다. 이것은 내게 인류학처럼 느껴진다. 여러분은 어떻게 시스템에 몰입하고, 그 안에 들어가 복잡성과 인터랙션 등을 시각화할 수 있는가? 시스템을 이해함으로써 서로 다른 부분들이 어떻게 상호 연관되어 있는지 이해할 수 있으므로, 한 곳에 변화가 있을 때마다 이는 누군가 또는 다른 것에 영향을 미칠 수 있다. 그렇기 때문에 포용과 참여의 개념이 필수적이다.

하나의 실행은 사람들을 경험적 실행으로 시스템에 몰입시키는데, 이는 시각화를 통해 표현된다. 또다른 이해 방법은 보다 절차적인 관점에서 보는 것이다. 즉, 시스템을 장치로써 더 살펴보고, 프로세스와 운영 측면, 그리고 이 장치가 기존 서비스 제공 순서와 어떤 관련이 있는지에 대한 메커니즘을 이해하는 것이다.

디자인 프로세스에서 사람 및 눈에 보이는 것들의 유형화된 복잡한 시스템을 만드는 도구는 무엇인가?

서로 다른 방식으로 시스템을 표현하는 다양한 도구가 있다. 어떤 것은 블루프린트와 같이 장치와 더 비슷하고, 어떤 것은 열 또는 생물학적 은유를 기반으로 한다. 예를 들어, 생태계 또는 환경의 관점에서 시스템을 생각해보자.

나는 또한 이 도구들이 여러분의 목적이나 문제에 달려 있다고 생각한다. 만약 여러분이 생태계에 대한 감각을 얻기 위해 노력하는 탐구 단계에 있다면 시스템 매핑을 사용할 수 있다. 서비스 제공의 여러 단계와 경험을 연관시켜야 하는 구체적인 과정에 있는 경우, 여러분의 도구는 서비스 블루프린트와 더 비슷하게 보일 수 있다.

기존 디자인 분야에서 아이디어를 프로토타이핑하는 것은 종종 아이디어를 실제적으로 만드는 것을 의미한다. 제품 디자인을 할 때에는 상당한 노력을 기울여 모델이나 대략적인 프로토타입을 만든다. 서비스의 프로토타입을 만들기 위해서는 훨씬 더 광범위한 접근법이 필요하며, 종종 재료나 사람 및 사회적 인터랙션의 집합체를 조직해야 한다. 서비스 디자인 맥락에서 프로토타입의 역할은 무엇인가?

한 가지 방법은, 무엇이 유한한 경험인지 고려하는 것이다. 여러분이 할 수 있는 것은 서비스의 경험 시뮬레이션을 돕고, 사람들이 인터랙션에 대한 피드백을 여러분에게 제공하게 하는 것이다. 이는 인사이트를 얻기 위한 빠른 접근법이다. 초기 작동하는 프로토타입working prototype을 개발하는 데 관심이 있다면, 이는 조직에서 이 기술이 어떻게 작동하는지 알아보기 위해 노력을 기울이고 있다는 뜻이다. 그런 다음에는 클라이언트와 더 밀접한 협업이 필요하다. 이 경우 여러분은 일부 프로세스를 시뮬레이션하기 위해 여러분이 관여하는 몇몇 조직 실무에서 더 작은 프로토타입을 만들 수 있다.

학생들에게 있어 프로토타입은 그들이 제안하는 서비스에 대한 경험적 인사이트를 얻는 수단이 되기 때문에 중요하다고 생각한다.

지난 10년 동안 서비스 디자인에 대한 관심이 폭발적으로 증가했다. 새로운 전문 기관, 컨퍼런스 및 프로그램이 생겼을 뿐만 아니라 디자인 대학에서 서비스 디자이너를 점점 더 많이 배출하고 있다. 이 분야가 어떻게 성장해왔고, 미래에는 어떤 방향으로 흘러갈 것이라고 생각하는가?

나는 이 분야가 좀더 전문화될 것이라고 생각한다. 서비스 디자이너는 전문화된 영역에 따라 각기 다른 방식으로 자신의 업무를 개발해나갈 것이다. 이미 디지털 기술뿐만 아니라 공공 부문이나 사회적 영역 또는 행동 변화의 영역에 많은 디자인 회사가 뛰어들어 일하고 있다는 것을 확인할 수 있다. 비즈니스 컨설턴시라고 불리는 영역과 더 많이 통합될 수도 있지만, 보다 기업가적인 영역으로 들어갈 수도 있다. 그럴 경우 그들은 자신의 사업을 만들어낼 것이다.

서비스는 이러한 새로운 진화에 섞이거나 일종의 새로운 해결책으로 조직 및 경영에 더 많이 포함될 것이라고 생각한다. 그리고 이 분야는 그동안 주로 서비스 인터랙션 디자인 경험과 관련되어온 전통적인 서비스 디자인 방식과는 멀어질 것이라고 본다.

학습 요점

• 디자인은 선호하는 미래를 그려 아이디어를 얻고, 새로운 아이디어를 현실로 옮길 때 새로운 관계를 정의하고, 아이디어를 시각화하고 전달하고 공유하며 사람들에게 웰빙을 전달하는 것이다.

• 서비스 디자인의 핵심 원칙:
1. 서비스 디자인은 사람 중심이다.
2. 서비스 디자인은 참여와 코디자인에 달려 있다.
3. 서비스 디자인은 서비스 내러티브를 통해 전달된다.
4. 서비스 디자인은 서비스의 물질적 측면을 포함한다.
5. 서비스 디자인은 총체적/체계적이다.

• 서비스 디자인 프로젝트의 일반적인 산출물은 분석적이고(인터뷰, 보고서), 추천 사항(새로운 전략, 프로세스, 실무), 조직 변화를 이끄는 경험적 산출물 및 학습 산출물, 터치포인트와 서비스스케이프, 프로토콜을 통해 구체화된 새로운 서비스 경험일 수 있다.

• 서비스 디자인 커뮤니티는 실무자, 학자, 연구자 및 학생으로 구성되어 있으며 다양하다.

개요 질문

• 디자인에 대한 기본 정의들은 무엇인가?

• 서비스 디자인의 핵심 원칙은 무엇인가?

• 서비스 디자인이 사용자 중심이라기보다 사람 중심인 이유는 무엇인가?

• 서비스 디자이너는 어떤 종류의 산출물을 통해 어떤 종류의 프로젝트를 수행하는가?

• 서비스 프로젝트에서 기대할 수 있는 영향은 무엇인가?

• 더 많은 서비스 디자인 프로젝트를 응용할 수 있는 분야와 그러한 분야에서 서비스 디자인을 응용할 수 있는 이유는 무엇인가?

학습 과제

개별 또는 팀별로 서비스 디자인 실무 환경에 대해 조사한다.

• 여러분이 사는 도시, 지역 또는 국가의 서비스 디자인 회사 안내책자를 준비한다.

• 특정 서비스 디자인 회사를 조사하고, 그 회사의 프로젝트 및 접근 방식을 분석해보자. 이 회사는 어떤 종류의 프로젝트를 진행하고 있으며 그 고객은 누구인가? 어떤 접근 방식과 방법을 사용하는가? 서비스 디자인의 정의는 무엇인가? 어떤 사람들이 그곳에서 일하고 있으며, 팀원들은 어떤 기술을 갖추고 있는가?

- 서비스 디자인 기록물을 작성해보자. 서비스 디자이너에게 연락해서 가능하면 직접 만나거나 전화나 영상 통화로 인터뷰를 한다. 가능하다면 영상을 녹화한다. 서비스 디자이너에게 서비스 디자인, 프로젝트 및 고객, 프로세스, 방법 및 도구, 서비스 디자인 실무에 대한 의견을 지체 없이 질문한다.

- 트위터의 #servedesign을 사용하여 주요 대화를 매핑한다. 논쟁이 벌어지고 있다면 한쪽을 택해 토론을 해보자.

용어 풀이

- 사용자 중심 디자인user-centered design: 신제품 및 기술을 디자인할 때 반드시 최종 사용자의 니즈를 다루도록 하는 디자인 접근 방식 및 철학이다. 그 방법으로는 에스노그라피 리서치(인터뷰, 관찰, 섀도잉)와 제너레이티브 방법generative methods(코크리에이션 워크숍 및 프로토타입)을 포함한다.

- 참여 디자인 및 코디자인participatory design and codesign: 이 접근 방식은 가급적 일관된 관여 및 지속적인 대화로써 워크숍, 인터뷰, 컨설팅, 회의 및 대화를 통해 디자인 프로세스 전반에 걸쳐 사람들을 참여시켜 프로젝트 파트너로 인식한다.

- 총체적holistic: 서비스에서 '총체적'의 의미는 서비스를 다른 통합 구성 요소로 구성된 전체 또는 시스템으로서 고려하는 것을 의미한다. 총체적 서비스는 사용자가 일관된 방식으로 서비스를 경험하고 여러 백오피스 운영을 원활하게 통합하도록 한다.

- 서비스 내러티브service narratives: 사용자, 직원 및 기타 이해관계자가 경험한 대로 시간 경과에 따른 서비스를 나타내는 여정맵과 같은 시각적 내러티브 또는 이야기이다.

- 물질적 증거material evidence: 직접적 또는 간접적으로 서비스 여정에서 특정 경험을 할 수 있는 유형화 또는 터치포인트이다. 여기에는 브랜드 요소, 사이니지, 사물뿐만 아니라 색상 및 기타 감각적 측면도 포함된다.

Part II
서비스 디자인 프로세스

07
서비스 디자인 프로세스의 시작

7.1
소개

7장에서는 서비스 디자인 프로세스가 어떻게 시작되는지 탐구한다. 브리프는 서비스 디자인 프로젝트 초기에 핵심이 된다. 하지만 서비스 디자인 접근은 총체적이고 시스템적인 특성을 지니므로, 클라이언트가 만든 초기 브리프는 긴 프로세스를 통해 다시 논의되고 작성되어야 한다. 따라서 초기의 클라이언트 브리프를 다시 논의하기 위해서는 프로세스를 시작할 때 충분한 시간과 자원을 계획하는 것이 중요하다. 7장에서는 프로젝트 브리프의 역할, 브리프의 한계를 정의하는 방법 및 클라이언트와 디자이너가 브리프를 협상하는 방법을 설명한다.

서비스 디자인은 총체적이고 시스템적이며 전략적인 프로세스이다. 이는 수준 높은 리서치와 발견뿐만 아니라 아이디에이션과 프로토타이핑, 제안 도출과 관련된다. 결과적으로 클라이언트가 서비스 디자인 여정에 참여하기 위해서는 일정 수준의 투입과 승인이 요구되고, 서비스 디자이너는 이러한 생산을 도와야 할지도 모른다. 7장에서는 서비스 디자인의 가치를 클라이언트에게 효율적으로 전달하는 방법을 살펴본다.

또한 좋은 프로젝트 브리프를 구성하고 클라이언트에게 서비스 디자인의 가치를 전달하는 것 외에 서비스 디자인 프로세스가 어떻게 구체화될 수 있는지 보여주는 몇 가지 유형에 대해 살펴본다. 그러한 과정을 통해 서비스 디자인 접근을 구성하는, 다양하고 창의적이며 분석적인 부분에 대해 배울 수 있다.

도표 7.1 프로젝트 결과물 중 일부: 서로 다른 버스 노선 지도

7.2
사례 연구: 인터세지오니의 APAM 버스 회사 프로젝트

APAM 버스 회사APAM Bus Company는 이탈리아 만투아에 있는 공공 교통 회사로 도시 및 교외 지역에 서비스를 제공하고 있다. APAM의 CEO는 초기에 밀라노 소재의 제품 및 서비스 디자인 에이전시인 인터세지오니 디자인 인테그레이티드Intersezioni Design Integrated에 연락해 회사 웹사이트를 다시 디자인해줄 것을 의뢰했다. 소통의 도구로써 웹사이트가 제대로 기능하지 못하는 것을 우려하고 있었다.

그런데 초기 회의 후, 웹사이트 문제는 빙산의 일각에 불과하다는 것이 분명하게 드러났다. 인터세지오니 팀이 봤을 때 APAM이 제공하고 있는 서비스는 회사가 내세우는 가치와 일치하지 않는 것이 명확했다. 비효율적인 커뮤니케이션 전략으로 인해 최종 사용자들 사이에서 혼란이 만연했고 일관성 없는 서비스 경험을 낳았다. APAM의 웹사이트를 다시 단순하게 디자인한다 해도 회사가 직면한 보다 큰 문제는 해결되지 않을 듯했다. 결과적으로 인터세지오니는 클라이언트가 APAM을 이용하는 커뮤니티의 니즈를 다룰 수 있도록 보다 폭넓은 브리프로 방향을 전환했다. 인터세지오니는 CEO를 설득하여 초기 브리프를 완전히 변경하고 장기적인 탐구 프로세스를 시작했다. 회사가 최종 사용자에게 보여주는 방식과, 직원 및 내부 이해관계자 간의 소통에 조사의 초점을 맞추었다. 이 웹사이트는 3년간의 프로젝트 개발 끝에 마침내 완성되었다.

디자인 프로세스에는 디자인 팀이 부서, 직원, 서비스는 물론 기존의 미적 전략 및 커뮤니케이션 전략을 이해하기 위해 조직을 세밀히 조사하는 장기간의 탐구 단계가 포함되었다. 동시에 이 팀은 APAM의 서비스 지역을 여행하는 많은 승객을 비롯해 서비스 사용자를 대상으로 리서치를 진행했다. 이 조사를 통해 APAM의 다양한 터치포인트와 시각적 측면을 포함한 서비스를 자세히 매핑할 수 있었다. 이러한 서비스 매핑 프로세스를 바탕으로 초기 프로젝트에서 가이드라인으로 삼을 정의를 도출해냈다.

그다음 단계에서는 회사의 주요 개인들과 활동들이 포함되었다. 이러한 활동들을 통해 회사 내부의 상황을 보다 심도 있게 이해할 수 있었다. 디자인 기회를 확인하고 식별하고 프로젝트 지침을 설정하는 데 도움이 되었다는 것이 가장 중요하다.

장기간에 걸친 발견 단계 이후 실제 디자인 브리프가 나타났다. 여기서부터 팀은 오랜 학습 프로세스를 니즈와 기회에 대한 창의적인 해석으로 전환한 후 구체적인 프로젝트 가이드라인으로 바꿀 수 있었다.

프로젝트 가이드라인은 새로운 브랜드 아이덴티티, 다양한 커뮤니케이션 터치포인트에 적용할 계획과 새롭게 리디자인한 서비스 제안 범위가 포함된 최종 문서로 변환되었다.

7.2

7.3

7.4

7.5

7.6

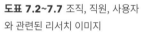

7.7

도표 7.2~7.7 조직, 직원, 사용자
와 관련된 리서치 이미지
도표 7.8~7.9 기존 서비스 매핑
및 초기 가이드라인에 대한 정의
도표 7.10~7.11 코디자인 단계
에서의 활동
도표 7.12~7.15 프로젝트 가이
드라인 또는 '실제' 디자인 브리프
를 전체 조직의 스냅샷처럼 디자인
원리와 리서치 단계에서 얻은 모든
학습을 구성하여 변환했다.
도표 7.16 새롭고 향상된 서비스
를 지원하는 최종 디자인 터치포
인트

7.8

7.13

7.14

7.9

7.10

7.12

7.15

7.11

7.16

07 서비스 디자인 프로세스의 시작

7.3
인터세지오니의
알레산드로
콘팔로니에리와의
인터뷰

알레산드로 콘팔로니에리Alessandro Confalonieri는 이탈리아 밀라노에 있는 인터세지오니 디자인 인테그레이티드 Intersezioni Design Integrated의 이사이다.

APAM 버스 회사를 위한 인터세지오니의 프로젝트는 초기에 새로운 웹사이트를 요청한 클라이언트의 간단한 브리프로 시작하여, 전체적으로 사용자와 회사 모두에 영향을 미치는 더 큰 프로젝트로 발전했다. 프로젝트 브리프를 재구성할 때 디자이너의 역할은 무엇인가?

사실 대부분의 기업은 그들에게 무엇이 필요한지 명확히 알지 못한다. 그들은 무엇인가를 바꿔야 한다는 건 알지만, 그 무엇과 방법을 알지 못한다. APAM의 CEO는 일반적인 공공 부문 관리자와는 매우 달랐다. 그는 새로운 아이디어를 탐구하는 데 매우 열심이었고 긍정적인 변화를 촉진하고자 했다. 그는 초기에 웹사이트에 대한 요청을 담은 '전통적인 브리프'를 가지고 우리를 찾아왔다. 하지만 우리는 새로운 웹사이트를 구축하는 것이 그들의 실제 니즈에 대한 해답이 될 수 없음을 빠르게 파악했다.

'실제' 브리프를 탐구하고 공식화하는 프로세스는 무엇인가?

우리는 실제 니즈가 무엇인지 제대로 이해하기 위해 회사와 긴 대화를 나누었다. 많은 회사들이 디자인에 대한 필요성을 항상 명확하게 인식하고 있지는 못하다는 것을 알고 있다. 디자인의 가치를 보는 것이 즉각적이지 않을 경우, 디자인을 볼 수 있도록 더 장기적인 프로젝트를 수립할 필요가 있다. 우리는 APAM과 함께 이 프로젝트가 존재하는 보다 큰 맥락에 대해 더 알아보기 위해 브레인스토밍 워크숍을 제안했다. 워크숍이 끝날 무렵 우리는 CEO에게 웹사이트에만 투자한다면 그들의 더 큰 니즈를 충족할 수 없으며 결국 비용을 헛되이 쓰는 일이라는 점을 전달할 수 있었다.

최초 브리프를 새로 만들어야 한다는 결론에 어떻게 이르게 되었나?

우리는 그 당시 APAM의 오퍼링이 어지럽게 흩어져 있었기 때문에 대대적인 구조조정이 필요한 서비스 회사라는 것을 깨달았다. 예를 들어, 그들의 도시 서비스와 교외 서비스는 종종 클라이언트에게 불필요한 혼란을 야기하는 방식으로 뒤섞여 있었다. 안내판을 읽기가 어려웠으며 정보가 명확하게 전달되지 않았다. 이탈리아의 많은 공공 기업처럼 APAM은 지역 주민들에게 호의적인 평가를 받지 못했다. 회사에 대한 클라이언트의 인식은 물론이고, 회사가 서비스를 전달하는 방식까지 모든 면에서 변화가 필요했다. 다행히 CEO는 조직 변화를 촉진하기 위해 많은 투자를 받았다.

처음부터 광범위한 브리프/제안을 디자인하는 것은 어땠나?

우리는 제안서 작성을 위해 일주일의 시간을 요청했고, 이 프로젝트를 시작하는 데 전념했다. 우리의 목표는 먼저 디자인의 가치를 입증하는 동시에 더 장기적이고 리서치 중심적인 디자인 프로세스 수립에 대한 근거를 마련하는 것이었다. 우리의 제안을 매우 유형화된 결과를 중심으로 하여 책으로 제작했다. 이 책에는 두 가지 주요 요소가 포함되었다. 첫째로 새로운 시각 아이덴티티에 대한 제안, 둘째로 일련의 새로운 서비스 컨셉이었다. 각각은 어느 정도 조직적 변화를 필요로 했다. 우리는 제안서를 책으로 만들면 60~70대로 구성된 이사회에 아이디어를 전달하는 도구로 수월하게 접근할 수 있을 것이라고 생각했다. 그들은 매우 보수적인 사람들이었다!

책에 제시한 결과를 도출하기 위한 리서치 프로세스에 대해 설명해줄 수 있는가?

우리는 이 회사에 직접 접근할 수 있도록 요청하여 두 달간 리서치를 진행했다. 우리는 중요한 위치에 있는 모든 이해관계자들과 회의를 했고, 설문지와 인터뷰를 활용했다. 변화를 위한 방향을 가리키는 로드맵이 서서히 나타나기 시작했다. 우리는 리서치를 통해 발견한 문제뿐만 아니라 숨겨져 있던 필요성과 기회를 보여주는 간단한 프레젠테이션을 활용해 우리가 도출해낸 결과를 회의에서 발표했다. 여기에는 회사가 이전에 진행한 리서치의 검토 내용도 포함되었다. 그런 다음 더 많은 것을 배우고 회사가 세운 가정을 테스트하기 위해 체계적인 워크숍을 진행했다. 우리는 참가자를 초대해 그들이 서비스 운영을 어떻게 보는지 명확한 관점을 알아보았고, 회사가 어떻게 기능하는지에 대한 인식을 구조화했다. 간단히 말하면 우리의 접근 방식은 회사, 그 회사의 구성원 및 생산 사슬을 먼저 이해하고, 인터뷰와 체계화된 워크숍을 통해 사람들과 소통하고, 그런 다음 회사에 충족되지 않은 필요성을 종합하여 실제 브리프를 정의하는 것이었다.

참여적 접근 방식이 지닌 더 많은 측면에 대해 설명해줄 수 있나? 당신의 리서치와 활동에 사람들이 어떻게 반응했나? 사람들을 참여시키고 신뢰를 쌓는 프로세스는 어땠나?

CEO는 우리의 참여적 접근 방식을 좋아했으며, 이러한 참여를 회사를 위한 아이디어를 탐구할 기회로 활용했다. 우리는 회사의 여러 부서 사람들과 함께 일할 수 있어 감사했다. 전형적으로 공공 부문 회사에서 일하는 직원은 매우 뛰어난 사람들이지만, 종종 그들은 자신이 혁신에 제대로 대응하지는 않는 휴면 상태에 있다는 것을 스스로 깨닫는다. 또한 공공 부문에서의 정치는 직원들의 분위기와 관계를 설정하는 데에도 역할을 한다. 첫번째 세션에 참가한 일부 직원들은 우리의 아이디어를 조금도 반기지 않았다. 우리의 제안을 CEO가 지시한 하향식 도입으로 인식한 것이다. 프로젝트를 진행하는 데 신뢰를 얻기 위해서는 긴 시간이 필요했고, 1년 후에야 직원들은 우리가 누구인지 이해하기 시작했다. 그러자 그들은 우리가 일하는 방식을 좋아하게 되었고 매우 협조적으로 바뀌었다.

브리프를 정의하는 프로세스에서, 그리고 그다음 이후 프로젝트 단계에서 서비스의 사용자 측면을 어떻게 다루었나?

사용자 관점을 가져오는 것이 우리 프로세스의 핵심 구성 요소였다. 우리는 APAM의 매표소에 가서 사용자 여정을 직접 체험하는 것부터 시작했다. 바로 중앙 기차역 옆에 위치해 있었지만 비거주자가 매표소를 찾기는 어려웠다. 우리는 시각적, 공간적 단서가 고객에게 얼마나 반감을 주는지 깨달았다. 예를 들어, 문은 절반 정도 닫혀 있고 고객이 내부를 볼 수 없도록 창을 막고 있는 간판들이 무수히 많았다. 매표소 내부는 직원들이 실제로 머무르는 깔끔하게 정돈된 사무실과는 대조적으로 고객 구역 도처에 오래된 간판들이 가득했다. 이러한 대조적인 모습은 공간적으로 직원들의 소속감과 보살핌이 고객 구역으로 잘 전달되지 않고 있음을 보여주었다. 결과적으로는 무작위적인 사용자 경험이 질적으로 형편없고 빈번하게 발생하고 있었다. 그후 우리는 직원들에게 고객을 환영하는 메시지와 명확하고 정확한 정보를 더 나은 방법으로 고객에게 제공해야 귀찮은 업무가 추가적으로 발생하지 않을 것이라고 말했다.

책 형식의 제안서에 담은, 당신이 만든 컨셉을 구현하는 프로세스는 무엇인가?

임원 회의에서 그들은 우리의 프로젝트를 '승인'해주었다. 그러고 나서 우리는 CEO와 함께 앞으로 3년 동안 업무가 어떤 순서로 시행될지 계획하기 시작했다. 우리는 구현 비용이 포함된 예산을 세우고 컨셉을 구현하기 위한 로드맵을 만들었다. 이 접근법은 CEO의 경영 계획과 잘 들어맞았다. 즉, 단계적인 구현은 경제적 측면에서 그들에게 좋은 선택이었다. 우리는 새로운 시각적 아이덴티티를 구현하는 것부터 시작했으며, 그다음 단계는 학교 버스 서비스를 구현하는 것이었다.

조직적 변화에 대한 임무가 서비스 디자인에 내재되어 있는가?

나는 디자이너로서 단순히 회사에 접근하여 "나는 아이디어가 있고 내 생각이 당신이 수년 동안 생각해온 것보다 낫다"고 말할 수는 없다고 생각한다. 우리는 직원들과 끊임없이 대화하며 프로세스에 관여한다. 우리는 직원들이 아이디어가 마침내 그들의 마음에 들기 시작하는 지점에 이르도록 권력과 소유권에 대한 감각을 부여하면서, 그들과 끊임없이 협의하며 디자인한다. 이는 매우 아름다운 프로세스이다. 나는 서비스 디자인에 대해 다음과 같이 생각한다. 여러분은 함께 일하는 회사와 공동체 안에서 경로를 만들어야 한다. 디자인 프로세스와 함께 많은 교육이 이루어진다. 디자이너의 도전 과제는, 이러한 교육적인 요소를 통해 서비스 디자인의 가치를 회사에 어떻게 전달하느냐이다.

7.4
사례 연구 분석

브리프 정의하기

APAM과 인터세지오니의 사례는 서비스 디자인 브리프가 어떻게 클라이언트 조직 및 서비스 필요성에 대한 초기 리서치의 결과물이 되는지를 보여준다. 이 사례에서 디자인 팀은 회사 웹사이트 개선으로 범위가 제한된 브리프를 제공받았다. 하지만 인터세지오니의 리서치 주도 프로세스를 통해 보다 체계적인 해결책이 필요하다는 것이 드러났다. 진정한 브리프에 이르기 위해 디자인 팀은, APAM 서비스에 대한 그들의 인식을 배우면서 사용자를 비롯해 회사의 리더십, 직원들과 함께하며 프로젝트를 진행했다. 코디자인 워크숍에서 팀은 APAM 직원들과 함께 기존 서비스를 매핑하고, 서비스 디자인 개입의 격차와 기회에 대한 중요한 통찰력을 얻으면서 새로운 프로젝트 브리프를 위한 초기 가이드를 작성했다. 서비스 디자인은 본질적으로 체계적이고 협력적이다. 앞에서 설명한 바와 같이 체계적이고 협력적인 요소가 프로젝트 초기 단계에서 어떻게 나타나는지 알 수 있으며, 여기서 브리프 자체는 깊이 있는 맥락 리서치 및 아이디어 검증 프로세스의 산물이다.

디자이너와 클라이언트의 관계 정의하기

앞서 살펴본 사례 연구에서 예시로 든 바와 같이, 클라이언트는 디자이너가 직면하는 문제에 있어 범위를 제한해 디자이너에게 접근할 때가 많다. 또한 클라이언트는 문제에 가까이 근접해 있어 큰 그림을 보기가 어려울 수 있다. 서비스 디자인은 가치 면에서 더 큰 영향을 가진 제안서나 브리프에 도달하기 위해 문제를 재구성하는 총체론적 접근 방식을 취한다. 하지만 진정한 문제를 발견하고 해결할 가치를 인식하지 못하는 클라이언트를 교육해야 할 때가 많다. 디자이너-클라이언트 관계에 대한 정의가 프로젝트 성공에 결정적으로 중요한 이유 중 하나이다.

APAM 버스 회사의 사례는 디자이너-클라이언트 관계를 정의하기 위한 몇 가지 효과적인 전략을 강조한다. 인터세지오니는 기관의 영향력을 가진 개인의 존재를 확인할 수 있었으며, 이 경우에는 혁신과 변화에 공감한 CEO였다. 이로써 초기 프로젝트 브리프를 개선한 디자인 팀의 제안이 호의적으로 수용될 수 있는 문이 열렸다. 인터세지오니는 프로젝트에 대한 급진적인 새로운 의제를 추진하기보다는 좀더 실질적인 리서치와 탐구 단계의 기반을 마련하여 프로세스로서 서비스 디자인의 가치를 클라이언트에게 납득시키는 제안을 하기 위해 시간을 확보하는 데에도 성공했다. 디자인 팀은 클라이언트가 보다 적절한 목표를 달성하게 함으로써 클라이언트 조직에 대해 더 잘 알 수 있는 공간을 만들 수 있었고, 그와 동시에 서비스 디자인 접근법의 가치를 입증할 수 있었다. 그 결과 디자인 팀은 마침내 APAM의 서비스 시스템 및 오퍼링을 점검하기 위한 광범위한 장기 프로세스에 대한 지원을 확보할 수 있었다.

이전 사례에서 실제로 증명한 바와 같이, 디자이너와 클라이언트 사이의 관계를 정의하기 위한 코디자인 워크숍의 잠재력을 아는 것도 중요하다. 인터세지오니는 초기 단계에서 협업 워크숍 세션에 직원 및 관리자를 포함시켰다. 이는 클라이언트의 예산 측면뿐만 아니라 그들이 시간과 전문성을 결과에 투자할 수 있는 공동 서비스 디자인 여정의 단계를 마련하는 데에도 도움이 되었다. 제안서에서 새로운 서비스 제안을 구현하는 만큼 조직의 변화를 필요로 할 가능성이 있기 때문에 서비스 디자인에서는 이러한 종류의 관계가 중요하다.

7.5
방법과 도구

프로세스 및 일련의 활동 정의하기

인터세지오니의 프로세스는 리서치와 발견을 수렴적 사고와 창조적 통합으로 대체한다. 학습하는 사고방식에서 창조적 사고방식으로의 전환은, 문제 설정에서부터 문제 해결에 이르는 서비스 디자인 프로세스의 움직임이다. 이 경로의 핵심은 현실과 조건을 이해하고, 기회와 격차를 확인하며, 파악한 기회를 활용하고, 기존 격차를 극복하는 새로운 방법을 제안하는 데 중요하다.

이러한 일반적인 프레임워크 내에서 인터세지오니는 다음과 같은 단계/활동 순서를 통해 전형적인 서비스 디자인 프로세스의 고유한 버전을 수행했다. 이는 리서치(조직 내 및 사용자와 함께), 기존 서비스 매핑, 초기 가이드라인 정의하기, 조직과 코디자인하기, 리서치 및 초기 가이드라인 검증하기, 최종 프로젝트 가이드라인('실제' 디자인 브리프)과 디자인 개발 및 초기 구현을 정의하는 것이다. 일반적인 서비스 디자인 프로세스를 기반으로 한, 프로젝트 안에서의 인터세지오니 프로세스는 조직의 고유한 조건에 대응했다.

다음 가이드에서 서비스 디자인 프로세스를 구조에 맞출 뿐만 아니라 서비스 디자인 브리프를 정의하는 데 도움이 되는 주요 접근 방식, 방법 및 도구를 소개한다.

서비스 디자인 프로세스를 도표화하기

서비스 디자인 프로세스는 그 자체로 여정이다. 디자인 에이전시는 클라이언트에 관여하면서 그들만의 프레임워크와 규칙을 개발하고 채택하지만, 각 프로젝트는 클라이언트와 디자이너 간의 신뢰와 가치관 및 용어의 조정, 프로젝트 맥락을 이해할 수 있는 디자이너의 능력 및 조직의 정치를 파악할 수 있는 능력처럼 주관적인 요소와 변수에 기반을 두고 있다.

즉, 클라이언트 조직과 디자이너 간의 일반적인 참여는 프로젝트의 예상 결과를 설명하고 단계를 설계하는 계약을 포함한다.

일반적으로 서비스 디자인 프로젝트는 디자이너가 프로젝트에 몰입하여 문제를 찾아내고, 기회를 찾고, 일반적인 관점을 얻는 리서치/탐구 단계로 시작한다. 다음 단계는 리서치 결과를 기반으로 프로젝트 규정 요인을 결정하는 것이며, 그로부터 조직 및 조직의 최종 고객 및 사용자와 함께하는, 코디자인을 포함한 아이디어 구상 프로세스를 시작하는 것이다. 그다음 단계에서는 가능한 컨셉을 탐구하고, 초기 프로토타이핑을 통해 테스트를 실시한 뒤, 마지막으로 개발 및 구현을 위해 하나의 주요 컨셉을 정의하는 것이다.

영국 디자인 위원회Design Council UK가 만들고 여러 서비스 에이전시가 채택하는 '더블 다이아몬드double diamond' 디자인 프로세스는 기본적으로 두 개의 다이아몬드를 기반으로 하며, 각각은 발산 및 수렴 단계를 번갈아 반복한다.

첫번째 다이아몬드

• 발견: 이 단계에서 디자이너는 문제에 대한 인사이트를 얻는 데 초점을 맞춰, 기존 서비스뿐만 아니라 사람과 그들의 상황에 대해 깊이 탐구한다.

• 정의: 이 단계에서는 인사이트를 특정 영역으로 변환하고, 다음으로 디자인 방향 및 명확한 문제 영역을 정의한다.

두번째 다이아몬드

• 개발: 이 단계에서 디자이너는 잠재적인 해결책을 개발하고 새로운 서비스 컨셉을 생성하고 테스트한다.

• 전달: 이 단계는 구현을 위한 해결 및 구체적인 사양 제공에 초점을 둔다.

이 프로세스의 주요 측면은 어떻게 개방open, 발산divergent 모드에서 교대로 일어나고 집중된 통합으로 전환하는가이다. 이중 더블 다이아몬드의 첫번째 부분인 '발견' 프로세스는 '정의' 프로세스를 안내하는 데 도움이 되는 일련의 기회와 격차의 세트로 이루어진 결과를 도출해야 하며, 이는 파악한 기회와 격차를 활용할 수 있는 창의적 아이디어 탐구에 기반한다. '진정한 브리프'는 이런 아이디어를 고려하여 도출할 수 있다. 프로세스의 새로운 발산은 프로토타이핑과 직원 및 사용자와의 코디자인을 통해 이러한 아이디어를 견고한 컨셉으로 개발하는 것으로부터 시작된다. 이 프로세스에서 주요 컨셉이 나타나며, 최종 해결책의 구현으로 발전하면서 더블 다이아몬드의 최종 단계로 이끌어야 한다.

최근 각 다이아몬드에 포함된 활동에 대해 더 자세한 정보를 제공하는, 더블 다이아몬드의 개선된 버전이 만들어졌다. 이 모델에서 클라이언트 브리프로 시작되는 첫번째 '발견' 단계는 분석하고 리서치 결과를 주제, 기회 영역으로 종합하여, 마지막으로 첫번째 다이아몬드가 끝에서 최종 브리프를 정의하며 1차, 2차 리서치를 통해 '분리되거나' 확장되는 것을 의미한다. 두번째 다이아몬드는 아이디어화 활동으로 시작하여 후반부에는 최종 해결책이 정의될 때까지 아이디어의 프로토타이핑 및 테스트 반복에 전념한다.

이러한 모델은 클라이언트 및 다른 프로젝트 이해관계자와의 협상을 위한 공유 가능한 도구로, 디자이너가 그들의 프로세스와 작업을 구조화하는 데 도움이 되는 유용한 도구이다. 이는 계약을 구조화하고 프로젝트 이정표를 조직하는 데 확실히 사용될 수 있다. 하지만 각 프로젝트의 고유한 조건은 프로세스가 실제로 어떻게 전개되는지에 따라 결정된다.

다음 이미지는 서비스 디자이너가 사용하는 프로세스의 다른 예시를 보여준다.

도표 7.17 디자인 프로세스를 보여주는 더블 다이아몬드 모델. 브리프는 리서치(발견) 및 분석(정의) 단계 이후에 정의된다.

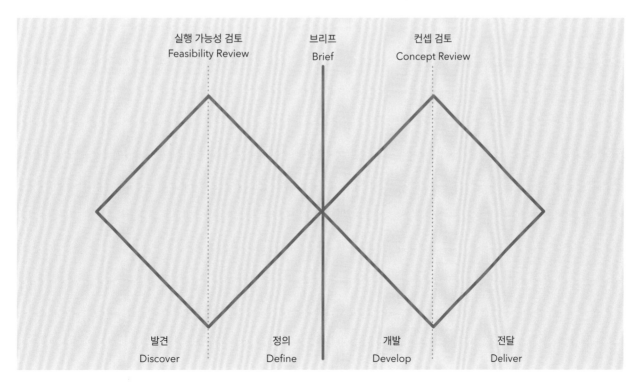

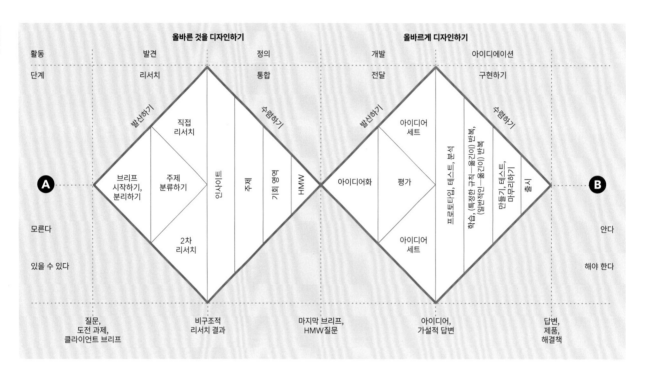

도표 7.18 댄 네슬러Dan Nessler가 고안한 개선된 더블 다이아몬드. 두 다이아몬드 사이의 마지막 브리프는 HMW('어떻게 우리가how might we') 질문으로 제안되는 것이 중요하다. HMW 질문은 이 브리프를 정의하는 주요 질문을 구성하는 데 도움이 되는 즉각적인 질문이다.

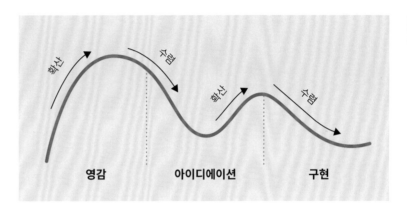

도표 7.19 IDEO의 인간 중심 디자인Human-Centered Design, HCD 프로세스. 이 프로세스 역시 교대로 일어나는 발산 및 수렴 움직임을 기반으로 하는데, 기본적으로 세 가지 주요 단계를 제안한다: 영감(리서치 및 학습), 아이디에이션(학습한 것을 이해하기, 기회를 확인하기 및 아이디어 제안하기), 구현(프로토타이핑을 통해 아이디어 실현 및 구현을 위한 프로젝트 개발).

발산
수렴
발산
수렴

영감　　　　**아이디에이션**　　　　**구현**

애자일Agile 프로세스는 UX 및 소프트웨어 개발 맥락에서 프로젝트 관리 접근법으로 나타났다. 애자일 프로세스의 논리는 프로젝트 개발 및 테스트의 짧은 주기를 기반으로 하며, 각각의 끝에 최종 컨셉 버전이 마치 베타 버전처럼 출시된다. 사용자의 피드백을 기반으로 제품이 그에 따라 적응/진화하고 새로운 주기가 시작된다. 이 경우 구현과 프로토타이핑은 서로 거의 구분할 수 없다.

마찬가지로 린Lean 방법론은 스타트업 기술 회사가 주로 채택해왔으며, 기본적으로 아이디어에서 시작하여 신속하게 제품을 구축하고, MVP(최소 실행 가능 제품)를 바로 출시하면서, 만들기-측정-학습 피드백 루프가 기반이 된다. MVP는 최소한의 투자와 노력으로 구현할 수 있는 신제품의 첫번째 버전이다. 이것이 신속하게 출시되면 실제 사용자에 의해 제품 검증이 이루어진다. 초기 버전 제품은 사용자 피드백을 바탕으로 새로운 주기를 시작하면서 보다 정교해진다.

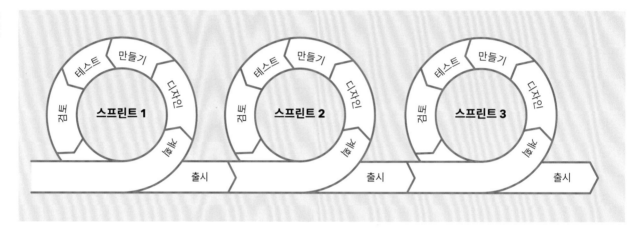

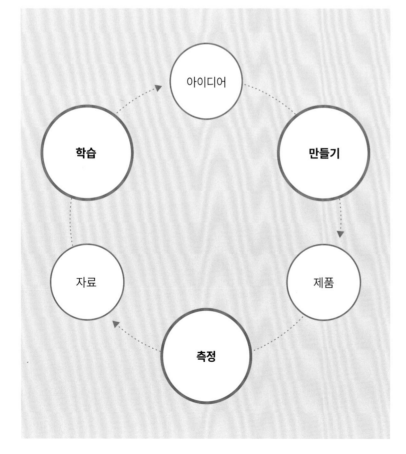

도표 7.20~7.21 UX/인터랙션 디자인 및 소프트웨어 개발 프로젝트에서 린 프로세스 및 애자일 프로세스가 더 일반적이지만, 서비스 디자이너에게도 유용한 참고 자료를 제공할 수 있다.

서비스 디자인 브리프 정의하기

서비스 디자인 브리프는 어떻게 정의되는가? 그리고 브리프를 좋은 것으로 만드는 요소는 무엇인가?

최종 제품 개발에만 전념하는 디자이너는 매니저와 제품 개발자가 정의한 기술 및 상업적 특성의 고정된 세트로 브리프를 인식할 수 있다. 이와는 대조적으로, 서비스 디자이너는 더 큰 그림을 보고 회사의 전체 비즈니스 전략을 고려하는 경향이 있다. 서비스 디자인은 정의상 전략적인 종류의 디자인이다. 이러한 이유로 서비스 디자인 브리프는 전략적 사고 프로세스의 일부이다.

IDEO의 팀 브라운Tim Brown은 과학적 가설의 유추를 제안하며 브리프에 반영한다. 그는 과학적 가설이 미리 결정된 알고리즘 또는 고정된 설명서 세트가 아닌 것과 같이, 디자인 브리프도 엄격한 문서가 아니라 창의적 개발을 가능하게 하는 동안 제약 조건과 벤치마크가 있는 초기 프레임워크를 제공하는 유연한 문서가 되어야 한다고 제안한다. 따라서 디자인 브리프는 리서치와 초기의 창의적 인사이트를 통합하면서, 디자인 팀이 프로젝트 개발을 시작할 때 수행하는 학습 프로세스와 동시에 진화해야 한다.

APAM-인터세지오니 사례는 디자이너가 문제 영역을 조사하고 조직과 사용자의 긴급한 니즈를 파악하기 시작하면서 클라이언트의 초기 브리프를 어떻게 확장시켜야 하는지를 보여준다.

클라이언트 조직은 영국 디자인 위원회에서 제안한 바와 같이 회사의 배경, 프로젝트 목표, 대상 고객 및 프로젝트 관리 세부 사항 등의 정보를 디자이너가 프로젝트를 시작할 수 있도록 충분히 제공해야 한다. 또다른 고려 사항으로 중요한 점은, 디자이너가 조직에 접근할 수 있도록 제한되지 않은 권한을 부여하여 특정 서비스 오퍼링뿐만 아니라 문화와 가치 같은 조직의 현재 상황에 대해 더 깊이 이해할 수 있게 하는 것이다.

이 브리프는 회사와 디자이너의 공통된 지식을 바탕으로 디자이너와 클라이언트 조직이 함께 개발하고 발전시키면서, 때로는 초기 가정을 정교화하고 재정의하는 문서로 정리된다.

브리프의 컨셉은 또한 디자이너-클라이언트 관계가 어떻게 구체화되고 발전하는지에 대해서도 고려해야 한다.

다니엘라 산지오르지 등이 실시한 '서비스 혁신을 위한 디자인 및 개발 최종 보고서Design for Service Innovation & Development Final Report'(2015년)라는 제목의 연구는 여러 서비스 디자인 에이전시의 작업과 프로세스를 분석하여 서비스 디자인 프로젝트의 세 가지 주요 유형을 발견했다.

1. 제한되고 명확한 결과물로 특정 필요에 초점을 맞춘 프로젝트
2. 창의적이고 혁신적인 접근 방식을 통해 조직의 프로세스와 시스템을 변화시키는 데 중점을 둔 프로젝트
3. 조직의 전체 업무 방식과 조직 문화 변화에 중점을 둔 프로젝트

이러한 목표는 초기 브리프에서 분명하게 표현될 수도 있고 그렇지 않을 수도 있다. 디자이너-클라이언트 관계는 시간이 지남에 따라 어떻게 진화하는지에서 나타날 수도 있다. 따라서 브리프는 클라이언트 조직과 서비스 디자이너 간의 온전한 참여를 결정하는 데 중요하지만, 반대로 참여 프로세스 자체에 의해 재정의될 수도 있다.

동일한 연구에 따르면, 클라이언트 조직과 서비스 디자이너의 참여는 도표 7.22의 스펙트럼에 따라 달라진다.

이러한 분포 범위는 전통적인 컨설턴시 모델만 고려하지만 최근에는 사내 서비스 디자인 팀이나 혁신 랩을 만드는 조직이 증가하는 추세이다. 이러한 경우, 디자이너와 일을 의뢰하는 사람들 간의 참여는 완전히 다른 조건에 의해 영향을 받을 수도 있다.

전통적인 디자인 브리프 또는 창의적인 브리프는 다음과 같은 몇 가지 구체적인 요소를 포함한다.

1. 프로젝트 브리프: 기본 프로젝트 정보, 목적, 측정 가능한 목표.
2. 결과물: 터치포인트, 채널 및 미디어의 종류.
3. 회사 배경: 조직의 여정에 대한 개요 및 경쟁 지형에 대한 분석.
4. 주요 고객: 고객이 누구이고, 고객에 대해 무엇을 알고 있는가.
5. 메시지 및 가치: 조직이 잠재 고객에게 전달하고자 하는 것이 무엇인가.
6. 톤: 일반적으로 잠재 고객의 특성을 반영한다.
7. 예산 및 일정
8. 추가 정보: 특히 클라이언트와 디자이너 사이의 업무 체계에 대한 활동 및 명확성에 대한 설명으로, 조직의 다른 부서와 백엔드 직원에 접근하는 데 얼마나 많은 변경 사항, 미팅, 프레젠테이션, 코디자인 세션이 있는지를 포함한다.

(출처: 프로젝트 브리프 툴킷, http://project-brief.casual.pm/의 일부로 창의적 브리프에서 발췌)

병렬식	협업	통합
디자이너는 초점이 맞추어진 브리프를 제공받고, 클라이언트 조직의 자체 내부 혁신 프로세스와는 별개로 프로젝트 개발을 수행한다. 디자이너는 조직이 독립적으로 평가할 결과물(새로운 서비스 오퍼링)을 제공한다.	디자이너가 프로세스를 주도하지만 코디자인 및 지속적인 교환을 통해 클라이언트와 긴밀하게 작업한다. 브리프는 보다 개방적이며, 그들의 업무 방식을 바꾸는 것이 주요 관심사인 조직에게 최종 결과물은 조직의 학습 프로세스보다는 덜 중요하다.	디자이너와 클라이언트의 협업은 공유 업무 및 활동을 통해 더욱 크게 향상된다. 이 경우 조직이 서비스 디자인 방법, 도구 및 접근 방법을 내부에 통합하여 작업 방식을 변화시키는 데 관심이 있기 때문에 브리프는 상당히 개방적이다.

도표 7.22 클라이언트 조직과 서비스 디자이너 사이의 업무 유형 분포 범위

이러한 기본 요소는 그래픽 디자인 프로젝트에서는 매우 솔직한 반응으로 변환될 수 있지만, 서비스 디자인 프로젝트에 도입될 때에는 조정이 필요할 수 있다. 서비스 디자인은 범위와 목표 측면과 관련하여 매우 다양할 수 있기 때문이다.

서로 다른 프로젝트의 유형화는 다른 종류의 프로젝트 브리프로 이어질 것이다. 런던에 본사를 둔 선구적인 서비스 디자인 컨설턴시이자 서비스 디자인 에이전시인 엔진 그룹을 살펴보면, 이 그룹이 다음 표에서 기술한 다섯 가지 범주를 통해 프로젝트의 종류를 어떻게 설명하는지 알 수 있다. 각 프로젝트 범주가 다른 브리프의 강조로 어떻게 도출될 수 있는지 주목해서 보자.

엔진 그룹 프로젝트의 유형화	프로젝트 브리프의 초점
서비스를 위한 리서치, 사용자와 함께하는 리서치/에스노그라피, 서비스 오딧 및 서비스 예측	이 경우, 목적 및 측정 가능한 목표는 랜드스케이프와 사용자 그룹의 비교 분석과 관련이 있다. 결과물에 페르소나, 연구 보고서 및 제안, 기존 서비스(오딧)의 여정맵이 포함된다.
코디자인 프로세스, 컨셉 개발 및 초기 프로토타이핑을 포함한 서비스 비전, 전략 및 계획	이 경우, 목적 및 측정 가능한 목표는 전략과 비전의 정의와 관련된다. 결과물에는 컨셉 시각화와 초기 프로토타입, 프레젠테이션이 포함될 수 있다. 코디자인 세션 및 기타 협업 활동에 대한 기대를 예측하고 분명하게 하는 것이 중요할 수 있다.
서로 다른 채널과 터치포인트를 가로지르는 서비스 여정과 백엔드 시스템 정의에 대한 완벽한 개발을 포함하는 서비스와 고객 여정 디자인	이 경우, 목적 및 측정 가능한 목표는 새로운 사용자 여정과 후방 시스템 및 직원 역할에 대한 철저한 이해를 기반으로 정의된 서비스 개념과 관련이 있다. 결과물에는 자세한 사용자 여정, 최종 터치포인트 프로토타입(예: 작동되는 인터페이스 및 애플리케이션, 모델), 개발/취득해야 할 백엔드 시스템을 설명하는 보고서가 포함된다.
고객과 내부 팀을 위한 시각적 커뮤니케이션, 브랜딩, 직원을 위한 가이드라인, 파일럿 및 총 출시를 위한 전체 사양의 블루프린트를 포함한 구체적인 사양과 구현 지원	이 경우, 목적 및 측정 가능한 목표는 서비스 및 출시에 필요한 모든 재료의 세부 개발과 관련이 있다. 결과물에는 세부적인 서비스 사양 및 블루프린트, 브랜드 경험 디자인 지침, 프론트라인 직원을 위한 브랜드 가이드라인(스크립트와 수반되는 터치포인트 및 자료)이 포함된다.
내부 서비스 디자인 역량을 개발하는 조직의 학습 프로그램에 초점을 둔 교육과 개발	이 경우, 목적 및 측정 가능한 목표는 직원의 니즈와 역량을 이해하고 커리큘럼을 개발하는 것과 관련이 있다. 결과물에는 커리큘럼 구현(교육 세션, 강습, 강의, 실습 워크숍), 도구, 템플릿 및 향후 내부에서 독립적으로 사용하게 될 가이드라인이 포함된다.

도표 7.23 엔진 그룹의 프로젝트 유형화에 따른 브리프의 초점

7.6
학습 활동

학습 과제

템플릿을 시작점으로 이용하여 서비스 디자인 프로젝트의 프
로세스를 디자인한다. 먼저 프로젝트의 초기 브리프, 범위 또
는 가설을 설명하며 시작한다. 이어서 단계, 각 단계별 활동, 방
법 및 결과물을 정의한다. 각 업무를 수행하는 데 필요한 자료
를 고려한다. 프로젝트의 타임라인을 정의한다. 서비스 디자이
너로서 작업에 소요되는 비용을 예측한다.

프로젝트 계획 템플릿

시작
프로젝트의 초기 브리프 또는 관련 가설을 설명한다.

 1. 발견

발견 단계(우리가 무엇을 배워야 하는지)로 이끄는 리서치 질문과 차용할 리서치 방법(예: 인터뷰, 관찰)에 대해 설명한다.

 2. 코디자인

전체 코크리에이션 프로세스와 클라이언트 조직(예: 병렬식, 협업, 통합)과의 관계를 수립하기 위해 무엇이 필요한지 고려한다. 코크리에이션(워크숍, 미팅)에 대해 설명한다.

 3. 프로토타입

가능한 프로토타이핑 활동을 그려보고, 각 신규 서비스 프로토타입의 반복적인 개발, 테스트 및 정교화의 필요성을 고려한다. 사용자 및 클라이언트 조직의 직원과 어떻게 함께 참여할 수 있는지 고려한다.

 4. 구현

지원 프로세스를 포함하여 서비스의 실행 가능하고 지속 가능한 전개를 지원하는 데 필요한 기반 시설을 고려한다. 시간이 지남에 따라 서비스를 정교화하는 데 도움이 되는 가능한 피드백 전략을 확인한다.

예상 결과물

예) 시스템 맵, 사용자 인사이트, 인용 및 스토리, 선행 사례, 디자인 주제 및 요구 사항 목록

예상 결과물

예) 코크리에이션 세션, 미팅, 초기 서비스 컨셉 세트

예상 결과물

예) 서비스 프로토타입, 물리적 및 디지털 터치포인트, 서비스 블루프린트

예상 결과물

예) 발표(물리적 및 디지털 터치포인트), 최종 서비스 블루프린트, 파일럿 테스트 로드맵, 직원 교육 키트 준비를 위한 서비스 프로토타입

시간 및 자원

이 단계를 완료하는 데 걸리는 시간과 관련 팀의 구성을 고려하고 자료를 정량화한다.

시간 및 자원

이 단계를 완료하는 데 걸리는 시간과 관련 팀의 구성을 고려하고 자료를 정량화한다.

시간 및 자원

이 단계를 완료하는 데 걸리는 시간과 관련 팀의 구성을 고려하고 자료를 정량화한다.

시간 및 자원

이 단계를 완료하는 데 걸리는 시간과 관련 팀의 구성을 고려하고 자료를 정량화한다.

프로젝트 타임라인
각 단계마다 주/월을 할당한다.

도표 7.24 프로젝트 계획 템플릿

08
연구 및 분석

8.1
소개

리서치는 아마도 서비스 디자인 프로젝트의 타당성과 성공을 결정하는 데 가장 중요한 요소일 것이다. 디자이너가 수행하는 프로젝트의 문제와 맥락을 배우는 것은 서비스 디자인 과정에서 필수적이다.

8장에서는 리서치 프로세스를 계획하고 구현하는 방법을 설명한다. 올바른 리서치 접근 방식을 개발하기 위해서는 주어진 문제에 대한 올바른 방법을 구분하는 기술을 개발하는 것이 중요하다.

우리는 프로젝트에서 직면할 수 있는 맥락과 상황의 범위에 적용할 수 있는 여러 도구와 방법을 논의한다. 그렇게 함으로써 여러분은 서비스 디자인에서 에스노그라피의 역할에 대해서도 배울 수 있다.

8장에서는 다양한 종류의 발견discovery을 통한 접근 방식을 사용하는 디자인 리서치 프로세스를 안내하며, 또한 리서치 결과를 분석하고 이해하는 방법을 다룬다. 주요 리서치 도구와 방법을 학습하는 것 외에도, 리서치를 통해 얻은 지식을 어떻게 디자인 개입을 위한, 실행 가능한 인풋으로 변환할 수 있는지에 대해 설명한다.

전체 리서치 프로세스는 문제 탐색(그들의 진짜 문제가 무엇인지를 이해하기 위해 사람을 인터뷰하고 관찰하기), 문제 프레임 구성(변수, 패턴, 주제와 같은 문제의 주요 측면 정의하기)으로 설명할 수 있다.

이러한 발견 프로세스가 끝날 때 서비스 디자이너는 서비스 디자인 프로세스의 다음 단계(브레인스토밍 및 컨셉 제너레이션)로 이동할 수 있을 만큼 충분한 확신을 가지고 문제의 프레임을 구성할 수 있어야 한다. 여러분이 서비스를 위해 리서치하고 있으며, 압도적일 수 있는 어떤 특정한 주제에 대해 모든 것을 다루지 않는다는 것을 항상 명심함으로써 연구에서의 접근 방식에 대해 프레임을 구성하는 것이 중요하다. 리서치는 특정 서비스, 즉 프로젝트의 '목표'에 초점을 맞춰야 하며 패턴, 사용자 세그먼트, 페인 포인트, 드러나지 않은 요구와 같은 구체적인 사항을 파악하는 것을 목적으로 해야 한다. 리서치 태도는 프로젝트 개발의 다른 단계로 넘어가면서, 심지어 서비스 구현 단계에서조차 사라지지 않는 일종의 집중적인 호기심이다.

8.2
사례 연구: 인위드포워드의 버나비 스타터 프로젝트

인위드포워드InWithForward는 호주, 캐나다, 네덜란드의 사회 서비스 관련 자기 주도 프로젝트에 의해 '체인지 랩change lab' 처럼 운영되는 다학제적 사회적 기업 그룹이다. 버나비 스타터 프로젝트The Burnaby Starter Project는 캐나다 브리티시 컬럼비아주 밴쿠버 메트로폴리탄 지역의 버나비에서 도시 고립, 정신 건강 및 장애에 대한 문제와 이러한 문제를 둘러싸고 있는 사회 서비스를 개선하는 방법을 조사한 자기 주도적 프로젝트이다.

프로젝트 초기의 리서치 단계에서는 인위드포워드의 자체 자원으로 프로젝트 파트너로부터 일종의 지원을 받아 자원을 조달했다. 프로토타이핑과 파일럿 서비스의 다음 단계에서는 브리티시 컬럼비아주의 사회 서비스 기관을 포함하여 여러 단체와 후원자들이 자금을 모아 지원했다.

이 프로젝트의 시작 단계에서 핵심 질문은 다음과 같다. "어떻게 하면 사람들이 커뮤니티에서 함께 생활할 뿐만 아니라 커뮤니티의 일부로서 번창하도록 지원할 수 있을까? 특히 장애인과 같이 자주 소외되고 단절되는 사람들을 어떻게 지원할 수 있을까?"

기존의 리서치는 흡연으로 사망하는 사람보다 홀로 고립되어 죽는 사람들이 더 많다는 것을 밝혀냈다. 이는 특히 장애인, 이민자, 저소득층, 노인들에게 위협적이다. 도시의 삶 속에서 사람들은 종종 같은 길에 사는 이웃을 알지 못하고, 매일 의지할 수 있는 관계를 맺지 못하고, 안전망조차 갖추지 못한다.

인위드포워드 팀은 사회적 주거 건물의 아파트를 빌려 10주 동안 그곳에서 살면서 체험적 리서치 활동을 시작했다. 이 기간 동안 팀원들은 여러 이유로 사회적 고립을 경험한 몇몇 거주자들을 확인했다. 이 팀은 거주자와의 비공식적인 대화를 바탕으로 리서치를 진행했으며, 개인 관계와 신뢰 구축을 포함하여 거주자의 관점에서 세상을 이해하고 삶의 주요 페인 포인트를 파악하고자 했다. 목적은, 사회 서비스를 제공하는 조직보다는 사람에 대한 관점을 얻는 것이었다. 그들은 프롬프트 카드prompt cards를 사용하고, 심리학 및 행동 연구의 일부 이론적 프레임워크를 기반으로 사용자로부터 얻은 인사이트를 수정했다.

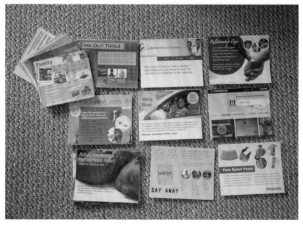

이 리서치 접근법의 주요 결과는, 지원 방식 및 서비스를 리디자인하는 누군가를 위해 6개의 사용자 세그먼트를 식별하는 것이다.

또한 이 팀은 서비스 제공 업체와 함께하면서 현재 그들의 서비스 시스템의 측면을 관찰하고 이해하기 위해 이러한 조직 내에서 일련의 섀도잉 활동을 수행했다. 이 같은 접근 방식을 통해 조직이 단지 문제, 니즈 및 결손보다는 사용자의 특성을 인식하기를 원하지만, 이들의 실제 접근법은 더 나은 서비스를 생산하도록 도울 수 있는 최종 사용자의 특성을 놓치는 경향이 있는 계획에 초점을 맞추고 있다는 것을 주요 결론 중 하나로 얻을 수 있었다.

리서치 인사이트는 여러 세션으로 통합되었고, 이는 아이디에이션과 프로토타이핑의 기반이 되는 디자인 원리에 대한 정의를 이끌어냈다. 이 팀은 하나 또는 여러 사용자 세그먼트와 일련의 추천 사항에 각각 대응하는 다섯 가지 주요 상위 개념을 도출했다.

현재 시범 운영되고 있는 두 가지 주요 프로젝트 중 하나는, 도시와 소재지에서 이벤트 및 활동을 찾고 있는 사람과 경험을 유도하는 데 관심 있는 사람을 연결하는 매치 메이킹match-making 시스템인 '쿠도즈Kudoz'이다.

도표 8.1~8.3 프롬프트 카드와 기타 참여 도구 세트를 사용하여 에스노그라피 리서치, 인터뷰 및 대화를 수행하는 팀.

도표 8.4 지원 방식 및 서비스를 리디자인하는 6개 세그먼트

제대로 활용하지 못하는 그룹

완전히 숨겨진 노하우, 기술, 관심 및 호기심을 가진 사람들이다. 이 세그먼트는 알려지지 않은 채 감소할 수도 있다.

비어 있는 파이프라인 같은 그룹

새로운 아이디어와 경험의 원천이 없는 사람들이다. 또는 아이디어의 원천은 있지만 적용할 자원이 없는 사람들이다.

불만족한 그룹

자신들의 이야기를 굳건한 차단이나 장벽에 초점을 맞춘 사람들이다. 그뿐 아니라 재미없고 불만에 찬 사람들이다. 그들이 정확히 어떻게 변할 수 있는지 찾아내기 위해서는 도움이 필요하다.

다이빙하는 그룹

사건 또는 과도기가 발생할 때까지 성장세에 있는 사람들은 그들의 진로를 이탈한다. 종종 목적이나 지위를 잃은 20대 청년들이 대부분이다.

만족하는 그룹

다른 사람이 가지고 있는 단어와 기대치를 취해온 사람이다. 그들의 가족 구성원 또는 전문가가 되자. 그들은 자신이 원하는 것을 종종 알지 못한다.

긍정적인 일탈자 그룹

이 사람들은 주변에 있는 대부분의 것을 자원으로 본다. 그들이 만나는 전문가이든 그들이 보는 TV 쇼든 상관없다. 이는 새로운 것을 배우고 시도하기 위해 쓸모 있는 것이다.

도표 8.5~8.6 자료 분석 및 세션 보고를 수행하는 팀

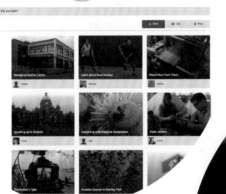

8.10

8.9

8.11

도표 8.7~8.11 파일럿으로 진행된 쿠도즈 프로젝트의
터치포인트(잡지, 웹사이트, 게임)

8.3
인위드포워드의 리더
사라 슐만과의 인터뷰

버나비 스타터 프로젝트는 오랜 기간 동안 고도의 체험적인 현장 작업을 수반하여 리서치를 수행했다. 이 체험적인 리서치는 실제로 어떤 모습인가?

우리에게 있어 실제로 일어나고 있는 일들은 좋은 인사이트를 얻는 데 열쇠가 된다. 이러한 부분을 우리에게 개방하고 공유하게 하기 위해 사람들과 의미 있는 관계를 쌓는 것이 중요하다. 우리가 디자인하려는 것은 단지 하나의 인터랙션 지점이 아니라 사람들의 삶이다. 이를 위해 우리는 사람들의 삶 전체, 즉 그들의 일상적인 리듬을 진심으로 이해할 필요가 있다. 우리는 이해하고 관계를 구축하고자 하는 공간 내에서 에스노그라피적 연구를 수행하기 위해 버나비로 이주하여 사회적 주택 단지 안에서 살았다.

에스노그라피는 사람들의 맥락 전체에 걸쳐 그들의 관점에서 세상을 이해하기 위해 많은 시간을 보내는 것이다. 이는 사람들이 말하는 것, 행동하는 것, 사람들이 생각하는 것, 느끼는 것 사이의 단절점을 찾는 데 유용하다.

우리의 에스노그라피적 연구는 실제로 하루종일, 혹은 종종 한번에 며칠씩 사람들과 어울리고 섀도잉하는 것과 같은 구조화되지 않은 관찰뿐만 아니라, 우리가 무엇인가에 대한 반응을 수집하기 위해 투영적 대화 도구를 사용해 유도하는 대화의 혼합이다.

버나비 스타터 프로젝트의 리서치 단계에서 사용했던 에스노그라피 외에 다른 방법으로는 무엇이 있는가?

우리는 버나비에서 함께 일하는 사람들로부터 통찰을 이끌어내기 위해 다른 프로젝트에서 만난 사람들을 바탕으로 한 이야기 세트를 사용했다. 또한 우리가 만들거나 지원할 수 있는 서로 다른 유형의 서비스 카드를 사용했다. 이 프로젝트에서 우리는 서비스, 지원 및 네트워크에 대한 40개 '메이드업made-up' 세트를 보유했다. 10년 동안 이 일을 하면서 우리는 실제로 진정한 이야기로 이루어진 거대한 저장고를 보유하게 되었다. 이는 허구적인 페르소나가 아니다. 이것은 우리의 경험과 리서치에 기반을 두고 있다. 페르소나는 우리가 에스노그라퍼 및 디자인 리서처로서 확실히 이야기할 수 있는 실제 인물을 기반으로 하므로 우리와 우리가 함께 일하는 사람들 사이에 풍부한 대화를 만든다.

우리가 사용하는 또다른 특정 도구는 '세그멘테이션segmentation'이다. 우리는 에스노그라픽 연구를 함께 수행한 모든 사람들과 스티커를 만든다. 그런 다음 논문에서 읽은 열 가지 가장 좋은 이론과 우리가 만나온 사람들과 만든 스티커를 가지고 우리가 사람을 어디에 배치할 수 있는지, 왜 그들을 이 범주에 배치하는지, 그리고 이 배치 이면의 논리에 대해 재미있는 토론을 한다. 이 아이디어에서 우리는 어떤 패턴이나 관심사가 나타날지 알 수 없다.

리서치 프로세스를 통해 얻은 인사이트를 어떻게 분석하고 종합하는지 설명해줄 수 있나?

첫 단계는 현장에서 우리의 모든 관찰, 사진, 비디오, 그리고 다른 자료를 가져와 이것을 가지고 이야기를 쓰기 시작하는 것이다. 우리는 또한 이것을 바탕으로 포토 스토리, 종합 비디오 또는 팟캐스트를 만들어낸다. 분석으로 이동하기 전에 사람들에게 이것들을 돌려주는 것을 지향한다. 이는 보다 윤리적인 접근으로, 종종 다른 층의 자료를 추가하거나 그 위에 다각화를 더한다.

그런 다음 일련의 주제와 '만약에what if' 문구를 생성하는 프로세스로 이동한다. 여기서 우리의 목표는 그것이 사람들의 삶에서 다른 것이 될 수 있는 기회가 무엇인지 찾는 것이다. "만약 이것이 그들의 환경에서 변했다면?" 또는 "만약 그들이 이와 같은 것에 접근할 수 있었다면?" 또는 "만약 과거에 다른 개입이나 다른 인터랙션 지점이 있었다면?" 등의 질문을 던진다. 우리가 하고 있는 것은 '만약에'라는 문구를 통해 과거, 현재, 미래를 동시에 보는 것이다.

그러고 나서 사회과학 이론을 활용한다. 이는 우리가 리서처로서, 디자이너로서 특히 행동 변화와 관련한 사회과학 연구의 많은 부분을 통합하려는 시도이다. 우리가 아는 것들은 실제로 사람들이 생각하고 말하고 느끼는 것을 바꾸는 데 기여한다.

사회과학 이론을 작업에 어떻게 포함시키는지에 대해 더 말해줄 수 있나?

우리는 작업을 할 때 책과 저널에서 모은 다양한 사회과학 이론에서 끌어내고, 우리 분야의 연구에서 밝혀지고 있는 실제 이야기들을 살펴본다. 또한 스스로에게 질문을 던져보기도 한다. 예를 들면 "만약 이 증상이 이 이야기를 이해하는 프레임워크였다면, 이것은 우리에게 무엇을 말해주며, 우리가 그 프레임워크를 염두에 두고 어떤 종류의 해결책을 개발할 것인가?" 하는 식이다.

우리는 적어도 5~6개의 다른 이론으로 이런 과정을 진행해보고, 이 모든 이론적 모델을 기반으로 다양한 아이디어의 범주를 생성한다. 그러고 나서 어떤 방식으로든 시각적으로 다시 공유하려 한다. 나는 방대한 문서나 학술 논문 같은 것을 읽고 거기서 정보를 추출하는 방법을 배우는 것은 매우 생산적인 과정이고 창의성의 원천이라고 생각한다. 이를 일종의 브레인스토밍 도구로 인식해도 좋다.

그렇다면 글쓰기와 읽기가 리서치 프로세스에서 중요한가?

우리가 종종 첫번째로 하는 일 중 하나는 글쓰기 과정을 진행하는 것이다. 더 구체적으로 말하면, 우리가 만나는 사람에 대해 내러티브를 길게 쓰는 것이다. 우리는 그들의 직접적인 인용문, 그들이 말하거나 스스로를 바로잡는 방식을 이용하여 그들의 목소리를 구체화하기 위한 많은 노력을 하며, 그것들은 실제로 글쓰기를 통해 나온다. 정보를 시각화하고 다른 누군가에게 일어나는 것을 사진과 다른 매체로 공유하는 것은 상당히 중요하지만, 진정한 방법으로 누군가의 목소리를 사로잡을 수 있는 멋진 단락을 쓰는 방법을 배우는 것도 마찬가지로 중요하다. 그리고 또한 이는 여러분이 단지 사랑스러운 사진이나 그림 속에서 길을 잃지 않고 어떤 일이 일어나고 있는지 하나의 관점에서 일관된 진술을 만들려고 할 때 사용할 수 있는 훌륭한 분석 기술을 연마하는 것이다.

인위드포워드는 다양한 장소에서 얻은 방법과 이론을 사용하여 서비스 디자인 프로젝트에서 다학제적 접근법을 강조한다. 서비스 디자인 리서치에서 다학제적 접근의 역할에 대해 이야기해줄 수 있나?

버나비 스타터 프로젝트의 경우 초기 팀은 6명으로 구성되었다. 나와 숙련된 사회학자, 서비스 디자이너 두 명, 그래픽 디자이너 및 기존 서비스 시스템에서 일하던 임시 직원 두 명이었다. 한 명은 커뮤니티 발전에 대한 배경을 가졌고, 다른 한 명은 인적 자원과 관리에 관한 배경을 갖고 있었다. 따라서 우리는 이 모든 것이 혼합된 팀이었다.

우리에게는 팀에서 절반 이상의 인원이 기존 서비스 시스템에서 나와 함께 풀타임으로 근무하고 있었다는 것이 중요했다. 디자이너는 종종 프로세스를 통해 움직이는 데 뛰어나지만, 간혹 이전에 시도해왔던 것에 대한 역사적 맥락 혹은 철학적 맥락이 부족하다. 우리는 깊이 있는 지식과 전문 지식이 필요하다. 그렇기 때문에 우리는 서로 다른 분야의 논문을 읽고 10, 20, 30년 동안 특정 분야에서 종사해온 사람과 함께 일하고 싶어한다. 그들은 그러한 역사적인 기준점을 가지고 있다. 그들은 무엇이 시도되었고 무엇이 실행되지 않았는지를 안다. 동시에 우리는 이에 대해 새로운 접근을 시도하고자 한다. 이는 몹시 흥미로운 시간이다. 우리는 기존의 서비스 시스템에 대해 비판적이며, 임시 직원에게 그들이 과거에 해왔던 일에 대해서도 매우 비판적인 렌즈를 통해 볼 것을 요구한다. 우리는 일을 하는 데 있어 새로운 방식의 대안적인 방법이 필요하며, 동시에 그곳에 있는 노하우의 깊이를 이해해야 한다는 점을 강조한다.

버나비 스타터 프로젝트에서 당신은 사회적 고립, 빈곤, 장애 등과 같은 매우 민감한 문제들을 다루었으며, 이는 당신의 리서치를 취약한 커뮤니티에 접목시킨다. 이러한 종류의 작업을 할 때 윤리적인 면에서 서비스 디자이너와 리서처가 고려해야 할 사항은 무엇인가?

윤리적인 고려는 언제나 매우 까다롭다. 우리는 사람을 대상으로 진정한 접촉을 하고 자료를 얻으려 하기 때문이다. 그리고 때때로 의도나 행동에 대해 너무 많이 드러내면 사람들은 행동을 바꾼다. 우리는 작업을 할 때 관계를 구축하고 구두 합의로 시작하는 대화와 같은 가벼운 터치 방식으로 움직인다. 우리가 누구와 함께 일하고 있는지 확인하고, 우리 조직이 무엇인지 설명하고, 대화를 하기 위해 구두로 허가를 요청한다. 관계가 점점 더 깊어짐에 따라, 우리는 이 자료를 사용하는 방법과 우리가 그들과 이 이야기를 다시 공유하고 싶다는 취지의 동의 같은 것을 제시한다. 동의서에는 "이름이 사용되기를 원하지 않는다" 또는 "모든 지리적 세부 사항을 변경하기를 원한다" 등과 같이 의견을 반영하기 위한 다양한 옵션이 있다. 우리는 이야기에서 사람들을 어떻게 표현할지를 두고 당사자들에게 선택권을 주려고 노력한다. 버나비 프로젝트에서 우리는 매우 이해하기 쉬운 언어와 함께 우리가 하는 일을 그림으로 표현한 많은 버전의 동의서를 사용했다. 또한 서비스 제공자들이 그들의 삶에서 종종 혼란을 겪었는지 여부를 우리에게 설명하게 하려고 노력했다.

8.4
사례 연구 분석

버나비 스타터 프로젝트에서 도출할 수 있는 주요 내용을 살펴보자.

핵심 질문 정의하기

버나비 스타터 프로젝트는 광범위하고 곤란한 문제wicked problem를 정의함으로써 시작된다는 것을 알 수 있다. 이 경우 인위드포워드 팀은 그들의 접근 방법을 설명하는 핵심 질문을 고안했다. "어떻게 사람들이 커뮤니티에서 함께 생활할 뿐만 아니라 커뮤니티의 일원으로 성장하도록 지원할 수 있는가?" 이는 매우 광범위한 질문으로, 디자이너의 직무 중 일부는 모호하고 종종 모순되는 상황에서 이치를 만들어야 한다는 것이다. 질문과 관련된 조직 및 커뮤니티 구성원의 참여가 진전됨에 따라, 우리는 당면한 문제(커뮤니티, 지원 및 포용)에 생각을 집중시키는 핵심 주제와 관심사를 볼수 있다. 이러한 주제는 특정 관심사를 기반으로 방향 감각을 갖고 조사에 임할 수 있는 좋은 방법이다. 초기 질문을 특정 커뮤니티(버나비 프로젝트의 경우, 특정 장애를 가진 개인)의 초점에 통합함으로써, 이 팀은 그들의 리서치를 수행하기 위해 어떤 사람들을 찾아야 하는지 명확한 감각을 갖추게 된다.

랜드스케이프 분석

여러분이 맡은 프로젝트에서 탐구하고 있는 주제가 과거에 다른 실무자와 학자들이 탐구했던 주제임을 발견할 수도 있다. 이 기존의 지식 기반이 작업에 영향을 줄 수 있다. 보고서, 백서, 학술 간행물, 통계 보고서, 설문 조사 및 시장 조사 결과와 같은 2차 자료와 행동 추세를 보여주는 '빅데이터' 분석에 대한 랜드스케이프 분석은, 디자인 프로세스를 진행하는 동안 역사적이고 맥락적 지식을 얻는 데 도움이 될 수 있다. 버나비 스타터 프로젝트는 랜드스케이프 분석이 리서치 및 디자인 프로세스에 정보를 제공할 수 있는 유용한 자료를 어떻게 파악하는지 보여주는 좋은 예이다.

리서치 초기 단계에서의 문제 프레임뿐만 아니라 랜드스케이프 분석 결과는 버나비 스타터 프로젝트에서도 현장 조사 중에 팀이 얻은 통찰력을 개선하기 위해 사용되었다. 이 팀은 개인 및 서비스 제공자들과 함께 일하면서 배운 것을 '테스트'하기 위해 외부 이론을 이용했다. 서비스 디자인을 할 때 우리가 수집한 인사이트와 생산한 아이디어를 지원하고, 시도하고, 또는 향상시키기 위해서는 외부 학문과 다른 전문 분야에서 이끌어내는 것이 생산적일 수 있다.

관계를 통한 관찰

버나비 스타터 프로젝트가 진행되면서 연구의 상당 부분은 사회 주택 개발과 서비스 제공 조직의 현장에서 이루어졌음을 알 수 있다. 이 팀은 잠재적 사용자를 연구하거나 현장 방문을 하는 데 그치지 않았다. 그들은 커뮤니티 내에 들어가 살면서 그들이 이해하려고 했던 더 큰 문제들을 현실로 가져왔다. 그들은 맥락적 인터뷰와 플라이온더월(fly-on-the-wall, 참가자가 관찰자를 인지하지 못하도록 관찰하는 방법—옮긴이)을 비롯해 참여자 스타일의 에스노그라피적 연구 같은 다양한 관찰 방법을 사용했다. 이러한 방식으로 몰입함으로써 신뢰에 기반을 둔 관계를 형성하여 보다 많은 사람들에게 접근할 수 있었다. 또한 프로젝트 팀은 시간을 들여 관계를 구축하면서 현재의 서비스 시스템을 이해하고, 그것을 어떻게 향상할 수 있을지에 대해 매우 중요한 접근 지점을 확보할 수 있었다. 이 프로세스의 결과는 인위드포워드가 다루고자 한 문제들에 보다 공감하는, 사람 중심적인 견해이다.

방법과 도구

이 팀은 거주민과 시간을 보내는 동시에 서비스 제공자와도 대화하고 그들을 섀도잉했다. 서비스 제공자와 대화하고 그들의 일상 업무 속에서 조직을 조사하면서 제공자들이 성취하고자 하는 것과 그들이 실제로 하고 있는 것의 차이를 확인할 수 있었다. 사람과 조직이 추구하는 것과 그들이 실제로 실행하고 있는 것 사이의 간극에는 상당한 인사이트가 존재하고, 이는 생산적인 잠재적 아이디어와 컨셉이 될 수 있다.

팀은 자료 분석을 위해 아이디어 클러스터와 주제와 패턴 정의 같은 기법을 활용했으며, 프로젝트의 추가적인 개발을 이끄는 원칙을 도출했다. 이러한 원칙들은 리서치와 아이디에이션을 연결하는 데 중요한 역할을 한다.

다음은 서비스 디자인 리서치에 활용된 핵심 방법과 그 도구이다.

리서치 계획 및 전략

각 프로젝트에는 디자인 에스노그라피가 서비스 디자인 연구의 주요 구성 요소가 되는 특정 리서치 전략이 필요하다. 더 넓은 의미에서, AIGA의 '에스노그라피 프라이머An Ethnography Primer'에 따르면 디자인 에스노그라피 리서치 프로세스는 다음 6단계에 기초한다.

1단계는 성패가 달린 주요 문제를 명확하게 정의하는 것으로 구성되는 리서치 전략을 정의하는 것이다. 실제로 이는 주요 리서치 문제를 정의하는 것으로 해석된다. 초기 리서치 문제는 종종 연구가 진행됨에 따라 다소 허구적일 수도 있고 진화될 수도 있다. 그러므로 리서치 문제는 전체 프로젝트 기간 내내 주기적으로 수정되어야 한다.

1	2	3	4	5	6
문제 정의	사람 찾기	접근 계획	자료 수집	자료를 통합하고 격차와 기회 해석	인사이트 및 권장 사항 공유
특정 문제 및 질문 파악하기	이러한 질문에 대한 중요한 이해를 제공할 수 있는 사람 찾기	응답자를 관찰하고 인터랙션하기 위한 방법 및 자료 정의하기	관찰, 인터뷰, 비공식적 인터랙션 및 프로브를 포함하는 현장 조사하기	자료를 수집하고 패턴과 테마를 찾아 이를 디자인 원리와 일반적인 사용자를 설명하는 페르소나로 해석하고, 개입에 대한 기회 나열하기	클라이언트, 파트너 조직, 사용자 그룹 및 기타 이해관계자에게 정보를 제공할 수 있는 시각적 내러티브 작성하기

도표 8.12 AIGA의 6단계에 따른 디자인 에스노그라피 리서치 프로세스

도표 8.13 리서치 툴킷의 재료 예시

2단계는 질문을 이해하는 데 도움을 줄 수 있는 주요 인물을 찾는 것이다. 그들은 사용자, 제공자, 관리자 또는 전문가일 수 있다. 3단계는 리서치 접근 방식을 계획하는 것이며, 버나비 프로젝트의 경우 완전한 체험이다. 4단계는 자료 수집에 관한 것으로, 버나비 프로젝트의 경우 완전한 체험적 접근법에는 관찰, 맥락적 인터뷰 기법, 섀도잉과 같은 도구가 사용되었다. 5단계와 6단계는 분석적 사고방식을 창의적인 사고방식으로 전환하는 것을 의미한다. 5단계는 수집된 자료를 이해하는 것이다. 이는 전체 팀과 가진 몇 차례의 긴 세션과 연구 결과가 디자인 원칙과 디자인 개입을 위한 기회를 파악하기 위해 어떻게 변환될 수 있는지에 대한 비판적 분석을 포함할 수도 있다. 6단계는 프로젝트 이해관계자에게 알리고, 그다음에 해야 할 일에 대한 의사 결정을 위해 더 많은 사람들을 대상으로 시각적 내러티브를 이용하여 인사이트와 기회를 전달하는 것이다.

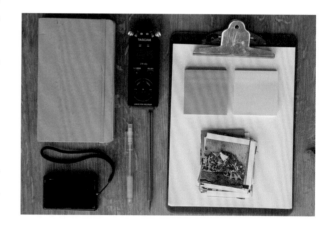

연구 전략을 정의하는 주요 측면은 각 작업에 시간과 자원을 할당하고(누가 작업을 수행할지, 얼마나 많은 시간을 배분할지, 여행이 포함될지), 주어진 맥락과 상황을 이해하는 데 핵심이 될 수 있는 사람에게 다가가고 조율하는 것이다(핵심 인물에게 다가가거나, 신뢰를 쌓거나, 활동에 동의하기). 연구 계획서 및 자료 준비에는 심사숙고가 필요하다.

랜드스케이프 분석 수행하기

랜드스케이프 분석은 2차 자료, 전문가 인풋, 이론적 프레임워크 및 선례를 포함한다. 2차 자료는 보고서, 백서, 학술 논문, 통계 보고서, 설문 조사 및 시장 조사 결과, 행동 경향을 보여주는 '빅데이터' 분석 결과를 포함한다. 행동적 인사이트 또는 역사적 분석과 같은 이론적 프레임워크는 리서치 단계에, 그리고 그 이상의 합리적인 구조를 제공하는 데 도움이 될 수 있다. 프로젝트의 이해관계자로 직접 참여하지 않는 분야의 전문가들이 디자이너가 중요한 인사이트와 관점을 얻는 데 도움이 되는 중요한 정보를 가지고 있을 수 있다. 또한 유사한 오퍼링에 대한 분석, 동일한 분야 또는 유사한 사례 연구에서 운영하고 있는 다른 조직의 분석 및 현상 황을 알려주는 이니셔티브가 유용할 것이다.

프로젝트는 0에서부터 시작하지 않는다. 그리고 프로젝트 제안서는 종종 이전 이니셔티브의 성공 또는 실패에 기초한다. 새로운 문제 공간에 진입하면, 서비스 디자인 팀은 우선 범위를 정하고 맥락과 관련된 주요 지표, 역사, 조건 및 이전 경험을 이해하려고 노력한다. 그러나 프로젝트의 랜드스케이프를 이해하는 것은 프로세스 내에서 유한한 작업이 아니다. 이 발견 프로세스는 리서치 질문과 프로젝트 목적을 재검토함으로써 프로젝트 개발 전반에 걸쳐 병행하는 활동으로 계속된다.

2차 자료는 수많은 출처에서 나올 수 있다. 연구 센터 자료, 인구 조사 자료, 정부 문서 및 기타 공식 문서는 가장 신뢰할 수 있는 자료 출처이다. 보고서, 이론적인 글 및 기타 서면 자료를 읽고 그로부터 중요한 학식과 프레임워크를 수집하는 것은 중요하지만 디자이너에게 항상 인기 있는 작업은 아니다. 선행 분석은 설명적 정보와 시각물을 포함하는 사례 연구를 통해 종종 수행된다.

관찰

관찰 기법은 주어진 맥락에서 현상을 주의깊게 보고 체계적으로 기록하는 것을 포함하며 사람, 인공물, 환경, 사건, 이벤트, 행위 및 인터랙션을 포함한다.

관찰 기법은 행동 패턴이나 신체적 흐름을 밝히기 위해 사용되며 사람과 사람, 사람과 인공물, 사람과 환경 사이와 같이 더 넓은 관계와 특정 인터랙션 뒤의 동기 부여를 밝히는 과정이다. 우리는 스스로의 행동을 이상적으로 그리는 경향이 있기 때문에 사람들이 말하는 것과 실제 행동이 정확히 일치하지 않을 수도 있다는 것을 일반적으로 알고 있다. 광범위한 문화적, 사회적 맥락을 밝히기 위해서는 관찰이 필수적이다.

플라이온더월 기법에서 리서처는 대상이 관찰되고 있다는 것을 인지하고 행동을 바꾸지 않도록 눈에 띄지 않는 관찰자로서 차분하게 활동을 관찰해야 한다.

다른 관찰 활동과 마찬가지로 윤리적인 접근이 중요하다. 존중이 무엇보다 중요하며, 판단을 내리는 것을 피하고 공감해야 한다. 상대방의 행위를 존중하는 태도와 성급한 해석을 자제하며 자신의 반응을 상쇄하는 것이 공감하는 사고방식이다.

AEIOU 프레임워크는 구성 요소에 따라 관찰을 구성하는 데 도움을 준다.

• 활동: 사람들이 하는 일, 무언가를 성취하는 경로
• 환경: 공간, 비율, 재료, 조명, 분위기, 서비스스케이프
• 인터랙션: 사람과 사람, 사람과 사물, 사람과 환경
• 사물: 인공물/터치포인트, 물리적/디지털, 정적인/활동적인
• 사용자: 사람들의 행동, 감정, 동기, 가치, 관계, 니즈

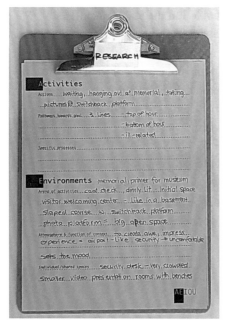

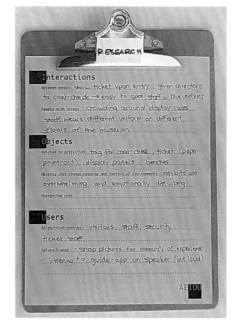

도표 **8.14~8.16** 관찰 활동을 지원하는 AEIOU 문서

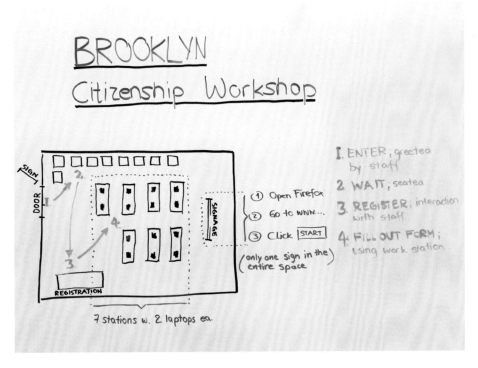

행동 매핑은 장소 중심적인 관찰 접근이다. 리서처는 사람들이 공간에서 어떻게 움직이는지 주목하면서 관찰하며 스케치를 하고, 사람들이 어떻게 들어오고 나가는지, 그들이 무엇을 하는지 주목하면서 공간과 관련된 패턴을 찾는다.

인터뷰

사람들과 이야기하고 그들이 경험을 하는 동안 면밀히 관찰하는 것은, 사람들이 어떻게 하고 왜 그렇게 하고 무엇을 하고 왜 그것을 하는지에 대해 배우는 효과적인 방법이다. 또한 리서치 활동은 리서처가 사용자와 직원의 일상생활과 사회문화적 맥락에 대한 관점을 얻는 데 도움이 된다.

디자이너는 정량적 연구 방법보다는 정성적 연구 방법을 사용하는 경향이 있다. 일반적으로 정량적 자료를 얻는 데 사용되는 질문지나 설문 조사 같은 방법은 유효하지 않은 결과와 편파적인 결과가 발생할 위험이 있어 적절하게 구조화하고 수행하기가 매우 어려울 수 있다.

이런 이유로 디자이너는 정량적 자료를 사용하지 않고 설문 조사에 시간 투자하기를 꺼린다. 정량적 자료가 명백히 필요할 경우에는 사전에 검증된 설문 조사를 사용하고, 프로젝트에 가장 적합한 것을 연구에 적용하는 것이 좋다.

디자이너를 위한 최선의 방법은 개인적인 인터뷰를 통한 질적 연구 접근법에 의지하는 것이다. 맥락 인터뷰는 일반적으로 개방형으로 진행된다. 인터뷰 진행자는 리서처가 대화를 이끌어내는 것을 돕기 위해 간혹 몇 가지 사항을 미리 준비하여 이끌어가기도 한다. 맥락 인터뷰에서는 참가자의 행동과 동기, 가치를 알아보기 위해 그들의 '영역territory(예를 들어 집이나 직장, 동네)'에 있는 사람과 시간을 보낸다. 리서처는 이러한 방법을 통해 인간적으로 더 깊은 수준에서 참가자의 전체 이야기를 포착할 수 있다. 공감과 적극적인 경청은 인터뷰에 필수적인 접근 방식이다. 공감은 먼저 한 사람의 말을 듣고 그 사람의 정서적 패턴 또는 인지적 패턴, 즉 그 사람이 어떻게 느끼고 왜 그런지 이해하려는 것과 관련 있다. 여기서 리서처는 다른 사람의 입장이 되어보려 할 수 있고, 이러한 방식을 통해 미래 상황에서 그 사람이 어떻게 생각하고 반응할지 예상할 수 있다.

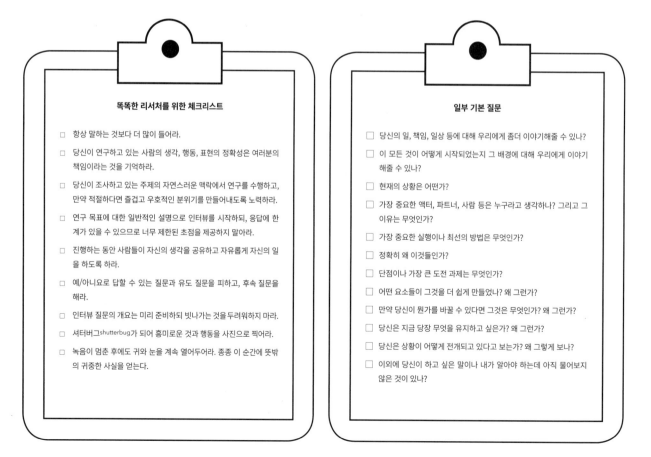

똑똑한 리서처를 위한 체크리스트

☐ 항상 말하는 것보다 더 많이 들어라.

☐ 당신이 연구하고 있는 사람의 생각, 행동, 표현의 정확성은 여러분의 책임이라는 것을 기억하라.

☐ 당신이 조사하고 있는 주제의 자연스러운 맥락에서 연구를 수행하고, 만약 적절하다면 즐겁고 우호적인 분위기를 만들어내도록 노력하라.

☐ 연구 목표에 대한 일반적인 설명으로 인터뷰를 시작하되, 응답에 한계가 있을 수 있으므로 너무 제한된 초점을 제공하지 말아라.

☐ 진행하는 동안 사람들이 자신의 생각을 공유하고 자유롭게 자신의 일을 하도록 하라.

☐ 예/아니요로 답할 수 있는 질문과 유도 질문을 피하고, 후속 질문을 해라.

☐ 인터뷰 질문의 개요는 미리 준비하되 빗나가는 것을 두려워하지 마라.

☐ 셔터버그shutterbug가 되어 흥미로운 것과 행동을 사진으로 찍어라.

☐ 녹음이 멈춘 후에도 귀와 눈을 계속 열어두어라. 종종 이 순간에 뜻밖의 귀중한 사실을 얻는다.

일부 기본 질문

☐ 당신의 일, 책임, 일상 등에 대해 우리에게 좀더 이야기해줄 수 있나?

☐ 이 모든 것이 어떻게 시작되었는지 그 배경에 대해 우리에게 이야기해줄 수 있나?

☐ 현재의 상황은 어떤가?

☐ 가장 중요한 액터, 파트너, 사람 등은 누구라고 생각하나? 그리고 그 이유는 무엇인가?

☐ 가장 중요한 실행이나 최선의 방법은 무엇인가?

☐ 정확히 왜 이것들인가?

☐ 단점이나 가장 큰 도전 과제는 무엇인가?

☐ 어떤 요소들이 그것을 더 쉽게 만들었나? 왜 그런가?

☐ 만약 당신이 뭔가를 바꿀 수 있다면 그것은 무엇인가? 왜 그런가?

☐ 당신은 지금 당장 무엇을 유지하고 싶은가? 왜 그런가?

☐ 당신은 상황이 어떻게 전개되고 있다고 보는가? 왜 그렇게 보나?

☐ 이외에 당신이 하고 싶은 말이나 내가 알아야 하는데 아직 물어보지 않은 것이 있나?

이와 관련된 기술은 섀도잉이다. 섀도잉에서 리서처는 사용자와 직원의 삶에 끼어들게 된다. 리서처는 참가자들이 활동하고, 촬영을 하거나 사진을 찍는 동안 그들의 뒤를 그림자처럼 따라다닌다.

섀도잉은 리서처가 최신 서비스가 어떻게 사용되고 있는지 이해하도록 도와주고, 어떤 격차가 생길 수 있고 어떤 개선이 가능한지 드러낼 수 있도록 도와준다. 이는 사용자의 경험을 직접 추적할 수 있는 기회이다. 실제로 섀도잉은 침묵/제거 모드에서뿐만 아니라 리서처가 관찰중인 사람에 대해 질문하거나 심지어 그들과 대화하는 참여 모드에서 수행될 수도 있다.

자기 문서화

참여자의 자기 문서화self-documentation에는 저널과 다이어리 같은 도구뿐만 아니라 일회용 카메라를 사용하는 것도 포함된다. 아이디어는 이미지나 말로 참가자들의 활동, 생각과 감정을 포착하는 것이다. 참가자들은 보통 저널과 카메라를 어떻게 사용해야 하는지, 무엇을 어떻게 등록해야 하는지에 대해 전달받는다. 오늘날 소셜 미디어를 통해 사용자에게 다가가고 원격으로 문서화하게 하는 것은 상대적으로 쉽다. 이런 종류의 연구에서는 사용자 모집이 매우 중요하다. 디자인 리서처는 연구를 위해 사용자를 모집할 때 크레이그리스트Craigslist 같은 웹사이트를 이용한다.

모바일 에스노그라피 실행에는 리서처가 사용자가 되어 현장을 방문하는 것이 포함되며, 리서처들은 대개 모바일 기술을 사용하여 경험을 기록하며 서비스를 스스로 경험할 수 있다. 이 기법은 디자인 리서치 팀이 서비스 인터랙션 전반에 걸쳐 직접적으로 서비스 경험을 원할 때 사용할 수 있다. 또한 최종 사용자의 렌즈를 통해 서비스를 경험함으로써 서비스 제공자에게 도움이 될 수 있다. 이는 경쟁자들을 벤치마킹할 때 유용하다.

리서처들은 스마트폰이나 카메라를 사용하여 이미지, 오디오 및 비디오를 캡처하여 경험을 시각적으로 문서화한다. 일회용 카메라는 배포하기에 실용적이어서 여전히 활용되고 있으며, 고프로GoPro 같은 착용형 카메라는 손으로 들고 있지 않아도 촬영이 가능하다. 데이즈Days 및 익스피리언스펠로우ExperienceFellow 같은 앱은 유용한 모바일 에스노그라피 도구이다.

'서비스 사파리service safari'라는 용어가 널리 보급되어 있고 서비스 디자인 커뮤니티에서도 사용하고 있다. 하지만 서비스 사파리라는 말은 여러분이 연구하고 있는 서비스를 제공하거나 사용하는 사람들에게는 약간 무례하게 여겨질 수 있기 때문에 그 대신 '모바일 에스노그라피'라는 용어를 제안한다. 사람들은 언제나 대접받고 존중받아야 하며, 그들은 외부 시선의 대상이 아니라 자기 삶의 자율적 주체이다.

도표 8.18 리서치 체크리스트와
맥락 인터뷰를 위한 기본 질문

여정맵, 서비스 블루프린트 및 시스템맵

여정맵, 서비스 블루프린트 및 시스템맵은 통합 및 분석을 위한 도구이다.

'여정맵'('고객 여정맵' 또는 '경험맵'이라고도 한다)은 서비스 디자인의 시간 기반 및 경험적 특성을 충족시키므로 주요 서비스 디자인 도구 중 하나이다. 서비스를 디자인할 때 시간에 따른 순차적 행동과 내러티브 창조를 고려해야 한다. 여정맵은 기본적으로 서비스 관여와 인터랙션 순서를 그래픽으로 문서화하여, 전체적으로 여러 '터치포인트'와 채널을 보여주는 시각적인 타임라인이다. 이는 서비스를 통해 사용자의 전체 경로를 포착한다.

여정맵은 본질적으로 사용자 중심 도구이다. 이 관점은 사용자가 보고 느끼고 경험하는 것, 즉 항상 사용자에 대한 것이다. 여정맵은 사람들의 행동 이면에 있는 동기부여와 인과적 효과 파악을 시도한다. 이것은 기존 서비스를 구조화하는 리서치 도구, 또는 새로운 서비스 순서와 특징을 생성하는 데 도움이 되는 아이디에이션 도구로 사용될 수 있다.

단순히 다이어그램이나 플로차트가 아니라 이미지, 일화, 사진, 인터뷰 인용구를 사용함으로써 기술적인 방법보다는 인간화된 접근 방식을 지향한다. 여정맵은 다양한 서비스를 경험할 때 사람의 감정을 시각화하는 연구를 통해 더 풍부해질 수 있다. 여정맵에서 감정을 포착하는 것은 모든 서비스 디자이너가 관행적으로 사용하는 방법은 아니다. 서비스 여정 동안 특정인의 감정을 포착하는 것은 가능하지만, 감정과 인식에 대해 일반적인 가정을 세우기는 어려울 수 있다.

이 도구는 프로젝트를 개발할 때 여러 단계에서 사용될 수 있다. 즉, 리서치 단계에서는 서비스를 있는 그대로 포착하고, 페인 포인트 및 기타 핵심 순간을 파악하거나, 제너레이티브 단계에서 다른 사용자 그룹에 실행 가능한 새로운 서비스 여정을 시각화할 수 있다.

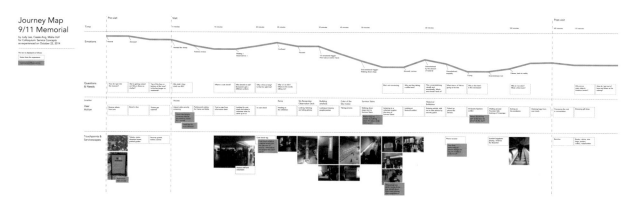

도표 8.19 9·11 박물관의 방문자 경험 여정맵. 상단의 굵은 선을 통해 표현되는 감정 변화에 주목하자. 이 경우 학생들은 서로의 뒤를 섀도우하며, 맵에 표시되는 감정은 한 사람의 특정한 감정을 반영한다.

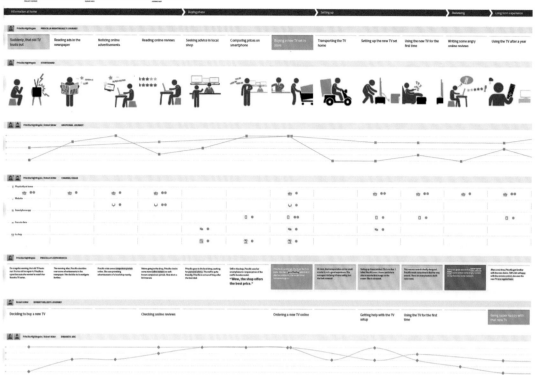

도표 8.20 익스피리언스 펠로우의 여정맵으로, 모바일 애플리케이션에 있는 온라인 도구 세트의 일부이다. 여정맵은 스마트폰으로 촬영한 사진을 포함하고 공간을 매핑하는 기능을 가지고 있다.

도표 8.21 미국 도시의 가장 광범위한 거리 노숙자 지원 활동인 홈스탯HOME-STAT의 일환으로, 뉴욕시 시장 경제기회Economic Opportunity 사무소의 서비스 디자인 스튜디오에서 노숙자를 대상으로 거리에서 집으로 돌아가는 여정을 문서화했다.

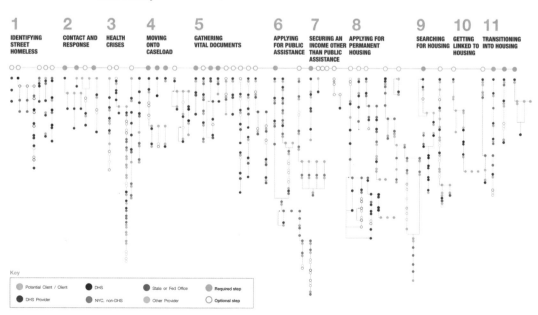

'서비스 블루프린트'는 본질적인 서비스 디자인 도구이다. 사용자 관점에 초점을 맞추는 사용자 여정맵과는 달리, 서비스 블루프린트의 고유한 가치는 서비스 제공자 조직의 물류 및 조직 행동과 관련된 사용자 행동을 보여준다. 서비스 블루프린트는 모든 서비스 참가자(사용자, 직원, 프론트라인과 백오피스 및 지원 시스템)를 분류하고 서비스 제공의 전면 및 후면을 구분한다.

서비스 블루프린트를 수행하는 목적은 다양할 수 있다. '현재 상태current states' 서비스 블루프린트는 기존 서비스 전달을 발견하기 위한 연구 및 분석 도구로 사용되며, '미래 상태future states' 서비스 블루프린트는 아이디에이션 도구로 활용된다. 서비스 블루프린트의 주요 요소로는 다음과 같이 네 개의 '선lines'으로 분리되는 다섯 개 '영역lanes'을 포함한다.

- 상단의 첫번째 영역은 서비스 터치포인트를 나타내며 '인터페이스 라인interface line'에 의해 결정된다. 터치포인트는 실제 사진을 통해 작성되고 그려지거나 표시될 수 있다.

- '인터랙션 선' 바로 위에 있는 두번째 영역은 사용자의 행동을 포착한다.

- '인터랙션 선' 바로 아래에 있는 세번째 영역은 프론트오피스 직원의 행동을 포착한다.

- 네번째 영역은 '가시선visibility line' 뒤에서 사용자에게 보이지 않는 백오피스 직원이 수행한 작업을 포착한다.

- '내부 인터랙션 선' 아래의 하단 다섯번째 영역은 서비스 전달과 관련된 지원 시스템 또는 하청 업체의 행동을 보여준다.

서비스 블루프린트의 수평축은 '서비스 전달'의 일반적인 단계로 세분화될 수 있다. 예를 들어 호텔 시나리오에서 이 단계는 (1)호텔 예약, (2)도착 및 체크인, (3)숙박 기간, (4)체크아웃이다.

'현재 상태' 서비스 블루프린트는 사용자와 직원, 관리자 관찰 또는 경험 리서치, 인터뷰로 시작하여 수집한 모든 자료를 블루프린트 초안으로 변환한다. 블루프린트 초안은 프로젝트 이해관계자와 공유할 수 있으며, 격차와 페인 포인트, 패턴 및 개선 기회를 파악하기 위한 집단 진단 도구로 수행될 수 있다. 반대로 '미래 상태' 서비스 블루프린트는 프로젝트 팀이 서비스의 특정 부분 또는 단계에 대한 작업을 결정하도록 돕고 새로운 터치포인트와 경험에 대한 권장 사항, 로드맵 및 컨셉을 이끌어낼 수 있는, 코크리에이션을 위한 도구가 될 수 있다.

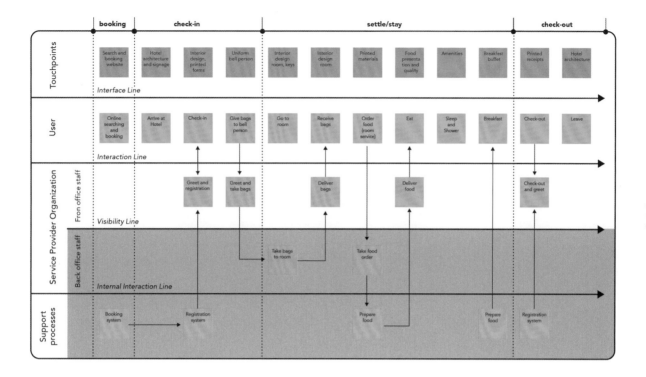

도표 8.22 전통적인 호텔의 서비스 블루프린트이다. 상단에서 하단 영역의 서비스 블루프린트 요소는 다음과 같다. 첫번째 영역, 서비스를 가능하게 하는 터치포인트(텍스트, 그림 또는 사진). 두번째 영역, 사용자의 행동. 세번째 영역, 사용자와 직접 인터랙션하는 프론트오피스 직원의 행동. 네번째 영역, 사용자에게 보이지 않는 백오피스 직원의 행동. 다섯번째 영역, 하청 업체 및 지원 시스템의 행동.

도표 8.23 에어비앤비의 서비스 블루프린트 예시. 서비스 블루프린트는 각 서비스의 구체성과 특성을 반영하여 유연하고 맞춤 가능한 도구로 접근해야 한다. 예를 들어, 플랫폼 기반 서비스인 에어비앤비의 블루프린트에는 기존의 서비스 블루프린트와는 다른 접근 방식이 요구된다. 에어비앤비 서비스에는 두 가지 유형의 사용자 역할(게스트 및 호스트)이 있으며, 플랫폼은 직접 대면할 때까지 인터랙션을 중재하므로 주인과 손님 영역 사이에 터치포인트 영역을 배치하는 것이 더 유용할 수 있다. 또한 온라인과 오프라인 인터랙션의 차이는 '가시선'이나 '인터랙션 선'과 같은 전통적인 블루프린트의 사용 방식을 바꿀 것이라는 점을 주목해야 한다.

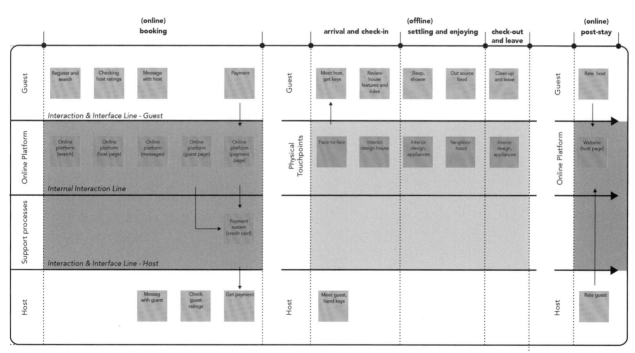

'시스템맵'(이해관계자맵이라고도 한다)은 주요 서비스 제공 조직의 관점에서 (서비스) 제공 시스템의 주요 '액터'의 도식적인 표현이다. 액터는 그들의 주변과 사용자, 직원, 부서 및 외부 제공자를 포함한 조직 내부의 사람들로 구성된다. 일반적으로 맵은 픽토그램이나 다른 시각적 표현을 활용하여 구성되며, 선과 화살표로 다른 관계와 여러 액터들의 흐름(정보, 금융, 물질 또는 노동에 기반을 둔)을 나타낸다.

이해관계자맵 및 시스템맵은 서비스 시스템의 경계, 핵심 서비스의 성과와 기존의 흐름 및 지향하는 다양한 종류의 흐름을 식별하는 데 유용하다.

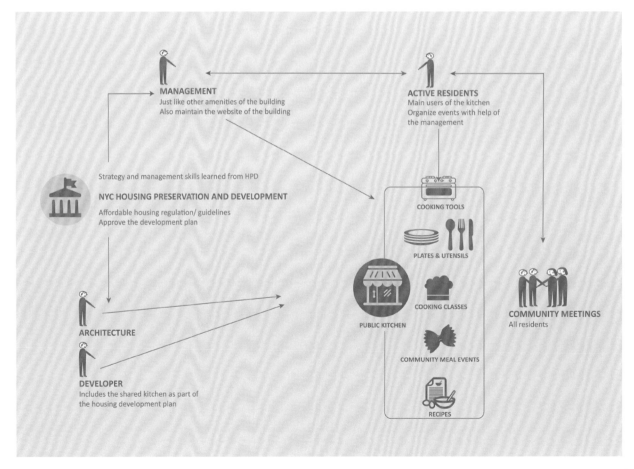

도표 8.24 공공 주방에 대한 시스템맵의 예시

디자인 테마, 원칙 및 필수 사항

리서치 활동으로 인해 풍부한 자료가 발생하는데, 그 자료의 분석 결과는 서비스 디자인 프로젝트의 후속 단계에서 의사 결정에 영향을 미칠 수 있어야 한다. 리서치 팀이 참여하는 프로젝트의 경우, 모든 팀의 구성원이 동일한 수준의 배움을 얻을 수 있도록 리서치 자료를 공유하는 것이 중요하다.

프로젝트에서 이 단계의 핵심 기법은, 연구 결과를 공유하기 위한 활동을 실시하고 이어서 반복 패턴과 핵심 주제를 식별하여 디자인 주제를 찾는 것이다. IDEO의 '인간 중심 디자인 현장 지침IDEO's Field Guide to Human-Centered Design'(2015년)은 여러 리서처가 배운 내용을 차례로 내려받아 노트를 공유하는 '학습 내용 다운로드Downloading Your Learnings' 기법을 설명한다.

이 시점부터 팀은 패턴, 사용자 그룹이 직면하는 지속적인 문제 및 다른 의미 있는 인사이트를 통해 주제를 찾기 시작할 수 있다. 이러한 '주제'는 팀이 리서치 단계의 전형적인 학습 사고방식에서 기존 서비스에 대한 특정 서비스나 개입에 대한 아이디어가 나타나기 시작할 수 있는, 좀더 생성적 사고방식으로 전환하는 데 도움을 줄 수 있다.

도표 8.25 버나비 프로젝트 사례에서 다운로드 및 클러스터링 연습 후 나타난 주제 클러스터 예시

이 기법에는 다운로드 활동에서 노트를 검토하여 가장 설득력 있는 이야기나 인사이트 또는 인용문을 선택하고, 그것들을 어피니티 클러스터affinity clusters로 그룹화할 수 있는 새로운 보드로 옮기는 것이 있다. '어피니티 클러스터'는 리서치 팀이 그들의 리서치 자료(예를 들어 이야기, 인사이트, 인용문)를 살펴보기 시작하고 서로 비슷한 요소들로 분류할 때 형성된다. 이러한 종류의 활동을 통해 리서치에서 얻은 많은 이슈들을 긴 목록으로 정리하고 그룹을 만드는 것은 많은 양의 정보를 이해하는 데 도움을 주므로 중요하다.

어피니티 그룹을 형성하는 것은 대부분 직관적이고 주관적인 과정으로 여러 차례를 수반할 수 있다. 기법은 간단하다. 가급적 플립차트나 화이트보드 위에 스티키 노트(포스트잇)를 사용하여 적는다. 두 시간 이상의 세션을 계획한다. 여러 번 재배치해야 할 수도 있으므로 일반적으로 스티키 노트를 사용한다.

종종 다른 이야기와 관찰은 비슷하고 반복되는 주제를 다룬다. 초기 공유가 끝나면 공통 주제, 반복 패턴, 계속 나타나는 문제 또는 일관된 제약 같은, 자료의 공통성을 파악하는 것이 더 쉬울 것이다.

일단 클러스터가 형성되면 리서치 팀은 다른 것보다 몇몇 이슈에 우선순위를 매길 수 있고, 추가 연구에서 다루어야 하는 지식의 차이가 있다는 것을 알 수 있다. 또한 기존 서비스에 대한 새로운 서비스 아이디어나 개입으로 리서치 단계의 일반적인 학습 사고방식에서 보다 생산적인 사고방식으로 전환할 수 있으며, 디자인을 위한 실행 가능한 기회로 전환될 수 있는 주요 주제를 식별할 수 있다.

디자인 팀은 주제를 기반으로 하여 제너레이티브 단계로 이끌어줄 디자인 원칙과 필수 사항 목록을 정의할 수 있다.

IDEO의 '인간 중심 디자인 현장 지침'에서는 '디자인 원칙'을 주제를 뒷받침하는 핵심 원칙으로 정의하며, 기본적으로 이는 아이디에이션 프로세스를 위한 '가드레일guard rails'로 아이디어를 집중시키며 기능한다. 예를 들어, 디자인 원칙은 단일 사용자 또는 특정 양상보다는 가족에 초점을 두는 것과 같이 사용자에 대한 결정적인 제약을 포함할 수 있다. 디자인 원칙은 상세 디자인 아이디어(예: 로고는 파란색이어야 한다)보다 높은 수준의 지표이다.

필수 사항 목록에는 사용자의 기술 능력, 구체적인 요구 사항 또는 고객이 초래하는 제약(예: 최종 인공물의 비용)과 같이 컨셉에서 관찰되어야 하는 조건 중 일부를 상세히 기술한다.

도표 8.26 필수 사항의 목록 예시. 초기 리서치에는 다
양한 주제에 의해 수행된 일반적인 여정맵, 인터뷰 및
관찰이 포함된다.

8.6
학습 활동

학습 과제

맥락 내 디자인 에스노그라피

- 2인 1조로 지역 박물관을 방문하여 서로 관찰하거나 서로를 섀도잉한다. 리서치 접근 방식과 리서치 툴킷(예: 노트북 및 컬러펜, 스마트폰을 사용하여 사진 및 동영상 촬영)을 정의하며 리서치를 시작한다. 거리를 두고 리서치를 시작하라. 팀원이 어떻게 행동하는지 관찰하고, 그 경험에 따라 상대의 반응을 기록한다. 그리고 직원, 동료 방문객 및 박물관의 전체 서비스 기반에 대한 구체적인 인터랙션에 주목하자.

- 다음 단계는 좀더 상호적이다. 팀원이 왜 한 가지 일을 하고 다른 것은 하지 않았는지에 대해 신중하게 질문한다. 특별히 즐거웠거나 도전적이었던 순간은 무엇이었나? 어떤 판단도 자제하고 단지 경청하자. 함께 시간을 보내는 동안과 보낸 후에, 메모를 작성하고 사진을 첨부하여 서비스 인터랙션에 관한 기억할 만한 인용문을 옮겨 적는다. 사진이나 영상을 촬영할 때 다른 사람이 찍힐 수도 있다면 사전에 허락을 받자.

- 마지막으로 관찰 및 인터뷰를 통해 모은 자료를 통합한다. 템플릿을 활용하여 사용자 여정맵을 만든다.

- 결과를 분류하고 일련의 인사이트를 개발한다. 여러분이 관찰한 서비스에서 페인 포인트는 무엇이며, 누락된 것은 무엇인가? 서비스 개선으로 더욱 확대될 수 있는 긍정적인 순간은 무엇인가? 향후 디자인 개발에 정보를 제공하는 디자인 원칙 및/또는 필수 사항의 목록을 정의하기 위해 이러한 인사이트를 사용한다.

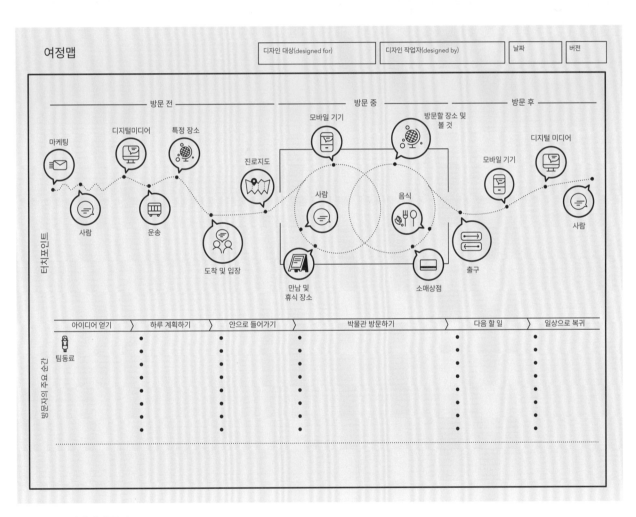

도표 8.27 여정맵 템플릿

09
서비스 디자인 생성하기

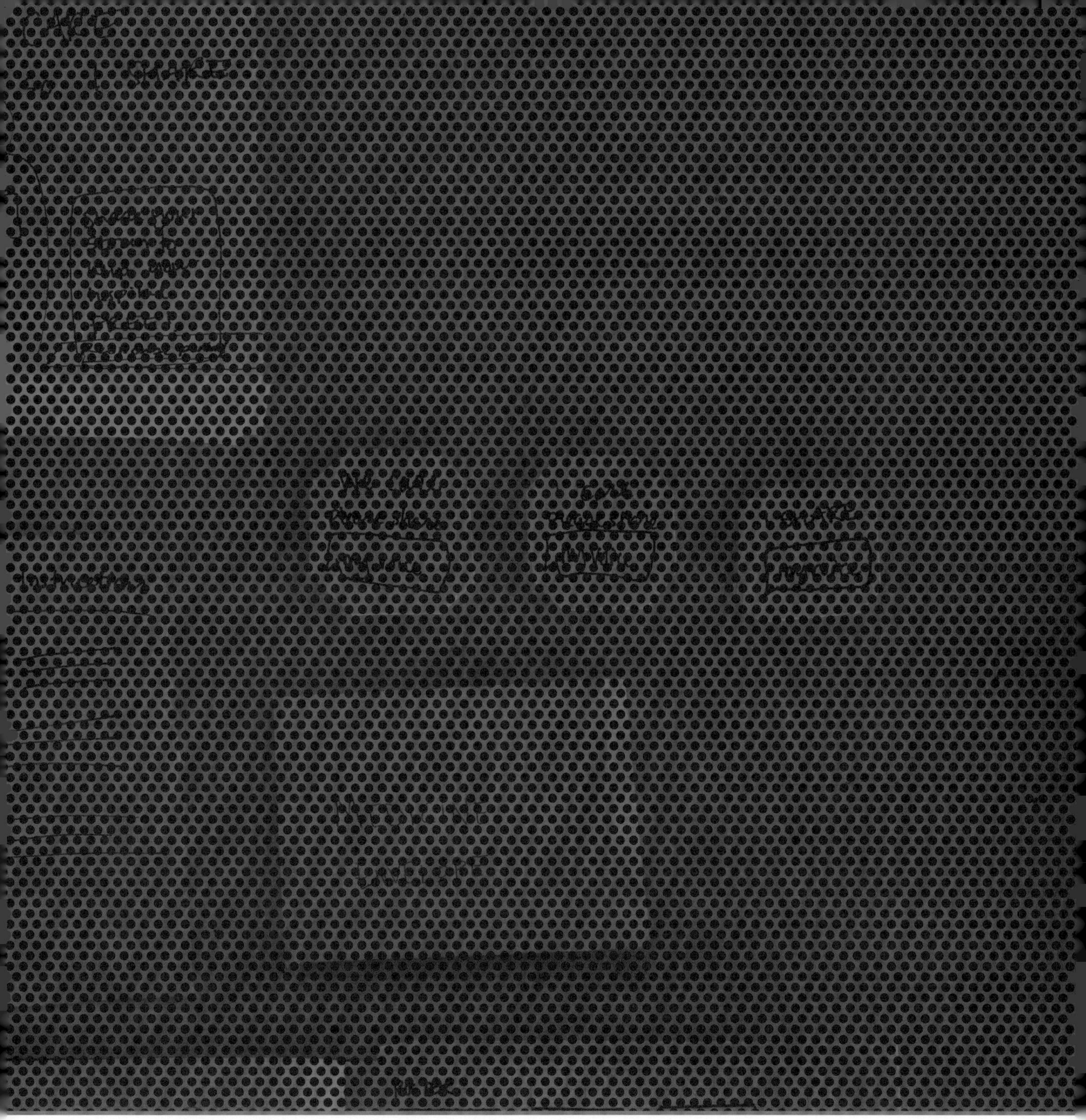

9.1
소개

9장에서는 새로운 서비스 컨셉의 아이디어 발명과 창조로서 서비스 디자인 프로세스가 지닌 중요한 측면에 대해 알아본다. 아이디어를 내는 것은 규정하기 어려운 과제일 수 있다. 새로운 아이디어는 어디에서 오는 것일까? 그리고 창조성을 구체적인 발전에 어떻게 활용할 수 있을까?

주요 도전 중 하나는 리서치 결과 및 인사이트에서 실행 가능한 컨셉으로 이동하는 것이다. 9장에서는 이 지점까지 이르게 하는 모든 리서치와 분석 후에 독창적인 사고방식으로 전환하는 방법에 대해 설명한다. 리서치와 컨셉 생성 사이에서 일어나는 중요한 변화는, 학습적인 사고방식에서 지향하는 미래를 위한 발명과 탐험으로 옮겨가는 것이다.

또한 9장에서는 리부트Reboot의 프로젝트를 예로 들어 서비스 디자인 프로세스에서 코디자인이 얼마나 중요한지 알아본다. 그런 다음 아이디어 생성과 컨셉 아이디에이션을 촉진하는 데 사용되는 일반적인 접근과 방법을 검토하고, 아이디어를 포착하여 실행 가능한 컨셉으로 발전시키는 기법을 검토한다.

9.2
사례 연구: 리부트의 마이 보이스 프로젝트

리부트는 포용적인 발전과 책임 있는 공공 경영에 전념하는 사회적 기업이다.

마이 보이스My Voice 프로젝트는 나이지리아 시골 지역의 환자와 헬스케어 클리닉 사이의 피드백 문제를 다룬다. 환자는 종종 클리닉이 문을 닫거나 비품 부족, 모욕적인 치료 방식으로 인해 불만을 느낀다. 그리고 클리닉은 정전 문제를 비롯해 용품과 장비, 직원 부족으로 인한 고충을 일상적으로 겪는다. 정부와 정책 입안자가 클리닉이 지닌 문제를 실시간으로 모니터링하지 못하기 때문에 진료의 질이 떨어진다.

리부트는 이러한 복잡한 문제를 해결하기 위해 세계은행이 후원하는 나이지리아주 보건 투자 프로젝트와 나이지리아 정부와 협력하여 마이 보이스 플랫폼을 개발했다.

마이 보이스는 서비스 품질 향상을 궁극적인 목표로 삼고, 시민들의 피드백과 환자와 클리닉 직원들 사이에 새로운 커뮤니케이션을 가능하게 하는 채널을 수립했다. 마이 보이스는 헬스케어 생태계를 모니터링하고, 클리닉 매니저와 지방 정부, 정책 입안자, 국제 기부자들에게 시민들의 의견을 보고한다.

실제로 마이 보이스는 1차 헬스케어 클리닉을 방문한 환자들에게 진료 품질에 대해 묻는 SNS 설문 조사로 구성된다. 수집된 자료는 웹 대시보드를 통해 실시간으로 업데이트되어 헬스케어 프로그램 임원, 정책 입안자 및 정부 보건 직원에게 통보된다. 정부 직원은 자료를 바탕으로 클리닉 이사에게 보고하여 조치를 취하게 한다.

이 프로젝트의 개선 과제는, 역사적으로 수준이 떨어지는 서비스와 관련된 피드백 시스템에 대한 환자의 회의적인 태도 사이에서 낮은 수준의 읽고 쓰는 능력이 포함되었다. 또한 클리닉 직원은 시스템이 자신의 일에 영향을 미치는 것을 달가워하지 않았다. 이 팀은 프로젝트 성공에 결정적인 영향을 미쳤지만 정부가 궁극적으로 서비스를 제대로 반영하게 하는 강력한 인센티브가 없다는 점을 감안할 때, 정부로부터 승인받아야 하는 과제를 안고 있었다.

리부트는 임시로 지역 스튜디오를 설립하고, 지역 연구원을 고용하고 교육하며 현지 시민과 클리닉 직원, 정책 입안자 및 정부 프로그램 관리자와 함께 여러 차례 디자인 워크숍과 컨설팅을 포함한 체험적 에스노그라피 프로세스에 참여했다. 지속적인 리서치와 테스트를 통해 최종 버전의 서비스가 개발되었고, 이는 SMS 기술, 모니터링을 위한 웹 대시보드, 브랜딩, 커뮤니케이션 및 홍보물, 환자 피드백을 이용하는 직원용 사용자 가이드 및 교육으로 구성되었다.

11개 주요 헬스케어 시설에서 9주간 실시된 파일럿은 성공적이었으며, 다음 단계는 나이지리아의 다른 지역으로 '마이 보이스'를 확대해나가는 것이다.

도표 9.1 마이 보이스의 기능과 계획

230

Welcome to My Voice! Free! Answer to help your facility improve: Are healthcare workers available when you visit the hospital? Reply 1 for YES, 2 for NO.

1

Was the staff rude or disrespectful in any way at the hospital? Reply 1 for YES, 2 for NO.

9.2

9.3

9.4

9.5

도표 9.2 SMS 설문 조사 인터페이스
도표 9.3 아이디어 생성 보드
도표 9.4~9.7 다양한 프로젝트 이해관계자와의 코디자인 세션

9.6

9.7

9.8

9.9

9.10

9.11

9.12

도표 9.8~9.10 최종 커뮤니케이션 터치포인트
도표 9.11~9.12 사용자 테스트 및 직원 교육 세션

9.3

리부트 팀의
논소 지도퍼, 판테아 리,
아담 탈스마와의
인터뷰

논소 지도퍼Nonso Jideofor는 이해관계자 참여를 관리하는 이 프로젝트의 프로그램 코디네이터였다. 리부트의 공동 창립자이자 교장인 판테아 리Panthea Lee는 기술 고문과 수석 디자이너로 근무했다. 리부트의 나이지리아 오피스 지역 관리자인 아담 탈스마Adam Talsma는 프로젝트 매니저였다.

연구 단계에서 아이디어 생성으로 어떻게 전환되었나?

리서치는 아이디어의 기반이 되었다. 나이지리아 시골 지역 주민들이 무엇을 원하는지와 기술과 헬스케어에 대한 그들의 접근성이 어떤지에 대해 정보가 많지 않았다. 세계은행은 프로젝트에서 핵심적인 커뮤니케이션 채널로 휴대전화를 활용하기를 바랐고, 이러한 맥락에서 휴대전화가 폭넓게 보급되었지만 기술 실행 가능성과 언어 선택 같은 중요한 문제가 있었다. 예를 들어, 그 지역 대다수의 주민들은 하우사Hausa라는 언어를 구사하지만 영어 학교에서 언어를 배웠으므로 대부분 읽거나 쓸 수 없었다. 그래서 우리는 실행 가능한 아이디어를 창출하기 위해 확고한 연구 기반이 필요했다.

리서치, 아이디어 발상, 디자인은 연속적이고 경험적인 프로세스이다. 우리가 근무하고 있던 왐바Wamba에 리서치 및 디자인 팀의 근거지를 세웠다. 이는 우리가 깊이 있는 에스노그라피를 수행하고 진정성 있는 깊은 관계를 구축하는 데 매우 중요한 요소였다. 우리 팀은 그곳에 살았기 때문에(단기적인 리서치를 위해 온 것이 아니었다), 사람들의 신념과 행동에 대해 대화할 수는 없었지만 실제로 그들을 오랜 시간 동안 관찰할 수 있었다. 또한 우리 팀은 현지 시민, 보건 당국 및 정부 임원에게 헌신적인 태도를 보였으며, 이는 우리가 헬스 담당자와 정부 임원들에게 단지 며칠 또는 몇 주간 협의를 하기 위해 그곳에 머무르는 게 아니라는 의지를 보여주었다. 이로써 우리가 전체 디자인 프로세스를 통해 어깨를 나란히 하며 일하기 위해 그곳에 있다는 것을 보여준 것이다.

우리는 사람들이 이 헬스케어 시스템에 대해 매우 합리적인 불만을 갖고 있다는 것을 곧 알게 되었다. 그래서 우리는 생각했다. 예를 들어, 우리가 질문 설계를 통해 시민들로부터 피드백을 수집할 수 있는 방법이 있을까? 프론트라인 서비스 직원들과 정책 입안자들 또한 도울 수 있을까? 따라서 리서치는 우리를 두 가지 아이디어 발상 경로로 이끌었다. 하나는 주민(커뮤니티 사용자)과 피드백 입력 방법에 초점을 두었다. 다른 하나는 정부 액터(기관 사용자)에 초점에 맞추었고, 피드백 시스템을 지원하고 서비스를 개선하기 위해 그들에게 동기부여할 수 있는 방법을 집중적으로 다루었다.

아이디어 생성을 이끌어내는 프로젝트에서 채택한 특정 프레임워크가 있었나?

우리에게는 두 가지가 있었다! 하나는 시민부터 정책 입안자, 구현자에 이르기까지 여러 사람으로부터 체계적이고 직접적인 피드백을 받아 그들의 프로그램 디자인을 개선하고, 그것이 이루어지도록 재원을 재할당하는 방법을 설명하는 세계은행의 사회적 책임 프레임워크이다.

다른 하나는 정부가 정치적 또는 법적 책임이 없을 때 시민의 피드백을 통해 정치적 관심을 유도하는 방법을 생각하기 위해 내부의 '제도적 통합' 프레임워크를 개발한 것이다. 이러한 프레임워크를 위해 우리는 클리닉에서 일하는 간호사에서부터 아부자의 국가 보건 프로그램 관리자에 이르기까지 서비스 제공망에 속하는 정부의 모든 계층을 찾아냈다. 각 계층의 액터를 위해 우리는 (1)그들의 동기(개인 및 전문가), (2)그들의 제약(개인 및 전문가), (3)그들이 일상적으로 사용한 프로세스(공식 및 비공식)를 이해할 필요가 있었다.

이러한 요소를 이해하기 위해 서비스 제공망의 각 계층에 있는 개인과 함께 리서치를 수행했으며, 다음 시스템 디자인 지침을 내리기 위해 사용자 페르소나를 종합했다.

또한 우리는 어떤 이유로든 정부 기관의 계층 내에서 이 새로운 프로세스를 지원하는 데 도움을 줄 수 있는 사람을 파악하려고 했다.

새로운 것을 정부에 소개한다면 그때마다 처음에 그 프로세스를 지원하도록 도울 수 있는 사람들과 함께 작업해야 한다. 이는 채택의 장애물을 최대한 낮추는 데 도움이 된다. 이를 수행하는 가장 좋은 방법은, 기존 프로세스를 기반으로 통합하여 사람들에게 현재 수행중인 작업을 점진적으로 변경하도록 요청하는 것이다. 이 프레임워크는 우리가 기존 시스템의 포인트를 활용하도록 맞춤화된 아이디어와 컨셉을 생성하는 데 도움이 되었다.

마이 보이스의 아이디어 제너레이티브 단계에서 활용한 유용한 도구 또는 방법은 무엇인가?

아이디어를 내기 위한 핵심 도구 중 하나는(제도적 통합 프레임워크를 기반으로) 기관의 활용 지점을 파악하고 이해하는 데 도움이 되는 프로세스 매핑이었다. 일단 동기와 제약, 기존 프로세스를 이해한 후 우리는 특정 기관의 진입 지점을 확인해야 했다.

예를 들어, 프로그램을 주 전역으로 확대하기 위해 국가 정책 입안자와 국제 기부자에게 성공 사례를 보여주려는 주 정부 프로그램 관리자를 파악했다. 이는 동기부여의 좋은 예이다. 만약 이 시민 피드백 이니셔티브가 정부 프로그램 관리자의 계획을 뒷받침할 수 있다면, 그는 그것을 지원할 동기가 생길 것이다. 그의 계획을 위해 우리는 프로그램 확대 결정이 어떻게 이루어지는지 이해해야 했다. 그래서 우리는 그에 사용된 특정한 도구와 토론(분기별 임원 회의와 같은)을 식별하면서 전체 의사결정 프로세스를 매핑했다. 그다음 이 관리자에게 호소하고 기존 도구 및 토론과 쉽게 통합할 수 있는 시민 피드백 이니셔티브의 결과를 디자인할 수 있었다.

또다른 핵심 도구는 프로토타이핑이다. 이는 디자인뿐만 아니라 이해관계자를 참여시키는 데에도 사용되었다. 아이디어가 떠오르면 우리는 정부의 담당자에게 보여주기 위해 제품과 프로세스의 목업을 개발했다. 예를 들어, 정부 보고 대시보드의 디자인과 도전적인 피드백을 처리하는 방법에 대한 지침을 보여주는 것이다.

우리는 "보세요, 시민에게 기본 헬스 서비스의 X, Y 또는 Z 측면에 대한 정보를 입력하게 하면 이런 것들이 다시 당신에게 돌아올 것입니다"라고 말할 것이다. 정부 이해관계자는 "아, 이건 실제로 매우 유용하네요"라고 반응하며 우리에게 그것들을 훨씬 더 유용하게 수정해줄 것을 요청한다. 우리는 기관 리서치와 이해관계자 참여에 대해 매우 조심스럽게 작업해왔기 때문에 사실 초기 프로토타입은 실행 가능한 해결책에 매우 근접해 있었다. 그러나 이 프로토타이핑은 최종 제품에 대한 프로세스와 소유권에 대해 승인하는 또다른 이해관계자 참여 도구 역할을 했다.

9.3 리부트 팀의 논소 지도퍼, 판테아 리, 아담 탈스마와의 인터뷰

관료, 정치인, 헬스케어 제공자, 시민과 같이 서로 전혀 접촉하지 않는 다양한 이해관계자들을 어떻게 함께 모이게 하고 새로운 아이디어를 도출해낼 수 있었나?

첫째로 새로운 아이디어를 창출하기 위해 사람들을 하나로 모으는 것이 타당한지, 그렇다면 언제 모이는 것이 좋은지 생각해보는 것이 중요하다. 코크리에이션은 이제 하나의 유행어가 되었지만, 특정 시나리오에서만 의미가 있으며 이때의 인터랙션을 신중하게 디자인해야 한다. 불행하게도 이 인터랙션은 보통 그렇지 않다. 우리는 코크리에이션이 결국 재앙으로 끝나는 사례를 너무 많이 봤다.

만약 서로 모르는 사람들을 한자리에 모으려 한다면, 먼저 모든 사람들이 공통된 가치와 목표를 가진 인간으로서 서로를 이해하는 것이 중요하다. 이를 위한 한 가지 방법은, 공감대를 형성하기 위해 공통 주제에 대해 이야기하도록 하는 것이다. 왐바에서는 "헬스케어 시스템에 언제 몹시 실망했나요?"와 같은 질문처럼 바람이나 개선 요소를 중심으로 사람들을 하나로 뭉치게 만들었다. 이 과정에서 유감스러운 이야기들이 나왔으리라 짐작할 수 있다. 하지만 개인적인 경험을 공유하는 것은 오히려 희망과 두려움을 확인하는 데 도움이 되었다.

그럼에도 불구하고 다양한 이해관계자를 하나로 모으는 데에는 큰 어려움이 자주 발생한다. 즉 권력에 대한 고려, 우리 그룹 밖의 사람들 앞에서 행동에 대한 사회적·정치적 압력과 워크숍 참여의 기술 등이 있다. 만약 시나리오가 이런 것을 언급하는 것을 불가능하게 한다면, 우리는 사람들을 모으려 하지 않는다. 여러분이 얼마나 많이 공감하건 간에 사람들이 워크숍에 가지고 오는 모든 응어리를 없앨 수 없다.

이런 경우 우리는 비동시적으로 코디자인을 한다. 우리는 마이보이스 프로젝트를 하면서 리서치, 디자인 및 프로토타이핑에서 개별 그룹으로 진행하며 이러한 작업을 해왔다. 우리는 시민을 비롯해 구청의 개발 위원회, 기존의 리더, 프론트라인 직원, 시설 매니저 및 정책 입안자들에게 다가갔다. 그리고 그들이 코크리에이션을 받아들일 준비가 되지 않았으면 강요하지 않았다.

당신이 경험한 문화적 맥락과는 매우 다른 문화적 맥락에서 아이디어를 내는 것에 대해 이야기해줄 수 있나?

그러한 도전을 할 때에는 자신이 경험한 프로세스에서 분리되거나 그 프로세스를 전혀 따르지 않는 것이 중요하다. 특히 공공 정책 분야에서 일할 때에는 적응력이 있어야 한다. 그리고 매우 겸손해야 한다.

우리 디자이너들은 특정한 결과를 낳기 위해서는 특정 프로세스를 따라야 한다고 배웠다. 공식적인 리서치 프로세스에서는 여러분이 모르는 것을 물어보는 방법을 항상 알지는 못한다.

예를 들어, 워크숍이 완전히 바뀌어야 할 수도 있다. 우리에게는 친숙하게 느껴질 수도 있는 유형의 워크숍에 참여하는 것은 서구의 부유한 국가에서는 전문적인 기술이다. 즉, 여러분은 일정한 속도로 움직여, 모든 사람에게 포스트잇을 사용하도록 요청하고, 그다음에 결과를 얻는다. 특히 NGO 활동이 많은 지역에서 일하고 있다면 이런 방법은 사실 효과가 없을 수도 있다. 사람들은 종종 새로운 개입에 대해 매우 회의적이다. 여러분은 지난 3년간 커뮤니티 개선을 위해 투입된 열번째 사람일 수도 있다.

우리는 모델이 매우 문제가 되는 방식으로는 시작하지 않을 것이다. 요컨대, 가난한 사람과 소외된 사람들은 이미 상당히 힘을 잃었다. 그들은 참여하는 데 어려움을 겪을 수도 있고, 그들에게 권한을 부여하고 그들의 전문 지식을 이끌어내는 최선의 방법을 고려하지 않은 특정한 디자인 접근법을 사용하는 것은 힘들 수 있다. 그들의 지식을 존중하고 그들이 좋아하는 방법으로 자신의 속도대로 사람들과 이야기할 시간을 갖는 것이 중요하다. 이 경우 기존의 프로세스를 완전히 뒤집어 생각해야 할 수도 있다.

9.4
사례 연구 분석

마이 보이스 프로젝트에서 디자인 팀은, 리서처와 여러 이해관계자와의 인터랙션을 통해 수집한 방대한 맥락적 인사이트를 새로운 서비스 컨셉으로 변환해야 하는 어려움에 직면했다. 그들의 아이디에이션 프로세스는 보통 복잡한 상황적 제약 아래서 발생하는 문제를 다루어야 한다. 팀은 협업적 워크숍 세션 기반의 코디자인 프로세스뿐만 아니라 이해관계자와의 협의 및 사용자 테스팅을 활용했다. 특히 시민, 구청 개발 위원회, 기존의 리더, 프론트라인 직원, 시설 관리자 및 정책 입안자와 별도의 비동시적 코디자인 세션과 협의를 수행했다. 그들은 워크숍 전에 널리 퍼져 있는 여러 이해관계자 그룹 간의 역사적 역학 관계를 고려할 때 인터랙션 처리가 어려울 수 있으므로 이 접근법을 선택했다. 이것이 새롭고 앞으로도 지속되는 아이디어를 창출하는 최선의 방법이라고 생각했다.

많은 서비스 디자인 프로젝트에서와 마찬가지로, 새로운 아이디어와 가능성에 대한 창조적 탐구는 상당히 제한된 영역에 고정되어 있다. 그럼에도 불구하고 새롭고 좋은 아이디어가 개발되고 번창한다. 많은 사람들을 위한 비결은 내향적 영감(예: 이전과 동일한 맥락에서 수행되었던 개입)과 외향적 영감(예: 다른 산업, 다른 맥락에서의 유사 사례)을 고려하며, 창의적 스프린트와 핵심 인물과의 협업 사이에서 지속적으로 균형을 잡는 데 있다.

아이디에이션 단계에서는 일반적으로 리서치 및 발견 단계에서 얻은 결과를 취합하여 새로운 컨셉과 같은 창의적 통합을 특징짓는 데 활용한다. 이는 거의 선형적인 프로세스가 아니지만 7장에서 논의한 바와 같이 고객과의 관계 및 계약은 프로젝트를 선형 단계와 순차적인 결과물로 구조화하는 데 필요하다.

아이디에이션의 주요 과제 중 두 가지는 다음과 같다. 첫째로는, 실현 가능성 있는 창의성과 프로젝트 제약 사이에서 균형을 맞추는 방법이다. 두번째로는, 창의적 프로세스에 참여해야 하는 사람들을 코디자이너와 코크리에이터로 관리하는 방법이다. 이러한 과제를 처리하는 방법에 있어 두 가지 프로젝트가 동일하지 않으며, 디자인 프로세스가 보통 그렇듯이 좋은 아이디어를 얻는 방법에 대해 사전에 정해진 공식은 없다.

9.5
방법과 도구

다음 장에서는 리서치 결과에서 아이디어를 창출하고 컨셉으로 개발하는 아이디어 도출, 도구 및 기법에 대한 첫번째 구심점이 될 몇 가지 일반적인 접근법과 기법을 제공한다.

리서치와 아이디에이션 연결하기

서비스 디자인 프로세스의 한 가지 결정적 요소는 현재 상황을 이해하는 것에서 선호하는 미래를 상상하며 이동하는 것으로 선회하는 것이다. 이는 디자인 프로세스에서 중요한 순간이며, 프로젝트를 개발하는 동안 몇몇 순간이 재검토될 수도 있지만 디자인 팀은 하나 이상의 세션이 이 과정을 가능하게 하도록 계획할 수 있다.

실무자들은 (리서치) 분석과 (창조적) 통합 사이의 차이를 선회하거나 연결하는 이 순간을 다른 방법으로 설명한다. 연결하기의 본질은 지금까지의 모든 주요 학습을 포착하고 기회 영역을 정의하는 동시에 창의적 태도를 도입할 수 있게 하는 것이다. 이 도전 과제는 이중적이다. 한편으로는 리서치를 통해 밝혀진, 프로젝트와 관련된 가장 중요한 문제와 제약을 포착해야 한다. 그러나 아이디어의 자유로운 흐름에 착수하기보다는 그러한 특정 문제에 창의성을 전달할 필요가 있다.

몇몇 디자이너들은 페르소나를 사용해 이들의 여정과 감정 상태를 설명하면서, 리서치에서 나타난 주요 패턴과 주제를 하나의 주요 이야기로 통합하기를 제안한다. 이 이야기는 브레인스토밍 유도 질문으로 활용될 수 있다.

또다른 접근법은 최종 프로젝트 개요를 작성하는 데 도움이 되는 "어떻게 할 것인가how might we(또는 HMW)" 질문을 사용하는 것이다. "어떻게 할 것인가" 질문은 파악한 문제를 개선하는 데 초점을 두고("어떻게 하면 대기 줄을 줄일 수 있을까?") 특정 페르소나 관점(아이들을 둔 어머니)과 연결하여 작성될 수 있는데, 너무 좁거나 광범위한 답변으로 이어지는 질문은 피하도록 한다.

어떻게 이런 중요한 순간을 계획할 수 있을까? 팀 구성원, 프로젝트 이해관계자 및 현장 전문가와 함께 세션을 계획하는 것을 고려한다. 예를 들어 인용문, 이미지 및 기타 자료를 인쇄하여 벽에 붙여 프로젝트 자료로 주변을 둘러싸는 것이 도움이 될 수 있다.

"어떻게 할 것인가" 질문 및 이야기의 활용 외에도, 증거와 직관이 혼합된 대화를 유도하여 수행하고, 더 발전될 초기 아이디어뿐만 아니라 최종 또는 수정된 브리프(브리프 요점은 7장을 참조) 작성을 도울 표현을 어떻게 포착할지 고려할 수도 있다.

아이디어 및 컨셉 생성하기: 브레인스토밍 및 코디자인 워크숍

브레인스토밍 세션은 즉각적인 실현 가능성보다는 자유롭고 창의적인 흐름을 장려하는 데 목적이 있다. IDEO의 '인간 중심 디자인 현장 지침'에 따르면, 전형적인 브레인스토밍 세션은 일곱 가지 기본 규칙을 따라야 한다.

• 규칙 1: '판단을 뒤로 미룬다.' 아이디어가 진화하기 전에 다른 사람의 아이디어를 잘라내는 것을 피하고, 모든 참여자는 자신이 기여할 수 있다고 느껴야 한다(다른 사람들로 인해 위축되지 않아야 한다).

• 규칙 2: '터무니없는 아이디어를 장려한다.' 그러면 기술이나 재료 등에 대한 현실적인 제약에 얽매이지 않고 바람직한 미래 시나리오를 연결해볼 수 있다.

• 규칙 3: '다른 사람의 아이디어를 바탕으로 구축한다.' "그러나" 대신에 "예, 그리고……" 기법을 활용한다.

• 규칙 4: '주제에 집중한다.' 성취하려는 일의 목적을 유지하기 위해 초기 브레인스토밍 질문에 대한 논의를 계속한다.

• 규칙 5: '한 번에 하나의 대화를 한다.' 공유 세션에서는 창의적인 도약을 일으킬 가능성을 더 많이 이끌어내기 때문에 모든 참여자가 완전한 집중력을 기울여야 한다.

• 규칙 6: '시각화한다.' 빠른 스케치는 아이디어를 전달하는 데 더 효과적일 수 있다.

• 규칙 7: '수량화한다.' 아이디어를 재빨리 간결하게 적는 것은 판단을 내리기 전에 창의적인 인사이트를 포착하기 위한 창조적인 기법이다. 경우에 따라 한 시간의 세션에서 최대 100개 아이디어를 낼 수 있다.

도표 9.13~9.14 브레인스토밍 세션

브레인스토밍 세션은 모든 종류의 자극에 의해 영향을 받는다. 특히 디자인 원리, 주제, 페르소나 또는 사전에 정의된 시나리오를 포함하여 리서치 결과를 검토하는 것에서부터 시작해야 한다.

브레인스토밍 세션은 일반적으로 질문을 파악하는 것으로 시작된다. 파실리테이터는 규칙을 정의해야 한다(각 업무에 대한 시간, 개별 또는 집단 참여). 세션은 정해진 시간 안에 개인이 생성할 아이디어의 수를 정해서 시작할 수 있으며, 이는 예를 들어 '10분 안에 10개 아이디어'와 같이 파실리테이터에 의해 결정된다. 참여자들은 포스트잇 노트에 각 아이디어를 쓰거나 그린다.

초기 개별 실행 후에 아이디어를 전체적으로 검토하여 유사한 아이디어를 모은다. 그러고 나서 가장 유망한 아이디어를 채택하고 투표한다. 그런 다음, 예를 들어 그 아이디어에 제목과 부제를 부여하고 주요 터치포인트, 스토리보드를 사용하여 주요 인터랙션을 설명하면서 채택된 아이디어를 더 발전시킬 수 있다. 브레인스토밍 세션에서는 주요 터치포인트의 초기 시각화 또는 신속한 프로토타이핑과 이 아이디어가 지닌 특징의 목록뿐만 아니라, 주요 인터랙션과 그 의미에 대한 시각화 및 문서를 바탕으로 하나 이상의 아이디어를 대략적인 컨셉으로 개발하여 결론 내릴 수 있다.

브레인스토밍 세션을 진행한 후 추가 개발 세션, 프로토타이핑, 클라이언트와 이해관계자, 사용자 그룹과 테스트를 실시하고 검사를 수행한다.

브레인스토밍과 다른 유형의 코디자인 세션은 주요 이해관계자들이 참여자의 다양한 전문 지식과 관점을 기반으로 하여 새로운 아이디어를 집단적으로 창출할 수 있는 기회이며, 이들 간의 신뢰를 구축할 수 있는 기회이다. 이는 지식을 활용할 수 있는 중요한 순간이다. 많은 복잡한 프로젝트에서 일반적으로 서로 연결되지 않는 다른 사람들이 필요한 정보를 가지고 있을 수도 있기 때문이다.

코디자인과 참여 디자인은 1960년대 이래 오랜 전통을 갖고 있다. 서비스 디자인에서 코디자인 워크숍은 특정 서비스에 관여할 수 있는 다양한 사용자 그룹을 모으기 때문에 디자인 프로세스에서 기본적인 부분이다. 서비스 디자인 프로젝트는 복잡하기 때문에 조직의 다른 분야뿐만 아니라 외부의 서비스 제공 조직에서도 워크숍 참여자를 모집한다.

다음은 전형적인 코디자인 세션에 대한 몇 가지 지침이다.

세션 전:
• 다양한 분야와 서비스의 다양한 측면에 전문 지식을 가진 참여자들을 초대한다.

• 초청한 참여자에게 세션에서 나온 아이디어를 신중하게 전달한다. 창의적 워크숍에서 많은 사람들에게 창의적 프로세스와 연관된 일종의 동심으로 가는 느낌으로 특별한 순간을 만들 수 있다고 가정해보자. 어떤 면에서 이는 사실이다. 조직의 계층 구조와 제약은 아이디어가 자유롭게 흐르지 못하게 하거나 경우에 따라서는 이를 거의 불가능하게 만들 수 있다. 그렇기 때문에 워크숍을 진행할 때에는 흥미로우면서도 진지하게 받아들일 수 있는, 올바른 환경을 조성할 필요가 있다.

- 이끄는 팀이 사전 리서치를 수행했는지 알아보고, 이를 통해 문제, 기회 또는 주요 주제의 영역을 확인한다. 각 주제는 영향을 받는 주요 이해관계자(예: 시민, 제공자, 자원 봉사자 또는 도시)에 따라 그룹화할 수 있는 구체적인 과제 세트를 생성할 수 있다. 팀은 시각적 자료(예: 카드, 문서)를 활용하여 사전에 정의된 과제를 참여자에게 보여주면서 쉽게 전달해야 한다.

- 유사한 문제를 다루는 다른 맥락에서, 사례 연구에서 얻은 아이디어 또는 유사한 사례와 같이 자극을 줄 수 있는 일련의 세트를 미리 준비한다. 이러한 도구는 확산적 사고와 새로운 인사이트를 자극하는 데 도움이 된다.

- 일반적으로 반나절 또는 서너 시간의 미팅보다 긴 세션을 계획한다. 공간에 대해 신중하게 생각한다. 적절한 장비, 가구와 분위기를 갖춘 체험적인 공간이어야 한다. 일반적인 미팅룸보다는 중립적인 공간이 좋다.

- 미리 재료(그림 보조물, 워크시트)를 준비하고 적절한 도구(미술용품, 포스트잇, 펜, 카드 등)를 선정한다.

- 음식과 커피를 준비하여 참여자의 경험을 계획한다.

세션중:

- 일반적인 소개부터 시작한다. 기분이 좋아지도록 워밍업 활동을 진행한다.

- 파실리테이터가 '게임의 규칙', 즉 워크숍의 목표, 일반적인 어젠다 및 사용할 도구를 소개한다.

- 미리 지정된 팀으로 참여자를 나누고, 두 번 또는 세 번 아이디어 발상 라운드를 진행한다. 각 라운드는 하나의 주요 과제에 중점을 둘 수 있으며, 개인 및 집단 아이디어 발상이 모두 포함된다.

- 각 팀은 사전에 인쇄한 워크시트 또는 캔버스를 사용하여 이 세션에서 나온 아이디어를 선택하고 시각화한다. 또한 사전 제작된 인간 모형, 스텐실 또는 레고 장난감 같은 창의적인 프로세스와 시각화에 익숙해지는 데 도움이 되는 자료를 사용할 수 있다.

- 각 팀이 아이디어와 인사이트를 공유할 수 있도록 파실리테이터가 집단의 최종 라운드로 이동하게 하고, 최종 집단의 결론을 명확히 하며 세션을 마무리한다.

- 팀에게 아이디어 발상 세션의 결과를 분석하게 하고, 그 결과를 아이디어 카탈로그를 포함하는 보고서로 개발하게 하여 이중 일부는 추가 개발 및 파일럿 구현을 위해 채택할 수 있게 한다.

- 마지막으로 한 세션에서 모든 것을 다 하는 것은 불가능하며, 프로젝트 이해관계자가 모두 같은 방에 있는 것은 바람직하지 않을 수도 있다는 점을 고려한다. 예를 들어, 나이지리아의 리부트 프로젝트에서 팀은 갈등을 피하기 위한 최상의 전략으로, 다양한 이해관계자 그룹과 별도의 (비동기식) 세션을 실시하기로 결정했다. 협업은 쉽지 않으며, 집단 세션이 항상 최선의 해결책은 아니다.

Ideation Workshop Agenda
Draft: 2/23/2015

9:30 - Welcome + Breakfast
- Get in groups of 3-4 people (+ facilitator)

9:45 - Intro to Ideation Workshop
- Explanation of workshop process + goals
- Toast diagraming warm-up activity

10:00 - Ideation Round One
- Select 1-2 Challenge Cards (per group)
- Discuss reasons/implications of challenges
- Brainstorm ideas to address challenges
- Brainstorm ideas with Reframing Cards
- Brainstorm ideas with Opportunity Cards
- Choose and sketch favorite design idea

10:30 - Ideation Round Two
- Select 2-3 Challenge Cards (per group)
- Discuss reasons/implications of challenges
- Brainstorm ideas to address challenges
- Brainstorm ideas with Reframing Cards
- Brainstorm ideas with Opportunity Cards
- Choose and sketch favorite design idea

11:00 - Ideation Round Three
- Select 3-4 Challenge Cards (per group)
- Discuss reasons/implications of challenges
- Brainstorm ideas to address challenges
- Brainstorm ideas with Reframing Cards
- Brainstorm ideas with Opportunity Cards
- Choose and sketch favorite design idea

11:30 - Share + Discuss Ideas

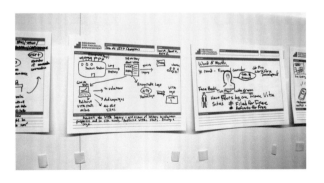

도표 **9.16** 사전 정의된 주제의 예시
도표 **9.17~9.18** 아이디에이션 세션을 위한 재료의 예시: 카드, 사람 모형의 도장 및 워크시트와 같은 그림 보조물

도표 **9.15** 워크숍 어젠다의 예시

창의적 보조물: 2×2 다이어그램, 유사 문제 및 사례 연구

디자이너는 일반적으로 창의적인 전문가로 여겨진다. 대조적으로, 디자이너로 훈련받지 않은 사람들은 자신들이 창의적이지 않다고 생각할 수도 있고 창의적 세션에서 겁을 먹을 수도 있다. 따라서 이러한 세션의 파실리테이터로서 디자이너는 창의적 프로세스를 포괄적으로 지원하는 방식으로 조율하면서 다른 사람들이 보다 쉽게 접근하게 만들 필요가 있다.

몇몇 도구와 기술은 창의력을 북돋는 데 도움을 줄 수 있다. 이들 중 일부는 확산적 사고의 연관성을 자극하기 위해 유추와 은유법을 차용하고, 다른 것은 창조적 흐름을 원하는 방향으로 향하게 하는 데 도움을 주는 구조와 맵을 차용하고, 또다른 것들은 여러 미디어와 감각 자극을 통해 선형적 사고를 방해한다.

브레인스토밍 세션은 간혹 어떤 구조화된 사고로부터 혜택을 받을 수 있다. 2×2 다이어그램(대립맵이라고도 한다)과 같은 도구는 일반적으로 복잡성을 줄이고, 대체적으로 서비스 시나리오를 탐구하기 위해 특정 방향으로 사고를 유도하는 데 사용된다.

실제로 2×2 다이어그램은 네 개 사분면을 정의하기 위해 교차되는 수직축과 수평축으로 구성된다. 각 축은 행동, 사회, 환경 또는 기술과 같은, 서비스 차원의 가능한 다양성을 보여준다. 각 축의 끝은 그 차원의 반대 특성을 나타낸다. 예를 들어, 위험 감수 대 위험 회피 또는 능동적 대 수동적(행동적), 디지털 대 아날로그 또는 첨단 기술 대 저차원 기술(기술적), 개인 대 집단 또는 공공 대 민간(사회적), 외부 대 내부, 개선 대 예방(환경적)을 비교한다.

두 개의 관련 축을 결합하면 네 개 영역/사분면이 정의되며, 현재 서비스의 대체 시나리오 및 변화에 대해 브레인스토밍하는 것을 도울 수 있다. 이 다이어그램은 제너레이티브 세션의 결과를 분석하기 위한 평가 도구로도 사용될 수 있다.

도표 9.19 브레인스토밍/제너레이티브 세션 중에 2×2 다이어그램을 도구로 사용하는 단계
도표 9.20 브레인스토밍 세션의 결과를 평가하고 분석하는 도구로 2×2 다이어그램을 사용하는 단계

1단계: 가능한 대립적 특성의 목록

개인 ⟷	집단
공공 ⟷	민간
능동적 ⟷	수동적
빠른 ⟷	느린
권한 있는 ⟷	대행하는
저차원 기술 ⟷	첨단 기술
단기 ⟷	장기
외부 ⟷	내부
무료입장 ⟷	회원제

모든 리서치 자료를 종합적으로 검토하는 것으로 시작한다. 현재 시스템에 가능한 변화를 유도할 수 있는 대립적 특성을 정의한다(프로젝트 개요, 목적과 연관되고 일치하는 것을 탐구한다).

2단계: 대립적인 두 특성의 조합

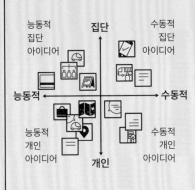

관련성이 가장 높은 두 대립적 특성의 조합은 해결책 생성을 지향하는 새로운 유망 영역을 정의한다. 창의적인 브레인스토밍 세션은 잠정적인(예비적인) 아이디어/시나리오를 생성하면서 네 개 영역/사분면을 각각 탐구하는 것으로 실시된다.

3단계: 창의적 브레인스토밍

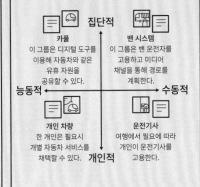

예비 아이디어는 합쳐지고 재작업되며 결국 최종 시나리오 컨셉으로 병합된다. 컨셉은 제목과 짧은 텍스트 및 이미지로 설명된다.

1단계: 창의적 세션

모든 리서치 자료를 검토한다. 전통적인 브레인스토밍 세션(아이디어와의 연관성)에서 잠정적인 해결책은 표준 양식(간단한 그림+슬로건)을 통해 제시된다.

2단계: 클러스터링 및 조직화하기

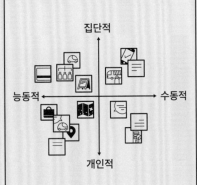

주요 특성에 따라 잠정적인 해결책을 클러스터링하고 정리한다. 이는 현재 제품 및 서비스 시스템의 다양성일 수 있다. 다양성은 대립 특성(가장 특징적인 두 극성을 교차)으로 표현된다.

3단계: 특성에 대한 설명

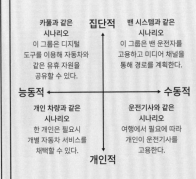

네 영역(사분면)의 특성이 설명된다. 이들은 대안 시나리오의 핵심 비전을 구성한다. 대부분 네 영역 중 하나는 현재 제품 및 서비스의 시스템을 설명하고 나머지 세 가지 시나리오는 대안 시나리오이다.

프로젝트를 진행하는 동안 우리는 스스로 문제 영역에 몰입하는 경향이 있고, 우리에게 직접적 또는 간접적으로 정보를 주고 영감을 줄 수 있는 이야기와 사례, 아이디어를 수집한다. 유사하거나 비슷한 이야기들은 우리가 연결을 만들고, 특징을 탐구하며, 새로운 서비스 컨셉의 일부가 될 수 있는 해결책의 요소를 고려하는 데 도움을 준다.

뉴욕 프로젝트에서 활용한 기회 카드는 이전에 논의된 새로운 세금 신고 서비스에 중점을 두고 상상력을 발휘할 수 있는 유사한 이야기들로 기능하며, 아이디어 발상 프로세스에 예상치 못한 요소나 측면을 야기할 수 있다.

다음 카드는 커피숍 체인, 국제 크루즈 라인, 푸드 트럭, 도시 마라톤을 보여준다. 그들이 제기하는 질문은 다음과 같다. "이 네 곳의 서로 다른 장소/상황에서 새로운 세금 신고 서비스를 제공할 수 있는 요소들, 예를 들어 커피숍 체인의 '브랜드 인지도', 국제 크루즈 라인의 '밀폐된 환경', 푸드 트럭의 '친절함', 도시 마라톤을 운영하는 사람들의 '차별화된' 원동력은 무엇인가?"

또는 여러분의 프로젝트와 동일한 문제 영역에 있는 이야기와 사례 연구는 다른 맥락에서 유사한 문제가 어떻게 해결되었는지에 대한 구체적 예시를 통해 아이디어화를 보여줄 수 있다.

사례 연구에 대한 가장 일반적인 접근법은 개요와 비교를 허용하며 동일한 기본 구조에 따라 자료를 수집하는 것이다.

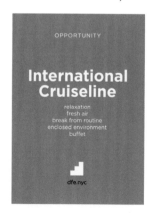

도표 9.21~9.24 기회 카드, 파슨스 DESIS 랩의 금융 권한 부여를 위한 디자인 프로젝트

MyChart.com

Welcome to MyChart

YOUR ONLINE CONNECTION TO BETTER HEALTH

Your health is important to you around the clock - not just during office hours. That's why we created MyChart. With this web-based service, you can schedule doctor's appointments, request prescription renewals, review your health history and more - online, any time! MyChart safeguards your privacy with 1 latest security technology. It's easy to sign up and the service is free. Request a MyChart activation code online or stop by your provider's office and ask for your personal access code. Have a MyChart question? Please see our Frequently Asked Questions (FAQ) document or call our 24/7 MyChart Customer Support

MyChart is an app that connects patients with their medical records and their doctor's office.

Beyond providing reminders about preventive healthcare, MyChart offers an online messaging service for patients to contact their medical practitioners quickly without going into the office. This system allows all patients to feel like they have a prioritized, friendly relationship with their doctor.

Can financial empowerment coaches connect with LPRs in a quick, informal way, meeting them where they're at?

"MyChart Frequently Asked Questions." MyChart. Epic Systems Corporation, 2013. Web. 11 Oct. 2015.

Mission Asset Fund

WANT A SAFE, AFFORDABLE WAY TO BUILD YOUR CREDIT?

Mission Asset Fund offers peer lending circle programs in 5 states (including Chhaya in Jackson Heights).

The lending circles are based on common cross-cultural practices of communal savings, such as a tanda, sou-sou, or huis. Unlike informal lending groups, Mission Asset Fund reports payments to national credit bureaus, thus helping participants to establish and build credit.

Could we formalize informal structures that immigrants already trust to improve their financial situation?

"Lending Circles." Mission Asset Fund. 11 Oct. 2015. Web. http://missionassetfund.org/

Saathi Women's Financial Empowerment Group (Chhaya)

At Chhaya's monthly gathering, South Asian women learn financial skills.

By catering to a niche group of immigrants with similar backgrounds and needs, the program creates a support system and boosts confidence among the participants. Also focusing on access, food is provided, metrocards are provided, and women are welcome to bring their children.

How can a financial empowerment program remove barriers to access and participation?

Gurung, Tshering. Personal Interview. 2 Oct. 2015.

Real Estate Investment Cooperative

REAL ESTATE $ — LOCAL CONCERN ⚓

This cooperative attempts to secure permanently affordable space for public use in New York by gathering members who pay time and money towards investing in buildings around the city.

By creating a low-cost way to invest in space, members are able to build up their financial situation while keeping costs low.

Could we address financial issues on a community level rather than an individual level?

Real Estate Investment Cooperative. 12 Oct. 2015. Web. http://nycreic.com/

도표 9.25~9.28 금융 권한 부여 서비스를 조사하는 프로젝트를 위해 수집한 사례 연구

만들어보기와 구체화를 통한 스토리텔링

사진, 여정맵, 스토리보드 및 그림은 서비스 디자인 프로세스에서 필수적인 시각 도구이지만, 간혹 사람들의 삶과 경험, 즉 일상생활의 미묘한 차이를 파악하지 못한다.

서비스 디자인은 인간의 인터랙션을 연구하는 분야이기 때문에, 이것은 구체화와 더 미묘한 차이가 있는 스토리텔링을 통해 대안적 표현 형태를 필요로 한다. 서비스를 디자인할 때 공연, 상연, 놀이를 통한 생생한 내러티브는 디자인 표현에 필수적인, 새로운 중요한 표현이다.

서비스 디자인 프로세스의 다른 부분과 아이디어 발상의 협업적 특성 때문에 2차원 표현만으로는 충분하지 않다. 이야기와 내러티브는 지식 교환과 개발을 위해 널리 사용되는 방법이다.

새로운 서비스를 디자인하는 데 도움을 주기 위해 스토리텔링과 실제 시행해보는 것을 활용할 때, 동시에 새로운 서비스를 '창출inventing'하고 이것의 인공물과 인간적 상황을 통해 새로운 서비스를 '구체화materializing'한다. 즉, 이를 다른 말로 하면 프로토타이핑 또는 초기 프로토타이핑이다. 프로토타이핑에 대한 내용은 10장을 참조하라.

엘리자베스 리즈 샌더스Elizabeth (Liz) Sanders는 리서처이자 실무 디자이너로, 비전 지향적인 사전 디자인 리서치를 전문으로 하는 회사인 메이크툴즈닷컴MakeTools.com의 설립자이다. 이 회사는 다양한 형태의 참여 디자인, 코디자인과 코크리에이션뿐만 아니라 제너레이티브 디자인 사고를 펼치고 있다. 그녀의 연구는 리서치와 창의적 프로세스를 구별하는 것이 무의미한 디자인 프로세스의 '퍼지 프론트 엔드fuzzy front end'로 설명되는 리서치, 아이디에이션 및 프로토타이핑을 연결한다. 이러한 관점에서 퍼지 프론트 엔드는 본질적으로 사용자 및 다른 이해관계자가 직접 참여하는, 코디자인되고 코크리에이션이 이루어지는 활동으로 접근해야 한다.

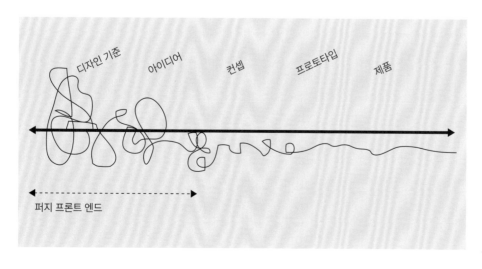

디자인 기준　　아이디어　　컨셉　　프로토타입　　제품

퍼지 프론트 엔드

도표 9.29 샌더스Sanders와 스태퍼스Stappers(2012년)가 설명한 디자인 프로세스의 '퍼지 프론트 엔드'

제너레이티브 도구 및 툴킷은 창의적 사고를 유발하고 상세한 인사이트를 자극한다. 실제로 이들 도구와 툴킷은 창의적 세션의 목적에 따라 다른 객체 그룹으로 구성될 수 있다. 예를 들어, 인지적 툴킷은 참여자가 컨셉과 관계를 추상화하는 데 도움이 되는 화살표, 나선형이나 원과 같은 기본 모양으로 구성될 수 있다. 감정적 툴킷에는 참가자가 경험의 감정적 측면을 매핑하는 데 도움이 되는 미소 띤 얼굴과 슬픈 얼굴 같은 것이 있다. 예를 들면, 감정이나 기억을 이끌어내기 위한 사진 카드, 참여자가 개체와 공간을 프로토타이핑하는 데 도움이 되는 레고 및 기타 조립식 키트, 프로토타입과 모델을 만들 수 있는 공예 재료와 작은 조각 재료, 스토리텔링을 끄집어낼 수 있는 플레이모빌과 다른 종류의 인형이 있다.

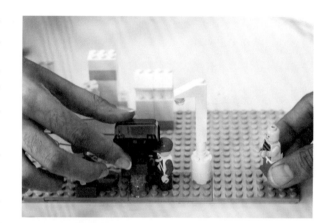

제너레이티브 툴킷 재료의 일반적인 유형

- 사진
- 단어
- 기호 모양
- 만화 같은 감정 표현(이모지)
- 꼭두각시 인형 및 인형
- 3차원 형태
- 작은 조각 재료
- 레고 완구 및 기타 피규어, 조립식 블록

도표 9.30~9.32 제너레이티브 도구와 툴킷의 예시: 레고 세트, 이미지 카드, 작은 조각 재료 및 공예 재료

'서비스 모형 시찰법desktop walkthroughs'은 특별히 서비스 디자인 실무자 사이에서 나타나는 제너레이티브 툴킷의 범주이다. 이 아이디어는 그것의 인터랙션 순서를 실행하며 서비스 이야기를 만드는 것이다. '시리어스 플레이serious play'를 통해 팀은 서비스가 어떤 모습일지 상상하게 하고, 서비스의 다양한 측면에 대해 다양한 편성을 시도할 수 있다. 캐릭터를 연기하는 것은 또한 주요 인터랙션과 그것들을 통해 사람들이 느낄 수 있는 것을 예측하고 핵심 터치포인트를 확인하는 데 도움이 된다.

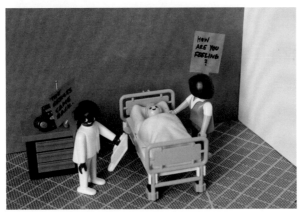

이 기법은 연기 자체를 포함하며, 스토리보드 제작에 이미지를 사용할 수 있도록 인터랙션을 촬영한다.

'서비스 시연service enactments'은 서비스 인터랙션 가운데 사람들이 어떻게 행동하고 반응할지 예측하는 데 도움이 되는 도구이다. 서비스 경험 수행은 행동적 가설을 테스트하고 거절, 인센티브 부족 및 다른 결함과 같은 반응을 예상하는 데 도움이 된다. 다른 연극 기반 기법은 서로 다른 결과를 가져올 수 있다. 다음은 몇 가지 예시이다.

'보디스토밍bodystorming'에서는 소품 및 세트를 사용하여 서비스 인터랙션 경험이 실시된다. 참여자는 이 기법을 사용해 외부에서 관찰할 수 있는 것(예: 스토리보드 또는 페르소나 문서 읽기)보다 더 생생하게 아이디어를 분석할 수 있도록 프로토타입을 직접 마주한다.

'포커스 그룹스focus groups'는 드라마가 강화된 포커스 그룹으로, 연기자가 인공물을 사용하는 동안 최종 사용자는 관중석에 앉아 있다. 포커스 그룹에서와 마찬가지로, 최종 사용자는 자신이 보는 것에 반응하며 디자이너와 대화에 참여할 것이지만, 이 경우 생생한 시연이 감정적 반응을 더 크게 이끌어내기 때문에 포커스 그룹보다 더 몰입적인 경향이 있다.

도표 9.33~9.34 서비스 모형 시찰법 스토리보드 장면의 예시

'토론 극장forum theater' 기법은 명백한 갈등이나 억압적인 상황에서의 정치적 참여 도구로 만들어졌다. 실제로 배우들은 관객 앞에서 상황을 연출하고 일시 중지한다. 관객들은 그들이 방금 본 것에 대해 토론하도록 초대받고, 그것을 해결하기 위한 방법과 전략을 제안하게 된다. 두번째 시연이 진행되며, 이번에는 관객이 제안한 전략을 직접 실행하도록 공연에 참여시킨다.

도표 9.35 서비스를 해석하는 보디스토밍의 예시이다. 디자이너-연기자는 사람(사용자, 제공자, 또는 기타 서비스 이해관계자) 또는 전체 조직과 시스템을 구현할 수 있다.

코크리에이션 워크숍

• 팀별로 학생 서비스, 치과 또는 대학 구내식당 같은, 개인 액세스가 가능한 서비스를 선택한다. 현재 서비스의 개인 사용자 여정맵을 준비한다. 개선될 필요가 있는 페인 포인트를 찾는다. 코크리에이션 세션에 이 페인 포인트를 사용한다.

• 팀원들과 두 시간 동안 코디자인 세션을 계획한다. 워크숍 디자인을 쉽게 시작할 수 있도록 하기 위한 몇 가지 지침은 다음과 같다.

—워크숍 활동을 개략적으로 시간대별로 스케치하고 10분 단위로 생각해보자. 각 활동에 대한 재료, 워크시트 또는 캔버스를 정의하고 디자인하여 코크리에이션 워크숍(예: 사용자 여정맵, 서비스 블루프린트, 미리 그린 스티커, 페르소나 시트)을 시작한다.

—계획이 완료되면 동료를 아이디어 제너레이션 세션에 참여하도록 초대하고 그들을 3인 1조로 구성한다.

—팁: 워크숍 실행 계획을 잊지 말자! 참가자의 니즈에 맞춰 사전에 가구와 재료를 배치하는 것은 워크숍의 흐름에 매우 중요하다.

- 집단 및 개인 브레인스토밍 세션을 시작하고 일련의 초기 아이디어를 작성한다. 준비된 워크시트에 아이디어를 모은다. 각 그룹은 아이디어에 대해 토론하고, 이들을 종합하고 클러스터링을 구성한다.

- 참가자들은 가장 흥미로운 아이디어에 투표하고, 이것에 익숙한 이름을 부여하며 물리적 기반 시설과 디지털 터치포인트를 포함한, 아이디어의 주요 인터랙션과 터치포인트의 정의를 시작할 수 있다. 팀은 새로운 서비스, 인터랙션 및 터치포인트를 강조하는 스토리보드 일러스트레이션(4~6개 패널)을 그릴 수 있다.

- 아이디어가 시각화되면 적극적으로 행동할 때가 된 것이다! 스크립트를 작성하고 역할을 분배한다. 터치포인트의 대략적인 프로토타입을 제작한다. 각 팀은 보디스토밍과 같은 라이브 시연 또는 레고 피규어를 사용한 서비스 모형 시찰법 중 하나를 선택할 수 있다. 템플릿(워크숍 캔버스)을 자신의 워크숍 캔버스 개발을 위한 시작점으로 사용한다.

도표 9.36 워크숍 캔버스 템플릿

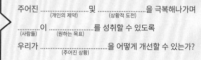

워크숍 캔버스 템플릿

사람

누구를 위해 디자인하는지 정의하며, 인터뷰한 사람들로부터 영감을 얻는다.

브레인스토밍 질문

주어진 .... 및 .... 을 극복해나가며
　　　　　(개인의 제약)　　　　(상황적 도전)
.............이 ....를 성취할 수 있도록
(사람들)　　(원하는 목표)
우리가 ....을 어떻게 개선할 수 있는가?
　　　　(주어진 상황)

100개의 아이디어

촉진제로 브레인스토밍 질문을 활용하여 새로운 서비스를 만드는 데 중점을 둔 자유분방한 아이디에이션이다. 양으로 승부한다! 개별적으로 시작한 다음 팀 내부에 다시 공유한다. 포스트잇을 사용해 필기를 하고 그림을 그린다.

서비스 컨셉

팀들은 새로운 서비스(광범위한 컨셉)를 위한 주요 아이디어 하나에 투표한다. 아이디어를 하나의 개념으로 통합한다. 주요 컨셉을 설명하고 제목과 간단한 설명을 제공한다. 위의 포스트잇 내용을 전달한다. 새로운 것을 만들고, 쓰고, 스케치한다.

디자인	디자인		날짜	버전

리보드

인터랙션에 대한 이야기를 통해 컨셉을 개선한다.

을 그리고 글을 쓰면서 스토리보드로 작성하며 중요한 순간을 나타낸다.

한다!

또는 서비스 모형 시찰법의 스크립트로 스토리보드를 사용한다.

스 터치포인트를 스케치 및 프로토타입으로 구현한다.

10

프로토타이핑, 테스팅, 반복하기

10.1
소개

프로토타이핑은 디자인 활동에서 중요한 요소이고, 여러분이 배우고 결정을 내리는 데 있어 기본적인 프로세스이다. 이것은 리서치 도구인 동시에 디자인 개발 도구이다. 이는 매우 유형적인 방법으로 디자인 컨셉을 시험하고 정교화할 수 있는 프로세스이다. 거칠고 매끈하지 못한 상태를 반복해서 다듬어가며 미래 서비스를 구현해나갈 때, 프로토타이핑 프로세스는 여러분이 최종 제품을 향해 나아가는 동안 의사 결정에 영향을 줄 수 있다. 프로토타입은 어떤 것이 실행 가능하고, 어떤 것이 불가능하고, 어떤 것이 개선될 수 있는지 알려준다.

각 디자인 분야에서 프로토타이핑은 서로 다른 형태로 나타날 수 있다. 예를 들어, 산업 디자이너는 재질, 색상, 특징, 기능 및 사물의 구성 요소와 생산 공정에 대해 알고 결정하기 위해 프로토타입을 제작한다. 시각 디자이너는 메시지 및 미적 선택, 사용성 및 기호학을 알고 결정하기 위해 프로토타입을 제작한다. 건축가와 인테리어 디자이너는 공간, 흐름, 재료 및 구조적인 측면에 대해 알기 위해 프로토타입을 제작한다. 인터페이스 디자이너에게 프로토타이핑은 접근성, 사용성, 흐름 및 정보 구조에 관한 모든 것이다.

서비스 디자이너에게 제품은 대부분 시간 기반의 경험과 관련 인공물로 구성되어 있다. 결과적으로 우리의 프로토타입은 시간이 지남에 따라 다양한 미디어와 형태로 생생하게 구성된, 일관된 단일 개체로 통합되며 다른 디자인 분야의 여러 측면을 결합할 수 있다. 이는 물리적 사물, 공간, 대화, 커뮤니케이션 및 사인 또는 디지털 인터페이스를 통해 이루어질 수 있다. 서비스를 프로토타이핑할 때 우리는 서비스를 정의하고 경험하게 하려는 인공물과 기회를 만드는 데 관심이 있으며, 이러한 요소들이 실시간으로 어떻게 인터랙션하는지 학습할 수 있다.

프로토타이핑을 '의미를 부여하는 도구sense-making tool'로 생각하면 도움이 된다. 프로토타입은 사람들이 이러한 것들을 경험하게 하려면 우리가 어떻게 보여주려 하고 느껴야 하는지를 파악하는 데 도움을 준다. 프로토타이핑은 아직 존재하지 않는 새로운 내러티브를 마치 그림을 그리는 것처럼 실현하도록 도움을 주므로 창의적인 사고를 돕는 도구이다.

10장에서는 서비스 디자인에서 프로토타이핑의 역할을 살펴본다. 우리는 프로토타이핑에 대한 주요 접근법과 이것들이 어떻게 창의적 의사 결정 프로세스에 정보를 제공할 수 있는지 살펴본다. 서비스는 물리적 공간에서 설정되거나 디지털 방식으로 나타나거나, 또 이 모두를 통해 표현될 수 있다는 점을 고려할 때, 여러 유형의 전달 채널에 대한 프로토타이핑 방식에 대해 살펴본다.

또한 프로토타이핑에 사용자 및 직원을 포함하는 방법과, 이러한 활동을 관리하기 위한 효과적인 전략에 대해 논의한다.

10.2
사례 연구: 헬론의 YTA 피플스 약국 프로젝트

핀란드에서 가장 큰 약국 체인인 YTA는 전국에 있는 120개 이상의 약국을 새로운 컨셉으로 디자인하기 위해 서비스 디자인 회사인 헬론Hellon을 찾아갔다. 이 회사의 과제는 새로운 정부 정책이 시행되면서 의약품 마진이 급격히 감소하고 이어서 정부 보조금이 줄어 쓸모없게 된 처방 의약품 판매를 중심으로 한 서비스 모델과 관련이 있다. 이 새로운 모델을 통해 고객은 값비싼 브랜드 의약품보다 저렴한 일반적인 의약품을 선택할 수 있다.

헬론은 첫번째 단계로 트렌드 분석, 고객 섀도잉, 전문가 인터뷰, 다양한 유형의 고객과 핀란드 전역의 약사와 질적 리서치 및 양적 리서치를 포함하는 시장에 대한 전략적 분석을 진행했다. 이 리서치 결과를 토대로 아이디에이션 단계가 진행되었고, 초기 프로토타입은 단순히 의약품을 판매하는 모델에서 전체론적 접근법을 사용하여 사람들의 건강을 지원하는, 보다 광범위한 컨셉의 체인점으로 전환을 제안하는 새로운 컨셉 개발로 진화했다. 실제로 이러한 새로운 접근법은, 단순히 의약품을 판매하는 것이 아니라 고객에게 조언을 건네고 웰빙과 활동적인 라이프스타일을 위한 서비스와 제품을 제공하는 것과 관련된다.

이러한 접근법은 약국의 물리적 환경뿐만 아니라 커뮤니케이션 측면에도 큰 영향을 미치므로, 약국에서의 고객 경험에 대한 총체적인 변화를 암시한다. 헬론은 약국 인테리어를 새로 리디자인하고, 커뮤니케이션 요소 및 고객 경험에 대한 새로운 접근 방식을 제안했다.

디자인 개발 단계 전반에 걸쳐 실물 프로토타입과 실물 크기의 카드보드 모형이 사용되었다. 헬론의 디자이너는 카드보드 가구를 사용하여 실제 프로토타입을 스튜디오에 세팅했고, 직원과 사용자들 모두를 참여시켜 처방전 처리 과정을 시뮬레이션했다. 이러한 물리적 프로토타이핑은 어떤 시설이 필요한지 물리적 요구 사항에 대한 통찰력을 얻는 데 필수적이었다. 또한 고객과 약사의 인터랙션에서 발생하는 미묘한 차이와 이러한 인터랙션이 필요한 물리적 환경의 종류를 이해하는 데 기여했다.

예를 들어, 고객의 사생활을 보호해야 할 필요성이 드러났다. 고객은 약사와 대화하는 내용이 다른 사람에게는 들리지 않기를 원했다. 디자인 개발 단계에서 이러한 인사이트를 얻은 덕분에 팀은 서비스 구역 주변에서 소리가 나오도록 데스크 위 스피커 시스템을 제안했다. 고객이 서비스를 받는 데스크 바로 위는 조용한 공간으로 소음이 발생하지 않고, 1미터 뒤로 몇 걸음만 물러나면 사운드 시스템이 음악을 재생하는 방식이다.

물리적 프로토타이핑은 프로젝트 개발에서 핵심이었고, 파일럿 단계에서 전략적 의사 결정을 내리는 데 정보를 제공해주었다. 헬론 팀은 실내 인테리어 요소를 포함한 파일럿 약국을 위한 새로운 서비스 모델과 고객과 새로운 유형의 인터랙션을 가능하게 하는 맞춤 제작 스테이션을 디자인했다. 이 프로젝트는 새로운 접근법과 새로운 서비스 모델을 성공적으로 구체화하여 여러 상을 수상했다.

프로토타이핑 단계에서 전국 각지에서 쉽게 적용할 수 있도록 다른 서비스 시나리오도 만들었다.

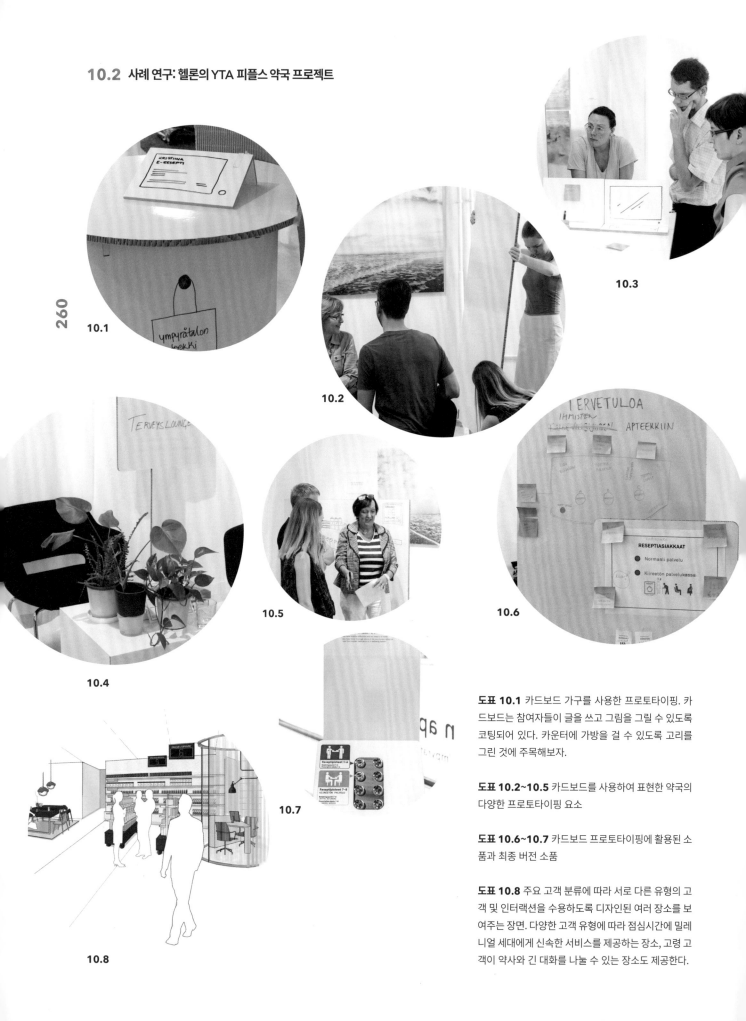

도표 10.1 카드보드 가구를 사용한 프로토타이핑. 카드보드는 참여자들이 글을 쓰고 그림을 그릴 수 있도록 코팅되어 있다. 카운터에 가방을 걸 수 있도록 고리를 그린 것에 주목해보자.

도표 10.2~10.5 카드보드를 사용하여 표현한 약국의 다양한 프로토타이핑 요소

도표 10.6~10.7 카드보드 프로토타이핑에 활용된 소품과 최종 버전 소품

도표 10.8 주요 고객 분류에 따라 서로 다른 유형의 고객 및 인터랙션을 수용하도록 디자인된 여러 장소를 보여주는 장면. 다양한 고객 유형에 따라 점심시간에 밀레니얼 세대에게 신속한 서비스를 제공하는 장소, 고령 고객이 약사와 긴 대화를 나눌 수 있는 장소도 제공한다.

10.9

10.10

10.11

10.13

10.12

10.16

10.15

10.14

도표 **10.9~10.11** 핀란드 전역의 다양한 약국에서 새로운 컨셉을 보여주는 실제 프로토타이핑

도표 **10.12~10.16** 새로운 인테리어, 가구 및 커뮤니케이션 시스템을 갖춘 파일럿 약국. 실제 프로토타이핑에서 직접적으로 인사이트를 얻은 보라색 카운터의 하얀색 고리에 주목하자.

10 프로토타이핑, 테스팅, 반복하기

10.3
후하 크론크비스트와의 인터뷰

후하 크론크비스트Juha Kronqvist는 헬론의 수석 서비스 디자이너 겸 디자인 디렉터로, 알토대학Aalto University의 객원 교수이다.

피플스 약국 프로젝트를 진행하면서 어떻게 프로토타이핑 단계로 전환하기로 결정했나?

우리는 고객이 처방전을 받으려고 기다리는 시간이 그들에게는 수동적으로 보내는 시간이라는 것을 알게 되었다. 고객들은 약국 한구석에 앉아 자기 차례를 기다린다. 그리고 처방전 데스크로 가면 서비스를 받게 되고 처방전을 발급받는다.

이때 약사는 고객의 요구에 대해 많은 것을 알게 된다. 그러나 그들은 고객에게 제품이나 서비스를 보여줄 방법이 없다. 그들은 데스크 뒤에 갇혀 있었다.

우리는 다양한 유형의 고객이 섞여 있다는 점도 알게 되었다. 대략적으로 말하자면, 어떤 고객들은 시간이 많고 직원들과 대화를 많이 나누고 싶어한다. 일반적으로 나이가 많은 고객층이 그렇다. 그리고 젊은 고객들도 많다. 그들은 빠른 서비스를 원하는 경향이 있다. 우리는 이런 상황을 고려하여 약국 데스크에 두 줄을 만들기로 했다.

이러한 결정을 내리자 사생활에 대해 추가 질문이 제기되었다. 사람들의 사생활을 보호하는 안전한 구역을 어떻게 디자인할 수 있을까? 이것은 오토캐드AutoCAD를 사용하거나 공간 디자인을 렌더링하는 것만으로는 어렵다. 사생활이 보호받는다고 느끼는 것은 실제로 몸으로 경험하는 것이기 때문이다. 우리는 어떻게든 이것을 시도해볼 필요가 있으며, 인터랙션과 이러한 인터랙션이 요구하는 물리적 환경을 실행하고 제시할 필요가 있음을 확인했다.

이 프로젝트에서 리서치 도구로 프로토타입을 사용한 방법에 대해 설명해줄 수 있나?

디자인을 하는 것은 매우 물리적인 활동이다. 우리는 디자인 프로세스를 진행할 때 항상 일종의 물리적 측면을 활용한다. 우리는 모든 정보를 벽에 붙여놓는, 팀을 위한 공간을 만든다. 아이디어를 생각해내는 것은 그 자체로 매우 물리적인 프로세스이다.

물리적 카드보드 프로토타이핑은 이러한 작업의 자연스러운 연장이다. 일단 우리가 초기 아이디어를 얻고 이를 컨셉으로 만들기 시작하면, 어느 시점에는 이러한 인터랙션을 가능하게 하는 인터랙션, 환경 및 사물을 프로토타이핑해야 하는 단계에 도달하게 된다.

예를 들어 처방전 발급 데스크를 보자. 우리는 일반적인 대면과는 다른 측면에서 상담자를 만나는 스탠드업 데스크에 대한 아이디어가 있었다. 그러나 그것을 시도해보지 않으면 이 경험이 어떤 느낌인지 알 수 없다. 우리는 이 데스크를 몇 개 더 만들어보기로 했다.

우리는 프로토타이핑할 수 있고 이 같은 방법과 이벤트를 실행해볼 수 있는 다목적 갤러리 공간을 사무실에 마련해 약국의 한 코너를 대략적인 방식으로 시뮬레이션해보았다.

우리는 그곳에 여러분이 짐작해볼 수 있는 세 개의 데스크를 만들었다. 그런 다음 처방전을 발급하는 과정을 시뮬레이션했다. 우리는 그곳에 물건들을 배치했고 디자이너들은 고객을 연기했다.

우리는 두 사람이 대면하여 의약품을 다루는 상황에서 원형 테이블은 좋은 여건이 아니라는 것을 즉시 깨달았다. 물건이 테이블에서 쉽게 떨어지고 다소 허둥대게 된다. 그리고 고객은 자신이 어디에 있어야 할지 모른다. 그래서 우리는 원형 테이블을 삼각형 테이블로 바꿨다. 그러자 모든 의약품과 필수 서류, 등록을 위한 컴퓨터 기기들이 자연스럽게 공간을 형성했다.

이렇게 변환해보니 삼각형의 한 변이 노출된다는 것을 알 수 있었다. 그리하여 신속하게 그 한 변에 카드보드를 붙여 보다 사적인 환경을 조성했다.

물리적으로 실행해보면 이러한 점을 매우 자연스럽게 깨닫게 된다. 컴퓨터로만 작업하면 알기 어려운 면이다.

스튜디오에 몇 가지 프로토타입을 설치했다고 했는데, 다른 시간에 여러 '사용자'와 함께 이를 실행해보았나?

이는 상황에 매우 기반하는 것으로, 우리는 항상 직원들과 함께 프로토타이핑을 실시했다. 필요한 경우에는 고객을 참여시키기도 한다. 약국 프로젝트에서 우리는 어떻게 사생활을 보호할 수 있는지 자체적으로 프로토타이핑해볼 수 있었다. 고객을 참여시킬 필요는 없었다.

이 단계에서 직원은 어떻게 참여하나? 이러한 포함 프로세스는 실제로 어떻게 보이나?

프로토타이핑과 사용자 테스트를 진행하는 동안 직원들은 "어떻게 우리가 해결책을 얻게 되고, 어떤 종류의 새로운 아이디어가 실현될 것인가?"라고 물어보는 교육 모듈에 참여했다.

그러고 나서 우리는 그들에게 고객 여정을 만들어달라고 부탁했다. 우리는 초기 고객 여정을 이미 템플릿으로 정리했지만, 그들이 그 분야의 전문가이기 때문에 좀더 상세한 인터랙션을 작성해주기를 원했다.

그런 다음 그들을 그룹으로 나누어 사람들이 약국에 들어갈 때, 줄을 서서 기다릴 때, 처방전을 받는 동안, 그리고 서비스 인터랙션의 끝에 어떤 일들이 일어나는지 알아보게 했다. 그들은 인터랙션을 만들고 시도해보았다. 우리는 그들에게 전체 모델을 설명하고 싶었다. 그렇게 함으로써 그들이 서비스 컨셉을 내재화하고 주인 의식을 가질 수 있다.

프로토타이핑을 통해 어떻게 피드백을 촉진하고 수집했나? 학습한 내용이 향후 디자인 결정에 도움이 되도록 하는 특정 방법이나 실천이 있었나?

우리는 프로토타이핑을 항상 사진과 함께 문서화한다. 또 항상 메모를 하는 사람이 있다. 그리고 우리가 사용하는 재료는 그림을 그린 뒤 닦아낼 수 있도록 코팅이 되어 있어 그 위에 포스트잇 노트를 부착할 수도 있다. 이는 문서화하는 또다른 방법이다. 우리는 벽이나 사인에 인터페이스를 그릴 수도 있다.

단순히 피드백을 얻는 것이 아니다. 그것은 우리가 프로토타이핑을 하는 동안 실제로 환경이나 사물을 코디자인하는 것이다.

프로토타이핑은 사람들의 참여가 정말 중요하다고 생각한다. 프로토타입은 변화를 유도하고 지나치게 확정적으로 보이지 않는 것이어야 한다. 그래서 우리는 프로토타이핑할 때 항상 찢어내거나 그림 그릴 수 있고 바꾸거나 수정할 수 있는 재료를 사용한다. 재료는 사람들이 다루는 데 익숙한 것들이어야 한다. 이는 단지 의견을 끌어들이는 것이 아니라 실제로 사람들이 뭔가를 하도록 권하는 것이다.

이 프로젝트에서 앞으로 나아갈 수 있도록 만족감을 느낀 지점까지 어떻게 도달했나?

전체 디자인 프로세스는 가설을 만드는 프로세스이다. 우리는 그 가설이 보다 확실해질 때까지 테스트하고 검증하고 반복한다. 그러나 나는 이 질문에 확실히 답할 수 있는, 어떤 측정 지표가 있는 지점이 존재한다고는 생각하지 않는다. 여러분은 그저 한 걸음씩 나아가야 한다. 어느 시점에서 클라이언트는 우리가 앞으로 나아갈 준비가 되었다는 것에 동의하게 되었다.

진정한 코디자인 프로세스는 프론트라인 직원 및 사용자의 참여와 프로젝트를 담당하는 리더십을 포함해야 한다. 그러나 프론트라인 직원에 대한 접근은 테스트 및 프로토타이핑의 모든 단계에 참여하려는 리더의 열의에 의해 방해받을 수 있다. 코디자인 참여를 두고 정치적 협상을 해야 할 때 디자이너는 어떻게 해야 하나?

이는 디자이너가 어떻게 주도권을 잡느냐와 관련 있다. 우리는 클라이언트가 자원 투자에 대해 큰 결정을 내리게 할 수 있다. 우리는 프론트라인 직원이 할 수 있으며, 하고 싶어하는 것을 디자인해야 한다. 또한 우리와 그 디자인에 투자하는 조직에 이익을 주는 무언가를 디자인해야 한다. 그러나 나는 디자이너가 그들이 아이디어를 어떻게 얻는지 이해하는 것이 매우 중요하다고 생각한다. 이는 부분적으로 서비스의 맥락에 대한 공감과 합리적인 이해를 모두 풍부하게 한다. 여러분은 모든 유형의 이해관계자와 협력하여 이를 성취할 수 있으며, 이것은 대화하고 경청하고 관찰하는 것이다. 이러한 접근이 이해를 얻을 수 있는 유일한 방법이다.

10.4
사례 연구 분석

YTA 약국 프로젝트의 프로토타이핑 접근법에서 얻은 주요 교훈은 무엇인가? 헬론 팀은 물리적 프로토타이핑을 사용하여 아이디어를 유형화하고, 그들의 사용자와 직원을 더 잘 이해함으로써 궁극적으로 그들과 클라이언트 조직이 정보를 기반으로 결정을 내리도록 지원할 수 있었다. 프로토타이핑은 서비스에 있어서 아주 중요한 아이디어를 실제화하는 첫번째 단계를 이끈다. 프로토타이핑은 소리와 시간, 몸의 움직임, 그 결과 나타나는 사람들의 감정 상태와 니즈를 포함하여 그림 표현으로는 일치시킬 수 없는 방법으로, 몸과 감각으로 무언가를 경험하는 것에 달려 있기 때문이다. 또한 프로토타이핑은 2차원적 표현으로는 도달할 수 없는 방법으로, 새로운 컨셉을 얻을 수 있도록 직원이 참여적인 방법으로 개입하게 한다.

프로토타이핑을 실행할 때에는 재료 소품 및 지원뿐만 아니라 코디자인이 실제로 이루어지는 방법과 전체 세션을 문서화하는 방법이 적절하게 계획되어야 한다. 예를 들어, 인공물은 참가자가 그것을 만져서는 안 된다고 느끼는 최종적인 형태로 보이지 않는 것이 중요하다. 참가자가 찢거나 그 위에 그림을 그리거나 수정할 수 있는 재료를 활용한다.

프로토타입은 결정을 내리는 데 도움이 되는 반면, 우리는 모든 것이 아주 명확해지는 순간이 있을 것이라고 예상해서는 안 된다. 의사 결정에 대해 확신할 방법은 없지만, 클라이언트와 디자이너는 컨셉을 가지고 앞으로 나아갈 만큼 자신감을 얻는 순간에 동의해야 한다.

헬론은 피플스 약국 프로젝트에서 프로토타이핑을 사용할 때 몇 가지 구체적인 방법을 실행했다.

물리적 소품

서비스는 주로 질서 정연한 사회적 인터랙션과 교환에 관한 것이라고 생각할 수 있지만, 서비스스케이프는 거의 항상 시스템이 작동하도록 돕는 다양한 물리적 인공물에 의해 채워진다. 피플스 약국의 예시에서 데스크, 탁자, 물리적 공간은 사적인 서비스를 형성하는 데 결정적인 요소일 뿐만 아니라 리테일 공간 전체에서 쉽게 이동할 수 있는 요소이다. 헬론의 카드보드 프로토타입과 같은 물리적 소품 사용은 이 서비스 인터랙션이 어떻게 물리적, 감정적 관점에서 생산될 수 있는지 그 기능을 이해하기 위한 연구 도구로 사용되었다. 팀은 처방전 데스크와 같은 완성되지 않은 로우파이low-fi 물리적 소품을 사용하여 의도한 결과에 어떤 디자인 결정이 가장 적합한지 신속하게 파악할 수 있었다. 피플스 약국의 경우 팀은 서비스와 이 서비스를 구성하는 물리적 인공물들이 매우 다른 니즈를 가진 고객을 수용해야 한다는 것을 알았다. 이 목표를 달성하기 위한 핵심은, 대략적이고 깔끔하지 못한 카드보드 소품에 의해 촉진되는 경험을 행동으로 옮기는 것이다. 물리적 소품은 미래의 서비스가 어떻게 보일지에 대한 이론을 제공한다. 이 소품은 로우파이이고 완성된 형태가 아니기 때문에 충분히 상상할 수 있는 서비스 내러티브 유형을 제안할 수 있고, 새로운 인사이트, 아이디어 및 수정에 열려 있다. 피플스 약국 프로젝트의 최종 결과는, 물리적 소품을 사용한 프로토타이핑 프로세스를 통해 얻은 인사이트를 바탕으로 하여 직접적인 제품의 형태로 구현되었다.

10.5
방법과 도구

참여 프로토타입 사이클

피플스 약국 프로젝트는 서비스 디자인 컨셉을 프로토타이핑하는 데 있어 참여의 가치를 강조한다. 헬론 스튜디오의 다목적 갤러리를 사용함으로써 직원과 고객, 디자인 팀 간의 협업으로 새로운 아이디어를 얻어, 실물 크기의 물리적 프로토타입을 경험하고 변경할 수 있었다. 다양한 프로토타이핑 작업에 다수의 이해관계자를 포함하여 미래 서비스 환경을 만들고 구현하기 위해 프로젝트에서 공간을 명확하게 구분했다. 이러한 순간은 프로세스에 비디자이너를 포함시켜 아이디어를 테스트하고 지속적으로 개선하는 데 중요하다. 피플스 약국의 경우 이처럼 참여를 통해 학습하는 프로세스는 물리적 소품 제작과 서비스 경험 시연, 그리고 이 서비스가 향후 반복될 때 인사이트를 통합할 수 있는 팀과 함께 그러한 경험을 설명하고 비평하는 상호 작용에 기반을 둔다.

이 섹션은 서비스 디자인 프로토타이핑에 사용되는 주요 접근법, 방법 및 도구에 대해 주석이 달린 색인을 제공한다. 이제 다음 안내에 따라 탐구해보자.

물리적 프로토타이핑

피플스 약국 사례 연구에서 볼 수 있듯이, '카드보드 프로토타이핑과 물리적 소품'은 헬론이 이용하는 핵심 기법이다. 또다른 프로젝트에서 헬론의 팀(당시 '메소드Method'라고 불렸다)은 병원 내 여러 환경을 시뮬레이션하는 극장 무대와 카드보드 가구를 사용하여 병원 바닥을 만들었다. 이런 유형의 프로토타이핑은 참여적 특성을 통해 공감적 학습을 실시해 사용자와 직원을 역할극에 참여시킴으로써 간호사나 다른 직원이 환자의 경험을 시뮬레이션할 수 있다는 장점이 있다.

물리적 소품들은 경험을 '느낄 수 있게' 하고, 따라서 미래를 예측하도록 도움을 주며 스토리텔링을 낳는다. 사람들은 물건이 완성된 형태로 여겨지지 않을 때 보다 적극적으로 참여하므로 완성된 것보다는 로우파이 및 낮은 수준의 기술 소품을 권장한다.

도표 10.17 헬론에서 진행한 카드보드 프로토타이핑의 또다른 예시로, 이 경우 검은색 블록 극장에 카드보드 병원을 설치했다.

실행은 반복적으로 이루어질 수 있으며, 서로 다른 인터랙션 접근법을 지속적으로 테스트하고 개선할 수 있다. 엘리자베스 샌더스는 '참여 프로토타입 사이클(PPC, Participatory Prototype Cycles)'을 만들기making, 말하기telling, 시연하기enact 사이의 상호 작용을 기반으로 함께 만들어진, 프로토타이핑을 위한 프레임워크로 설명한다. 이는 참여자로 하여금 서비스 디자인에 필요한 암묵적 지식을 포착하게 해주고, 이를 바탕으로 실험과 구현을 통해 인공물을 개발할 수 있게 한다.

디지털 인터랙션 프로토타이핑: 로우파이 및 하이파이

대부분의 경우 서비스 디자이너는 디지털 인터페이스, 플랫폼 또는 시스템, 특히 그 뒤에서 코드를 쓰는 것처럼 그들의 백엔드를 꼭 디자인하는 사람은 아니다. 이러한 디자인 능력이 점차 확산되고 있다 하더라도 말이다. 하지만 서비스 디자이너는 디지털 인터페이스, 플랫폼이나 시스템인 프론트엔드 또는 사용자 대면 부분에 관여할 가능성이 매우 높다. 따라서 코드 없이 프로토타이핑(디지털 인터랙션 용도)만 고려한다.

서비스 디자인에 있어 필수적인 디지털 인터랙션의 핵심 측면은 서비스가 가능하게 하는 결과를 정의하는 것(예: 구독, 예약, 구매, 상담), 시각적 외관 및 미적 외관(예: 서비스의 룩앤필look and feel)과 사용성(예: 서비스가 직관적이고 쉽게 사

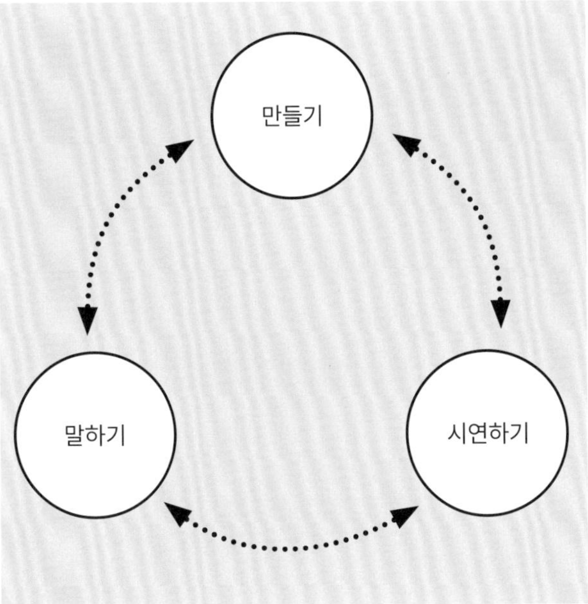

도표 10.18 엘리자베스 샌더스의 참여 프로토타입 사이클(PPC) 프레임워크

용할 수 있는지, 그것의 순서 및 일관성)으로, 이러한 기능을 사용자에게 어떻게 잘 전달할 수 있는지를 포함한다.

그러므로 서비스 디자이너의 주요 역할은 서비스에 포함된 인터랙션, 이러한 인터랙션에서 무엇이 발생해야 하는지, 이 인터랙션으로 가능한 것, 그리고 디지털 플랫폼, 시스템 또는 인터페이스가 사용자와 어떻게 행동하는지를 정의하는 것이다.

디지털 프로토타이핑 프로세스는 바람직한 인터랙션의 특징과 그것이 무엇을 제공하는지를 고려하며 시작된다. 이것은 구독, 예약, 구매 또는 상담인가? 이것은 모바일 또는 고정 모드 또는 둘 다에서 발생하는가? 이러한 인터랙션에서 중요한 바람직한 결과는 무엇인가? 웹사이트 또는 모바일 애플리케이션 중 어느 것이 더 나은가? 어떤 종류의 사용자 인터페이스(UI)가 필요한가? 어떤 유형의 미적 감각이 더 이치에 맞는가? 센싱 및 연결 등이 관련되어 있는가?

디지털 프로토타입 기술을 선택할 때 고려해야 할 몇 가지 사항이 있다. 첫째, 프로토타입의 진정한 의도가 무엇인지 물어본다. 나중에 폐기될 데모 도구 또는 최종 제품에서 재사용할 수 있는 코딩이 실제 부품과는 다를 수 있다. 둘째, 그 프로토타입이 누구를 위한 것인지 물어본다. 사용자 테스트를 거칠 것인지, 이것을 공유할 필요가 있는지, 또는 협업 방식으로 진행할 필요가 있는지 물어본다. 이 시점에서 로우 피델리티low fidelity 또는 하이 피델리티high fidelity가 필요한지, 마지막으로 이 프로토타이핑 도구에 얼마나 익숙한지, 코드 작성이 가능한지, 시간과 노력, 자원을 얼마나 많이 확보할 수 있는지 물어본다.

종이 프로토타입 기법은 많은 사람이 바라는 인터랙션을 신속하게 탐색하고 코크리에이션과 팀워크를 하기 쉬운 훌륭한 협업 도구이므로, 이 기법으로 시작하는 것을 선호한다. 이 기법은 현재까지 다재다능한 도구로 인기가 있으며 누구나 사용할 수 있다. 이 기법은 코크리에이션과 공유가 쉬운 훌륭한 협력 도구이며, 바람직한 인터랙션 탐구를 가능하게 한다.

종이 프로토타이핑을 위한 기본 키트에는 종이, 투명 필름 용지, 색인 카드, 포스트잇, 디바이스를 프로토타이핑할 때 사용하는 카드보드나 폼 보드 같은 재료가 포함된다. 사용자 인터페이스(UI) 요소를 위한 템플릿 및 스텐실을 포함한, 다운로드 가능한 키트뿐만 아니라 종이 프로토타입을 사진으로 찍어 인터랙티브 스크린으로 빠르게 변환할 수 있는 소프트웨어도 있다.

손으로 그림을 그리든 미리 제작된 재료를 사용하는 종이 프로토타이핑은 본질적으로 정보 아키텍처 및 인터랙션 순서에만 초점을 맞춘 로우 피델리티의 비심미적nonaesthetic 기법이다.

몇 가지 요소를 정의한 다음 놀이하듯 순차적 인터랙션을 시작한다. 한 가지 주요 고려 사항은 상태 변화를 이해하는 것이다. 예를 들어, 버튼을 클릭하면 새로운 스크린이 열리거나 상자를 선택하거나 옵션을 선택할 수 있다. 여기서 던져야 할 질문은 다음과 같다. 사용자는 어떤 일이 일어났는지 어떻게 알 수 있는가? 사용자는 어떻게 뒤로 가거나 다음 단계로 나아갈 수 있는가? 이런 유형의 생각은 종이 프로토타입에 쓰거나 앞뒤로 옮길 수 있도록 투명 필름 용지를 사용해 실험할 필요가 있다. 인터랙션을 시뮬레이션하고 순서와 전환을 결정하기 위해서다.

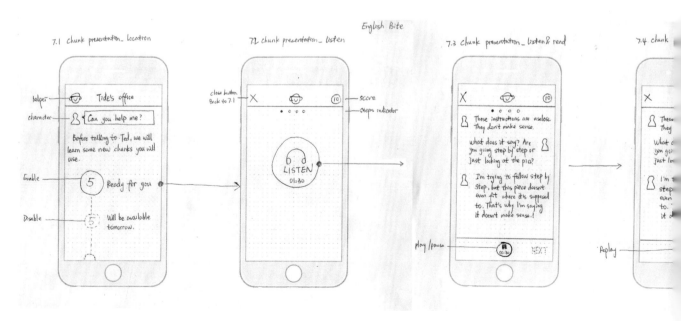

도표 10.19 스텐실을 이용해 수기로 작성한 종이 프로토타이핑

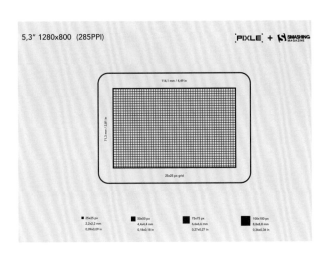

도표 10.20 픽셀Pixle에서 디자인한 종이 프로토타입 템플릿. 이 경우 템플릿은 터치스크린 태블릿의 탭 영역을 결정하는 데 도움이 된다.

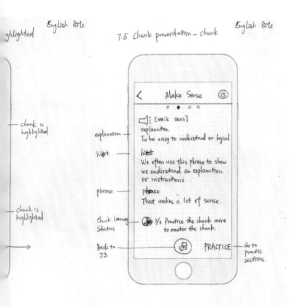

대부분의 서비스 디자이너는 단지 개념화에만 초점을 둔다. 그들은 UX 디자이너가 더 집중하는 하이 피델리티 프로토타입 개발로 나아가지 않고 사용자 테스팅을 실시하지 않는다. 그럼에도 불구하고 서비스 디자이너는 UX 디자이너와 함께 작업할 수도 있으므로 하이 피델리티 프로토타이핑의 기본 사항을 이해하는 것이 중요할 수 있다.

디지털 프로토타이핑의 주요 측면은 '검증' 프로세스를 가속화하는 것이다. UX 디자이너는 많은 작업이 이미 완료되었을 때 이해관계자에게 보여주고 사용자 테스트를 수행하면 전체 프로세스를 다시 수행할 위험이 있으므로, 그러지 않기 위해서는 프로세스 초기에 무언가를 보여주고 테스트하는 것을 선호한다.

일부 소프트웨어를 이용해 스크린과 연속적인 장면을 보여주거나 웹에 즉시 게시할 수 있는 여정을 제작할 수 있다. 다른 소프트웨어인 인디자인InDesign을 이용하면 페이지를 모바일 앱으로 직접 변환할 수 있다. 포토샵Photoshop, 스케치Sketch 또는 UX핀UXPin과 그 밖의 소프트웨어는 웹사이트와 모바일 앱 모두를 위한 보다 정교한 인터페이스 디자인과 하이 피델리티 목업 제작 도구로 인기가 있다. 미리 제작하거나 맞춤 제작을 할 때 그 요소에 따라 다양하게 사용할 수 있으며, 어떤 것은 선택할 수 있는 광범위한 요소들을 제공한다. 이러한 소프트웨어는 와이어프레임, UI 요소 및 패턴, 전환, 클릭이 가능한 요소, 배경, 아이콘 및 기호뿐만 아니라 탭, 스와이프 및 줌과 같은 제스처를 제공한다.

272

초기 단계에서는 단일 테스트 세션으로 프로토타이핑 프로세스를 진행할 뿐만 아니라 사용자를 참여시켜 컨셉을 자주 테스트하는 것이 중요하다. 프로토타이핑은 항상 순차적 사이클로 생각해야 한다. 또다른 주요 고려 사항으로는 테스트를 실시할 적임자를 찾는 것에서부터 사용자 테스트 세션 시작 방법, 그것을 중재하는 방법, 문서화 방법을 비롯해, 그 결과를 분석하고 나중에 프로토타이핑 또는 최종 구현된 새로운 사이클로 변환하는 것까지 테스트를 잘 계획하는 것이 있다.

기존 일부 UX 소프트웨어는 테스트 세션을 구조화하고 세션에서 증거를 모으는 데 도움을 준다. 예를 들어, 기존 소프트웨어는 클릭과 얼굴 반응을 기록하고 공유할 수 있는 비디오를 생성한다. 이 단계에서 프로토타입은 사용자, 클라이언트 및 백엔드 개발자와 소통할 수 있도록 충분히 인터랙션하거나 이에 매우 근접해야 한다.

마지막으로 프로토타이핑 프로세스를 진행하는 동안 개발자뿐만 아니라 다른 디자이너와 팀, 클라이언트 및 기타 프로젝트 이해관계자와 협업하는 방법을 생각하는 것이 중요하다. 실시간 협업이 종종 필요하며, 예를 들어 스크린에 메모를 기록하여 기여자가 프로토타입에 주석을 달 수 있도록 도구 사용을 고려할 필요가 있다.

이러한 도구는 진화하거나 빠르게 대체되는 경향이 있으므로, 최신 도구를 채택하기 전에 온라인으로 검색하여 기능을 비교하는 것이 좋다.

도표 10.21 금융 권한을 위한 디자인: 뉴욕시의 무료 세금 준비 서비스를 저소득층 가구가 보다 효과적이고 쉽게 이용할 수 있도록 하는 세금 타임Tax Time 프로젝트이다. 뉴욕시 금융권한소비자국New York City Department of Consumer Affairs Office of Financial Empowerment, 시티 커뮤니티 개발, 경제 기회 센터, 파슨스 디자인 스쿨의 데시스랩 및 선진 뉴욕시를 위한 시장 기금과 협력하여 뉴욕시 푸드 뱅크가 주도적으로 실행한 계획이다.

서비스 경험 시뮬레이션

우리가 알고 있듯이 서비스 경험은 인간 인터랙션뿐만 아니라 물질적 '서비스스케이프'를 포함한 서비스의 '소프트 측면'에 의해 크게 영향받는다. 실제로 공간, 가구, 조명, 사운드, 향기 및 사인을 포함하는 물질적 서비스스케이프는 인간의 인터랙션과 인식에 영향을 미친다. 서비스 환경을 프로토타이핑하기 위한 혼합 기법은 서비스스케이프를 최대한 가깝게 시뮬레이션하기 위한 방법으로, 물리적 소품 및 디지털 소품과 결합된 비디오, 사운드 및 빛을 도입한다.

핀란드 라플란드대학Lapland University의 신코(SINCO, Service Innovation Corner, 서비스 혁신 코너) 랩은 사용자 경험을 위한 기술 지원 프로토타이핑 환경이다.

신코의 아이디어는 서비스스케이프의 여러 요소를 생생한 시연과 스토리텔링을 결합하여 서비스 경험을 시뮬레이션하는 것이다. 실험실 장비는 신속한 프로토타이핑 주기를 가능하게 한다.

신코 랩 유닛은 두 개의 스크린이 각도를 이루는 중앙 서비스 무대로 구성되며, 여기에 서비스스케이프 시뮬레이션이 후면 프로젝터에 투사된다. 음향 스피커, 물리적 소품 제작 공간, 디지털 도구 및 액세서리, 손으로 그린 인터페이스를 모바일 디바이스로 쉽게 전송할 수 있는 인터랙티브 스크린으로 공간이 한층 강화된다. 무대에서의 움직임을 포착하고, 시연한 장면을 분석할 수 있도록 카메라를 전략적으로 배치한다.

도표 10.22 핀란드 라플란드대학의 신코 랩

서비스 스토리를 설명하는 초기 플롯을 만들고, 배경 장면과 소품을 포함한 재료를 준비하고, 서비스 장면을 연기하고, 마지막으로 비디오를 편집하는 것으로 랩을 시작할 수 있다. 이 프로세스는 다양한 서비스 내러티브가 개발되고 의사 결정에 사용될 수 있도록 주기적으로 반복될 수 있다. 충실도에 따라 비디오의 결과가 다양하게 나올 수 있으며, 이는 사람들의 감정과 결정을 이해하고 서비스 제안 service proposition의 타당성을 평가하기 위한 강력한 도구이다.

물리적 공간과 장치와는 별도로 랩의 핵심 측면은 직원, 사용자 및 기타 프로젝트 이해관계자가 참여할 수 있는 코크리에이티브 스토리텔링이다.

도표 10.23~10.25 핀란드 라플란드대학에 있는 신코 랩 이미지

10.6
학습 활동

학습 과제

헬스케어 생태계의 새로운 인터랙션 프로토타이핑

- 건강 생태계 전체를 조사하고 분석한다. 서비스 제공자와 여러분이 함께할 다양한 인터랙션을 구조화한다. 의사와의 진료 약속이나 약국에서 대기하는 것, 체육관 멤버십 이용 등이 있을 수 있다. 각 제공자와 관련하여 가능한 한 많은 인터랙션을 탐구하기 위해 물리적 터치포인트 및 디지털 터치포인트와 기타 커뮤니케이션 채널을 구조화한다.

- 개선할 수 있는 하나의 인터랙션을 선택한다. 새로운 인터랙션을 가능하게 하는 물리적, 디지털 또는 이 둘의 조합(예: 웹사이트, 모바일 애플리케이션, 정보 스크린, 인터랙티브 키오스크, 새로운 공간 레이아웃, 로그인 시스템)을 정의한다.

- 물리적 인공물의 3차원적 표현과 디지털 터치포인트를 종이로 만들어본다. 카드보드, 직물, 기존 가구 및 기타 일상용품을 사용하여 물리적 인공물을 시뮬레이션한다. 스크립트를 작성하고 새 인공물에 대한 사용자 여정을 정의한다.

- 인터랙션 프로토타입이 설치되면 새로운 터치포인트의 적절성과 상상한 인터랙션의 가설을 테스트하기 위해 각 개인은 서비스에서 하나의 역할을 시연하며 여러 참가자와 시연 세션을 진행한다.

- 시연 세션을 함께 소개한다. 주요 결과를 정의하고 본래 인터랙션의 다음번 가능한 반복을 알아내는 데 새로운 통찰력을 사용한다. 특히 터치포인트뿐만 아니라 새로운 인터랙션의 컨셉을 어떻게 수정할 것인지 토론한다.

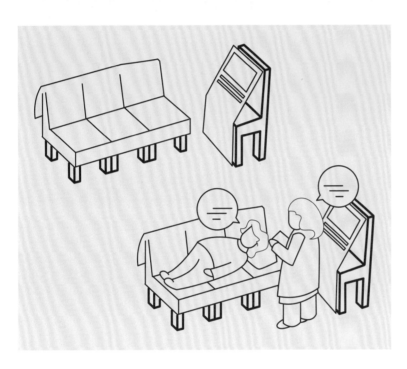

도표 10.26 인터랙션 프로토타입 설치

11
구현하기 및 평가하기

11.1
소개

11장에서는 서비스 컨셉에서 새로운 서비스 구현에 이르기까지의 움직임을 살펴본다. 신규 서비스 또는 리디자인된 서비스를 구축하는 데 있어 파일럿의 역할뿐만 아니라 비즈니스 측면을 최종 서비스로 통합하고 구체화하는 방법에 대해 배울 수 있다. 구현 프로세스에 대해 학습하는 것 외에도 다양한 유형의 서비스 평가에 대해 논의한다. 서비스가 생동감 있고 활동적일 때 사용자 피드백을 서비스에 통합하는 방법과 지속적인 피드백을 유지하기 위해 서비스 직원을 배치하는 방법에 대해 학습한다. 마지막으로 영향 평가를 위한 전략을 탐구한다.

파일럿 단계와 초기 구현에서는 터치포인트 실행을 가속화하거나 파일럿 내에서 테스트를 수행하기 위해 서비스 디자이너를 조직에 포함시킬 것을 요구할 수 있다. 더 나아가 조직은 발견과 아이디에이션에 적극적으로 관여하고 서류상 새로운 컨셉을 선호할 수도 있지만, 완전히 새로운 수준의 역량에 전념해야 하기 때문에 새로운 서비스 제공을 채택하기 전에 좀더 신중하게 행동할 수도 있다. 디자이너의 관점에서 새로운 서비스를 컨셉화에서부터 실제 구현으로 옮기는 것은 종종 생성적인 창의력과는 관련이 적은 기술과 많은 협상, 그리고 점진적인 리디자인을 수반하는 경향이 있는 길고도 험난한 여정이다.

구현의 핵심은 시간이 지남에 따라 서비스의 비즈니스 영향, 실현 가능성 및 지속 가능성을 신중하게 고려하는 것이다. 여기에는 서비스를 실행하고 성공을 유지하는 데 필요한, 다양한 자원에 대한 생각이 포함된다. 이러한 종류의 평가는 프로세스 동안 여러 번 실시되어야 하며, 실질적인 변화가 채택됨에 따라 상당히 바뀔 수도 있다. 서비스 단계나 구현 후 통합 단계에서 평가 프레임워크는 오랜 기간에 걸쳐 다양한 관점으로 성과를 이해하는 데 도움이 된다.

실시간 프로토타입과 파일럿은 상당한 시간과 자원을 투자하기 전에 서비스 아이디어의 원칙 및 특징과 관련된 사람과 조직에 반향을 일으키게 하는 시험대로, 이를 통해 불확실성을 줄일 수 있다. 피드백 전략에서는 서비스에 대해 급변하는 요구와 서비스 환경의 변화에 지속적으로 대응하게 하는 것이 중요하다. 우리는 서비스 평가를 이런 식으로 코크리에이션의 지속적인 유형으로 생각할 수 있다.

11.2
사례 연구: 2012 런던 올림픽 게임

올림픽 게임은 많은 것에 성패가 달려 있는 대규모 이벤트이다. 2012년 런던 하계 올림픽에는 올림픽 36개 종목, 장애인 올림픽 21개 종목에 1만 명이 넘는 선수와 4,000여 명의 장애인 선수들이 참가했다. 경기장, 교통 허브, 훈련 장소, 인증 장소를 포함한 약 170개의 장소들이 런던 올림픽의 일부였다. 6주 동안 1,100만 명이 넘는 관중이 이 행사에 참석했고, 27만 명이 넘는 직원이 일을 했다. 올림픽에 투입된 총 비용은 135억 4,000만 달러였다.

이런 행사를 주최하는 데에는 큰 위험이 따른다. 이러한 단발성 이벤트에 필요한 투자 규모는 조정되지 않을 수 있으며, 지역 주민의 요구와 충돌할 수도 있다. 따라서 위험이 굉장히 크다. 런던 올림픽 조직위원회 지도부는 처음부터 올림픽을 관중의 초점에 맞추어야 한다고 결정했다. 주최 측은 주요 물리적 기반 시설과 일부 기존 장소 및 새로운 장소가 이미 마련되어 있는 가운데, 참가자들이 햇볕이 뜨거운 날이나 비가 내리는 날에 대기 시간의 40퍼센트 이상의 시간을 낭비한다는 것을 깨달았다. 이는 확실히 좋은 경험을 보장하는 것과는 거리가 멀다.

경험 디자인 팀은 예산과 계획이 이미 대부분 정해진, 비교적 늦은 단계에 투입되었다. 그들은 많은 피드백 전략을 시간 내에 신속하게 짜야 했다. 그들은 관중의 흐름과 여정을 고려하여 새로운 장소와 오래된 장소를 관찰하는 것부터 시작했으며, 큰 문제가 발생할 만한 곳을 구조화하여 위험 요인을 기록했다. 거기서부터 그들은 긍정적인 장소 운영을 지원하기 위한 전략을 고안하여 문제를 예측하려고 노력했다. 그들이 세운 전략의 중심에는 '훌륭한 관중'이 제안한 아이디어가 있다. 행복한 관중이 훌륭한 관중이므로 관중이 올바른 장소, 올바른 시간에 올바른 마음 상태로 있게 하는 것은 필수적이다. 훌륭한 관중은 방송사와 운동선수에게 적절한 배경을 제공하고, 이러한 이벤트의 수익 모델에서 필수적인 행위를 한다. 즉 보조 물품과 음식 및 음료를 더 많이 소비하게 되는 것이다. 또한 훌륭한 관중과 함께 훌륭한 직원도 필요했다. 주요 초점은, 관중의 이동 흐름과 대기하는 줄이었다.

경기장이 크고 보안 검사를 거쳐야 하므로 관람객이 제시간에 관람석에 앉기 위해서는 일찍 도착해야 했다. 인쇄된 티켓은 권장 도착 시간 등 이벤트에 대한 필수적인 정보를 전달하는 초기의 주요 터치포인트이다. 하지만 사람들이 행사가 열리기 6개월도 전에 티켓을 구입했기 때문에 대부분이 이 정보를 제대로 확인하지 않을 것이 걱정되었다. 또한 행사 시작 시간이 다 되어 도착해서 줄을 서서 기다리는 사람들도 우려되었다. 그리하여 문자메시지, 모니터링 웹사이트를 비롯해 우편 통지까지 여러 채널을 사용하여 관객들에게 정보가 제때 전달되도록 했다.

11.2 사례 연구: 2012 런던 올림픽 게임

11.1

11.2

11.4

도표 11.1~11.3 경기장을 향해 걸어가는 관객 및
워터폴로Water Polo 입구의 관객
도표 11.4 경기장의 사인
도표 11.5 스포츠 규칙과 규제에 관한 전시
도표 11.6 올림픽 성화와 함께 기념사진 촬영

11.3

11.6

11.5

19

Weightlifting

The athletes

Size

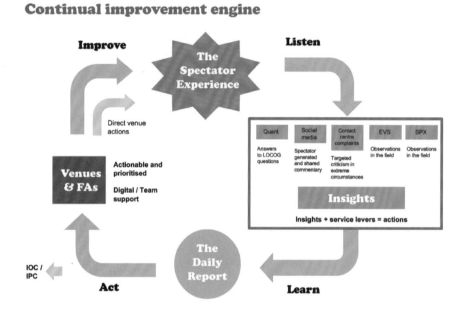

도표 **11.7** 관객 경험 관리의 '지속적인 개선 장치'로서 행위와 우선순위를 알려주는 일일 보고를 생성하는 여러 피드백 자료를 보여준다.

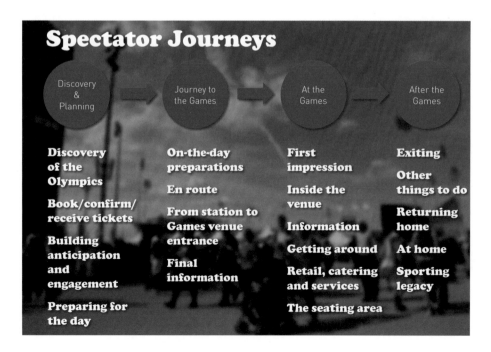

도표 **11.8** 관중의 동선에 대한 설명, 계획 고려하기, 경기장으로 이동하기, 경기장 내부 및 관람 이후에 대한 설명

팀은 대기 줄을 줄이기 위한 일련의 전략을 세웠다. 한 가지는 '마법의 순간'이라고도 불린 아이디어로, 관객이 실제 올림픽 성화를 들고 사진 찍을 수 있는 곳을 마련하는 것이었다. 대기 관객을 위한 공연자는 특정 장소에 줄이 형성되면 직원의 무선 호출에 따라 여러 장소로 이동했다. 사람들이 멈춰 있으면서 흐름을 방해하지 않도록 밴드가 출발하여 공원으로 행진하면 사람들은 자연스럽게 그들을 따라갔다. 이는 디즈니월드Disneyworld로부터 배운 요령이었다. 경기장 주변 지역의 자원봉사자와 다른 직원이 어린이를 위한 이벤트를 열어 활기가 생겼고, 일부 주요 지점의 과밀 위험을 감소시켰다. 스포츠 관련 전시회를 열어 특정 스포츠의 규칙과 규제에 대해 관람객을 교육하기도 했다. 곳곳에 많은 터치포인트가 있어 축제 분위기가 형성되었다.

팀은 얼마나 잘 계획하고 준비하든 간에 이러한 규모의 이벤트에서, 특히 초반에 모든 것을 충족시킬 방법은 없다는 것을 깨달았다. 그들의 접근법은 관람객의 경험을 지속적으로 향상시키고 상황을 모니터링하면서 매일 개선을 구현하는 것이었다. 자료는 주로 설문지, 소셜 미디어에서의 피드백, 프론트라인 직원에 의한 인사이트에서 나왔으며, 이 모든 것은 효과가 있든 없든 일일 보고서로 작성되었다. 개선을 위한 일상적인 접근법이 중요했다. 팀의 리더인 알렉스 니스벳Alex Nisbett은 '매일, 즉 마지막 경기 날조차도 누군가에게는 첫인상, 첫 경험일 것'이라는 점을 고려했다.

그들은 여러 장소와 핫스팟의 운영에 관해 질문하고 스프레드시트를 만드는 데 설문지의 정량적 자료를 사용했다. 그들은 음식과 음료의 질과 접근성이나 화장실 청결도 문제 등에 대해 기본적인 것을 파악했다. 그리고 파워포인트 슬라이드로 일일 보고서를 제작하여 개선 조치를 취하는 관계자에게 전달했다.

그들은 또한 참가자들에게 "당신의 경험을 한마디로 요약하면 무엇인가?"라고 질문하고 정성적 자료를 수집하여 매일 바뀌는 말풍선을 만들었다. 이 접근법은 일반적인 감정을 알아보는 데 좋은 척도로 판명되었다. 비록 팀은 대화에 참여하지는 않았지만 소셜 미디어를 모니터링했다. 이러한 자료를 통해 많은 피드백을 얻을 수 있었고, 이는 관람객의 도움과 함께 지속적인 개선을 하는 데 필수적인 자료였다.

그들은 이러한 피드백을 바탕으로 신선한 식수대를 더 많이 만들고, 분수식 식수대를 공급하는 사업자를 모두 동원하여 식수 공급을 개선할 수 있었다. 올림픽이 끝나고 몇 주 후 세계 장애인 올림픽이 시작될 때쯤에는 모든 조직이 안정감을 느꼈고, 미묘하게 개선된 경험을 할 수 있었다.

11.3
알렉스 니스벳과의
인터뷰

알렉스 니스벳Alex Nisbett은 런던 리브워크 스튜디오Livework Studio의 디자인 책임자이다. 그는 SDN 매니지먼트의 회원이며 SDN의 행사 위원회를 이끌고 있다. 알렉스 니스벳은 런던 올림픽 조직위원회에서 관중 경험 프로젝트 매니저를 맡았다.

2012 런던 올림픽과 장애인 올림픽 게임에서 관중 경험 디자인에 어떤 방식으로 기여했는지 간단히 설명해줄 수 있나?

런던 올림픽 조직위원회는 올림픽 조직위원회로서는 최초로 관중 경험을 구체적으로 디자인하고 전달하려는 시도를 했다. 어떤 개최 도시도 관중 경험에 대해서는 런던 올림픽만큼 고려하지 못했다. 우리는 관중 경험 클라이언트 그룹을 위한 규정서를 필수적으로 작성하고 있었다. 우리는 경기 전에 관중의 입장에서 전체 여정을 살펴보았다. 예를 들면, 사람들이 올림픽에 대해 알게 되어 경기 티켓을 선택하고 구입하는 방법이 있다. 우리는 장소 차원에서의 경험에 초점을 맞추었다. 티켓 소지자는 어떤 경험을 하게 될까? 경기 당일에 무슨 일이 일어날까? 우리는 그것에 집중해야 했고, 그에 대한 경험을 발전시켜야 했다.

관중 경험에 주목한 예를 들 수 있나?

관객은 경기가 시작되기 거의 세 시간 전에 현장에 도착해야 했다. 리서치에 따르면, 하루의 40퍼센트를 줄을 서서 보낼 수도 있었다. 보안 검사와 행사 일정 때문에, 또는 좌석을 찾아 먼 거리를 이동하느라 이런 상황이 발생한다. 이를 대비해 약간의 교육이 필요했고, 관중을 위한 준비가 필요했다. 예를 들면 '만약 당신이 경기가 열리기 두 시간 전에 도착한다면 무엇을 해야 하는가?'이다. 당신은 빈둥거리며 기다려야 할 것이다. 우리는 사람들이 찾는 장소와 그들이 보고 있는 것을 좀더 쉽게 알수 있도록 도우면서 약간의 오락과 지침을 제공하고자 했다. 관중을 적절한 시간에 적절한 장소로 제대로 된 상태로 이동하게 만드는 것이 목표였다. 만약 그들이 제대로 된 상태에 있다면, 박수를 쳐야 할 때 박수를 칠 가능성이 높아진다. 그것이 바로 방송사가 원하는 바이다. 방송사는 선수들을 위해 완벽한 배경을 원한다. 또한 올림픽이라는 사업은 사람들이 캐릭터 상품 및 음식 주문 서비스에 돈을 쓰기를 원한다. 우리는 그런 고객을 높은 성과를 올리는 관중이라고 부른다.

당신은 모든 필요한 순간들과 사람들이 보통 어떻게 행동하는지를 어떻게 연결시켰나? 당신이 계획하고 있는 것과 그 이벤트의 순간에 해야 할 일 사이의 긴장은 어떠한가?

여러분이 경험을 극대화하고, 따라서 비즈니스의 큰 영향을 고려하기 위해 서비스 디자인을 사용하는 대다수의 많은 비즈니스를 생각한다면 항상 긍정적인 것들을 생각할 것이다. 흥미롭게도 우리는 올림픽에서 부정적인 것을 막는 데 항상 집중했는데, 이는 같은 결론에 이르게 하지만 시작은 다른 지점에서 하게 된다. 우리는 지속적인 개선 반복, 즉 우리가 만든 도구에 대한 계획을 세웠다. 그것이 첫날, 둘째 날, 셋째 날에는 제대로 실행되지 않을 것을 알았기 때문에 우리가 배운 것을 기반으로 다시 검토하고 계속 검토해야 했다. 관중 경험 팀에서 우리의 계획은 '어떻게 특정 요인을 줄이면서도 관객을 흥분시키고, 참여시키고, 사로잡고, 영감을 줄 수 있을까?'를 기본으로 했다. 우리 팀은 기쁨을 주는 방식으로 문제를 해결하는 데 중점을 두었다. 이는 우리가 서비스 디자인에서 직면한 가장 큰 과제 중 하나로, '어떻게 하면 비즈니스가 원하는 것(가치를 만들고, 프로세스를 가속화하는 것)을 지원하면서도 환자나 승객 또는 관중에게 유용하고 바람직한 방식으로 수행할 수 있는가'이다. 바로 이런 이중성 가운데서 서비스의 진정한 가치가 발생한다는 것을 깨달았다.

비즈니스의 관심과 관련해, 관중 경험이 실시간으로 펼쳐지는 거대한 시스템에 대응한다는 생각으로, 경기가 진행됨에 따라 상황이 어떻게 진행되는지 평가하기 위해 구체적인 방법을 사용했나?

나는 고객에게 귀기울이고, 그들에게 배우고, 그에 따라 행동하고, 그 경험을 개선하는 아이디어에 대해 말하고 싶다. 물론 다음날에도 우리는 같은 일을 할 것이다. 듣고, 보고, 배우고 행동하는 것이다. 그것은 반복되는 루프이다. 여러분은 배우고, 테스트하고, 그것이 어떻게 작동하는지에 따라 만들어본다. 이는 공공 구성원의 행동을 듣고 보는 것을 포함한다. 우리는 그들이 경기 전에 생각하고 느끼는 것을 이해하기 위해 리서치를 진행했고, 그들의 계획에 대해, 그들이 말하는 것을 알기 위해 많은 시간을 할애했다. 우리는 충족되지 않은 욕구들을 알아냈고, 올림픽 게임 프로젝트 내내 이런 과정을 반복하면서 개선 루프를 유지했다. 각 종목마다 경기가 열리기 약 1년 전에 전체 경기 진행을 테스트했으며, 이 역시 관중 경험을 개선하는 데 도움이 되었다.

여러 이해관계자와 운영 채널로 구성된 복잡한 시스템에서 작업할 때 터치포인트 구현에 대해 어떻게 생각하나?

우리는 많은 역량을 갖고 있다. 첫번째는 매우 잘 짜인 조직이다. 모든 올림픽 게임의 각 기능적 영역에는 명확한 각본이 있는데, 이것은 말하자면 복잡한 시스템을 지원하는 사용자 가이드이다. 관중 경험 팀은 우리의 프로젝트를 전적으로 신뢰하는 IOC로부터 승인을 받아냈으며, 그들은 우리를 100퍼센트 지지했다. 복잡한 대규모 이벤트 및 상황을 관리하는 팀 내에서의 경험 또한 중요했다. 따라서 당신이 기대했던 만큼 매우 높은 수준의 협업이 이루어졌다면, 팀 스포츠의 힘은 확실하게 발휘된 것이다.

특정 서비스 구현에 대해 공유할 수 있는 몇 가지 예시가 있나?

티켓 구매 시스템이 하나의 예가 될 수 있다. 이는 빈자리가 남지 않아야 한다는 전제에서 시작되었다. 이전 올림픽에서 어떤 경기를 TV 카메라가 위쪽으로 이동하여 비추면 경기장의 절반이 공석이었다. 런던 올림픽에서는 그런 광경을 보여주길 원하지 않았고, 그 결과 빈 좌석을 채우기 위해 추첨식 티켓팅 개념이 생겨났다. 관객은 취향에 따라 티켓 추첨에 참여할 수 있는데, 어떤 티켓을 받을지는 모른다. 이는 모든 표가 팔릴 가능성이 높다는 것을 의미했지만, 관객이 어떤 경기를 보게 될지에 대해서는 일정 수준 불확실성을 남길 수밖에 없다. 예를 들어, 100미터 달리기 결승전을 보고 싶은 관객이 역도 티켓을 받을 수도 있는 것이다. "아, 실망스러워. 다시 추첨해서 티켓을 바꿀까? 내가 그 경기를 보러 일부러 가게 될까? 보러는 가겠지만 역도는 잘 모르는데." 우리는 관중이 겪게 될 일을 깨닫고 그들이 느낄 실망감을 긍정적인 탐구나 영감으로 바꾸고 싶었다. "이거 재미있어 보이네. 한번 시도해보고 싶다."

우리는 '이것이 역도이다'와 같은 교육을 위해 역도의 역사, 다양한 리프트 및 체급 등에 관한 전시를 열었다.

우리는 관객이 보게 될 스포츠가 무엇인지 이해하는 데 도움이 되는 정보를 제공하려고 노력했다. 그러면 관중은 객석에 앉았을 때 자신이 무엇을 즐길 수 있는지 알 수 있다. 경기가 열리는 동안 나는 사람들의 행동을 사진에 담았다. 그중 우리가 디자인한 전시대 앞에 서 있는 관중을 찍은 사진이 있다. 역도 선수가 머리 위로 바를 들어올리는 사진이 전시되고 있었다. 사진 속 선수는 손을 공중으로 올리고 있었고, 그 앞에서 한 사람이 선수의 동작을 흉내내며 포즈를 취하고 있고 일행이 그 모습을 찍는 사진이었다. 우리가 만든 것은, 사람들이 세션이 시작되기를 줄을 서서 기다리는 동안 스포츠에 대해 배울 수 있는 기회였고, 영원히 기억될 수 있는 추억으로 사진을 찍을 기회였다. 이는 역도 선수와 방송사 모두가 좋아하는 열광적인 분위기를 조성하는 데 도움이 되었다.

당신은 제도적 승인 문제를 제기했다. 이에 대해 더 설명해줄 수 있나? 이를 위해 로비가 필요했나?

몇 가지가 있다. 첫째, 비전을 간결하게 표현할 수 있다. 우리는 관중 여정을 따라가면서 특정 지점에서 관객 경험을 위해 제안한 것들과 이러한 것들이 어떻게 장소 운영을 지원했는지를 정리했다. 나는 우리가 제안한 것의 가치와 혜택을 간결하게 표현해야 했다. 또한 비용 면에 대해 생각해야 한다. 우리는 투자에 부합하는 가치를 얼마나 뽑아낼 수 있을까? 우리는 여기서 얼마를 써야 할까? 위험을 완화하려면 비용이 얼마나 들까? 이게 정말 필요한가, 아니면 비용을 들이지 않아도 되는가? 다시 말해, 이것들을 구체적이거나 유형적으로 보이게 할 수 있다는 것은, 학습할 수 있는 매우 귀중한 교훈이다. 여러분은 "나를 믿어라, 우리는 이렇게 할 필요가 있다. 관중은 하루 평균 40퍼센트의 시간 동안 줄을 서야 할 것이다. 우리는 그들이 그 시간에 다른 경험을 할 수 있게 해야 한다"라고 말할 수 있다. 또는 "여기에는 큰 어려움이 있을 것이다. 사람들은 가던 길을 멈추고 올림픽 경기장을 배경으로 '셀카'를 찍기 원하기 때문에 그들은 가장 먼저 엄청난 병목현상을 겪게 될 것이다"라고 말할 수 있기 때문이다. 우리가 이것들을 유형적이고 실제적으로 만들기 위해 진정한 로비가 필요했다. 리더십의 입장에서 이해하는 언어로 말하자면, 위험을 완화하고 포괄적인 사업 사례를 구축하는 것이다. 일단 우리의 목표와 그 목표를 어떻게 달성할 것인지 알게 되면, 단순히 개선될 수 있는 경험이라기보다는 완화될 수 있는 위험으로 모든 것을 말할 수 있다. 우리는 승인을 얻기 위해서라면 그들의 언어로 말하기를 주저하지 않을 것이다.

서비스 디자이너로서 올림픽이나 규모가 큰 비즈니스, 스포츠 연맹, 군대, 교통 서비스 등의 디자인을 맡을 경우, 의견을 나누고 승인을 받아야 하는 여러 관계자와 어떻게 대화를 조율하나?

모든 사람들이 공유된 의견을 형성하고 세부 사항을 구체화하기 위해 개별 실무 그룹을 개발할 수 있는 그룹과 함께 관심사, 컨셉, 생각, 의견 완화가 어느 정도 수준에서 공유될 수 있는 팀과 포럼을 갖는 모델을 사용했다. 많은 위원회들이 있었고, 많은 작업을 협업해야 했다. 우리는 여러 방면에서 관중의 목소리를 기존 프레임워크에 추가하는 작업을 진행했다. 스포츠 연맹, 기술자, 방송인, 건축가 및 다른 많은 에이전시와 이야기를 나누었다. 서비스 디자인은 나에게, 콜레스테롤 수치가 높은 환자와 1분 동안 대화를 나눈 다음 정부나 항공사의 누군가와 대화할 수 있고, 덤프트럭을 임대하는 것에 익숙한 누군가와 이야기할 수도 있다는 것을 알려주었다. 여러분은 다양한 액터와 대화를 나누면서 그들의 역할이 서비스 제공에 어떤 역할을 하는지, 그들이 사용자가 훌륭한 경험을 하는 데 어떤 역할을 하는지 이해하는 것에 익숙해질 것이다.

마지막 질문은 시작에 관한 것일 수도 있다. 이러한 규모의 프로젝트를 어떻게 시작할 수 있나?

올림픽에서 명백한 것은 규모이다. 대규모 프로젝트를 할 때에는 프로젝트를 작고 다루기 쉬운 덩어리로 나누어야 한다. 우리는 작은 팀이었기 때문에 그렇게 해야만 했다. 또한 어디에서 최대의 효과를 낼지 생각하는 것도 중요하다. 이러한 측면에서 우리는 훌륭한 기본을 갖추는 동시에 마법 같은 순간을 만들어냈고, 이것은 아주 효과적이었다. 기본을 바로잡아라. 사람들이 텀블러에 물을 채울 수 있도록 준비되었는지 확인한다. 사람들이 몇 시에 관중석에 앉아야 하는지 확실히 정한다. 사람들이 어디로 갈지 확실히 알게 한다. 사람들이 곤란한 상황에서 반드시 도움을 받을 수 있게 한다. 이러한 것들이 기본이다. 마법 같은 순간, 즉 마스코트와 함께 사진을 찍고, 올림픽 성화를 찍고, 운동선수의 사인을 받는, 이러한 것들이 그 순간을 정말로 잘 만들어낼 수 있는 것들이다. 그것을 구분하고 무엇이 유용하고 무엇이 그렇지 않은지, 무엇이 가치 있고 귀중한 것인지 이해하는 것이다! 그런 다음 그 매 순간을 즐겨보자.

11.4
사례 연구 분석

로드맵

올림픽과 같은 이벤트는 매우 복잡하므로 디자인 팀은 아이디어 중 많은 부분을 위험을 완화하고자 하는 컨셉으로 구성했다. 조직위원회는 각 디자인 결정을 잠재적 위험이라는 렌즈를 통해 검토했다. 관중 경험 팀은 서비스 컨셉을 구현하기 위해 이벤트 전에 위험 기록 지도를 작성했다. 이 지도는 각 디자인 결정이 어떻게 작용하는지, 그리고 어떻게 이것이 관중의 흐름을 촉진하고 골치 아픈 병목현상을 피하면서 더 큰 목표를 이룰 수 있는지 정확하고 실재하는 방법으로 보여준다. 디자인 팀과 조직위원회 사이의 이러한 소통 방식은 서비스 컨셉 채택을 위한 중요한 도구였다.

피드백 전략

이 사례 연구에서는 사람들의 경험에 초점을 맞춘 효과적인 피드백 전략으로 서비스의 성공적인 구현과 '지속적인 향상'을 이루었다. 구현에는 어느 정도 대응이 필요하며, 이를 통해 작동하는 내용과 개선해야 할 내용을 학습하면서 서비스를 개선해나갈 수 있다. 런던 올림픽의 경우 '지속적인 개선 루프'를 통해 관중 경험에 대한 실시간 정보를 수집했다. 이는 디자인 팀이 유능하게 대응할 수 있도록 도와주었다. 여기서 우리는 서비스 구현과 평가가 다양한 출처(예를 들면 관중과 직원)로부터 얻은 피드백을 바탕으로 하여 어떻게 지속적인 수행과 학습 및 개선 프로세스로 통합되는지 알 수 있다. 피드백을 수집하기 위해 다양한 질적 및 양적 정보 동향(설문지, 소셜 미디어, 직원 피드백)을 도구로 활용했고, 이는 일일 보고서를 작성할 때 최대한 반영되었다. 이러한 보고서 덕분에 다양한 이해관계자들이 인사이트를 쉽고 접근 가능한 방식으로 소통할 수 있었다(예: 파워포인트 슬라이드 사용). 이러한 평가 및 소통은 서비스 경험을 개선하는 결정을 내리는 데 도움이 되었다.

명확한 가치 제안

런던 올림픽의 사례는 새로운 서비스 디자인의 성공적인 구현에 있어 명백한 가치 제안의 중요성을 강조한다. 가치 제안의 핵심은 '훌륭한 기본'과 '마법 같은 순간'이다. 각 아이디어의 초점은 긍정적인 경험을 효율적이고, 즐겁고, 풍요로운 서비스(예: 잘 관리되는 대기 줄, 쉽게 찾을 수 있도록 배치된 식수, 유익한 전시물, 전략적으로 디자인된 셀카존, 아이들의 놀이 공간)와 연결했고, 직접적이면서 분명했다.

디자인 팀은 구체적인 관중 경험 외에도 자신의 언어로 이해관계자와 전략적으로 소통하기 위해 아이디어를 포괄적인 비즈니스 사례로 전환할 수 있었다. 이를 통해 관중 경험을 향상시킬 뿐만 아니라 위험 완화 측면에서 아이디어를 확고하게 수립할 필요가 있었다. 그렇게 함으로써 그들의 아이디어는 승인받고 보다 많이 채택될 수 있었다.

11.5
방법과 도구

다음의 방법과 도구는 창의적 제너레이티브 단계와 파일럿과 로드맵 구현으로 이어지는 프로토타이핑을 연결하는 방법, 서비스 디자인 프로세스에 비즈니스 모델링을 통합하는 방법, 서비스 디자인 프로젝트에서 평가를 고려할 수 있는 방법에 대한 예시를 제공한다.

파일럿 및 로드맵

'파일럿'은 실생활에서 소규모로 제어되는 서비스 디자인 구현이며, 실제 장소에 있는 실제 사람, 직원과 사용자를 포함한다. 파일럿은 프로토타이핑과 확장된 구현을 연결하는 주요 메커니즘이다. 파일럿을 통해 새로운 서비스 컨셉과 그 '터치포인트'를 시험해볼 수 있으며, 무엇이 가능하고 무엇이 불가능한지에 대한 정보를 수집할 수 있다.

실제 프로토타입은 일반적으로 실생활 상황을 바탕으로 하는 하이 피델리티의 테스트이지만, 파일럿은 몇 주 또는 몇 개월에 걸쳐 여러 과정으로 구성된다. 따라서 파일럿은 각 테스트 과정마다 수정 사항을 적용하여 디자인 서비스 기능을 발전시킬 수 있다. 여러 채널 및 터치포인트를 포함하는 프로젝트에서 파일럿은 조정 사항을 더욱 잘 관리하며, 서로 다른 순간을 서로 다른 속도로 서로 다른 터치포인트와 채널을 테스트할 수 있기 때문에 훨씬 더 유용하다. 같은 조직의 다른 부분이 동원되기 때문에 파일럿의 실행 계획은 중요하다.

서비스 디자인 팀은 파일럿 수행 단계에 도달하기 위해 클라이언트 조직에게 몇 차례 승인받고 수정을 거친다. 경영진 수준에서 의사 결정자와 리더로부터 승인받게 되며, 프론트라인 직원 및 사용자와 사전 테스트 및 협의를 수행한다. 일반적으로 파일럿을 준비하는 서비스 디자인 컨셉은, 서면 문서와 이 문서의 이용 방법을 포함하는 서비스 블루프린트 및 다른 설명 자료와 같은 구체적인 문서에 의해 배치될 수 있는 터치포인트 구성을 포함한다.

이러한 자료를 승인받으면 파일럿을 위한 위치를 파악해야 하고, 새로운 사람이나 파트너를 참여시킬 수도 있다. 파일럿에 대한 명확한 평가 목표와 비교 기준을 세우는 것도 중요하다. 예를 들면 다음과 같다.

• 1차 프로젝트 목표(정량적): 파일럿 자료를 다른 사이트의 자료와 비교하여 파일럿이 새로운 서비스를 받는 사용자 수에 영향을 미치는지 결정한다.

• 2차 프로젝트 목표(정성적): 사용자가 서비스의 새로운 부가가치를 이해하는 데 파일럿이 도움이 되는지 결정한다.

• 가능하다면 (1)사용자 수를 늘리고 (2)새로운 오퍼링이 개인의 삶과 니즈에 미치는 영향에 대한 이해를 향상하기 위해 파일럿에 어떤 변화를 줄 수 있는지 파악한다.

디자인 팀은 프로젝트 이해관계자와 협의하여 중요한 질문과 측정해야 할 잠재적인 세부 사항을 정의해야 한다. 다음 단계는 시간 경과에 따른 활동과 역할을 설명하는 상세한 계획을 수립하고 조사하는 것이다. 계획에는 참여자 및 파실리테이터의 정기적인 체크인 평가가 포함되어야 한다. 디자인 팀은 파일럿 전체에 걸쳐 디자인을 다소 향상시키고 수정할 수 있기를 기대해야 한다.

'로드맵'은 파일럿 단계 이후에 만들어진 문서로, 새로운 서비스를 보다 광범위하게 구현하며 시작하는 방법을 설명한다. 이 문서에는 활동과 이정표를 1년(또는 그 이상) 일정으로 계획하는 내용이 포함되기도 한다. 가까운 미래(한 달 남짓)부터 시작하여 다음달까지 이어지는 행동의 흐름을 여러 트랙으로 나누면 보다 용이하게 실행할 수 있다. 다른 전략으로는 '재구성'하는 것인데, 이는 지금부터 1년 후 최종 목표에서 시작하여 현재로 되돌아오며 필요한 단계와 주요 이정표를 세우는 것이다. 로드맵을 자원 평가 및 로드맵 전체에 걸쳐 직원 역할에 대한 평가와 연결하는 것이 좋다.

비즈니스 영향: 비즈니스 모델 캔버스

'비즈니스 모델 캔버스Business Model Canvas'는 실현 가능성을 이해하고 컨셉이 비즈니스로서 어떻게 이치에 맞는지, 그리고 이것이 얼마나 지속 가능한지를 모델링하며 비즈니스 요소의 복잡성을 해소하는 데 도움을 주는 도구이다. 비즈니스 모델 캔버스(2010년)의 창안자인 오스터왈더Osterwalder와 피그너Pigneur에 따르면 "비즈니스 모델은 조직이 가치를 창출, 전달 및 포착하는 방법의 근거를 설명한다". 이 비즈니스 모델 캔버스는 새로운 서비스 컨셉을 위해 디자이너와 조직이 새로운 서비스에 대한 사업 사례를 만드는 것을 돕고, 참여적인 방법으로 사용될 수 있다.

캔버스의 핵심에는 고객/사용자에 대한 서비스의 혜택과 이것이 그들에게 정량적(가격, 속도) 또는 질적(경험, 미적) 가치를 어떻게 창출하는지에 대한 '가치 제안value proposition'이 있다. 가치 제안은 사실 서비스의 핵심이자 의미이며 비즈니스 개발의 시작점이다. 이 서비스는 잠재 고객이 다음과 관련한 생산 원가로 인식하는 가치와 함께 필요한 마진을 제공해야 한다.

- 파트너: 공급 업체, 전략적 제휴 및 아웃소싱 또는 공유 기반 시설 제공 업체가 포함된다.

- 핵심 자원: 소매 공간과 같이 물리적인 것이나 재정(이것이 현금이든 신용카드이든), 브랜드를 포함하는 지적 자산, 독점적 지식, 파트너십, 또는 데이터베이스, 인간, 관련된 모든 사람과 그들의 기술 등을 말한다.

- 활동: 새로운 서비스 설정을 위한 생산 활동(예: 새로운 물리적 공간 디자인 및 구축, 웹 플랫폼 디자인, 정보 자료 제작), 이 서비스의 정기적인 기능 유지와 지속적인 문제 해결 및 개선(예: 자료 관리, 정보 자료 배포, 교육 및 지식 관리) 뿐만 아니라 플랫폼 및 네트워크(예: 고객과 제삼자를 연결하는 이베이 또는 페이팔) 개발, 유지 관리와 관련된 서비스 기능을 만들기 위해 수행해야 하는 모든 활동 등이 있다.

다음 질문은 새로운 서비스 가치 제안이 구체적인 '고객 분류customer segments', 즉 여러분의 서비스가 도달하기를 원하는 사람들에게 일관성 있고 의미가 있는지이다. 서비스가 업무를 완료하는가? 즉, 이런 특정 고객/사용자 그룹의 문제를 해결하는가? 그들과 소통하기 위해 사용하는 채널은 올바른가? 물리적 채널이나 디지털 채널이 이 고객에게 적합한가? 서비스 여정을 통해 구축되고 지원되는 고객 관계는 올바른가? 그들은 개인적인 도움이나 셀프서비스 자동화 서비스가 필요한가?

도표 11.9 서비스 디자인 프로젝트에서 5개월 파일럿 계획 예시. 파일럿은 사용자, 직원 및 제삼자 전문가 및 컨설턴트와의 몇 차례 테스트와 자문을 포함할 수 있다.

시간 프레임	서비스 디자인 팀	클라이언트 조직: 중앙 매니지먼트	클라이언트 조직: 지사	클라이언트 조직: 지사
1개월	• 사용자가 서비스를 시작하기 전에 완료할 수 있도록 '사전' 평가 양식/설문지 개발 • 사용자가 서비스에 참여한 후 완료할 수 있는 '사후' 평가 양식/설문지 개발 • 서비스를 수행하는 직원을 위한 평가 양식/설문지 개발 • 평가 양식/설문지 관리 일정 수립	• 양식의 내용 및 구조에 대한 피드백을 제공하고 협업하기 • 스케줄을 짜기 위해 지사와 협력	• 서비스 디자인 팀이 평가를 관리하도록 시간을 계획	• 평가 디자인 및 프로세스에 대한 자문 • 양식의 내용 및 구조에 대한 피드백
2개월	• 1차 평가 양식 관리 • 다른 자료 직원과 함께 양식 결과 편집 • 자료 및 조사 결과 분석을 실시하여 파일럿 프로그램을 개선할 수 있는 영역을 해결하기 위해 파일럿 프로그램에 제안된 변경 사항을 제기	• 필요에 따라 평가 양식 관리를 위한 물류 지원 • 자료를 수집할 지사와 협력	• 자료 수집 및 제공 • 평가 양식 완성	• 정량적 자료 및 정성적 자료 분석을 위해 우수 사례에 대해 자문
3개월	• 1차 결과에 따라 파일럿을 조정 • 2차 평가를 위한 평가 양식 재운영 • 2차 결과 분석 수행	• 파일럿 조정 결정에 협조 • 2차 라운드를 위한 수정 및 일정 조정을 업데이트하기 위해 지사와 조율	• 서비스 디자인 팀이 평가를 관리하도록 시간 계획 • 자료 수집 및 제공 • 평가 양식 완성	• 제안된 수정 사항에 대한 피드백
4개월	• 2차 결과에 따라 파일럿을 조정 • 3차 평가를 위한 평가 양식 재운영 • 3차 결과 분석 수행	• 파일럿 조정 결정에 협조 • 3차 라운드를 위한 수정 및 일정 조정을 업데이트하기 위해 지사와 조율	• 서비스 디자인 팀이 평가를 관리하도록 시간 계획 • 자료 수집 및 제공 • 평가 양식 완성	• 제안된 수정 사항에 대한 피드백
5개월	• 학습의 최종 요약	• 진행 방법 결정	• 서비스 디자인 팀이 평가를 관리하도록 시간 계획 • 자료 수집 및 제공 • 평가 양식 완성	• 전반적인 학습을 가장 잘 표현하는 방법에 대해 자문

비즈니스 모델 캔버스는 유연하지만 재정 측면에만 초점을 둔다. 다른 가치와 모델은 이 도구를 통해 파악할 수 없다. 예를 들어, 사회 및 환경적 측면과 범위는 파악할 수 없다. 사회적 비즈니스 모델 캔버스는 비즈니스 모델 캔버스의 구조를 차용하여 비영리 단체나 사회적 임무를 맡은 사기업과 같이 사회적 가치 제안을 중심으로 하는 벤처 기업에 활용된다.

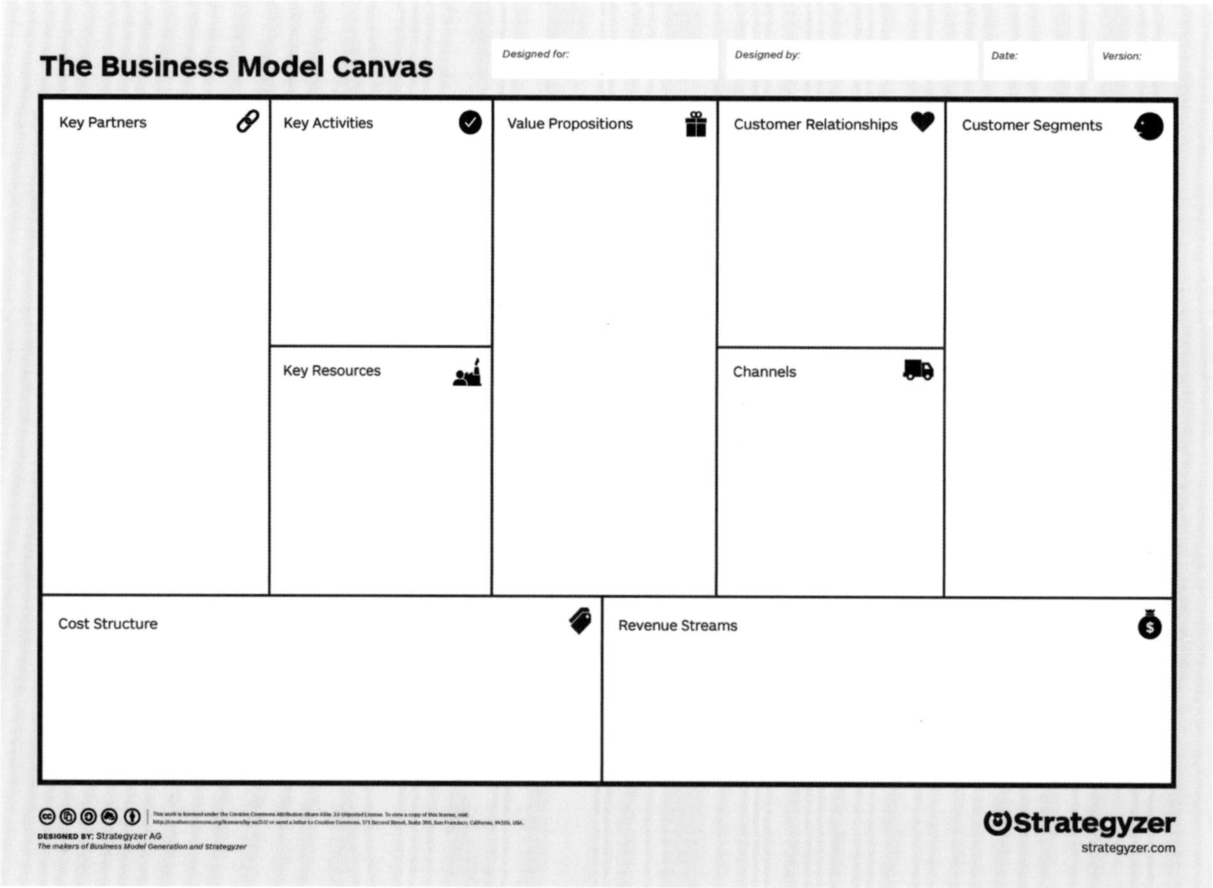

도표 **11.10** 비즈니스 모델 캔버스

THE SOCIAL BUSINESS MODEL CANVAS

Social venture:

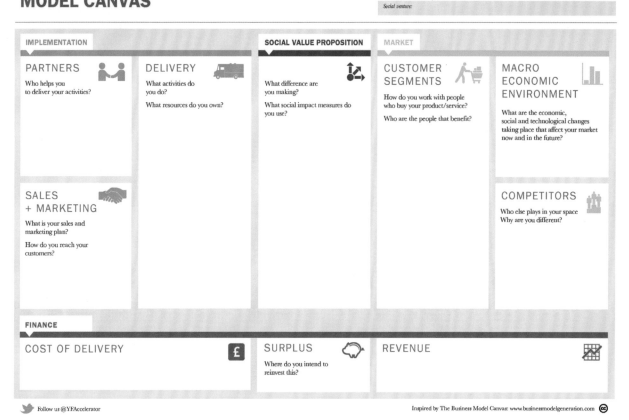

IMPLEMENTATION

PARTNERS
Who helps you
to deliver your activities?

SALES
+ MARKETING
What is your sales and
marketing plan?

How do you reach your
customers?

DELIVERY
What activities do
you do?

What resources do you own?

SOCIAL VALUE PROPOSITION

What difference are
you making?

What social impact measures do
you use?

MARKET

CUSTOMER
SEGMENTS
How do you work with people
who buy your product/service?

Who are the people that benefit?

MACRO
ECONOMIC
ENVIRONMENT

What are the economic,
social and technological changes
taking place that affect your market
now and in the future?

COMPETITORS
Who else plays in your space
Why are you different?

FINANCE

COST OF DELIVERY £

SURPLUS
Where do you intend to
reinvest this?

REVENUE

Follow us @YFAccelerator

Inspired by The Business Model Canvas: www.businessmodelgeneration.com

도표 11.11 영파운데이션young foundation의 더액셀
러레이터The Accelerator 소셜 비즈니스 모델 캔버스

피드백 전략

서비스에 대한 평가는 지속적인 코크리에이션의 형태로 이해될 수 있다. 사용자는 문제와 기회에 대해 서비스 제공자에게 알리고, 서비스 제공자가 그에 따라 개선하고 적용할 수 있는 방법을 경영진과 직원에게 알릴 수 있다. 한 가지 주요 도전 과제는, 서비스 경험을 측정하기 위한 적절한 피드백 메커니즘을 찾는 것이다.

런던 올림픽 사례 연구는 서비스 전달을 검토하고 문제점을 매일 파악하기 위해 취합된 자료를 사용한 피드백 메커니즘을 보여주는 훌륭한 예이다. 서비스 디자인 팀은 설문지, 등록된 불만 사항, 소셜 미디어, 실시간 관찰을 통해 자료를 검토하고, 엄격한 정량적 자료뿐만 아니라 정성적 자료 및 일화적 자료를 수집했다. 대중의 경험이 취합된 자료를 인사이트를 담은 일일 보고서로 정리했고, 이는 그 장소

	TOTAL	ExCeL All Arenas	Aquatics Centre	Basketball Arena	BMX Track	City of Coventry Stadium, Coventry	Earls Court	Eton Dorney	ExCeL - North Arena 2	ExCeL - South Arena 1	ExCeL - South Arena 2	Greenwich Park	Horse Guards Parade	Hyde Park	North Greenwich Arena
Sample sizes:	2441	178	234	144	33	121	54	248	44	122	12	167	29	16	172
Experience in Venue															
Overall enjoyment of event (average score out of 10 across all venues)	9.1	9.0	8.6	9.4	9.6	8.9	8.6	8.7	8.6	9.0	8.8	8.9	9.7	8.5	8.8
EXTREMELY GOOD = scores of 8, 9 or 10 out of 10															
EXTREMELY POOR = scores of 1, 2 or 3 out of 10															
EXTREMELY GOOD RATINGS	%	%	%	%	%	%	%	%	%	%	%	%	%	%	%
Quality of sport / ceremony	88	83	91	97	94	71	87	81	66	88	100	100	97	88	80
Atmosphere at event	89	87	81	94	91	75	80	85	80	89	100	90	97	69	82
How entertaining the sport / ceremony is	82	74	76	94	94	74	82	84	58	78	92	96	100	56	81
Ease of understanding the competition / ceremony	81	69	73	94	88	52	74	85	61	69	100	87	83	75	81
Overall organisation of event	92	89	90	94	97	90	87	93	89	89	92	96	90	88	87
Look & feel of venue	89	72	80	91	97	88	50	91	77	67	92	96	93	81	88
Signage to / within venues	87	86	84	86	97	84	78	90	89	84	92	92	76	75	85
Helpfulness of staff / volunteers	92	89	90	94	91	91	87	96	91	87	100	99	97	94	92
Entertainment beyond sport	41	40	36	60	76	27	41	43	32	41	58	27	76	38	69
Facilities within spectator areas	72	54	67	78	82	71	52	75	64	49	67	69	86	75	75
Litter / unclean surroundings	85	78	88	83	73	80	69	82	82	77	67	89	86	88	83
Variety / quality of food	32	22	28	41	46	25	17	38	39	15	25	28	35	38	36
Variety / quality of drink	35	25	31	40	39	30	34	34	22	20	42	35	41	44	35
Time taken to get through security	90	52	51	88	97	79	76	95	85	53	92	96	86	88	86
Overall experience going through security	91	91	92	92	97	80	80	95	89	90	100	97	90	88	90
Queuing time for things once inside the venue	50	50	59	57	52	61	61	56	55	48	58	28	48	75	61
Ease of use of Information Points	43	37	47	42	52	41	37	49	41	34	58	43	52	31	40
The view I had from my seat / vantage point	76	59	43	86	94	93	57	71	73	50	92	87	83	56	66
Mobile phone / Wi-Fi coverage	45	43	47	43	49	41	37	40	41	42	58	50	41	44	36
Availability of free water	38	31	47	50	36	17	32	58	25	34	17	14	45	81	23
Sponsor exhibits / activities	14	16	15	13	18	10	19	15	9	18	17	8	14	13	20
Official Olympic Games merchandise available	35	24	33	31	46	46	52	36	34	25	25	26	24	38	33
Cleanliness of toilets	67	64	69	75	67	58	50	72	71	60	75	74	66	75	57
EXTREMELY POOR RATINGS	%	%	%	%	%	%	%	%	%	%	%	%	%	%	%
Quality of sport / ceremony	1	1	0	0	0	1	0	0	0	0	0	0	0	6	1
Look & feel of venue	1	2	0	0	0	1	9	1	5	1	0	0	0	6	1
Signage to / within venues	1	2	0	1	0	2	2	0	2	2	0	0	0	6	1
Helpfulness of staff / volunteers	1	2	0	1	0	1	4	0	0	3	0	0	0	0	1
Entertainment beyond sport	8	10	13	5	6	17	7	7	16	9	0	5	0	19	1
Facilities within spectator areas	3	5	4	3	3	2	6	2	1	5	0	4	0	0	2
Litter / unclean surroundings	1	2	1	0	0	2	2	1	2	3	0	0	1	0	1
Variety / quality of food	13	17	12	10	9	17	13	8	23	17	0	11	10	13	9
Variety / quality of drinks	12	15	10	12	24	12	11	7	14	17	0	13	7	13	8
Value for money of food / drink	23	33	21	22	21	23	22	19	32	14	25	20	10	44	17
Time taken to get through security	1	1	0	1	0	3	4	1	0	0	0	0	0	0	2
Overall experience going through security	1	2	0	2	0	3	4	1	0	1	0	0	0	0	2
Queuing time for things once inside the venue	10	8	5	4	15	5	7	8	11	7	8	24	0	0	2
Ease of use of Information Points	2	3	1	2	0	3	4	1	2	3	0	0	0	0	2
The view I had from my seat / vantage point	4	10	14	1	0	1	6	7	7	12	0	1	3	6	3
Mobile phone / Wi-Fi coverage	6	10	3	4	6	7	7	4	9	11	0	4	3	0	12
Availability of free water	21	26	17	13	18	30	17	9	32	23	33	46	14	6	29
Sponsor exhibits / activities	6	11	5	7	6	10	11	2	16	10	0	3	0	0	6
Official Olympic Games merchandise available	6	11	5	6	3	6	5	5	11	11	8	8	0	13	5
Cleanliness of toilets	2	2	2	1	6	4	4	1	2	3	0	0	0	0	2
Method of transport used to travel to event															
Train	59	51	65	68	67	28	48	29	50	52	50	76	52	69	54
London Underground	55	67	63	57	58	0	94	9	75	63	75	55	59	94	89
DLR	13	85	6	7	9	0	4	0	80	85	100	44	0	0	10

도표 11.12 런던 올림픽 게임에서 실시한 설문 조사의 예시로 주요 장소를 보여준다.

에서 우선순위와 행동으로 변환되어 지속적인 개선을 이끌어내는 원동력으로 작용했다.

기반 시설(와이파이 범위, 음수대 사용 가능 여부), 커뮤니케이션(안내 표지판의 효과), 경험적 측면(줄에서 대기하는 시간, 장소의 룩앤필)을 다루는 질문을 설문지에 담아 서로 다른 장소에서 대중들로부터 응답을 받았다. 그런 다음 결과를 스프레드시트로 편집하여 자료를 취합해, 극과 극의 데이터를 강조하며 각기 다른 장소에서 나타난 매우 우수한 평점과 매우 낮은 평점을 제시했다.

대중에게 던진 중요한 질문 중 하나는 "당신이 올림픽 공원에 있을 때 느낀 감정을 세 단어나 짧은 구절을 사용하여 표현한다면 그것은 무엇인가요?"이다. 워드 클라우드는 응답자의 반응을 취합하여 대중의 경험을 엿보기 위한 선택 도구였다.

소셜 미디어는 런던 올림픽에서 관중의 경험을 모니터링하는 또다른 주요 채널이었다. 이 경우 소셜 미디어는 대중의 반응을 가늠하는 척도로 이용되었으나 일부 역량 부족으로 그에 대응하지는 못했다. 소셜 미디어는 갈수록 조직과 그들의 고객 사이에서 중요한 소통 채널이 되고 있다. 조직이 고객의 반응을 모니터링하고, 타깃 고객을 파악하고, 경쟁 업체의 성과를 벤치마킹할 수 있도록 지원하는 몇 가지 '소셜 리스닝social listening' 도구가 있다. 그럼에도 불구하고 그러한 대화에 참여하기 위해서는 소셜 미디어 매니저 같은 신규 직원을 필요로 하는 큰 투자가 필요하기 때문에 소셜 미디어를 통해 고객 불만을 해결하는 단계에는 이르지 못하고 있다.

피드백 전략에서 최종적으로 중요한 질문은, 사용자로부터 얻은 정량적 자료 및 정성적 자료가 어떻게 의사 결정과 궁극적인 서비스 개선으로 이어질 수 있느냐이다. 이는 대체로 누가 이러한 결과를 읽고 있는지, 그리고 개선을 결정할 권력을 갖고자 하는지 혹은 갖고 있는지에 달려 있다.

런던 올림픽에서 일일 보고서는 서비스 디자인 팀이 설정한 '지속적인 개선 원동력'의 주요 도구였으며, 여러 출처에서 수집된 자료를 종합하여 작성되었다. 풍부한 자료로 가득찬 한 페이지짜리 문서가 국제올림픽위원회(IOC)와 국제 장애인 올림픽 위원회(IPC)뿐만 아니라 현장에서 그 결과를 행동으로 직접 해석하는 여러 장소의 관리자에게 전달되었다.

정량적 경험

올림픽 공원에 있을 때 느낀 감정을 세 단어나 짧은 구절을 사용하여 표현한다면 그것은 무엇인가요?

도표 11.13 런던 올림픽에서 하루 동안의 대중 경험에 대한 질적 자료 및 양적 자료의 혼합을 제공하는 워드 클라우드

Extended Spectator Research Summary

Summary – the lows

- Catering and queuing experiences need improvement at OLY, STA, WEA
- Mixed sentiments related to music (it's subjective)
- Empty seats – still an issue, but reducing
- Lack of GB gold generally leads to reduced venue scores

Contact Centre – Top complaint topics

Data source: Call Centre Period covered 11.01 08/08– 11.00 09/08

SEC (4)	Staff behaviour (OPK, HGP, OLD, EXL)
CCW (4)	Potential food poisoning (OPK) Food shortage (MIL) Payment (EXL)
EVS (4)	Staff behaviour (GRP, AQC)
RIA (2)	Noise pollution (EXL) Seating malfunction (BBA)

18 total formal complaints received Thurs 9th

Social Media – Top negative topics

Data source: Twitter Period 18.01 08/08– 18.00 09/08

Catering and queuing at OPK, (also STA and WEA) *"Yet another Olympian water queue. Why oh why LOCOG & Seb is water so scarce in #olympic park? #citizencurators."*

Informed I can't buy chips on their own at the Fish & Chips stall because "McDonalds have bought the rights to selling chips on their own"

"It is a shame Lord Coe and #LOCOG never visited Twickenham on a match day to find out how stadium catering can work #hotequeues #olympics."

Mixed sentiments related to music *"I don't know who the MC is at the riverbank arena, but im guessing he's a failed local radio DJ #tooooodoodledoo." "YMCA in the Olympic stadium #ama."*

Empty seats update: The phrase was mentioned 250 times yesterday in Olympics conversation. Compares to 45,000 times at its peak on the 29th

Operational Insights from SPX

Data source: SPX feedback Period 21.00 06/08– 21.00 07/08

- More water fountains (GRP)
- More seating in spec zone & wayfinding to stadium (HGP)

- Continue to show key Olympic moments on the big screens (EXL)
- Not enough seating but people seem happy to sit on the floor (EAR)

Enjoyment and expectations

Day	-2	-2	0	1	2	3	4	5	6	7	8	9	10	11	12	13	14	15	16
Ave enjoyment	-	-	-	-	-	8.9	9.3	9.1	9.3	9.3	9.3	9.2	9.3	9.2	9.3				
Met or exceeded expectations	-	-	-	-	-	90	94	93	95	95	95	95	95	95	95				

Olympics day 13 Thurs 9th Aug 2012

Key venues rating below average

Data source: Email. Period covered 8.00 08/08 – 13.15 09/08

Key drivers for below average scores

ACQ (8.2)	The view I had from my seat – 23% Value for money of food and drink – 19% Variety / quality of drinks - 14%
BMX (8.3)	Value for money of food and drinks – 24% Availability of free water – 16%
ETD (8.3)	Value for money of food and drink – 22% Queuing time for things inside the venue – 14% Entertainment beyond sport – 13% Availability of free water – 13%

Lowest rated spectator issues by FCC

Data source: Email. Period covered 8.00 08/08 – 13.15 09/08

% of spectators rating extremely poor

CCW	Value for money of food / drink – 32% (EAR), 31% (ES1, NGA) Availability of free water - 43% (GRP), 32% (ES2) Queuing times inside – 51% (GRP), 33% (HGP)
EVS	Availability of free water – 43% (GRP), 32% (ES2)
SPP	Entertainment beyond sport - 20% (ES2), View from my seat - 23% (AQU)

What, if anything, about the Games has not been so good?
(Top 3 spectator mentions across all venues and FAs)

Tickets - too expensive / hard to obtain – 62%
Empty seats at venue(s) – 45%
Food too expensive – 29%

Confidential LOCOG 2012

Extended Spectator Research Summary
The Venues

The highs

- **Sport is top globally,** Women's football, Dressage and particularly Hyde Park swimming, where they are in awe of how hardcore it is
- Spectators praise transport and the ease of getting to the games
- First impressions continue to be hugely positive, British Army and Volunteers are 'jolly', 'friendly' and 'welcoming'

Venues rating above average *(Overall enjoyment (out of 10))*

Data source covered: Email. Period covered 8.00 08/08 – 13.15 09/08

Greenwich Park (9.6, 9.6 yesterday)
- Quality of sport
- Look and feel of venue
- Helpfulness of staff / volunteers

Olympic Stadium (9.5 9.5 yesterday)
- Atmosphere at event
- Look and feel of venue
- Helpfulness of staff / volunteers

Basketball Arena (9.4 9.1 yesterday)
- Atmosphere at event
- Overall organisation of the event
- Overall experience going through security

Venues rating below average

Data source: Email. Period covered 8.00 08/08 – 13.15 09/08

Aquatics Centre (8.2, 8.8 yesterday)
- The view I had from my seat
- Value for money of food and drink
- Variety / quality of drinks

BMX track (8.3 - first day of sport)
- Value for money of food and drinks
- Availability of free water

Eton Dorney (8.3, 8.5 yesterday)
- Value for money of food and drink
- Queuing time for things inside the venue
- Entertainment beyond sport
- Availability of free water

Olympics day 13 Thurs 9th Aug 2012

Social Media – positive topics (High volume)

Data source: Twitter Period 18.01 08/08– 18.00 09/08

Sport is top conversation globally, Women's football, Dressage, particularly Hyde Park swimming, where they are in awe of how hardcore it is *"Can't believe ppl r swimming in that slimy duck pond! #london2012"*

Journeys and getting to the games *"Very impressed with the Javelin service from St Pancras to Stratford/Olympic Park."*
"Shouldn't have worried or got up so early. Green Park to Stratford is a half empty tube! Can't wait to see the magnificent aquatics centre!"

First impressions continue to be hugely positive *"The British army never fail to bring a smile to my face as I go through security at the Olympic Park. They are such a jolly bunch."*

"We are Eton Dorney today- so well organised and all the volunteers are so friendly and welcoming."

Top rated Spectator Issues by FCC

Data source: Email. Period covered 8.00 07/08 – 13.15 08/08

SEC
Feeling safe and secure – 100% (EN2), 96% (STA)
Experience through security – 96% (STA), 95% (AWP)
Time through security – 96% (STA), 96% (AWP)

WF&S
Look & feel of venue – 99% (GRP), 96% (STA)
Signage to / within venue – 91% (GRP), 93% (EN2)
Look and feel on Park – 91% (HOC), 90% (STA)

TRA
Ease and efficiency of public transport around London 92% (EN2), 91% (HGP)
Getting home after attending your event - 100% (HGP), 95% (EN2)

Confidential LOCOG 2012

도표 11.14 및 11.15

2012년 8월 9일 목요일 올림픽 13일째 날, 늘어난 관중에 대한 리서치 요약. 여러 사항 중 최고 및 최저 평가, 최고 불만 사항에 대한 세부 정보, 트위터에 등장하는 긍정적인 주제 및 개최지 평가를 종합한 일일 보고서이다.

평가 프레임워크: ROI, SROI, 수익 창출 블루프린트, 레이터, 변화론

서비스가 지닌 복잡한 특성 때문에 평가하기는 이해하기 어려운 제안일 수도 있다. 우리는 서비스에 대해 무엇을 측정하며, 어떻게 측정하고 있는가? 또 그 영향을 어떻게 정의하고 측정하는가?

'ROI(투자자본수익률)'는 주로 재정적 영향에 초점을 둔 조직에서 사용하는 핵심 평가 도구이다. ROI를 계산하는 데 사용되는 기본 공식은 다음과 같다.

$$ROI = \frac{수익(총수익 \ 또는 \ 매출총이익-비용)}{투입된 \ 자금(투자)}$$

평가에 대한 ROI 접근 방식은, 무엇으로 수익을 창출할 수 있는지에 초점을 두고 재무적 측면에서 가치를 정의한다. 그러나 정량화 영향은 수익을 능가할 수도 있다. 고객 관계와 같은 요소는 이러한 공식에서 정량화하기가 어렵다. ROI 모델은 흔히 경제적 측면에서 가치를 읽는 대부분의 조직, 산업 및 부문(민간 부문, 공공 또는 비영리 기관)의 지배적인 사고방식에 반향을 일으키는 간단한 평가 도구로 유용할 수 있다.

ROI는 유용할 수 있지만, 디자이너는 영향을 정량화하려는 일반적인 사고방식과 부딪칠 수 있다. 결국 디자인은 새로운 미래를 예측하기 위한 연습이고, 불확실성은 창조적 프로세스의 본질적인 부분이다. 예를 들어, 행동 변화와 관련된 영향을 증명하는 데에는 시간이 걸릴 수 있다.

'SROI(social return on investment, 사회적 투자자본수익률)'는 재무적 측면을 넘어 영향에 대한 이해를 넓히는 영향 평가 도구이다. 이는 서비스의 사회적 영향 및 환경적 영향도 포함한다. SROI의 지침 원칙은 새로운 서비스로 인해 실제로 영향받을 사람을 포함한 모든 이해관계자의 관점을 설명한다는 것이다. 이는 새로운 이니셔티브/서비스가 어떻게 더 넓은 의미에서 삶을 변형시키거나 변화시키는지를 평가하는 데 도움이 된다. 목표 및 원하는 결과를 결정하는 사람들이 반드시 이러한 목표에 대한 결과적인 경험을 가지고 살아야 할 같은 사람이 아니기 때문에 이러한 접근이 중요하다.

『서비스 디자인』 저자인 루시 킴벨Lucy Kimbell은 각 서비스 맥락과 영역의 구체적인 내용에 따라 서비스 결과 프레임워크(및 원하는 영향)를 고려한 영향 측정에 대한 접근 방식(2014년)을 제안한다.

분야	예시 결과
고객 서비스 운영	문제 해결을 위한 고객 노력 감소, 고객 충성도 증가, 고객 만족도 향상, 전화 통화 문제 해결
헬스케어	삶의 질(질보정생존연수) 향상, 소수 그룹의 보편적 서비스 접근성 증가, 정신 건강 케어를 경험하는 사람들의 불편 감소, 성인의 과체중 감소
범죄	약물 오남용 전력이 있는 사람의 재범 감소, 범죄에 대한 두려움 감소, 청소년 부적응 감소 및 반사회적 행동 감소
공동체 및 주거 환경	살기 좋은 곳으로 만들기, 야간에 집 외부에서 안전 확보, 재활용 증가, 어디에 살든 생활에 대한 자부심 증가, 주거 환경에서의 에너지 효율성 증가
교육	복잡한 니즈를 가진 가정에서 자녀 교육 성취도 향상, 학교 출석률 증가, 학교에서 소외되는 아이 감소
사회복지	정신 건강 문제를 겪는 사람들의 활동 참여 증가, 급성 질환 치료를 위한 입원 감소, 간호 아동의 정서적 웰빙 증가

도표 11.16 다양한 서비스에 따른 예시 결과

폴레인Polaine과 로이빌Løvlie, 리즌Reason은 민간, 공공 및 비영리 단체 내 매니저와 의사결정자가 서비스 디자인에 투자할 이유가 확실하게 필요한지 관찰하여 서비스 디자인을 측정하고 평가하는 사례(2013년)를 만들었다. 그들은 투자에 대해 수익을 얻고 서비스 디자인 프로젝트에 투자하기 전에 그 가치가 조직 및 고객을 위해 창출되고 있음을 확신할 필요가 있다. 서비스 디자이너는 프로세스에 참여하기 위해 매니저와 의사결정자를 필요로 한다.

폴레인 팀은 ROI 접근법과 같이 주로 재정 측면에 초점을 두었지만 서비스 디자인 언어로 제시하는 모델을 제안한다. 수익 창출 블루프린트는 앞에서 논의한 서비스 블루프린트를 기반으로 한다. 블루프린트는 (1)시간 경과에 따른 터치포인트와 채널, (2)사용자 경험 및 백오피스 운영이라는 두 가지 주요 서비스 디자인 문제를 포함해 서비스의 서로 다른 핵심 요소를 연결한다.

디자이너와 매니저는 수익 창출 블루프린트를 사용하여 비즈니스 모델링을 디자인 프로세스의 일부로 통합하고, 사용자 여정에서 특정 순간을 확대하며, 특정 채널 및 터치포인트에 대한 비용과 수익을 확인할 수 있다. 그렇게 함으로써 여정에서 비용을 줄일 수 있는 곳, 수익을 창출할 수 있는 곳, 사용자를 위해 가치를 창출할 수 있는 곳을 연구할 수 있다. 또한 특정 터치포인트 및 채널과 관련하여 비용과 가치에 대한 질문을 확인할 수 있다. 블루프린트는 서비스 여정의 모든 단일 지점의 경제성을 검토하고 분석하는 동시에 전체적으로 서비스를 이해하고 확장할 수 있는 유리한 지점을 제공한다.

	인식	참여	사용	중단
콜센터	$ ↘	$ ↘	$ ↗	$ ↘
소매상점	$ ↘	$ ↰	$ ↰	$ ↘
웹	$ ↘	$ ↰	$ ↰	$ ↰
제품	$ ↰	$ ↰	$ ↰	$ ↘
	$ ↘	$ ↰	$ ↰	$ ↘

도표 11.17 서비스 블루프린트를 사용하여 다양한 채널과 터치포인트에서 서비스 여정 전반에 걸쳐 비용과 수익을 확인하는 '비즈니스 사례' 서비스 블루프린트 도구이다.

'레이터RATER'는 서비스 마케팅 학자에 의해 만들어진 서비스 평가 프레임워크 서브퀄SERVQUAL의 간소화 버전이다. 레이터는 다양한 차원의 서비스를 기반으로 하여 서비스를 측정하는 척도로 구성된다. 이 프레임워크의 이면에 있는 기본 원리는, 사용자의 기대와 실제 경험의 차이를 고려하여 서비스 경험의 품질을 측정하는 것이다. 우리는 기대치가 실제 경험보다 높을 때 서비스의 질을 낮게 인식한다. 반면 기대치가 실제 경험보다 낮을 때에는 서비스의 품질을 높게 인식한다.

레이터 프레임워크의 5개 요소는 차이를 측정할 수 있는 5개의 다른 차원을 반영한다.

'변화론Theory of Change' 모델은 처음에 평가 이론가와 실무자가 제안했으며, 비정부기구(NGOs), 국제연합United Nations, 정부 기관, 자선 부문과 같이 사회적으로 주도되는 조직에 서 특히 인기를 얻었다. 변화론은 복잡한 시스템을 이해하는 데 매우 적합하며 목표, 우선순위 및 혜택을 수립하고, 이들 간의 상관관계를 이해하여 팀이 가설을 테스트하고 위험을 탐지하는 데 도움을 준다.

변화론 캔버스는 디자인 팀과 다양한 프로젝트 이해관계자 사이의 협업 도구로 사용될 수 있다. 출발점에서는 해결되어야 할 주요 문제가 정의되며, 그다음으로 장기적인 비전이 해결되어야 한다. 여기서 다른 상자에는 주요 고객과 그들에게 도달할 진입점을 기술하고, 어디서 어떻게 조치를 시작해야 하는지 정의하고, 목표 달성에 필요한 단계를 확인하는 것을 포함한다. 각 단계에서 이 이론은 위험과 기회를 예상하기 위해 각 단계와 행동 뒤에 있는 주요 가설 반영을 제안한다.

신뢰도	조직은 신뢰할 수 있고 정확한 방식으로 서비스를 수행한다.
보장	직원은 고객에게 안심하고 예의 바르게 이야기하며, 그들이 무엇에 관해 이야기하는지 알고 신뢰와 자신감을 불러일으킨다.
유형화	터치포인트, 서비스스케이프, 커뮤니케이션 요소뿐만 아니라 직원도 좋다.
공감	직원은 개인적이고 친밀한 방식으로 사용자를 이해한다.
반응성	직원과 조직은 사용자의 니즈에 기꺼이 응하고 그들의 문제를 신속하게 해결한다.

도표 11.18 레이터 평가 프레임워크

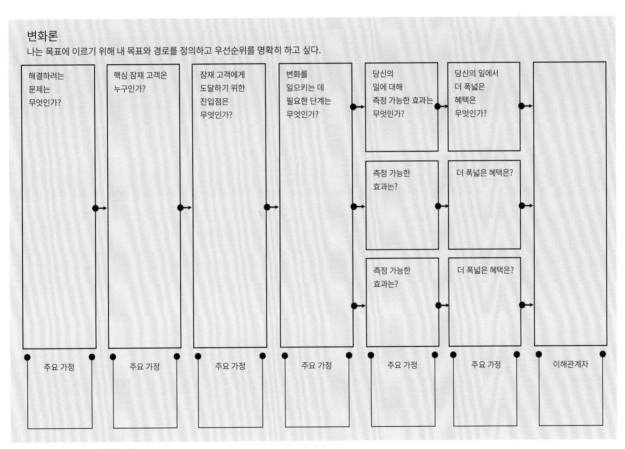

도표 11.19 변화론에 대한 캔버스

11.6
학습 활동

학습 과제

비즈니스 모델링:

팀별로 최근에 학생들이 디자인한 서비스를 선택한다. 특정 사회, 경제 및 지리적 맥락을 정의하고 비즈니스 캔버스를 사용하여 비즈니스 계획을 개발한다.

팀을 이루어 최근에 만든 기존 서비스 블루프린트를 다시 살펴본다. 브레인스토밍, 코크리에이션 및 테스트 세션에서 통찰력을 모아 서비스 디자인 제안서의 비즈니스 모델 토대를 마련한다.

1. 특정 사회경제적(예: 사용자 그룹, 타깃 고객, 서비스 제공자) 맥락과 지리적(예: 시골 또는 도시, 소규모 또는 대규모) 맥락에 대해 토론하고 결정한다.

2. 비즈니스 모델 캔버스 또는 소셜 비즈니스 모델 캔버스의 단계를 프레임워크로 사용하여 서비스 디자인 제안으로 생성된 가치를 전달한다.

3. 비즈니스 모델 캔버스는 전략 개발 및 평가를 위한 신속한 방법이며, 전략을 테스트하고 나중에 좀더 정교화하는 데 이 도구를 사용할 수 있다.

서비스 비교 평가:

기존 서비스에 대한 비교 평가를 수행하기 위해 두 개 또는 세 개의 평가 도구(예: ROI, SROI, 수익 창출 블루프린트, 레이터)를 선택한다.

1. 동일한 서비스를 분석하기 위한 여러 방법의 구현은 생성된 가치와 재무 총수익에 대해 최상의 인사이트를 얻고, 다른 각도에서 가정을 비교하고 테스트할 수 있게 도와준다.

2. 각 방법의 결과를 비교하고, 특히 재무적 측면에 초점을 맞춰 사회적 영향과 대조한다.

3. 비교 분석으로부터 새로운 인사이트, 학습 및 전술을 사용하여 비즈니스 모델 캔버스를 수정하고 강화한다.

12
서비스 디자인 핵심 기능

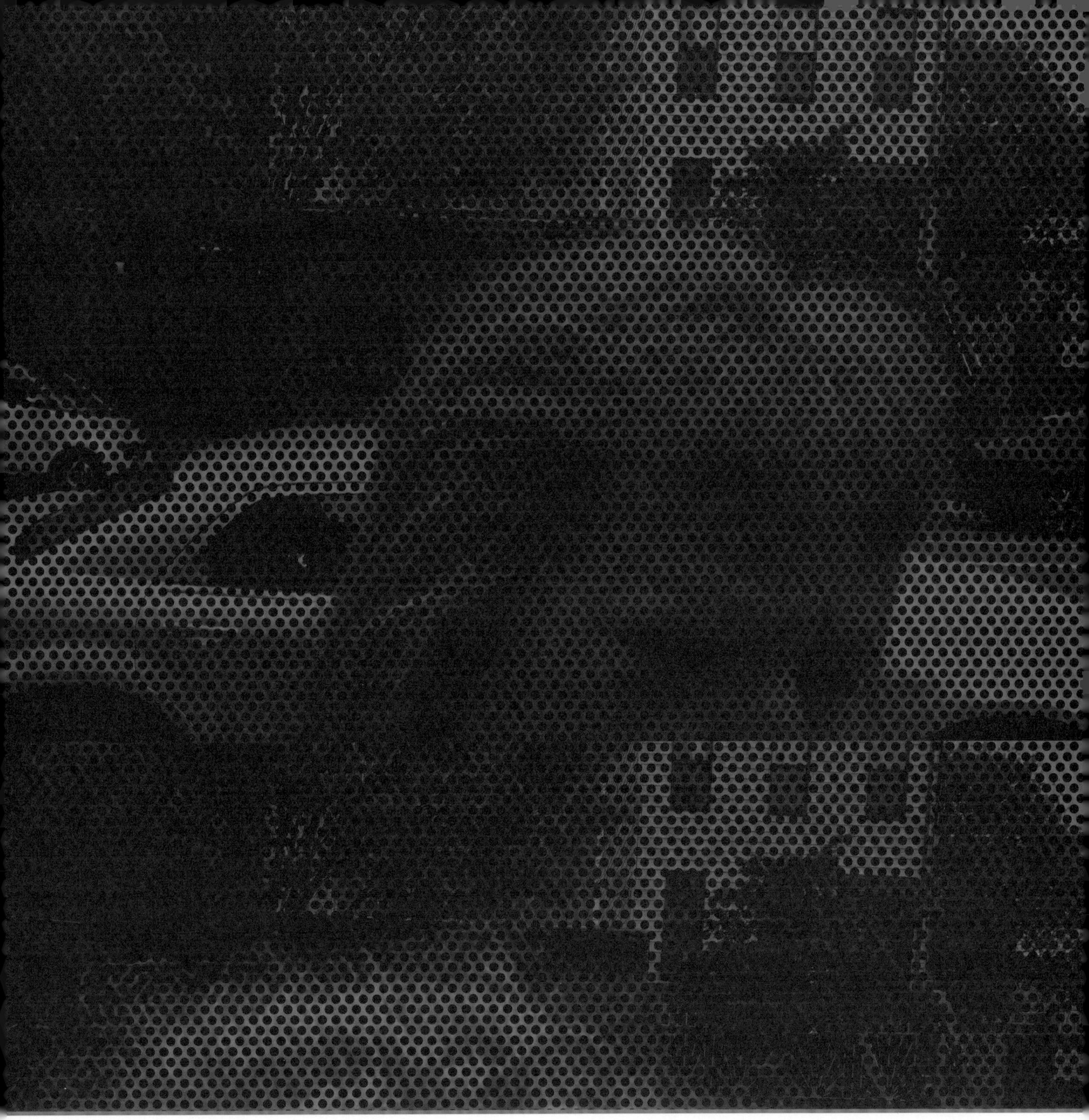

12.1
소개: 중요한 디자인 리터러시

서비스 디자인은 지난 10여 년간 다양한 분야와 산업에서 빠르게 성장했다. 대기업, 정부, 비영리 단체 및 학계에서 근무하는 사람들은 서비스 디자인의 기능을 습득하여 서비스 및 업무 방식을 개선하는 데 점점 더 관심을 보이고 있다. 최근 몇 년 동안 우리는 학부 및 대학원 수준의 서비스 디자인 과정뿐만 아니라 평생교육 및 임원 교육에서도 서비스 디자인을 찾아볼 수 있었다. 서비스 디자인은 비즈니스, 경영, 정책 및 다른 전문 분야뿐만 아니라 다양한 디자인 전문 분야의 학생들에게 핵심 역량 또는 보완적 역량이 될 수 있다.

서비스 디자인은 초학문적transdisciplinary 디자인 실현으로, 다양한 형태의 미디어와 인간 상호 작용 영역에 걸쳐 서로 다른 기술과 능력을 필요로 하는 복잡한 시스템을 다룬다. 또한 서비스 디자인에는 문제를 비판적으로 분석하고 변화를 위한 전략을 수립하는 역량이 필요하다. 예술, 경제, 인문, 기술을 포함한 다양한 분야가 서비스 디자인과 융합한다. 이러한 다양한 학제의 교차점에서 서비스 디자인은 많은 프레임워크, 방법 및 도구를 찾아 차용하고 적응시킨다. 예를 들어, 디자인 분야 자체에서 물리적 터치포인트와 서비스스케이프 디자인은 건축과 실내 디자인, 그래픽 디자인, 제품 디자인에서 비롯되는 기능을 포함하며, 디지털 플랫폼은 인터랙션과 사용자 경험 디자인, 사용자 인터페이스 디자인, 컴퓨터 공학 및 다른 기술 기반 전문성을 제공한다.

서비스 디자인은 에스노그라피적 영감을 받은 연구를 실행하고 프레임워크, 현장 조사 및 체험적 참가자 관찰을 활용할 때 전통적인 에스노그라피 방법을 사용한다. 서비스 디자인은 경영 및 비즈니스에서 기원하는 시스템 사고 및 조직 변화 관리를 사용한다.

서비스 디자이너는 새로운 경험과 인간을 상상할 때 연극과 드라마에서 사용되는 방법과 지침을 이용한다. 또한 동기부여 시스템, 보상 및 인센티브에 대해 생각할 때에는 심리학과 행동 변화에서 나온 이론을 활용한다.

이 목록은 완전한 것으로 여겨져서는 안 되며, 서비스 디자인과 관련된 학제적 관점과 같은 단순 샘플링이다. 또한 서비스 디자인 실행 뒤에 있는 학제 기관은 정적이지 않고 당면한 문제에 대응하는, 끊임없이 변화하는 랜드스케이프라는 점에 주목해야 한다.

서비스 디자인은 여러 경로를 통해 학습할 수 있으므로 학습자는 여러 지점에서 시작할 수 있다. 서비스 디자인 팀은 대개 여러 전문 분야에서 사람들을 모은다. 이렇게 서로 다른 경로가 모이는 지점에서 서비스 디자인 실무에 기반이 되는 몇 가지 핵심 역량을 확인할 수 있다. 이러한 핵심 역량은 여러 분야와 실무를 연결하면서 디자인에 대한 중요한 리터러시를 정의한다. 서비스 디자인을 잘하기 위해 필요한 것들이다.

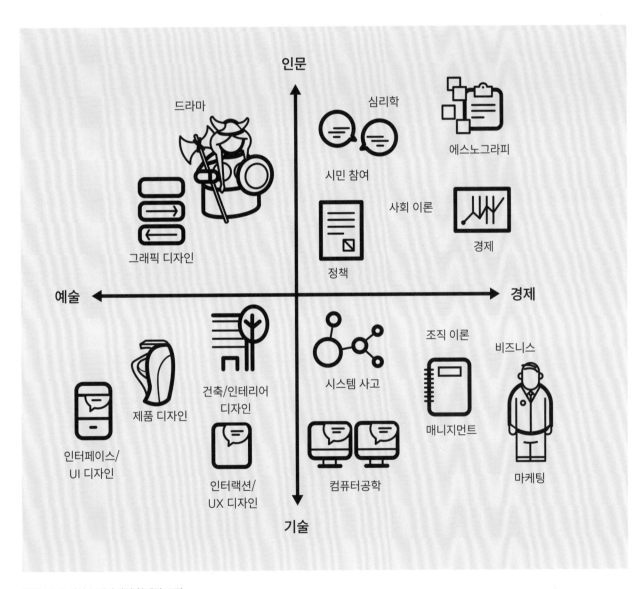

드라마

심리학

에스노그라피

시민 참여

사회 이론

경제

그래픽 디자인

정책

인문

예술 ← → 경제

시스템 사고

조직 이론

비즈니스

건축/인테리어
디자인

제품 디자인

매니지먼트

인터페이스/
UI 디자인

인터랙션/
UX 디자인

컴퓨터공학

마케팅

기술

도표 12.1 서비스 디자인의 학제적 조직

12.2
핵심 역량 1: 능동적이고 공감적인 경청

도표 12.2 사람들의 삶의 맥락에서 배운다.

문화적, 사회적, 경제적 현실과 그들의 행동, 필요성, 가치 및 희망을 이해하는 것이 서비스 디자인의 핵심 역량이다. 또한 훌륭한 디자이너는 서비스를 디자인하는 사람으로서 '다른 사람'의 관점에서 세상을 볼 수 있는 사람이다. 하지만 인간의 모든 복잡성에 대해 이해하고 세상을 '다른 사람'의 관점에서 보는 것은 쉬운 일이 아니다. 이를 위해 서비스 디자이너는 복잡성을 해결하는 수단으로 리서치를 이용하는 방법을 배워야 한다. 에스노그라피적 영감을 얻는 사용자 리서치 기법은, 디자이너가 사람들의 삶에 스며들어 사회문화적 상황 안에서 이들을 이해하는 것이다(8장 참조). 디자인 리서처는 '자연스러운' 거주 상태에서 사람들과 시간을 보내고, 대화를 나누고, 함께 음식을 먹거나 그들의 삶을 그저 관찰한다. 이를 효과적이고 정중한 방법으로 진행하기 위해 디자이너는 공감의 장소에서 실행해야 한다. 공감은 다른 사람의 경험, 감정 및 상태를 그 사람의 관점에서 이해하고 공유할 수 있는 역량이다. 자신의 개인적인 가정과 편견을 바탕으로 다른 사람을 이해하는 틀을 만들어서는 안 된다. 그저 겸손하게 들을 필요가 있다.

경청 능력은 공감하는 데 필수적이다. 깊이 듣기 위해서는 시간이 걸린다. 서비스 디자인 프로세스에서는 청취를 위해 노력하는 것이 중요하다. 인디 영Indi Young의 『실천적 공감Practical Empathy』(2015년)이라는 입문서에 따르면 공감대를 형성할 때에는 세 가지 주요 사항을 살펴야 한다.

- 추론(내면의 사고): 특정한 결정을 내리도록 유도하는, 누군가의 마음을 통해 진행되고 있는 것.

- 반응: 자극이나 상황에 어떻게 반응하느냐 하는 행동의 기본.

- 지침 원칙: 한 사람의 삶을 인도하고, 그가 어떻게 행동하는지를 안내하는 신념 시스템과 철학.

인디 영은 듣는 사람에게, 예를 들어 반응을 속이지 않고 드러내고, 자신의 지식이나 의견(자신에 대한 것이 아님) 피력을 피하고, 존경스럽게 행동하고 자신의 반응을 무력화시키는 것(판단과 감정적 반응을 없앰)을 포함하는 '공감적 사고방식'을 개발하라고 조언한다.

이러한 종류의 업무를 준비하기 위해 리서치 계획을 꼼꼼하게 개발하고, 실제로 리서치를 시작하기 전에 필요한 재료와 프로토콜을 미리 준비할 필요가 있다(8장 참조). 이는 자발성과 개방성을 피해야 한다고 말하는 것이 아니다. 기획이란 연구 참여자와 상호 존중하는 관계를 구축하여 참여적 리서치의 윤리적 문제에 대해 신중하게 고려하는 것을 의미한다. 디자이너와 참여자가 각기 다른 사회적, 문화적 배경을 지니는 것은 흔한 일이며, 이로 인해 의도하지 않은 난점과 오해가 생길 수 있다. 명확한 태도, 존중하는 태도, 겸손한 태도는 훌륭한 리서처가 되기 위해 지녀야 할 핵심 역량이다. 다른 사람의 삶을 조사하는 동안에는 세 가지 윤리 원칙을 생각해야 한다.

- 리서치의 목적을 소통하고, 참여자를 헛된 기대로 오도하는 것을 방지하고, 참여자로부터 명시적 허가를 얻는다.

- 리서치 참여자를 대상이 아니라 협력자로 대한다.

- 참여로 인해 해로운 결과가 없도록 하고, 정보를 안전하게 보호하고, 전적으로 동의를 받아야 하며, 사람들의 관심으로부터 사생활을 보호한다.

12.3
핵심 역량 2: 프로세스 촉진 및 관리

도표 12.3 코크리에이션 세션 동안 브레인스토밍을 가능하게 한다. 코크리에이션 세션을 용이하게 진행하기 위한 접근법과 기술에 대한 더 자세한 내용은 9장을 참조한다.

디자이너를 고독하고 창의적인 천재로 여기는 신화와는 달리, 서비스 디자이너는 혼자서 창조하려 해서는 안 된다. 창의성은 서비스 디자인 프로세스에서 결정적인 핵심이지만, 이는 다른 사람의 창의성, 협업 및 관리에 크게 의존한다.

리서치에서부터 아이디어 제너레이션, 프로토타이핑 및 구현에 이르기까지 서비스 디자인 프로세스 전반에 걸쳐 다양한 종류의 협업이 이루어진다. 여기에는 종종 서비스 제공자인 직원, 사용자 및 기타 이해관계자가 관련된다. 따라서 이러한 프로세스와 다양한 이해관계자 간의 협력을 촉진하는 것이 서비스 디자이너의 핵심 능력이다. 촉진과 관리는 '유연한' 기술로 간주될 수 있으므로 간혹 서비스 디자인 실행에 필수적인 것으로 충분히 인정되지 않는다.

프로세스 촉진과 관리는 행동과학자에 의해 성문화된 역량으로 처음 등장했고, 그후 비즈니스 세계에 채택되었다. 최근 디자이너가 실무에 이를 통합하기 시작했다. 참여 디자인의 등장, 사용자 중심 디자인 및 코크리에이션 세션의 확산과 함께 이러한 것들은 디자이너의 작업에 중심이 되었다. 하지만 그 대부분은 경험적으로 배워야 한다. 즉, 이러한 기술은 교육을 통해 명시적으로 배운다기보다는 주로 실습을 통해 학습하게 된다.

예를 들어, 디자이너는 새로운 서비스를 디자인할 때 문제를 다르게 이해하고 다른 역량을 지닌 사람들을 한 공간에 모이게 하여 '코크리에이션'할 수 있게 한다. 코크리에이션 세션은 일반적으로 새로운 서비스 아이디어를 창출하기 위해 구성된다. 하지만 아이디어를 창출하는 것보다 이 세션을 통해 조직의 과제에 대한 이해를 공유하고, 미래에 새로운 아이디어를 채택하고 구현하기 위한 장벽을 줄이는 집단 토론을 촉진하는 것이 더 중요하다. 직원은 창의적이고 변화무쌍한 프로세스에 참여할 기회를 얻음으로써 권한을 가질 수 있고, 이는 그들의 향후 작업에 오랫동안 영향을 미칠 수 있다.

훌륭한 파실리테이터이자 관리자인 사람은 중립적인 태도를 취하며 판단을 피할 것으로 예상된다. 그는 참여자의 결정에 영향을 주지 않고, 그 대신 참가한 팀이 순조롭게 진행할 수 있는 구조를 만들어주기 위해 노력해야 한다. 무엇보다도 디자이너는 모든 사람이 참여하게 하고 이를 지지해야 한다. 코크리에이션 세션에서 팀 리더가 개별 참가자 팀의 활동을 촉진하는 데 도움을 주는 반면, 촉진은 주요 파실리테이터로 활동하는 단일 또는 짝을 이룬 팀 단위로 이루어진다.

다음은 이 역할에 대한 몇 가지 기본 사항이다.

• 정보 전달 및 주도: 승인과 명확성을 보장하기 위해 세션을 시작할 때뿐만 아니라 실행하기 전에도 목표 및 프로세스를 명확한 방식으로 전달한다.

• 지속적으로 참여하고 활성화하기: 각 개인이 기여하는 바에 타당성을 보장하고, 긴장된 분위기를 깨고 재미있게 진행하며, 시간을 유지하고, 구조와 리듬을 제공하여 모든 참여자를 참여시킨다.

• 집중 및 종합: 창조적 발산 및 수렴의 순간을 제어한다(세션의 초기 단계는 발산적이고 탐구적일 수 있지만, 파실리테이터는 참여자를 의사 결정 및 종합하는 지점으로 유도할 수도 있어야 한다).

• 준비: 세션은 디자인된 경험을 의미한다는 것을 기억한다. 포스트잇만으로는 일이 저절로 일어나지 않는다. 참여자를 참여시키기 위해서는 카드, 레고 피규어, 물리적 소품, 사진 및 워크시트나 캔버스 같은 시각 재료 및 물리적 재료와 함께 프레임워크와 순차적인 단계가 필수적이다. 의미 있는 지적 참여 및 정서적 참여를 유도하기 위해서는 구현 및 물리적 참여가 필수적이다.

• 대화 능력: 적극적으로 경청하고, 판단하지 않고 이해하고, 시선을 맞추고, 질문을 하고, 참가자가 말한 내용을 바꾸어 말할 뿐만 아니라 종합하는 데 참여한다.

12.4
핵심 역량 3: 미래 상상하기 및 시각화하기

디자인의 본질은 사람들이 선호하는 미래를 상상하거나 현존하는 것보다 새롭고 더 나은 무언가를 상상하는 연습이다. 이미지와 이야기는 우리의 상상력을 사로잡고 다른 사람과 공유할 수 있는 최고의 도구이다. 따라서 이야기와 시각적 내러티브는 우리가 가능한 미래에 대한 비전을 만들고 토론하도록 돕는 필수적인 도구이다.

아이디어를 시각적이고 비언어적이며 그래픽적으로 표현하는 것은 디자인 프로세스를 쉽게 만드는 강력한 방법이다. 사실 이야기를 '만드는making' 행위 자체가 창의력의 촉매제이다. 이러한 이야기가 시각 매체를 통해 일단 포착되면 그것은 더 쉽게 공유될 수 있는 것이 된다. 시각적 이야기는 또한 감정적인 수준에서 사람들을 연결할 수 있다. 시각적 표현은 다른 사람들이 상상의 미래를 '보는' 것을 돕고, 그것을 경험하는 것이 어떤 느낌인지 이해하는 데 도움을 준다.

이야기는 또한 우리가 리서치 단계에서 발견한 통찰을 다른 사람에게 분명히 표현하고 전달하는 데 도움을 준다. 서로의 어려움을 보거나 이해하지 못할 수 있는 다양한 이해관계자가 경험한 조건을 공유하며 공감대를 구축하는 수단이다.

서비스 디자인에서 스토리텔링은 어떤 다른 형태의 디자인 실행보다 필수이다. 서비스는 기본적으로 시간이 흐르면서 펼쳐지는 인터랙션과 경험이다. 따라서 시각적 내러티브의 형태로 된 이야기를 통해 이를 포착하기 위한 최상의 도구이다. 이야기는 서비스 아이디어를 표현하는 가장 기본적인 방식이다. 이야기를 통해 사람들의 느낌, 감정 및 동기를 표현하는 동시에 서비스에 사용되는 맥락적 해결책 및 물질적 해결책도 파악할 수 있다.

시각화의 이유	외형적 표현의 혜택
인사이트 명확히 하기	• 추정에 의한 추론에서 용이한 처리 • 재표현의 촉진(문제 재구조화) • 다수의 표현을 사용하여 복잡한 정보를 다루는 데 용이 • 임의적인 복잡한 구조를 만들 가능성
인사이트 소통하기	• 외형적 표현은 공유 가능한 생각의 대상이 될 수 있다. • 외형적 표현은 내적 표현보다 구조의 자연스러운 표현인 경우가 많다.
공감 유지하기	• 외형적 표현은 공유 가능한 생각의 대상이 될 수 있다. • 외형적 표현으로 지속적인 참조 사항을 만든다.

도표 12.4 시각화의 이유와 혜택

스토리텔링은 인류만큼이나 오래되었다. 영화, 그래픽 소설, 드라마, 시트콤은 물론이고 선사시대의 동굴 벽화, 고대 그리스의 연극, 아시아의 그림자와 인형극의 고대 예술, 모든 문화에서의 춤과 공연들을 생각해보자. 서비스 디자인에서 우리는 상징성(더 추상적인 범위에서 더 현실적인 범위까지)과 시간의 처리 방식(공시적인: 스토리가 고정된 그림 또는 계획으로 나타나는 경우이거나, 또는 통시적인: 스토리보드나 블루프린트와 같이 일정 기간 동안 변화하면서 나타나는 스토리 또는 현상)의 측면에서 다양한 시각화 기법을 사용할 수 있다.

새로운 서비스에 대한 이야기를 상상하고 시각화할 때 우리는 서비스 터치포인트와 서비스스케이프의 디자인과 관련된 물질적, 미적 결정을 내린다. 시각적 이야기는 전체 서비스 경험과 관련하여 창조하고 의미를 만드는 것을 돕는 일종의 표현법이다. 이야기를 통해 우리는 특정 행동, 순서, 메시지 및 인공물이 그것들을 사용하기를 기대하는 사람에게 이해되는지 여부와 그 방법에 대해 예상하기 시작한다. 그들은 서비스의 물질적인 구체화를 만들어가기 시작한다. 우리는 전체 경험이 개인과 조직에 어떻게 반향을 일으킬 수 있는지, 그리고 서비스 순서를 어떻게 좀더 원활하게 진행시킬 수 있는지에 대해 배운다. 이야기는 제안된 서비스와 그와 관련된 사람들의 상황을 비판적으로 평가하는 데 도움이 된다.

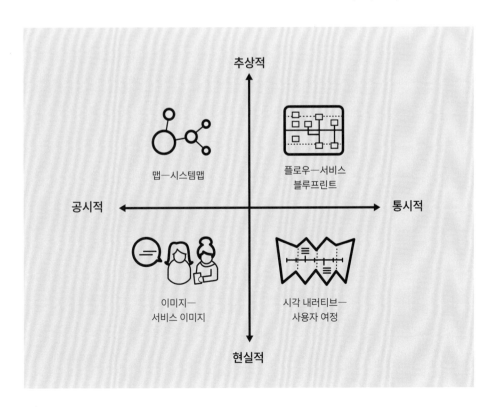

도표 12.5 차트: 서비스 디자인에서 시각화 기법

12.5
핵심 역량 4: 프로토타이핑 및 테스팅

프로토타이핑은 모든 이해관계자가 실제 환경에서 새로운 아이디어의 테스트를 돕고, 어떤 것이 실행 가능하고 어떤 것이 그렇지 않은지 배운 다음 어떻게 앞으로 나아갈지 결정을 내릴 수 있도록 하기 위해 서비스 디자이너가 이용하는 기본 역량이다. 10장에서는 프로토타이핑 경험과 이를 지원하는 장치에 초점을 맞추었다. 예를 들어, 디지털, 물리적, 혹은 둘의 혼합된 형태를 통한 물리적 장비, 로우앤하이 피델리티 디지털 프로토타이핑, 시간 기반 인터랙션을 포착하기 위한 시연 및 시뮬레이션 등을 소개했다. 이러한 예시에서 프로토타이핑은 여러분이 디자인하고 있는 새로운 서비스가 이미 존재하는 새로운 현실을 예측하여 미래를 볼 수 있도록 도와주는, 일종의 '만드는 것'을 포함한다.

그러나 우리는 경험을 프로토타이핑하는 것이 서비스와 관련된 모든 측면을 다루지는 않는다는 것을 안다. 예를 들어 백오피스 운영, 재무 흐름, 비즈니스 모델 및 인적 자원 운영은 사용자 경험에만 초점을 두는 프로토타이핑 기술에서는 일반적으로 다루지 않지만, 제공하고자 하는 경험을 유지하기 위해 프로세스를 갖추는 과정에서 나타낼 수 있다. 그런 의미에서 프로토타입의 일부로 11장에서 소개한 방법(예: 파일럿, 비즈니스 모델링 및 평가 프레임워크)을 참고할 수 있다. 궁극적으로 프로토타이핑은 위험을 최소화하고 자원과 시간을 절약하는 데 도움이 된다. 스마트폰이 처음 출시되었을 때 수반되는 위험성과, 제품을 개발하기 위해서뿐만 아니라 휴대전화와 데이터 통신 업체를 포함한 서비스 모델을 개발하기 위해 필요한 프로토타이핑의 양과, 스마트폰과 함께 도입된 앱의 생태계를 상상해보자. 서비스 디자이너는 서비스의 모든 다양한 측면을 넘어 비즈니스와 재무, 조직 모델링과 통합된 방법으로 프로토타이핑해야 하는 과제에 당면하게 된다.

종이 프로토타이핑

비즈니스 모델 캔버스

도표 12.6 서비스 디자인 프로토타이핑은 디지털 터치포인트 또는 물리적 터치포인트의 프로토타이핑부터 경험 및 인터랙션의 프로토타이핑(시간 기반 인터랙션을 더 잘 포착하기 위한 시연을 통해)뿐만 아니라 비즈니스 모델링 및 조직 측면까지 다양하게 이루어진다.

12.6
핵심 역량 5: 조직 변화 만들기

디자이너들은 조직에 대해 점점 더 전략적으로 변하고 있다. 이들은 즐겁고 기능적인 제품과 소프트웨어 및 서비스를 개발할 뿐만 아니라 조직이 내부 혁신 문화를 다시 상상하고 전략적 지침을 제공하며 조직의 미래에 대해 중요한 결정을 내리는 데 도움이 되기 때문에 부름을 받고 있다. 이와 같이 디자인의 중요성에 대한 관심과 인식이 커짐에 따라 대기업 내부는 물론 벤처 캐피탈 회사, 병원, 스타트업 기업 및 공공 부문에서 사내 디자인 팀이 늘어나고 있다. 공공 정책을 재고하고 더 나은 서비스를 제공하고자 대중 참여를 증진하는 디자인 기법을 적용하는 헌신적인 디자인 주도 혁신 팀이 급증하고 있으며, 우리는 이러한 현상을 목격해왔다. 4장에서는 덴마크의 마인드랩MindLab, 보스턴의 신도시 정비, 미국 사무인사관리혁신연구소US Office Personnel Management's Innovation Lab 등 정부 수준에서 상주하는 다양한 혁신 팀의 지도를 제공했다. 이는 디자인 전문가에게 희소식일 뿐만 아니라 이러한 서비스를 사용하고 이에 의존하는 사람들에게는 매우 중요한 소식이다.

5장에서는 서비스 디자인이 어떻게 조직의 경영 구조와 노동 역동성에 영향을 미칠 수 있는지에 대해 논의했다. 그런데 서비스 디자이너가 조직 변화의 대리인이 되려면 어떤 능력을 개발해야 할까?

'경영 및 조직 능력은 서비스 디자인에 매우 중요하다.' 백 오피스 운영 및 실행 계획, 자원 할당, 직원 훈련은 모두 경영 영역과 관련된 작업이다. 이것들은 서비스를 디자인할 때 고려해야 할 중요한 요소이다.

서비스 디자인에서 경영진과의 대화는 주로 고객 경험CX과 그것이 가치 창출과 어떻게 관련되는지 생각하는 것을 통해 발생한다. 예를 들어, 더 나은 사용자 경험UX은 더 나은 이윤, 더 나은 경쟁 우위, 더 나은 시장 신뢰도, 더 나은 시장 점유율, 더 나은 자원 사용 등으로 이어진다.

3D 모델링   보디스토밍bodystorming

도표 12.7 서비스 디자이너는 조직에서 일하면서 이해관계자를 이해하고 가까이서 보거나 멀리서 볼 수 있어야 한다.

'측정과 평가'는 디자이너가 고위 경영진 또는 정책 입안자와의 관계를 강화하고, 조직과 이해관계자에게 디자인 개입의 가치를 증명하기 위해 필요한 중요한 역량이다. 디자인은 조직에서 점점 더 강하게 뿌리내리고 있지만, 이 실험적인 접근법은 조직에서 자원을 확보하거나 관리 승인을 얻는 데 어려움을 겪고 있다. 때때로 많은 서비스 디자인 프로젝트의 과제는 이러한 프로젝트를 구현하기 전에 비즈니스 사례를 만드는 것인데, 구현된 후 그 결과를 평가하기 위해 매니저와 협력하여 계획을 개발하는 것도 중요하다. 새로운 아이디어를 구현하기 전에 신뢰를 얻는 데 사용되는 블루프린트 및 프로토타입 같은 다른 서비스 디자인 도구와 마찬가지로, 효과적인 평가 계획은 프로젝트가 의도한 결과를 달성했는지, 개선을 위해 명확한 로드맵을 제공하는지 여부를 판단하는 데 도움이 된다. 평가 계획에는 사업 이해관계자와의 협의, 데이터 수집, 데이터 해석, 평가 결과에 따른 의사결정 등이 포함된다. 자세한 내용은 11장을 참조한다.

특히 경영 분야가 아닌 디자인 분야의 사람들에게는 이 핵심 역량이 다소 대응하기 힘들게 들릴 수 있다. 마우리시오 만하스Mauricio Manhães가 말했듯이, 서비스 디자이너가 모든 것을 어떻게 해야 하는지 알 필요는 없다. 초인적인 사람이 되라는 것이 아니다. 아는 사람과 그 점을 연결할 수 있는 사람을 알고 이해하는 깊은 감각을 개발해야 한다는 것이다.

요약하자면, 서비스 디자인 학자인 루시 킴벨Lucy Kimbell(이 장의 마지막에 인터뷰를 수록했다)은 서비스 디자이너가 지녀야 할 매우 중요한 역량으로 확대 및 축소하는 역량을 지적했다. 서비스 터치포인트를 디자인하거나 새로운 비즈니스 모델 또는 정부 정책을 수립하는 데 기여할 때, 디자이너는 고위 경영진과 프론트라인 직원 간, 그리고 직원과 그들의 클라이언트 간의 조정 및 전환에 중요한 역할을 수행할 수 있다. 캐머런 톤킨와이즈(5장에 수록된 인터뷰를 참조하자)에 따르면, 서비스 디자이너는 서비스 상황에서 직원이 운영하는 방법을 지시함으로써 업무의 미래를 디자인하고 노동 조건을 변화시키고 있다. 서비스 디자이너는 서비스 사용자의 경험뿐만 아니라 서비스 근로자의 근무 조건 및 그들이 중복되거나 필수적인 노동 권리를 상실할 수 있는지 여부도 판단한다. 프론트오피스 또는 백오피스에서 업무를 통해 서비스를 지속하고 활성화하는 '사람들에게 미칠 수 있는 영향으로부터 조직의 효율성을 분별하고 균형을 맞출 수 있는 것'은 서비스 디자이너의 책임 중 일부이다. 이러한 서비스 디자이너는 조직 규모, 라인 및 업무 사이에서 방향을 읽어내 강한 책임감과 윤리적 진실성을 불어 넣음으로써, 설명한 역량을 개발하는 것이 필요하다.

7장에서 다룬, 이탈리아 만투아에 있는 대중교통 회사의 사례는 서비스 디자인 프로세스가 조직의 경영 구조와 문화에 중대한 영향을 미치는 방식을 보여준다. 서비스 디자인 프로세스의 모든 단계에서 실제로 변화를 일으키는 예기치 않은 기회를 열 수 있다. 예를 들어, 코크리에이션(이 장의 앞부분과 9장에서 설명)은 조직적인 학습을 위한 기회이다. 이를 통해 우리는 조직의 다른 부분들이 어떻게 협상해야 하는지를 보고, 안에서 내부적인 과제를 해결하기 시작한다. 내부 변화를 협상하는 것은 힘든 일이며, 참여 디자인 프로세스는 이러한 프로세스를 협력적으로 시작할 공간을 제공할 수 있다.

12.7
루시 킴벨과의
인터뷰

루시 킴벨Lucy Kimbell은 런던예술대학교University of Arts London, UAL의 혁신 인사이트 허브Innovations Insights Hub의 책임자이다. 이전에 그녀는 영국 국무조정실 정책연구원의 예술인문연구위원회 연구위원이었다(2014~2015년). 또한 옥스퍼드대학교의 세드 비즈니스 스쿨Said Business School에서 수석 연구원의 보좌관을 맡고 있다. 그녀는 『서비스 혁신 핸드북: 서비스 조직을 위한 활동 지향적인 창의적 사고 툴킷The Service Innovation Handbook: Action-Oriented Creative Thinking Toolkit for Service Organizations』(BIS Publishers, 2014)의 저자이다.

서비스 디자인 실무에 대한 가능한 가장 일반적인 학습 경로는 무엇이라고 생각하는가?

나는 단지 하나의 서비스 디자인이 있다고는 생각하지 않고, 하나만 있어야 한다고 생각하지도 않는다. '서비스를 위한 디자인'만 할 수는 없다. 헬스케어 서비스, 응급 치료를 위한 디자인, 노인 돌봄 디자인, 공공 부문을 위한 디자인, 교육 서비스 디자인, 엔터테인먼트나 접객 분야에서 고객 서비스 디자인 등과 같은 것이 있을 수 있다. 미래에는 이러한 종류의 전문성에 기반을 두고 새로운 유형의 비즈니스 모델, 기술 및 조직 방법과 함께 새로운 서비스가 등장할 것이라고 생각한다. 따라서 여러 가지 면에서 이러한 학습 경로는 기술, 비즈니스, 사회 연구와 같은 분야뿐만 아니라 인문, 예술과 같은 분야에서 다른 종류의 전문성과 다른 학습 경로와의 여러 교차점과 함께 이러한 실무의 분야가 어디로 향하는지에 따라 계속 발전해야 할 것이다.

서비스 디자이너의 핵심 역량과 기술은 무엇이라고 생각하나?

서비스 디자인의 주요 도전 과제 중 하나는 프로토타이핑이다. 여러분은 서비스를 어떻게 프로토타이핑하는가? 단순히 경험을 프로토타이핑하는 것이 아니라 금융 모델, 운영 모델, 서비스 사용자, 고객 서비스 에이전트 또는 자원봉사자에게 필요한 기술 지원, 지속적인 코크리에이션 가치에 필요한 기반 시설과 능력에 대한 프로토타입을 제작하는 것이다. 여러분은 그런 것들을 어떻게 프로토타이핑하는가? 우리는 아직 그런 것을 보지 못한 것 같다. 이런 것을 프로토타이핑하는 것은 믿을 수 없을 정도로 어렵기 때문이며, 실제로 기업의 경계를 넘어 조직과 이에 대한 자원 및 역량의 네트워크에 깊이 뿌리내리고 있기 때문이다. 물론 몇몇 고객 인사이트를 실행하는 것은 중요하고, 최근에는 그것을 비교적 쉽게 얻을 수도 있다. 워크숍을 통해 아이디어를 창출하는 것은 모두가 하고 있다. 중요한 것은 사용자의 현재 또는 미래의 경험뿐만 아니라 조직 및 네트워크에 대한 서비스 혁신의 영향을 이해하는 것이다. 이러한 이해는 어떤 방향으로 나아갈지 중요한 결정을 내리는 데 필요하다. 나는 이것이 아직 존재하지는 않지만 디자인에 크게 기여한다고 생각한다.

서비스 디자이너가 조직의 변화에 영향을 끼치길 원한다면 필수적인 기술은 무엇인가?

내게 있어 이야기를 하는 것은 조직을 이해하고 변화를 형성하는 데 중요하다. 이야기는 서로 다른 미디어, 포맷 및 등록을 통해 다른 방식으로 드러날 수 있으므로 사람들이 서로 관계를 가지고, 이해하고, 충분히 생각하고, 참여하며, 함께 만들 수 있다. 또한 이는 지도를 만드는 작업도 동반하기 때문에 시간이 더 오래 걸린다. 이는 이해관계자를 파악하고 구조화하는 것 이상이다. 디자이너는 가치를 함께 만들기 위해 자원 및 역량의 생태계를 구조화할 필요가 있다. 하지만 여러분은 실제로 어떻게 이 일을 하는가? 만약 여러분이 더 넓은 문화적 발전에 의해 영향받고 형성되는 사회적 실천을 포함하여 생태계를 바꾸기를 원한다면 그것을 어떻게 보여주는가? 이는 단지 공감하고 벽에 포스트잇 노트를 붙이는 것이 아니다. 시스템 사고, 참여 디자인 및 에스노그라피 리서치 접근법 모두 그러한 관점을 가진다. 중요한 점은 단순히 시스템의 '내부'나 '외부'가 없다는 것이며, 이를 기억해야 한다. 여러분은 그 안에서 존재하고 행동하게 되는 연기자, 문화 및 기반 시설과 그 사이에 존재하는 역동적이고 유동적인 관계를 이해할 필요가 있다. 디자이너는 액터가 참여하는 방법과 시스템에서 발생하는 것을 구성하는 여러 가지 책임과 관계를 이해해야 한다. 권력관계, 정체성, 주관성에 대한 이해가 필요하다. 이야기와 지도는 이 모든 것에 대한 경로 및 인사이트를 제공한다.

서비스 디자인 프로세스에서 만들기(vs 생각하기)가 얼마나 중요한가?

서비스 디자인은 관계를 만드는 일이다. 이것은 일종의 사회, 시스템, 조직이나 경제적/문화적 맥락에서 서로 다른 참여자들 사이에 새로운 종류의 관계를 만드는 것이다. 이러한 인공물을 접하는 것은 사람들이 시스템에 투입하는 것을 통해 인사이트를 이해하고 변화시키고, 또는 관계를 자극하거나 잠재적인 사용과 경험을 가진 어떤 종류의 사물을 만들도록 도와준다. 그로 인해 주변의 사회적 또는 조직적 실무에 대한 잠재적인 변화가 드러나도록 하기 때문에 물리적 또는 디지털 인공물을 만드는 것은 절대적으로 중요하다.

분석 역량과 창의적 통합(예: 감정적 경험을 만들 필요와 그것을 실행 계획으로 변환하는) 사이의 균형을 이루는 것이 무엇이라고 생각하는가?

나중에 사용하고 참고할 수 있는 문서나 미디어의 학습과 결정을 포착하고 정의할 필요성과 이를 지속적으로 배우고 변화시켜야 할 필요성 사이에서 서비스를 디자인할 때 긴장감이 있다. 현재 상황을 이해하고, 제안의 함의를 분석하고, 제안을 만들어내는 제너레이티브 작업 사이에 또다른 긴장감이 있다. 새로운 서비스를 만들기 위해 협업하는 조직(또는 파트너 네트워크)에서 다양한 사람들과 기능들은 이러한 긴장감을 해소하기 위해 각기 다른 전문성과 사고방식을 이용한다. 서비스 디자인은 다른 누군가에게 실행을 맡기는 것이 아니다. 시행하는 데 책임이 있는 이들, 예를 들어 운영 팀과 전반적인 디자인을 구체화하는 사람은 리서치 및 디자인 작업에 참여할 필요가 있다. 참여적 접근법에서는 사용자와 다른 이해관계자도 참여해야 한다고 주장한다. 따라서 서비스 디자이너에게 있어 분석 및 창조, 학습 및 활동을 결합하고 다른 관점을 가진 사람들을 불러오는 집단적, 반복적 멀티파트너 여정을 만드는 것은 중요한 과제이다.

서비스 디자인 프로젝트에 미치는 영향을 평가하고 검증하는 접근법에 대해 생각할 수 있는 방법으로는 무엇이 있나?

평가는 디자이너보다는 매니저에게 더 중요한 문제다. 예산과 투자 같은 것을 결정하는 사람이 있기 때문에 디자이너에게는 이것이 문제가 되며, 디자이너는 이러한 결정권을 갖고 싶어하지만 일반적으로는 주어지지 않는다. 영향을 평가하는 문제는 조치를 취하기 위한 전제 조건과 관련이 있다. 여러분은 무엇을 하려 하고 왜 그렇게 할까? 이 문제는 누구에게 중요한가? 어떤 결과를 성취하고 싶은가? 이 문제와 관련된 맥락이나 세계는 무엇인가? 상황이 어떻게 변할 것(여러분의 '변화론theory of change')이라고 생각하는가? 여러분에게는 사용 가능한 자원이 있는가? 여러분이 성공했을 때 어떻게 알 수 있는가? 이 질문에 대답하는 데 누가 관여해야 하는가?

매니지먼트를 비롯해 그보다 더 폭넓은 사회과학 분야에서는 이런 점을 대부분 이해하고 있으며, 이러한 질문에 대답하기 위한 많은 접근법, 방법 및 기술을 보유하고 있다. 이는 종종 서비스 디자이너가 사용할 수 있는 접근법보다 훨씬 더 나은 방법이기도 하다. 그래서 평가의 문제를 매니저에게 다시 돌려주고, "서비스가 원하는 결과를 낼지 어떻게 함께 이해할 수 있을까?"라고 이야기하자. 그러나 결과를 이해하고 평가하는 데 소요되는 다른 시간 프레임과 책임을 인식하며 서비스가 중요한 공공 부문과 관련하여 평가 프레임, 장치 및 인공물을 구성하는 여정을 함께 진행해보자.

디자이너들이 그들의 영향을 이해하기 위해 노력하는 것을 포기하자. 일반적으로 자원, 습관, 권력, 무엇인가를 평가하려는 욕망을 가지고 있는 사람과 긴밀한 관계를 맺고 그것으로 영향을 평가하는 새로운 방법을 찾아보자. 이 방법에는 구조를 문제화하는 것과 함께 만들어진 가치를 이해하는 조건을 포함할 수 있다.

디자이너의 영향을 이해하기 위해 노력하는 디자이너를 포기하자. 일반적으로 자원, 습관, 권력, 무엇인가를 평가하려는 욕망을 가지고 있는 사람과 긴밀하게 관계를 맺고 그것으로 영향을 평가하는 새로운 방법을 찾아보자. 이 방법에는 구조를 문제화하는 것과 공동 창조되는 가치를 이해하는 조건이 포함될 수 있다.

서비스 디자인 경력에 있어서, 그리고 많은 젊은 디자이너가 사회적 변화 또는 환경적 변화를 촉진하는 데 관심이 있다면, 우리는 스스로 주도하는 프로젝트 또는 목적 중심의 서비스 디자인 기업가 정신에 관해 이야기할 수 있나? 이것은 하나의 유행인가?

내가 디자인 학교와 디자인 컨설턴트의 입장에서 본 바에 따르면, 이것은 하나의 유행이다. 그러나 나는 서비스 디자이너가 되는 것이 아니라 중요한 영역에서 서비스를 리디자인하는 일에 참여하는 것은 흥미로운 움직임이라고 생각한다. 중요한 주제를 고른 다음 그것이 왜 자신에게 중요한지 살펴보라. 예를 들면, 헬스케어 또는 웰빙이 있다. 그리고 웰빙 자선 단체나 헬스케어 서비스 업체에서 일해보라. 디자이너의 업무로 받아들이지 말고, 업무를 통해 디자인해보라. 고객 서비스 직종에 종사해보고, 프론트라인 배송 경험과 운영 분야를 이해해보자. 서비스 매니저가 되어보라. 그런 다음 이 분야에 대한 지식과 여러분이 그것을 어떻게 수행하는지에 대한 역할 및 변화의 결과가 여러분에게 변화를 가져올 수 있는 팀 내부의 변화를 촉진하기 위해, 여러분의 디자인 기술과 창조적인 디자인 프로세스에 대한 이해를 활용하자. 또는 분야에 대해 알게 되고 변화가 필요한 것을 해결했다면, 사회적 기업을 설립하자. 정당에 가입하거나 활동가 그룹을 조직해보라. 변화가 일어나기를 바란다면 변화가 필요한 분야로 이동하여 그런 문제로부터 영향을 받거나 그런 문제에 관한 전문가들로부터 배우고, 이 사람들과 변화를 일으키는 데 필요한 자원과 기반 시설을 연결하기 시작하라.

어디서 어떻게 작업해야 하느냐에 대한 문제를 생각해볼 때 더 나은 목적, 더 나은 범위, 더 나은 프로젝트를 위해 서비스 디자인은 프로젝트와 사람에게 어떻게 영향을 미칠 수 있나?

디자이너는 애초에 무언가를 찾아내고, 아이디어를 빠르게 내고, 미래의 것을 구체화하는 데 매우 능숙하므로 이러한 것이 고려되고 평가될 수 있다. 디자이너는 무엇인가를 만든다. 그리고 아름답게 만들 뿐만 아니라, 문제를 드러내고 식별하여 어지러운 요소들에 대한 해결책을 제안한다. 목업, 발표, 워크숍, 시나리오, 비디오, 전시회 또는 그래픽 분석 등 많은 방법으로 이를 수행한다. 이러한 산출물은 문제를 이해하고 해결하는 과정을 만들어내고, 이와 관련된 무엇인가를 하고 싶은 사람에게 유형화하여 보여주는 데 도움이 된다. 만약 어떤 프로젝트가 이미 진행되고 있다면, 여러분은 "이 문제에 대한 다른 관점이 있다. 여기 다른 방법이 있다. 그것은 진짜 문제가 아니다. 이것이 문제이다"라고, 문제의 본질에 대한 생각을 바꿀 수 있다고 이야기할 수 있다. 이것이 디자인의 핵심 역량으로 잘 알려져 있는 것이다. 기업가적이고 실험적인 정신을 바탕으로 이 같은 변화가 이루어져야 한다. 내일 가서 바로 실행해보아라. 인터넷에서 무언가를 찾기 위해 앉아 있지 말고 믿을 수 없을 정도로 재미있는 것을 읽어라. 스튜디오에 앉아 그럴듯한 대화를 나누지만 말고 밖으로 나가 사람들에게서 배우고, 풍부하고 '심도 깊은' 대화를 이끌어내기 위해 몇 가지를 그들에게 가져가라. 여러분이 관심 있다고 말하는 문제에 대해 서로 깊이 이해하게 만들어라. 스튜디오 안에서만 흥미를 갖고 있지 말고 그 현장을 스튜디오로 만들어라.

12.8
학습 활동

학습 과제

반영을 위한 원탁회의:

• 공감대를 형성하면서 가장 의미 있는 경험은 무엇이었는가?

• 다른 사람과 맥락에 참여할 때 여러분과 팀을 위한 인터뷰 가이드를 디자인하자.

• 최근에 추진했거나 참여한 서비스 코크리에이션 세션을 다시 찾아본다. 세션중에 사용된 팀 구성에 대해 설명해보자. 다른 세션에서 수행된 촉진 작업과 비교하고 대조한다.

• 최근에 작업한 서비스 디자인 프로젝트를 선택하자. 그 프로젝트는 조직 변화의 어떤 측면을 제안하거나 시연할 수 있는 방법을 구조화할 수 있는가? 구체적으로 살펴보자.

• 창조적인 프로세스와 관련하여 다른 사람들을 관찰하고 경청하는 것이 얼마나 중요했는가?

• 다양한 프로젝트 이해관계자로부터 승인받기 위해 어떤 방법과 도구를 사용했는가?

• 측정 및 평가는 구현에서 어떤 역할을 했는가?

• 여러분의 프로젝트는 직원과 그들의 노동 조건에 어떤 영향을 미쳤는가?

추천 도서

Part I 서비스 이해하기

01. 서비스 정의하기
Polaine, A., Lovlie, L., and Reason, B. (2013). *Service Design. From Insight to Implementation*. Rosenfeld Media. (한국어판: 앤디 폴라인 외, 배상원 외 옮김, 『서비스 디자인: 실무에서 들춰보는 인사이트』, 카오스북, 2016)

Lusch, R. F., and Vargo, S. L. (2014). *Service Dominant Logic: Premises, Perspectives, Possibilities*. Cambridge University Press.

02. 서비스 경제
Botsman, Rachel, and Rogers, Roo (2010). *What's Mine Is Yours: The Rise of Collaborative Consumption*. Harper Business.

Gravity Tank (2015). *Change Agents. Four Trends Disrupting the Way We Spend, Save and Invest*. Service Design Network Special Interest Group Trend Report, Fall.

Manzini, Ezio (2015). *Design, When Everybody Designs: An Introduction to Design for Social Innovation*. The MIT Press. (한국어판: 에치오 만치니, 조은지 옮김, 『모두가 디자인하는 시대: 사회혁신을 위한 디자인 입문서』, 안그라픽스, 2016)

Julier, Guy (2017). *Economies of Design*. Sage.

03. 디지털 서비스
Hinman, Rachel (2012). *The Mobile Frontier. A Guide for Designing Mobile Experiences*. Rosenfeld Media.

Kolko, Jon (2011). *Thoughts on Interaction Design*. Elsevier.

Greengard, Samuel (2015). *The Internet of Things*. The MIT Press Essential Knowledge Series, The MIT Press.

Scholz, Trebor (2016). *Platform Cooperativism. Challenging the Corporate Sharing Economy*. Rosa Luxemburg Stiftung.

04. 공공 이익을 위한 서비스
Bason, Christian (2010). *Leading Public Sector Innovation. Co-Creating for a Better Society*. University of Chicago Press.

Service Design Network (2016). *Service Design Impact Report. Public Sector*. Service Design Network.

05. 서비스 디자인의 정치
Hochschild, Arlie Russel (2003). *The Managed Heart: Commercialization of Human Feeling*, 2nd ed. University of California Press.

Meadows, Donella (2008). *Thinking in Systems: A Primer*. Chelsea Green Publishing Company.

06. 서비스를 위한 디자인하기
Meroni, A., and Sangiorgi, D. (2011). *Design for Services*. Gower.

Stickdorn, M., and Schneider, J. (2010). *This is Service Design Thinking. Basics-Tools-Cases*. BIS Publishers. (한국어판: 마르크 스틱도른 외, 이봉원 외 옮김, 『서비스 디자인 교과서』, 안그라픽스, 2012)

Part II 서비스 디자인 프로세스

07. 서비스 디자인 프로세스의 시작
Manhães, M. C., Varvakis, G., and Vanzin, T. (2010). Designing Services as a Knowledge Creation Process Integrating the Double Diamond Process and the SECI Spiral. *Touchpoint: The Journal of Service Design*, 2(2), 28–31. Retrieved from https:// www.service-design-network. org/touchpoint /touchpoint-2-2-business-impact-of-service-design / designing-services-as-a-knowledge-creation -process-integrating-the-double-diamond-process -and-the-seci-c2adspiral.

Sangiorgi, D., and Prendiville, A. (eds.) (2017). *Designing for Service: Key Issues and New Directions*. Bloomsbury.

08. 연구 및 분석
Remis, N., and the Adaptive Path Team at Capital One (2016). *A Guide to Service Blueprinting*. Adaptive Path.

Crouch, C., and Pearce, J. (2012). *Doing Research in Design*. Bloomsbury Academic.

09. 서비스 디자인 생성하기
Montgomery, E. P., and Woebken, C. (2016). *Extrapolation Factory. Operator's Manual: Publication version 1.0, includes 11 futures modeling tools*. CreateSpace Independent Publishing Platform.

IDEO.org (2015). *The Field Guide to Human- Centered Design*, 1st ed. IDEO.

10. 프로토타이핑, 테스팅, 반복하기
Sanders, E. B.-N., and Stappers, P. J. (2012). *Convivial Toolbox. Generative Research for the Front End of Design*. BIS Publishers.

Valentine, L. (ed.) (2013). *Prototype. Design and Craft in the 21st Century.* Bloomsbury.

11. 구현하기 및 평가하기
Kimbell, L. (2014). *The Service Innovation Handbook.* BIS Publishers.

Osterwalder, A., and Pigneur, Y. (2010). *Business Model Generation.* Wiley.

Polaine, A., Løvlie, L., and Reason, B. (2013). *Service Design. From Insight to Implementation.* Rosenfeld Media.

12. 서비스 디자인 핵심 기능
IDEO (2015). *The Little Book of Design Research Ethics.* IDEO.

Manhães, M. (2017). "The Service Design Show: Getting the Message Across." Linkedin. Posted on January 15, 2017, at https://www.linkedin.com /pulse / service-design-show-getting-message-across-mauricio-manhaes-ph-d-.

참고 문헌

Part I 서비스 이해하기

01. 서비스 정의하기

Blomberg, J., and Darrah, C. (2014). "Toward an Anthropology of Services." Proceedings of the Fourth Service Design and Innovation Conference, 122–32.

Clatworthy, S. (2011). "Service Innovation Through Touch-points: Development of an Innovation Toolkit for the First Stages of New Service Development." *International Journal of Design*, 5(2), 15–28.

Gummesson, E. (1995). "Relationship Marketing: Its Role in the Service Economy," in *Understanding Services Management*, W. J. Glynn and J. G. Barnes, Eds. John Wiley & Sons, 244–68.

Interaction Design Foundation. (n.d.). "Philosophy of Interaction: Introduction to Philosophy of Interaction and the Interactive User Experience." Retrieved from http://www.interaction-design.org/tv/.

Kimbell, L. (2011). "Designing for Services as One Way of Designing Services." *International Journal of Design*, 5(2), 41–52.

Kolko, J. (2011). *Thoughts on Interaction Design*. Elsevier.

Lusch, R. F., and Vargo, S. L. (2014). *Service Dominant Logic: Premises, Perspectives, Possibilities*. Cambridge University Press.

Mager, B. (2008). "Service Design Definition," in M. Erlhoff and T. Marshall, Eds. *Design Dictionary. Perspectives on Design Terminology*. Birkhäuser, 354–6.

Manzini, E., and Vezzoli C. (2002). *Product-Service Systems and Sustainability: Opportunities for Sustainable Solutions*. UNEP.

Meroni, A., and Sangiorgi, D. (2011). *Design for Services*. Gower.

Mont, O. (2001). *Introducing and Developing a Product-Service System (PSS) Concept in Sweden, IIIEE Reports 6*, NUTEK and IIIEE.

Normann, R. (2001). *Service Management: Strategy and Leadership in Service Business*, 3rd ed. Wiley.

Polaine, A., Løvlie, L., and Reason, B. (2013). *Service Design. From Insight to Implementation*. Rosenfeld Media.

Rifkin, J. (2001). *The Age of Access: The New Culture of Hypercapitalism, Where All of Life Is a Paid-For Experience*. Tarcher.

Sangiorgi, D., Prendiville, A., and Ricketts, A. (2014). *Mapping and Developing Service Design Research in the UK*. Service Design Research UK Network, 32–33.

Shostack, G. L. (1984). "Designing Services That Deliver." *Harvard Business Review*, 62(1), 133–9.

Vargo, S. L., and Lusch, R. F. (2004). "Evolving to a New Service Dominant Logic for Marketing." *Journal of Marketing*. 68, 1.

Vargo, S. L., and Lusch, R. F. (2016). "Institutions and Axioms: An Extension and Update of Service-Dominant Logic." *Journal of the Academy of Marketing Science*, 44(1) 5–23.

Wetter-Edman, K. (2010). "Comparing Design Thinking with Service-Dominant Logic." *Research Design Journal*, 2(2), 39–45.

Zeithaml, V. A., Parasuraman, A., and Berry, L. L. (1985). "Problems and Strategies in Services Marketing." *Journal of Marketing*, 29 (Spring), 33–46.

02. 서비스 경제

American Coalition of Services Industries (CSI). Available at https://servicescoalition.org/.

Anderson, J., and Rainie, L. (2014). "Digital Life in 2025." Pew Research Center. Retrieved from http://www.pewinternet.org/2014/03/11/digital-life-in-2025/.

Australian Government. Department of Foreign Affairs and Trade. (2005). "Unlocking China's Services Sector." Retrieved from http://www.dfat.gov.au/publications/eau_unlocking_china/.

Bodine, K. (2013A). *Service Design Agency Overview*, 2013. Forrester Research.

Bodine, K. (2013B). *The State of Service Design*, 2013. Forrester Research.

Botsman, R., and Rogers, R. (2010). *What's Mine Is Yours: The Rise of Collaborative Consumption*. HarperBusiness.

Bureau of Labor Statistics, U.S. Department of Labor. (2014). "Occupational Employment and Wages—May 2013." Retrieved from http://www.bls.gov/news.release/pdf/ocwage.pdf.

Central Intelligence Agency, The World Factbook. Available at https://www.cia.gov/library/publications/the-world-factbook/.

Dorsey, M. Vice President and Practice Leader from Forrester Research. Video at Forrester website. Available at http://www.forrester.com/Customer-Experience.

Garret, J. J. (2014). "The Great Convergence." Retrieved from http://www.adaptivepath.com/ideas/the-great-convergence/.

Gravity Tank (2015, Fall). *Change Agents. Four Trends Disrupting the Way We Spend, Save and Invest*. Service Design Network Special Interest Group Trend Report.

Jégou, F., and Manzini, E. (2008). *Collaborative Services: Social Innovation and Design for Sustainability*. Edizioni Polidesign.

Julier, G. (2017). *Economies of Design.* Sage.

Manzini, E. (2015). *Design, When Everybody Designs: An Introduction to Design for Social Innovation.* MIT Press.

Mayo Clinic's Center for Innovation. Available at http://www.mayo .edu/center-for-innovation/.

Mayo Clinic OB Connected Care Model Blueprint. Available at http://www. mayo.edu/center -for-innovation/projects/ob-nest.

Meroni, A., and Sangiorgi, D. (2011). *Design for Services.* Gower.

Murray, R. (2009). "Danger and Opportunity. Crisis and the New Social Economy." *Social Innovator Series: Ways to Design, Develop and Grow Social Innovation.* NESTA, The Young Foundation.

NAIC, North American Industry Classification System (part of the U.S. Census Bureau). Available at https:// www.census.gov/econ /services.html.

Parker, S., and Heapy, J. (2006). *The Journey to the Interface. How Public Service Design Can Connect Users to Reform.* Demos.

Remis, N., and the Adaptive Path Team at Capital One (2016). *A Guide to Service Blueprinting.* Adaptive Path.

Shareable. Available at http://www .shareable.net/.

Tonkinwise, C. (2014). "Sharing You Can Believe In. The Awkward Potential within Sharing Economy Encounters." Retrieved from https://medium. com/@camerontw/sharing-you-can -believe-in-9b68718c4b33.

United Nations. United Nation's International Standard Industrial Classification of All Economic Activities, Rev.4. Retrieved from http://unstats.un.org/UNSD/cr/ registry/regcst.asp?Cl=27&Lg=1.

U.S. Census Bureau. Available at https://

www.census.gov/econ /services.html.

U.S. Census Bureau; U.S. Bureau of Economic Analysis. (2014) "U.S. International Trade in Goods and Services. December 2013," Retrieved from http://www.bea .gov/newsreleases/international /trade/2014/pdf/trad1213.pdf.

West, H., and Lehrer, R. (2013, December). "Project How to Build Financial Inclusion in Pakistan Amongst BISP Recipients." Report Draft 1.4.

03. 디지털 서비스

Adler, E. (2014, July 21). "The 'Internet of Things' Will Be Bigger Than the Smartphone, Tablet, and PC Markets Combined." *Business Insider.* Retrieved from http://www. businessinsider.com /growth-in-the-internet-of-things -market-2-2014-2#ixzz38 DDkJTnq.

Bodine, K. (2013, October 4). "How Does Service Design Relate to CX and UX?" Kerry Bodine's Blog/Forrester. Retrieved from http://blogs.forrester. com /kerry_bodine/13-10-04-how _does_service_design_relate _to_cx_and_ux.

Cain Miller, C., and Birmingham, C. (2014, May 2). "A Vision of the Future from Those Likely to Invent It." *New York Times.* Retrieved from http:// www.nytimes.com/interactive/2014 /05/02/upshot/FUTURE.html?_r=0.

Design Commission, Policy Connect (2014). "Designing the Digital Economy. Embedding Growth through Design, Innovation and Technology. A report by the Design Commission." http://www. policyconnect.org.uk /apdig/sites/site_apdig/files /report/463/fieldreportdownload/ designcommissionreport

-designingthedigitaleconomy .pdf.

Fjord (2014). Fjord Trends Report 2014. Available at http://trends .fjordnet.com/.

Forlizzi, J. (2010). "All Look Same? A Comparison of Experience Design and Service Design." *Interactions.* ACM, 60–62.

Garrett, J. J. (2014, March 3). "The Great Convergence." *Adaptive Path.* Retrieved from http://www .adaptivepath.com/ideas/the -great-convergence/

Greengard, S. (2015). *The Internet of Things.* The MIT Press Essential Knowledge series, MIT Press.

Hinman, R. (2012). *The Mobile Frontier. A Guide for Designing Mobile Experiences.* Rosenfeld Media.

The Internet of Things Council. Available at http://www.theinter netofthings.eu/.

Kolko, J. (2011). *Thoughts on Interaction Design.* Elsevier.

Kuniavski, M. (2010). *Smart Things: Ubiquitous Computing User Experience Design.* Morgan Kaufmann/Elsevier.

Morozov, E. (2014, July 19). "The Rise of Data and the Death of Politics." *The Observer, The Guardian.* Retrieved from http://www.theguardian.com /technology/2014/jul/20/rise- of-data-death-of-politics- evgeny-morozov-algorithmic -regulation.

Mulgan, G. (2014, June 25). "Imagining the Internet of Things—Beyond the Panopticon." NESTA. Retrieved from http://www.nesta .org.uk/blog /imagining-internet-things -beyond-panopticon#sthash .3bkHSkFF.ijWKWhZ8.dpuf.

NESTA (2014). "Design and the Internet of Things." Retrieved from http:// www.nesta.org.uk

/node/756#sthash.XzJDmhtE
.dpuf.

Pew Research Center (2013). "Pew Research Internet Report." "Social Media Update 2013." Retrieved from http://www .pewinternet.org/2013/12/30 /social-media-update-2013/

Pew Research Center (2014A, January). "Pew Research Center's Internet & American Life Project." Retrieved from http://www .pewinternet.org/.

Pew Research Center (2014B). "Pew Research Global Attitudes Project." Retrieved from http://www .pewinternet.org/2014/04/17 /us-views-of-technology-and -the-future/.

Pew Research Center (2014C, February 13). "Pew Research Global Attitudes Project." "Emerging Nations Embrace Internet, Mobile Technology, Cell Phones Nearly Ubiquitous in Many Countries, Survey Report." Retrieved from http://www.pewglobal. org/2014/02/13 /developing-technology-use/.

Schlafman, S. (2014, April 4) "Uberification of the US Service Economy." *Schlaf's Notes Tumblr*. Retrieved from http://schlaf .me/post/81679927670.

Scholz, T. (2016) *Platform Cooperativism. Challenging the Corporate Sharing Economy*. Rosa Luxemburg Stiftung.

Sherwin, D., and Dunnam, J. (2014). "Off the Page, Into the Wild. Designing for the Internet of Things." Frog Design. How Design Conference 2014. Retrieved from http://www .slideshare.net/frogdesign /off-the-page-into-the-wild -designing-for-the-internet-of -things.

Speidel, F. (2014, July 7). "Wearables: A Solution Searching for Problems?" Healthcare IT Leaders. Retrieved from http://www

.healthcareitleaders.com/blog /wearables-solution-searching -problems/.

Turkle, S. (2012). "Connected, but Alone?" TED 2012, [Video]. Retrieved from http://www.ted .com/talks/sherry_turkle_alone _together#t-753.

U.S. Department of Commerce, Economics and Statistics Administration (2014). http://www.esa .doc.gov/.

Wilson, M. (2014, June 25). "The Nest Thermostat Is Now Much More Than Just a Thermostat." FastCoDesign. Retrieved from http://www. fastcodesign.com /3032325/the-nest-thermostat -is-now-much-more-than-just-a -thermostat.

Wood, M. (2014, June 11). "The Not-So-Smart Home." [Video] by V. Perez, R. Fergusson, and J. Blalock, New York Times. Retrieved from http://www. nytimes.com /video/technology/personaltech /100000002930984/the-not-so -smart-home.html?module=Search &mabReward=relbias%3As%2C% 7B%221%22%3 A%22RI%3A5%22%7D.

York, J. C. (2011, Fall). "The Revolutionary Force of Facebook and Twitter. Social Media Now Hold a Vital Place in This Media Ecosystem, Filling Informational Voids Left by the Still Bridled State and Traditional Media." Nieman Reports. The Nieman Foundation for Journalism at Harvard.

04. 공공 이익을 위한 서비스

Amy L. Ostrom, A. Parasuraman, David E. Bowen, Lia Patrício, Christopher A. Voss (2015) "Service Research Priorities in a Rapidly Changing Context". Journal of Service Research. 18(2), 127–59. DOI: https:// doi.org/10 .1177/1094670515576315.

Anderson, L., et al. (2012). "Transformative Service Research: An Agenda for the Future," Journal of Business Research 66, 1203–10.

Bason, C. (2010). Leading Public Sector Innovation. Co-Creating for a Better Society. University of Chicago Press.

Center for Services Leadership (CSL), ASU W. P. Carey School of Business, and Arizona State University (2010). "Research Priorities for the Science of Service, CSL Business Report"

Dragoman, L., Drury, K., Eickmann, A., Fodil, Y., Kühl, K., and Winter, B. (2013). *Public & Collaborative: Designing Services for Housing*. New York City Department of Housing Preservation and Development, Parsons DESIS Lab, Public Policy Lab.

Harris, S., and Mauldin, C. (2011, May). "Better Service for the People. Engaging Policy Makers in Improving Public-sector Service Delivery." *Touchpoint Journal of Service Design*, 3(1).

Jégou, F., and Manzini, E. (2008). *Collaborative Services: Social Innovation and Design for Sustainability*, Edizioni Polidesign.

Manzini, E. (2014). "Making Things Happen: Social Innovation and Design," in *Design Issues*, MIT Press, 57–66.

Meroni, A. (2007). *Creative Communities. People Inventing Sustainable Ways of Living*. Polidesign.

Mulgan, G. (2014, January). *Design in Public and Social Innovation: What Works and What Could Work Better*. NESTA.

Sangiorgi, D. (2011). "Transformative Services and Transformation Design." *International Journal of Design*, 5(2), 29–40.

Service Design Network (2016). *Service Design Impact Report. Public Sector*. Service Design Network.

Staszwoski, E., and Manzini, E. (Eds.) (2013). *Public & Collaborative:*

Exploring the Intersection of Design, Social Innovation and Public Policy. DESIS Network.

UK Design Council, et al. (2013). *Design for Public Good.* SEE Platform. Sharing Experience Europe. Policy Innovation Design.

05. 서비스 디자인의 정치

Belletire, S., St. Pierre, L., and White, P. (2014). *The OKALA Practitioner Guide.* ISDA.

Bitner, M. J. (1992, April). "Servicescapes: The Impact of Physical Surroundings on Customers and Employees." *Journal of Marketing*, 56(2), 57–71.

The Designer's Oath. Available at http://designersoath.com/.

Hochschild, A. R. (2003). *The Managed Heart: Commercialization of Human Feeling*, 2nd ed. University of California Press.

ICOGRADA, or ico-D, International Council of Design. Available at www.ico-d.org/.

Jaffe, S. (2013, February 4). "Grin and Abhor It: The Truth Behind 'Service with a Smile.'" *In These Times.* Retrieved from http://inthesetimes.com/working/entry/14535/grin_and_abhor_it_the_truth_behind_service_with_a_smile.

Johnston, A., and Sandberg, J. (2008). "Controlling Service Work." *Journal of Consumer Culture*, 8(3).

Junginger, S. (2015, January). "Organizational Design Legacies and Service Design." *The Design Journal*, 18(2), 209–226.

Meadows, D. (2008). *Thinking in Systems: A Primer.* Chelsea Green Publishing Company.

Penin, L., and Tonkinwise, C. (2009, October). "The Politics and Theatre of Service Design," in *Proceedings of the IASDS (International Association of Societies of Design Research) Conference.* Seoul, Korea.

Polaine, A., Løvlie, L., and Reason, B. (2013). *Service Design. From Insight to Implementation.* Rosenfeld Media.

Shedroff, N. (2009). *Design Is the Problem.* Rosenfeld Media.

Tonkinwise, C. (2008). "Sustainability," in the M. Erlhoff and T. Marshall, Eds. Design Dictionary. Birkhäuser, 380–6.

Tonkinwise, C. (2016, October 22). "What Service Designing Entails. The Political Philosophy of Sculpting the Quality of People Interacting." Medium. https://medium.com/@camerontw/what-service-designing-entails-f718ac0ebcd6.

United States Department of Labor. (2009). "20 Leading Occupations of Employed Women. 2009 Annual Averages." Retrieved from http://www.dol.gov/wb/factsheets/20lead2009.htm.

Vezzoli, C. (2010). *System Design for Sustainability.* Maggioli Editore.

Vezzoli, C. A., and Manzini, E. (2008). *Design for Environmental Sustainability.* Springer.

06. 서비스를 위한 디자인하기

Binder, T., De Michelis, G., Ehn, P., Jacucci, G., Linde, P., and Wagner, I. (2011). *Design Things.* MIT Press.

Bitner, M. J. (1992), "Servicescapes: The Impact of Physical Surroundings on Customers and Employees." *Journal of Marketing*, 56(2), 57–71.

Björgvinsson, E., Ehn, P., and Hillgren, P-A. (2010). "Participatory Design and Democratizing Innovation." Paper presented at Participatory Design Conference, Sydney, Australia.

Blomkvist, J., and Homlid, S. (2010). "Service Prototyping According to Service Design Practitioners." ServDes Conference, Linköping, Sweden.

Brown, T. (2009). *Change by Design: How Design Thinking Transforms Organizations and Inspires Innovation.*

HarperCollins.

Cross, N. (2001). "Designerly Ways of Knowing: Design Discipline Versus Design Science." *Design Issues*, 17(3), 49–55.

Diana, C., Pacenti, E., and Tassi, R. (2009). "Visualtiles—Communication Tools for (Service) Design." First Nordic Conference on Service Design and Service Innovation. Oslo, Norway.

Enninga, T., et al. (2013) *Service Design, Insights from Nine Case Studies.* HU University of Applied Sciences, Utrecht Research Centre Technology & Innovation.

Meroni, A., and Sangiorgi, D. (2011). *Design for Services.* Gower.

Miettinen, S., and Valtonen, A. (Eds.) (2013). *Service Design with Theory. Discussions on Change, Value and Methods.* Lapland University Press.

Norman, D. A. (1988, 2002, 2013) *The Design of Everyday Things.* Basic Books.

Sanders, E. B. -N., and Stappers, P. J. (2012). *Convivial Toolbox. Generative Research for the Front End of Design.* BIS Publishers.

Stickdorn, M., and Schneider, J. (2010). *This Is Service Design Thinking. Basics - Tools - Cases.* BIS Publishers

Valentine, L. (Ed.) (2013). *Prototype. Design and Craft in the 21st Century.* Bloomsbury.

Part II 서비스 디자인 프로세스

07. 서비스 디자인 프로세스의 시작

AIGA (The Professional Association for design). *Professional Development (Resource Guide).* Available at http://www.aiga.org/professional-development/.

Brown, T. (2009). *Change by Design: How Design Thinking Transforms Organizations and Inspires Innovation.* HarperCollins.

Design Council UK. *How to Commission*

a Designer: Step 4—Brief Your Designer. Available at http://www.designcouncil.org.uk/news-opinion/how-commission-designer-step-4-brief-your-designer.

Engine Group. Available at http://enginegroup.co.uk/services/.

Manhães, M. C., Varvakis, G., and Vanzin, T. (2010). "Designing Services as a Knowledge Creation Process Integrating the Double Diamond Process and the SECI Spiral." *Touchpoint: The Journal of Service Design*, 2(2), 28–31.

Nessler, D. (2016, May 19). "How to Apply a Design Thinking, HCD, UX or Any Creative Process from Scratch." *Medium*. Retrieved from https://medium.com/digital-experience-design/how-to-apply-a-design-thinking-hcd-ux-or-any-creative-process-from-scratch-b8786efbf812#.g4x2mi7m0

The Project Brief Toolkit. Available at http://project-brief.casual.pm/.

Sangiorgi, D., and Prendiville, A. (Eds.) (2017). *Designing for Service: Key Issues and New Directions*. Bloomsbury.

Sangiorgi, D., Prendiville, A., Jung, J., and Yu, E. (2015). Design for Service Innovation & Development (DeSID) Final Report. Retrieved from http://imagination.lancs.ac.uk/sites/default/files/outcome_downloads/desid_report_2015_web.pdf.

08. 연구 및 분석

Adaptive Path (2013). *Adaptive Path's Guide to Experience Mapping*. Adaptive Path. Retrieved from http://mappingexperiences.com/.

AIGA. *An Ethnography Primer*. Available at http://www.aiga

.org/Search.aspx?taxid=228.

Crouch, C., and Pearce, J. (2012). *Doing Research in Design*. Bloomsbury Academic.

Dubberly, H., Evenson, S., and Robinson, R. (2008, March–April). "The Analysis-Synthesis Bridge Model." *ACM Interactions*, Volume XV.2. On Modeling Forum. http://www.dubberly.com/wp-content/uploads/2016/02/ddo_interactions_bridgemodel.pdf.

Experience Fellow. Available at http://www.experiencefellow.com/.

Gimmy, G. (2006). *Shadowing*. Sennse.

IDEO (2015). *The Field Guide to Human-Centered Design*, 1st ed. Retrieved from http://www.designkit.org/resources/1.

Laurel, B. (2003). Design Research. *Methods and Perspectives*. MIT Press.

Martin, B., and Hannington, B. (2012). *Universal Methods of Design*. Rockport Publishers.

Remis, N., and the Adaptive Path Team at Capital One (2016). *A Guide to Service Blueprinting*. Adaptive Path.

Segelstrom, F. (2013). "Understanding Visualisation Practices: A Distributed Cognition Perspective," in S. Miettinen and A. Valtonen, Eds. *Service Design with Theory. Discussions on Change, Value and Methods*. Lapland University Press, 197–208.

Service Design Tools. Available at http://www.servicedesigntools.org/.

Sitra. Ethnography Field Guide, V.1. Available at http://www.helsinkidesignlab.org/pages/ethnography-fieldguide.

09. 서비스 디자인 생성하기

Dubberly, H., Evenson, S., and Robinson, R. (2008, March–April). "The Analysis-Synthesis Bridge Model." *ACM*

Interactions Volume XV.2. On Modeling Forum. IDEO (2015). The Field Guide to Human-Centered Design, 1st ed. Retrieved from http://www.designkit.org/resources/1.

MakeTools. Available at http://MakeTools.com.

Manhães, M. C. (2016). "A Heuristic to Increase the Innovativeness Potential of Groups," In S. Miettinen, Ed., *An Introduction to Industrial Service Design*. Routledge, 105–9). Retrieved from https://www.routledge.com/An-Introduction-to-Industrial-Service-Design/Miettinen/p/book/9781315566863.

Martin, B., and Hannington, B. (2012). *Universal Methods of Design*. Rockport Publishers.

Montgomery, E. P. and Woebken, C. (2016, June 22). *Extrapolation Factory. Operator's Manual: Publication Version 1.0, includes 11 futures modeling tools*. CreateSpace Independent Publishing Platform.

Sanders, E. B. -N., and Stappers, P. J. (2012) *Convivial Toolbox. Generative Research for the Front End of Design*. BIS Publishers.

Service Design Tools. Available at http://www.servicedesigntools.org/.

Yin, R. K. (2013). *Case Study Research: Design and Methods*. Applied Social Research Methods. Sage.

10. 프로토타이핑, 테스팅, 반복하기

Koskinen, I., Zimmerman, J., Binder, T., Redstrom, J., and Wensveen, S. (2012). *Design Research Through Practice: From the Lab, Field, and Showroom*. Morgan Kaufmann/Elsevier.

Kuure, E., and Miettinen, S. (2013). "Learning through Action: Introducing the Innovative Simulation and Learning Environment Service Innovation Corner (SINCO)."

Martin, B., and Hannington, B. (2012). *Universal Methods of Design*. Rockport Publishers.

Sanders, E. B. -N., and Stappers, P. J. (2012). *Convivial Toolbox. Generative Research for the Front End of Design*. BIS Publishers.

SINCO Service Innovation Corner. Available at http://sinco.fi/.

Valentine, L. (Ed.) (2013). *Prototype. Design and Craft in the 21st Century*. Bloomsbury.

Warfel, T. Z. (2009). *Prototyping: A Practitioner's Guide*. Rosenfeld Media.

11. 구현하기 및 평가하기

The Accelerator from the Young Foundation. *The Social Business Model Canvas*.

Foglieni, F., and Holmlid, S. (2015). "Determining Value Dimensions for an All-Encompassing Service Evaluation." *The 2015 Naples Forum on Service*. Naples, Italy.

IDEO (2015). *The Field Guide to Human-Centered Design*, 1st ed. Retrieved from http://www .designkit.org/resources/1.

Kimbell, L. (2014). *The Service Innovation Handbook*. BIS Publishers.

NESTA/The Rockefeller Foundation. (2014). *DIY Development Impact & You. Practical Tools To Trigger & Support Social Innovation*. Also available at http://diytoolkit.org/.

Osterwalder, A., and Pigneur, Y. (2010). *Business Model Generation*. Wiley.

Polaine, A., Løvlie, L., and Reason, B. (2013). *Service Design. From Insight to Implementation*. Rosenfeld Media.

Strategyzer. *Business Model Canvas*. Available at http://www .businessmodelgeneration.com /canvas.

Zeithaml, V. A., Parasuraman, A., and Berry, L. L. (1988). "SERVQUAL: A Multiple-Item Scale for Measuring Consumer Perceptions of Service Quality." *Journal of Retailing* 64,

12–49.

Zeithaml, V. A., Parasuraman, A., and Berry, L. L. (1990). *Delivering Quality Service: Balancing Customer Perceptions and Expectations*. Free Press.

12. 서비스 디자인 핵심 기능

Bens, I. (2012). *Facilitating with Ease! Core Skills for Facilitators, Team Leaders and Members, Managers, Consultants, and Trainers*. Jossey-Bass.

Cipolla, C., & Bartholo, R. (2014). Empathy or inclusion: A dialogical approach to socially responsible design. *International Journal of Design*, 8(2), 87-100.

Cross, N. (2007). *Designerly Ways of Knowing*. Birkhauser.

Diana, C., Pacenti, E., and Tassi, R. (2009) "Visualtiles—Communication Tools for (Service) Design." First Nordic Conference on Service Design and Service Innovation. Oslo, Norway.

IDEO (2015A). *The Little Book of Design Research Ethics*. IDEO.

IDEO (2015B). *The Field Guide to Human-Centered Design*, 1st ed. Retrieved from http://www .designkit.org/resources/1.

Kimbell, L. (2014). *The Service Innovation Handbook: Action-Oriented Creative Thinking Toolkit for Service Organizations*. BIS Publishers.

Maeda, J. (2016, March 14). "Design in Tech Report 2016." Kleiner Perkins Caufield & Byers. Retrieved from http://www .slideshare.net/kleinerperkins /design-in-tech-report-2016/8 –Timeline_of_DesignInTech _MA_Activity.

Manhães, M. (2017, January 15). "The Service Design Show: Getting the Message Across." LinkedIn. Retrieved from https://www.linkedin.com/pulse /service-design-show-getting -message-across-mauricio -manhaes-ph-d-.

Polaine, A., Løvlie, L., and Reason, B. (2013). *Service Design. From Insight to Implementation*. Rosenfeld Media.

Segelstrom, F. (2013). "Understanding Visualisation Practices: A Distributed Cognition Perspective," in S. Miettinen and A. Valtonen, Eds. *Service Design with Theory. Discussions on Change, Value and Methods*. Lapland University Press, 197–208.

Simon, H. A. (1969). *The Sciences of the Artificial*. MIT Press.

Young, I. (2015). *Practical Empathy for Collaboration and Creativity in Your Work*. Rosenfeld Media.

찾아보기

338

디자이닝 더 인비저블
보이지 않는 서비스를 디자인하다

초판 1쇄 인쇄 2020년 8월 21일
초판 1쇄 발행 2020년 9월 1일

지은이 라라 페닌 | 옮긴이 이연준 이지선 | 펴낸이 신정민

편집 신정민 박민주 이희연 | 디자인 신선아 | 저작권 한문숙 김지영 이영은
마케팅 정민호 김경환 | 홍보 김희숙 김상만 지문희 우상희 김현지
모니터링 정소리 | 제작 강신은 김동욱 임현식 | 제작처 영신사

펴낸곳 (주)교유당
출판등록 2019년 5월 24일 제406-2019-000052호

주소 10881 경기도 파주시 회동길 210
문의전화 031)955-8891(마케팅) 031)955-3583(편집)
팩스 031)955-8855
전자우편 gyoyudang@munhak.com

ISBN 979-11-90277-71-6   (93320)